Universidad Internacional de Andalucía

X Curso de Régimen Jurídico de Universidades

EDITA: UNIVERSIDAD INTERNACIONAL DE ANDALUCÍA
Monasterio de Santa María de las Cuevas
Calle Américo Vespucio, 2
Isla de la Cartuja. 41092 Sevilla
www.unia.es

COORDINACIÓN DE LA EDICIÓN:
Universidad Internacional de Andalucía.

COORDINADOR:
Fernando Palencia Herrejón

FECHA:
2009

EDICIÓN:
500 ejemplares

ISBN:
978-84-7993-091-2

DEPÓSITO LEGAL:
J-73-2010

MAQUETACIÓN Y DISEÑO:
Olga Serrano García

IMPRESIÓN:
Artes Gráficas DOBLE A

Índice

I
Prólogo

El libro que el lector tiene en sus manos recoge las ponencias que fueron presentadas en el X Curso de Régimen Jurídico de Universidades, celebrado en la Sede Antonio Machado de Baeza de la Universidad Internacional de Andalucía entre los días 22 y 24 de abril de 2009.

El citado Curso contó con la colaboración técnica de la Asociación para el Estudio del Derecho Universitario (AEDUN), a la que desde aquí es preciso hacer constar el agradecimiento de esta joven institución universitaria.

Para la Universidad Internacional de Andalucía (UNIA), la organización de este Curso supuso un reto y una oportunidad que supimos advertir desde el mismo momento en el que se le ofreció la posibilidad de acoger en su seno la celebración de este evento, plenamente consolidado con el desarrollo bienal del mismo, que llegó en este caso a su décima edición.

La UNIA, creada por Ley del Parlamento de Andalucía de 1994, es, como se señala en su Plan Estratégico, una Universidad pública del Sistema Universitario Andaluz, abierta, de posgrado, comprometida con el progreso de su entorno y con vocación de cooperación solidaria en el ámbito internacional.

Para el desarrollo de sus funciones y el cumplimiento de sus fines, actividades como la que reflejan y recuerdan estas actas, que se desarrolló en nuestra Sede de Baeza nos acercan a lo que pretendemos hacer de esta Universidad pública, al servicio como tal de los intereses generales.

En el convulso mundo de la Universidad del siglo XXI, con los cambios que suponen la plena integración en el Espacio Europeo de Educación Superior (EEES), todo estudio de la realidad universitaria, y más aún desde el rigor del tratamiento jurídico de los temas, supone, sin ninguna duda, una aportación que debiera ser tenida en cuenta para la definición de la Universidad del futuro. En ese orden de cosas, somos conscientes de la utilidad que puede representar el conjunto de los textos que se incorporan en esta publicación.

A ello, además, debe sumarse el hecho de haber podido albergar en el Palacio de Jabalquinto donde se asienta nuestra sede baezana la convivencia, durante tres días, de más de un centenar de expertos provenientes de más de cuarenta Universidades públicas y privadas del país. El contraste de opiniones e informaciones habrán contribuido, sin ninguna duda, a un mejor conocimiento y profundización sobre los temas tratados.

De este modo, y tomando el testigo de la Universidad de Sevilla, organizadora de la IX edición celebrada en mayo de 2007, no tuvimos ninguna duda en acoger con agrado la propuesta que el Secretario General de la UNIA me hizo de proceder a la organización de este X Curso. Se hizo posible y con éxito gracias a los muchos esfuerzos e ímprobo trabajo que, desde la citada fecha, se han hecho por parte de la Comisión Coordinadora del evento, que me he honrado en presidir, y de la que han formado parte el Secretario General de la UNIA, D. Fernando Palencia Herrejón, en su condición de Director del Curso; D. Juan Manuel del Valle Pascual, Director del Gabinete de Asesoría Jurídica de la Universidad Politécnica de Madrid y Presidente de AEDUN, en calidad de Director Técnico; y los miembros de la Junta Directiva de la Asociación, Vocales del Curso (Dª Ana Isabel Caro Muñoz, Vicesecretaria General de la Universidad Autónoma de Madrid; Dª Francisca de Castro Pinel, Jefa de los Servicios Jurídicos de la Universidad Miguel Hernández; Dª Isabel Bonachera Ledro, Directora Técnica de los Servicios Jurídicos de la Universidad de Sevilla; D. Diego Cámara del Portillo, Director de la Asesoría Jurídica de la Universidad Nacional de Educación a Distancia; y D. Daniel Pastor Javaloyes, Director del Servicio Jurídico de la Universidad de Alicante). A todos ellos, mi agradecimiento y el de la institución que me honro en dirigir.

Juan Manuel Suárez Japón.
Rector de la UNIA.
Septiembre de 2009

II
Legalidad y responsabilidad de la administración
(Reflexiones sobre el art. 106 de la CE)

Jesús Leguina Villa
Catedrático de Derecho Administrativo. Universidad de Alcalá
Magistrado Emérito del Tribunal Constitucional

1. LEGALIDAD

I. SIGNIFICADO GENERAL

1. El principio de legalidad.

El control judicial de la Administración pública que la Constitución consagra en el art. 106.1, y cuyo texto se reproduce literalmente en el art. 8 LOPJ, está directamente vinculado al principio de legalidad, en virtud del cual todos los poderes públicos emanan de la ley y están sujetos a la ley en su ejercicio. Asegurar el imperio de la ley como expresión de la voluntad popular es cometido esencial del Estado de Derecho, según se afirma solemnemente en el Preámbulo de nuestra carta magna. Por ello, el apartado 1 del art. 9 declara que los poderes públicos (y los ciudadanos) «están sujetos a la Constitución y al resto del ordenamiento jurídico», y el apartado 3 de ese mismo artículo sitúa el principio de legalidad a la cabeza de los principios que la Constitución garantiza, complementado por el de interdicción de la arbitrariedad de los poderes públicos; por su parte, el art. 10.1 destaca «el respeto a la ley» entre los fundamentos del orden político y de la paz social.

En lo que concierne específicamente a la Administración Pública, el art. 103.1 reitera que el servicio objetivo de los intereses generales que la Constitución le encomienda debe realizarse siempre «con sometimiento pleno a la ley y al Derecho». Sujeción, por tanto, de la Administración a la Constitución, a la ley y al Derecho, o dicho de otro modo, sometimiento de la Administración en el ejercicio de su función constitucional a todas las normas, escritas o no, que integran el ordenamiento jurídico. De este modo, el tradicional principio de legalidad de la Administración, consustancial al Estado de Derecho, debe ser entendido en su más amplio sentido como principio de juridicidad o de inexistencia de espacios jurídicamente vacíos que la Administración pudiera ocupar libremente; en palabras del Tribunal Constitucional, «equivale a una prohibición generalizada de áreas de inmunidad en esta parcela del ordenamiento jurídico» (STC 34/1995).

La vigencia efectiva del principio de legalidad es indisociable de su control judicial. Este control es «corolario inevitable de este marco normativo en que la Constitución encaja la actuación administrativa» (STC 34/1995). El imperio de la ley sobre la Administración sería un mero flatus vocis si no estuviera acompañado de una fiscalización, asimismo efectiva, por los jueces y tribunales. Legalidad y control judicial son aspectos inseparables del mismo principio de juridicidad de la Administración: «de un principio tan consustancial al Estado de Derecho como es el del sometimiento de la actuación de todos los poderes públicos al conjunto del Ordenamiento y la verificación de esa sujeción, en última instancia, por los órganos del Poder Judicial. Principio de fiscalización plena –sin inmunidad de poder– de la actuación administrativa (...) que, para el caso de la Administración Pública, ha encontrado formulación expresa y específica en el art. 106.1 de la Constitución» (STC 31/2000). De acuerdo con el principio de legalidad o de juridicidad, la Administración está vinculada en su actividad a la ley y al Derecho, pero el cumplimiento efectivo de dicha vinculación reside en la garantía de su control por los jueces y Tribunales. Dicho con palabras del Tribunal Constitucional, «ni el mandato constitucional ni la garantía jurisdiccional serían nada sin el derecho de los ciudadanos a obtener la tutela judicial efectiva en el ejercicio de sus derechos e intereses legítimos» (STC 294/1994).

2. La tutela judicial efectiva: el acceso a la jurisdicción.

Muy estrecha es, por tanto, la relación entre el art. 106.1 (control judicial de la Administración) y el art. 24.1 CE que reconoce a todas las personas el derecho a obtener tutela efectiva de los jueces y tribunales en el ejercicio de sus derechos e intereses legítimos. Este derecho fundamental a acudir a los tribunales para recabar de ellos la protección de los derechos e intereses legítimos opera también sin fisuras frente a la Administración Pública en virtud del art. 106.1 CE. De ahí que el Tribunal Constitucional haya querido subrayar con algún énfasis el destacado lugar que este precepto ocupa en la arquitectura del texto constitucional: del mismo modo que el principio de legalidad es el «núcleo central que preside el actuar administrativo (art. 103.1)», el control judicial es «la auténtica cláusula regia del Estado de Derecho» (SSTC 34/1995 y 103/1996) y «culminación del sistema de derechos y garantías característico del Estado de Derecho» (SSTC 294/1994; 76/1996; 89/1996; 179/2003).

En cierto modo, el art. 106.1 es una prolongación del art. 24.1 que garantiza en el ámbito de la Administración el acceso a la jurisdicción y que, al proyectarse sobre los actos de la Administración, integra más específicamente el derecho de los administrados a que el juez enjuicie los actos administrativos que les afectan (art. 24.1 CE), controlando la legalidad de la actuación administrativa (art. 106.1 CE), esto es, «su sometimiento pleno a la Ley y al Derecho» (SSTC 294/1994; 76/1996, 89/1996 y 179/2003).

De todos los derechos procesales que el art. 24.1 CE garantiza, en conexión con el art.106.1 CE, el primero y más importante es el acceso a la jurisdicción. Conviene por ello recordar brevemente la doctrina constitucional sobre el alcance de este derecho a impetrar la protección de los jueces y tribunales frente a la actividad de la Administración que afecte a sus derechos e intereses legítimos.

A) Derogación de normas preconstitucionales impeditivas.
En primer lugar, desde tempranas fechas el Tribunal Constitucional ha declarado que, en virtud de su disposición derogatoria 3.ª, la Constitución ha expulsado del ordenamiento jurídico todas las normas previas que impedían la fiscalización judicial de la actividad administrativa. Veamos algún ejemplo.

– En el terreno de la actuación administrativa sobre la regularidad de la libre competencia, la STC 80/1983, entendió «derogados por la propia Constitución todos aquellos preceptos que excluyen de la revisión jurisdiccional en vía contencioso-administrativa algunas de las resoluciones del [antiguo] Tribunal de Defensa de la Competencia, por oponerse a los arts. 24.1, 106.1 y 117.5 de la Constitución, los cuales proclaman el derecho de toda persona a la tutela efectiva de los jueces y tribunales, el sometimiento de toda actuación administrativa al control judicial, y el principio de unidad jurisdiccional como base de la organización y funcionamiento de los Tribunales» (en el mismo sentido, STC 18/1994).

– En el ámbito de la Administración militar, el Tribunal Constitucional ha declarado también con alcance general que «han de considerarse derogadas por la Constitución e incompatibles con ella todas las normas previas que impidan la revisión judicial de los actos administrativos y cuantas con posterioridad a su entrada en vigor hagan imposible la defensa en juicio de los derechos e intereses legítimos de los ciudadanos frente a la Administración pública y reduzcan a la inoperancia o, cuanto menos, limiten de algún modo o por relación a determinados sectores de la Administración –en este caso, el militar– el mandato establecido en el art. 106.1 de la Constitución, que remite a los Tribunales el control de la potestad reglamentaria, en todos los ámbitos, y de la legalidad de la actuación administrativa, así como el sometimiento de ésta a los fines que la justifican» (STC 31/2000; en igual sentido SSTC 22/1982 y 80/1983).

B) Prohibición de impedir o de obstaculizar el acceso a la jurisdicción.
En segundo lugar, el art. 106.1, en conexión con el art. 24, contiene una prohibición implícita al legislador de excluir o impedir el acceso de los particulares a la jurisdicción en cualquier sector de la actividad administrativa. Con ello se trata de evitar que, en contra del mandato constitucional, se configuren legalmente sectores o ámbitos materiales de inmunidad administrativa: «la plenitud del sometimiento de la actuación administrativa a la Ley y al Derecho (art. 103.1 CE), así como de la función jurisdiccional de control de dicha actuación (art. 106.1 CE), y la efectividad que se predica del derecho a la tutela judicial (art. 24.1 CE) impiden que puedan existir comportamientos de la Administración Pública –positivos o negativos– inmunes al control judicial» (STC 3/2001; también SSTC 136/1995 y 294/1994).

En términos de alcance general para todo tipo de actividades de la Administración, la STC 197/1988 afirma lo siguiente: «El art. 24.1 de la Constitución establece una doble garantía para "todas las personas" en el ejercicio de sus derechos e intereses legítimos, pues no sólo proscribe que los jueces y Tribunales cierren arbitrariamente los cauces judiciales legalmente previstos a quienes, estando legitimados para ello, pretenden defender sus propios derechos e intereses, sino que también prohibe al legislador que, con normas excluyentes de la vía jurisdiccional, les impida el acceso al proceso, prohibición esta última que se refuerza por lo prevenido en el art. 106.1 de la CE, cuando se trata de impartir justicia frente a la actuación de las Administraciones públicas (...)».

Esta doctrina general ha sido objeto de aplicación a supuestos concretos. Así, por ejemplo, en lo que atañe a la potestad sancionadora de la Administración, la STC 202/2002 señala que la «imposibilidad de que el sancionado someta al juicio de los Tribunales la adecuación a Derecho de la actuación administrativa (impuesta en el art. 103.1 CE) que le sanciona por una infracción leve choca frontalmente con el derecho fundamental a la tutela judicial efectiva sin indefensión reconocida en el art. 24.1 CE, así como, eventualmente, con el contenido del art. 106.1 CE, que atribuye a los Tribunales el control de la actividad administrativa». Los preceptos legales en cuestión (de la Ley Orgánica 2/1989, de 13 de abril, procesal militar) «configuran un régimen jurídico que deja un sector de actividad administrativa sancionatoria fuera del control judicial, lo que resulta contrario al art. 106.1 CE (...)».

En el ámbito de la Administración Electoral, la STC 149/2000 declara la inconstitucionalidad y consiguiente nulidad del antiguo art. 21.2 LOREG «en cuanto excluye de manera indiscriminada y absoluta la posibilidad de todo recurso judicial contra las resoluciones de las Juntas Electorales que contempla».

La Administración tributaria recibe el mismo tratamiento cuando el Tribunal Constitucional advierte que «una norma legal que establezca un requisito que imposibilite u obstaculice el acceso a la jurisdicción de los obligados tributarios y, por ende, impida el control de la legalidad de la actuación administrativa, así como el sometimiento de ésta a los fines que la justifican (art. 106.1 CE), es lesiva del derecho a la tutela judicial efectiva de los ciudadanos (art. 24.1 CE)» (SSTC 111/2006 y 113/2006; en igual sentido, SSTC 197/1988 y 18/1994).

Y en lo tocante a la tutela judicial de los extranjeros, la STC 95/2003 declara parcialmente inconstitucional la Ley 1/1996, de 10 de enero, de asistencia jurídica gratuita, en la medida en que dicha ley no reconoce el derecho a la asistencia jurídica gratuita al extranjero que carezca legalmente de la condición de residente en España, y ello porque «si el extranjero no residente en España no dispone de recursos suficientes para procurarse Abogado que le defienda y Procurador que le represente, verá cerrado su acceso a la jurisdicción y no podrá someter al control de ésta la legalidad de la actuación administrativa (art. 106.1 CE) en un aspecto que le concierne directamente, como es su status de extranjero (permisos de residencia, trabajo, exenciones de visado, etc), y que puede desembocar en su expulsión del territorio nacional».

La jurisprudencia constitucional ha entendido que el art. 106.1 no sólo prohíbe al legislador impedir en términos absolutos el acceso de los particulares al proceso, sino también obstaculizar dicho acceso con la exigencia de requisitos o presupuestos procesales irrazonables o desproporcionados (STC 111/2006), pues «el derecho reconocido en el art. 24.1 CE puede verse conculcado por aquellas normas que impongan requisitos impeditivos u obstaculizadores del acceso a la jurisdicción, si tales trabas resultan innecesarias, excesivas y carecen de razonabilidad o proporcionalidad respecto de los fines que lícitamente puede perseguir al legislador» (STC 11/2006; también, SSTC 158/1987, 60/1989, 32/1991, 114/1992 y 273/2005).

C) El principio pro actione.

El control judicial sin excepciones de la actividad de la Administración pública obliga a los jueces a interpretar las normas procesales en el sentido más favorable al acceso de los interesados a la jurisdicción. Ello explica que el Alto Tribunal haya insistido «en que el control por parte del Tribunal Constitucional sobre la selección de la norma aplicada podrá tener lugar, entre otras causas, si se ha desconocido o no se ha tenido en cuenta por el juez la ordenación constitucional o legal de los controles normativos (art. 106.1 CE), o si de dicha selección o intermediación se ha seguido daño para algunos de los derechos procesales constitucionalmente garantizados por el propio art. 24 CE, como es en este caso el derecho de acceso a la jurisdicción» (STC 18/1994; en sentido análogo, SSTC 24/1990, 26/1990 Y 90/1990). Todo lo cual abunda en la operatividad del principio pro actione a la hora de proteger el derecho de acceso a la jurisdicción, «dada la diferente trascendencia que cabe otorgar –desde la perspectiva constitucional– a los requisitos de acceso al proceso, en tanto pueden obstaculizar o eliminar el derecho de los ciudadanos a someter el caso al conocimiento y pronunciamiento de un juez y por tanto causar indefensión, y a los requisitos de inadmisión de los recursos legalmente establecidos, en que se pretende la revisión de la respuesta judicial ya contenida en la Sentencia de instancia previamente dictada, que ya habría satisfecho el núcleo de su derecho fundamental (STC 255/1993, FJ 3.º) a una tutela judicial efectiva sin indefensión». En el caso de autos, el Tribunal entiende que «no puede estimarse que la Sentencia que ha acordado la inadmisión de recurso contencioso-administrativo por extemporáneo sea producto de una interpretación y aplicación de la legalidad ordinaria ajustada a las exigencias (...) del derecho a la tutela judicial efectiva del art. 24.1 CE y del principio pro actione favorable a la efectividad del derecho fundamental. Y no puede considerarse razonable, desde la perspectiva constitucional, una decisión del órgano judicial que de manera arbitraria desconoce y niega los efectos jurídicos que se derivan de las propias reglas generales sobre los recursos administrativos establecidos en la Ley de la Jurisdicción Contencioso-Administrativa [de 1956] (art. 53) y de la Ley de Procedimiento Administrativo [de 1958] (art.126), con la consecuencia de privar al demandante de amparo del acceso a la jurisdicción contenciosa al que, con arreglo a la ley, tenía derecho» (STC 55/1995).

En definitiva, la necesidad de que los órganos jurisdiccionales apliquen las normas procesales en el sentido más propicio a la apertura del proceso entronca con el principio general de interpretación conforme a la Constitución de todo el ordenamiento jurídico, pues sólo así es posible un pronunciamiento sobre el fondo del asunto que, «al proyectarse sobre los actos de la Administración, integra más específicamente el derecho de los administrados a que el juez enjuicie los actos administrativos que les afectan (art. 24.1 CE), controlando la legalidad de la actuación administrativa (art. 106.1 CE), esto es, su sometimiento pleno a la Ley y al Derecho (art. 103.1 CE), lo que constituye la culminación del sistema de derechos y garantías característico del Estado de Derecho (STC 294/1994)» (STC 89/1996). De ahí que, a juicio del Tribunal Constitucional, quebranta el principio pro actione la declaración de incompetencia de un órgano judicial para revisar las actuaciones de la Administración penitenciaria en la tramitación de un procedimiento de indulto, «pues ni la competencia de la Administración para la adopción de una decisión excluye por sí misma la posibilidad de control posterior por un órgano judicial, ya que el art. 106.1 CE establece que los "Tribunales controlan (...) la legalidad de la actuación administrativa", ni ciertamente, puede calificarse de razonable la declaración de incompetencia del Juzgado de Vigilancia Penitenciaria para la revisión del ejercicio realizado por la Administración penitenciaria de sus competencias en materia de tramitación del indulto particular, a la luz de la legislación penitenciaria» (STC 63/2002).

II. TRIBUNALES Y JURISDICCION CONTENCIOSO-ADMINISTRATIVA

1. Autotutela administrativa y control judicial.

El art. 106.1 CE encomienda el control judicial de la actividad de la Administración a los «Tribunales» en general, sin destacar en dicho control ningún orden jurisdiccional concreto. El mandato constitucional es acertado, pues en rigor los jueces y tribunales de todos los órdenes jurisdiccionales pueden ejercer funciones de fiscalización en pleitos o causas en que son parte la Administración pública o sus agentes. La competencia de cada orden jurisdiccional para llevar a cabo su respectiva labor fiscalizadora se deduce de las reglas generales de reparto material establecidas en la LOPJ (art. 9), y en las correspondientes leyes procesales y sectoriales.

Ello no significa, claro está, que la Constitución olvide o no tenga en cuenta el destacado (y centenario) lugar que en esa función constitucional de control judicial de la Administración ocupa la jurisdicción contencioso-administrativa. Ese lugar preeminente es recordado en el art. 159 c) de la propia norma suprema cuando atribuye *expressis verbis* a la jurisdicción contencioso-administrativa el control de la actividad y de las normas reglamentarias de los órganos de las Comunidades Autónomas. Lo que obviamente significa que para el constituyente ese mismo control contencioso-administrativo se ejerce en todas las demás esferas de la organización administrativa.

En la noción constitucional de los «Tribunales» que controlan a la Administración Pública no se incluye obviamente al propio Tribunal Constitucional. Así lo ha señalado éste en algunas de sus primeras resoluciones, que conviene ahora recordar: STC 83/1984: «no es objeto propio de la competencia de este Tribunal el pronunciamiento sobre la validez de todas estas disposiciones de rango infralegal, cuyo control de legalidad y constitucionalidad corresponde a los órganos del Poder Judicial y en especial a los del orden contencioso-administrativo en los términos que dicen el art. 106.1 de la Constitución y la Ley de la Jurisdicción Contencioso-Administrativa»; ATC 453/1984: no es «a este Tribunal al que corresponde el control (según la expresión del art. 106.1 de la Constitución) de los actos administrativos, salvo cuando lesionen derechos fundamentales»; y ATC 739/1984: «aquel enjuiciamiento, tal y como se plantea a todo lo largo de la demanda (...) no incumbe a este Tribunal, pues somos un Tribunal de garantías constitucionales y no un Tribunal que extienda su jurisdicción al control de la Administración en los términos que señala el art. 106.1 de la Constitución».

Sin perjuicio de las competencias que las leyes atribuyen a los órdenes jurisdiccional penal, civil, social y militar en el enjuiciamiento de los entes administrativos y de sus agentes, es el contencioso-administrativo el orden jurisdiccional especializado (desde hace más de siglo y medio y plenamente judicializado desde 1904) en el control de legalidad de la Administración. Su norma reguladora vigente es la Ley 29/1998, de 13 julio. Cuando la organización administrativa actúa como poder público revestida de imperium y ejercita sus potestades y prerrogativas exorbitantes desde una posición de supremacía, aprobando normas reglamentarias y dictando actos administrativos unilaterales regulados por su Derecho propio –el Derecho Administrativo–, es la jurisdicción contencioso-administrativa la encargada de velar por el ajuste de esa actuación imperativa a la legalidad: «son los órganos de la jurisdicción contencioso-administrativa los competentes para controlar la legalidad de la actuación administrativa (art. 106.1 de l CE)», (ATC 604/1986).

La Constitución no ha alterado el tradicional privilegio de autotutela de que goza la Administración en defensa de sus potestades y derechos, en virtud del cual la ley le autoriza a imponer unilateralmente sus propias decisiones y hacerlas cumplir ejecutoriamente sin acudir al auxilio judicial. El Tribunal Constitucional así lo ha reconocido desde sus primeras resoluciones con apoyo en el principio de eficacia (art. 103.1) que la Administración ha de atender en el servicio objetivo de los intereses generales y que la ley puede instrumentar y modular a través de diferentes medios y técnicas. La STC 22/1984 inauguró una línea doctrinal que se ha mantenido inalterada hasta hoy al declarar lo siguiente:

«La potestad de la Administración de autoejecución de las resoluciones y actos declarados por ella se encuentra en nuestro Derecho positivo vigente legalmente reconocida y no puede considerarse que sea contraria a la Constitución. Es verdad que el art. 117.3 de la Constitución atribuye el monopolio de la potestad jurisdiccional consistente en ejecutar lo decidido a los Jueces y Tribunales establecidos en las Leyes, pero no es menos cierto que el art. 103 reconoce, como uno de los principios a los que la Administración Pública ha de atenerse, el de eficacia "con sometimiento pleno a la Ley y al Derecho". Significa ello una remisión a la decisión del legislador ordinario respecto de aquellas normas, medios e instrumentos en que se concrete la consagración de la eficacia. Entre ellas, no cabe duda de que se puede encontrar la potestad de autotutela o de autoejecución practicable genéricamente por cualquier Administración Pública con arreglo al art. 103 de la Constitución (...).»

En idéntico sentido se pronuncian, entre otras, las SSTC 238/1992 ("esa ejecutividad, manifestación de autotutela administrativa, no pugna, en sí misma, con regla o principio alguno de la Constitución"), 148/1993 ("el privilegio de autotutela ... no es contrario a la Constitución, sino que engarza con el principio de eficacia enunciado en el art. 103 de la CE"), 78/1996, 199/1998 y ATC 48/2004.

Como se ha advertido por la doctrina, es justamente este privilegio de autotutela, exigido por la mejor y más eficaz gestión del interés público, «el que explica toda la peculiaridad de la justicia contencioso-administrativa respecto de la que se presta por los demás órdenes jurisdiccionales» (E. García de Enterría y T. R. Fernández, Curso de Derecho Administrativo, vol. II, Thomson-Civitas, 10.ª edición, Madrid 2006, pág. 591). La justicia administrativa actúa ex post, atiende las impugnaciones que los interesados le dirigen frente a las actuaciones imperativas y ejecutorias (o en trance de ejecución) que la Administración ha llevado a cabo previamente para satisfacer los intereses generales; en definitiva, como dice el art. 106.1, controla a posteriori la adecuación a la legalidad de aquellas actuaciones administrativas.

2. Control pleno: medidas cautelares y ejecución de sentencias.

El art. 106.1 contiene «un diseño constitucional de control máximo de la actividad administrativa», lo que explica que, aunque la Constitución no señala los mecanismos procesales inherentes a ese control jurisdiccional, la jurisprudencia constitucional haya venido insistiendo en «la necesidad de que dichos mecanismos han de articularse de tal modo que aseguren, sin inmunidades de poder, una fiscalización plena del ejercicio de las atribuciones administrativas» (STC 34/1995; también, AATC 34/1984, 731/1985 y STC 238/1992).

Por ello, el Tribunal Constitucional ha declarado desde tempranas fechas que el control judicial que el art. 106.1 consagra no persigue una simple revisión de la legalidad vulnerada por la Administración que sólo permita expulsar del orden jurídico las actuaciones administrativas ilegales, sino que, dada su inseparable conexión con el art. 24.1, la fiscalización judicial ha de dar plena satisfacción también a las pretensiones que los particulares formulen para restablecer sus derechos subjetivos e intereses legítimos, en los casos en que estos hayan sido lesionados por la Administración al infringir el ordenamiento jurídico. Ese control no ha de ser menor o más débil que el que el art. 24.1 impone a los demás órdenes jurisdiccionales en la impartición de la tutela judicial. La esencia del control revisor que la jurisdicción contencioso-administrativa debe ejercer consiste, por tanto, en tutelar las posiciones jurídicas de los particulares con la misma eficacia al menos (art. 24.1) con que la Administración tutela por sí misma sus potestades y sus actos.

La doctrina constitucional ha sostenido en tal sentido que «el orden de lo contencioso-administrativo (...) ya no puede ser concebido como un cauce jurisdiccional para la protección de la sola legalidad objetiva o, si se prefiere, como un proceso al acto, sino, fundamentalmente, como una vía jurisdiccional para la efectiva tutela de los derechos e intereses legítimos de la Administración y de los administrados» (STC 14/2006; en el mismo sentido, SSTC 86/1998 y 136/1995).

Esa efectiva tutela subjetiva que el orden contencioso-administrativo ha de prestar exige que los jueces y tribunales que lo integran puedan paralizar la ejecutividad o eficacia de la actividad administrativa impugnada, anular las normas y actos ilegales, condenar a la Administración al pleno restablecimiento de las situaciones jurídicas conculcadas, incluido el resarcimiento patrimonial, y ejecutar por sí mismos sus propias resoluciones desfavorables a la Administración, venciendo la resistencia que ésta pueda oponer a su cumplimiento.

Dentro de este modelo de fiscalización judicial plena, el Tribunal Constitucional ha insistido de manera especial en las medidas cautelares y en la ejecución de sentencias como instrumentos indispensables para la efectividad de la tutela y del control judicial. En cuanto a las primeras, el Tribunal ha afirmado con toda energía que «la tutela judicial no es tal sin medidas cautelares que aseguren el efectivo cumplimiento de la resolución definitiva que recaiga en el proceso» (STC 14/1992). En efecto, la necesidad de que la impugnación pueda alcanzar su finalidad legítima (art. 103. 1 LJCA), así como, desde otro ángulo pero en el mismo sentido, el aseguramiento de la efectividad de las sentencias (art. 129.1 LJCA) estimatorias de las pretensiones de los particulares, impiden que el legislador pueda «eliminar de manera absoluta la posibilidad de adoptar medidas cautelares (...), pues con ello se vendría a privar a los justiciables de una garantía que, por equilibrar y ponderar la incidencia de aquellas prerrogativas [de autotutela], se configura como contenido del derecho a la tutela judicial efectiva. Para que ésta se considere satisfecha es, pues, preciso que se facilite que la ejecutividad pueda ser sometida a la decisión de un Tribunal, y que éste, con la información y contradicción que resulte menester, pueda resolver sobre su eventual suspensión» (STC 238/1992; asimismo, STC 66/1984). Dicho de otro modo, «la prerrogativa de la ejecutividad no puede desplegarse libre de todo control jurisdiccional y debe el legislador, por ello, articular, en uso de su libertad de configuración, las medidas cautelares que hagan posible el control que la Constitución exige» (STC 238/1992), porque «la fiscalización plena, sin inmunidades de poder, de la actuación administrativa impuesta por el art. 106.1 de la CE, comporta que el control judicial se extienda también al carácter inmediatamente ejecutivo de sus actos» (STC 148/1993; en el mismo sentido SSTC 341/1991, 78/1996 y 199/1998; y AATC 265/1988, 458/1988, 116/1995, 95/2000 y 48/2004).

En lo que concierne al cumplimiento y ejecución de las sentencias desfavorables para la Administración, desde la STC 32/1982 es constante la jurisprudencia constitucional que, conforme a lo dispuesto en el art. 118 de la Constitución («Es obligado cumplir las sentencias y demás resoluciones firmes de los jueces y Tribunales, así como prestar la colaboración requerida por éstos en el curso del proceso y en la ejecución de lo resuelto»), afirma que la Administración tiene el deber de cumplir las sentencias judiciales y a los Tribunales compete forzar la ejecución en caso de incumplimiento, en cuanto que es una exigencia indeclinable del derecho a la tutela judicial (art. 24.1), de un lado, y del ejercicio de la función jurisdiccional, (art. 117.1), de otro.

La mencionada STC 32/1982 dio el primer paso para superar el obstáculo opuesto por la Administración a la ejecución de sentencias de condena al pago de cantidad líquida, tan frecuente bajo la vigencia de la ley jurisdiccional de 1956 (el principio de legalidad presupuestaria y la inexistencia de partida presupuestaria destinada a esa finalidad), declarando a este propósito que el principio de legalidad presupuestaria, por atendible e importante que sea, no puede dejar «sin contenido un derecho que la Constitución reconoce y garantiza, pues (...) el cumplimiento de las sentencias forma parte de la tutela efectiva de los Jueces y Tribunales consagrado en el art. 24. Del mismo modo, dicho principio no puede obstaculizar el control jurisdiccional de la ejecución de las Sentencias exigidas también constitucionalmente» (STC 32/1982; en el mismo sentido, STC 294/1994).

El siguiente y más significativo paso lo dio la STC 67/1984 al declarar en términos rotundos que "la ejecución de las sentencias –en sí misma considerada– es una cuestión de capital importancia para la efectividad del Estado social y democrático de Derecho (...)», dado que "difícilmente puede hablarse de la existencia de un Estado de Derecho cuando no se cumplen las Sentencias y resoluciones firmes». Por ello, cuando la Administración no cumple voluntariamente las sentencias que le son adversas se produce "un grave atentado al Estado de Derecho» que inevitablemente comporta también una grave violación del derecho a la tutela judicial ex art. 24.1 si el órgano judicial no hace frente a ese incumplimiento con la adopción de "las medidas pertinentes para hacer ejecutar lo juzgado», medidas que la vigente Ley 29/1998, LJCA (arts. 103 a 113) ha fortalecido y diversificado hasta el punto de hacer virtualmente imposibles, si hay voluntad judicial de impedirlos, los eventuales incumplimientos administrativos.

En la STC 167/1987 el Tribunal ha prestado especial atención a los llamados incumplimientos disimulados o indirectos, aquéllos «donde se ocultan los mayores riesgos tanto para el sistema jurídico en general, como para los derechos de los particulares» y que por ello requieren una singular vigilancia por parte de los jueces, advirtiendo a tal efecto que «el derecho a la ejecución de las Sentencias (...) no se satisface sólo (...) con la remoción inicial de los obstáculos (...), sino que postula, además, que los propios órganos judiciales reaccionen frente a ulteriores actuaciones o comportamientos enervantes del contenido material de sus decisiones, y que lo hagan, esto es lo esencial, en el propio procedimiento incidental de ejecución (...). Sólo así se garantiza la eficacia real de las resoluciones judiciales firmes y, por ende, del control jurisdiccional sobre la Administración (...)».

III. LA ACTIVIDAD DE LA ADMINISTRACION OBJETO DE CONTROL CONTENCIOSO-ADMINISTRATIVO

1. Los Reglamentos.

Al fijar el alcance del control judicial de la legalidad administrativa, el art. 106.1 establece una distinción acertada entre la potestad reglamentaria, de una parte, y la actuación administrativa, de otra. Tanto las normas reglamentarias como las decisiones singulares son manifestaciones de potestades que la ley atribuye a la Administración para la mejor satisfacción del interés general; ambas son en sentido amplio «actividad administrativa». Pero entre reglamentos y actos hay diferencias tan señaladas de naturaleza y de régimen jurídico que justifican la distinción constitucional. Los reglamentos son ante todo normas jurídicas de rango infralegal, forman parte del ordenamiento, vinculan y obligan a todos los sujetos jurídicos (art. 9.1 de la Constitución), incluida la propia Administración, y no agotan su eficacia por el hecho de su cumplimiento, sino que la conservan intacta en tanto no se produzca su derogación; los actos administrativos, en cambio, son simples actos ordenados cuyo cumplimiento agota o consume sus efectos y en relación con los cuales la Administración ostenta determinadas facultades de disposición. Es obvio, por tanto, que el control de la legalidad de los reglamentos tenga una importancia muy superior que la que ofrece la fiscalización de la validez o invalidez de los actos administrativos. Ello explica que la LOPJ encomiende el juicio de validez de los reglamentos a los jueces y tribunales de todos los órdenes jurisdiccionales, ordenándoles su inaplicación cuando resulten «contrarios a la Constitución, a la Ley o al principio de jerarquía normativa» (art. 6), reservando, en cambio, el control de anulación, previa impugnación de los interesados, a la jurisdicción contencioso-administrativa, control de anulación que la LOPJ (art. 9.4) y la LJCA (art. 1.1) extienden asimismo a los ultra vimes de los Decretos legislativos. Por las razones apuntadas, este control impugnatorio presenta algunos rasgos peculiares, en contraste con la impugnación de actos. Sin ánimo de exhaustividad, valgan como ejemplo: la posibilidad de interponer con entera independencia tanto un recurso directo contra el reglamento como un recurso indirecto contra los actos de aplicación, fundado éste último en que el reglamento del que traen causa no es conforme a Derecho (art. 26.1 LRJCA); la facultad de los tribunales de extender el enjuiciamiento de los preceptos impugnados a otros conexos del mismo reglamento (art. 33.3 LRJCA); la eficacia erga omnes de las sentencias firmes que anulen el reglamento impugnado (art. 72.2 LRJCA), etc.

2. La actividad administrativa singular.

Toda la actuación administrativa singular sujeta al Derecho administrativo es objeto de control de legalidad por la jurisdicción contencioso-administrativa (art. 9.4 LOPJ y art. 1.1 LJCA). El concepto de «actuación administrativa» que la Constitución utiliza debe ser entendido en su sentido más amplio, incluyéndose en el mismo tanto los actos administrativos, sean reglados o discrecionales, expresos o tácitos, como la inactividad y las omisiones y hasta la simple vía de hecho. El precepto constitucional ha querido destacar «los fines» que justifican la actuación administrativa como parámetro del control judicial de legalidad, y cuya inobservancia por la Administración da lugar al vicio de desviación de poder (art. 63.1 LRJPAC y art. 70.2 LRJCA). Aunque ese recordatorio constitucional no sea estrictamente necesario, pues no hay duda alguna de que el elemento teleológico es siempre un elemento reglado que integra la legalidad de todo acto administrativo (así lo exige el art. 53.2 LRJPAC: «el contenido de los actos (...) será (...) adecuado a los fines de aquéllos»), parece que el constituyente haya querido destacar con ello la posición vicarial de la Administración y su estricta adherencia a los fines públicos concretos marcados por el legislador, que son los que en cada caso justifican la actuación de la Administración.

Comoquiera que la determinación del concepto constitucional de «actuación administrativa» es materia de legalidad ordinaria, reservada en exclusiva su interpretación y aplicación a los órganos del Poder Judicial, son escasas las resoluciones del Tribunal Constitucional que aporten alguna luz sobre el significado y alcance de dicho concepto. Entre ellas, y siempre desde la conexión inseparable entre el art. 106.1 y el art. 24.1, cabe recordar la doctrina que incluye dentro de la noción de «actuación administrativa» no sólo los actos administrativos expresos sino también, las omisiones, la inactividad y los actos tácitos o presuntos producidos por silencio negativo. Así, en la STC 294/1994 el Tribunal afirmó que «de ningún modo puede excluirse que el comportamiento inactivo u omisivo de la Administración pública pueda incurrir en ilegalidad y afectar a los derechos e intereses legítimos de los ciudadanos» (en el mismo sentido SSTC 136/1995 y 228/2006), sin que esa inactividad controlable por los jueces haya de corresponderse en todos los casos con la técnica del silencio administrativo: la inactividad puede consistir también en la no realización de un acto al que la Administración viene legalmente obligada, pasividad que legitima al particular afectado a reaccionar frente a ella ante la jurisdicción contencioso-administrativa (STC 136/1995).

En relación con los comportamientos omisivos formalizados mediante la técnica del silencio administrativo, el Tribunal ha rechazado sistemáticamente que el incumplimiento del deber de dictar resolución expresa coloque a la Administración incumplidora en una posición de ventaja procesal que a la postre impida el acceso de los interesados a la vía judicial. En este sentido ha venido declarando, en sintonía con una posición ampliamente mayoritaria en la doctrina científica, que «el silencio administrativo de carácter negativo es una ficción legal que responde a la finalidad de que el administrado pueda, previos los recursos pertinentes, llegar a la vía judicial superando los efectos de inactividad de la Administración, de manera que en estos casos no puede calificarse de razonable aquella interpretación de los preceptos legales que prima la inactividad de la Administración, colocándola en mejor situación que si hubiera cumplido su deber de resolver» (STC 220/2003; en igual sentido, SSTC 6/1986, 204/1987, 180/1991, 294/1994, 86/1998, 3/2001, 71/2001, 179/2003, 188/2003 y 184/2004). En definitiva, si se aceptara como lícita esa posición procesal de ventaja, derivada del incumplimiento de la Administración de pronunciarse de modo expreso sobre las solicitudes que los particulares le formulen, se estaría permitiendo que, «pese a la persistente negativa o resistencia a tal deber por parte del ente público, éste quede inmune al control jurisdiccional plenario que viene exigido por el art. 106.1 de la Constitución» (STC 14/2006).

2. RESPONSABILIDAD

I. INTRODUCCIÓN

En el Estado de Derecho, la indemnización expropiatoria y el resarcimiento de daños son los institutos jurídicos básicos que garantizan la integridad patrimonial de los particulares frente a los poderes públicos. Ambos institutos comparten la función de dejar indemnes los patrimonios privados que sean sacrificados o que resulten lesionados por la acción de los poderes públicos, y dentro de éstos, de modo destacado, por las actividades que en aras de los intereses generales llevan a cabo las Administraciones públicas. Así lo ha reconocido el Tribunal Constitucional al declarar que «es evidente el paralelismo que guarda esta figura (art. 106.2) con la expropiatoria (art. 33.3 CE), ambas recogidas a efectos competenciales en el art. 149.1.18.ª, y modalidades de un mismo género: la garantía patrimonial del ciudadano» (STC 61/1997).

La integridad patrimonial de los particulares no sería, en efecto, completa si el Estado se limitara a compensar los despojos directos de los bienes y derechos privados, dejando fuera de la cobertura indemnizatoria los quebrantos patrimoniales que cause el ejercicio de sus múltiples funciones y servicios. Estando prohibida la confiscación, tan exigible es en un Estado limitado por el Derecho que los particulares sean indemnizados cuando el daño patrimonial consista en una ablación imperativa de sus legítimos derechos e intereses como que lo sean cuando ese mismo daño patrimonial tenga su causa, no en el ejercicio de la potestad expropiatoria, sino en cualesquiera otras potestades, funciones o actividades, a través de las cuales la

Administración cuida de los intereses generales. De ahí que el reconocimiento de la responsabilidad civil o extracontractual de la Administración haya sido calificada como «la máxima conquista en la configuración del moderno Estado de Derecho» (STS 16 de noviembre 1983, Ar. 5421).

Sin embargo, a diferencia de la indemnización expropiatoria, el resarcimiento de los daños administrativos ha sido un fruto tardío del Estado de Derecho. Durante buena parte del siglo XIX, y en bastantes países hasta bien entrado el siglo XX, la Administración no ha estado obligada a indemnizar los daños causados a terceros. Esta situación de inmunidad patrimonial fue general en Europa: sólo se indemnizaban las expropiaciones y algunos daños excepcionales previstos en leyes especiales; todos los demás daños corrían a cargo del perjudicado o se imputaban, en su caso, a los funcionarios y agentes públicos cuya conducta culpable los hubiera causado.

Dejando el examen de algunos precedentes –en el ámbito local– que marcaron el camino a seguir, la situación de irresponsabilidad –de la Administración del Estado- se prolongó en España hasta la aprobación de la LEF en el año 1954. Fue, en efecto, esta Ley la que dio el paso definitivo en el reconocimiento de un principio general de responsabilidad patrimonial de todos los entes públicos. Con ello se trataba de poner fin, en palabras de su Exposición de Motivos, al «injustificado privilegio de exoneración» del Estado frente a los daños patrimoniales causados no por despojo directo sino como resultado involuntario o inevitable de la actividad administrativa. No había razón para limitar la garantía indemnizatoria del Estado a las lesiones expropiatorias, dejando sin cobertura directa «la inevitable secuela accidental de daños residuales» causados por la acción de la Administración, pues tanto en un caso como en otro, «al margen de un estrecho dogmatismo académico, cabe apreciar siempre el mismo fenómeno de lesión de un interés patrimonial privado que, aun cuando resulte obligada por exigencias de interés o del orden público, no es justo que sea soportada a sus solas expensas por el titular del bien jurídico dañado».

Todo ello condujo a incluir en el texto de la LEF una cláusula general de responsabilidad patrimonial por daños administrativos que venía a romper definitivamente con una larga tradición de inmunidad. El principio fue recogido en el art. 121.1. con el siguiente texto: «Dará también lugar a indemnización (...) toda lesión que los particulares sufran en los bienes y derechos a que esta Ley se refiere, siempre que aquélla sea consecuencia del funcionamiento normal o anormal de los servicios públicos, o de la adopción de medidas de carácter discrecional no fiscalizables en vía contenciosa, sin perjuicio de la responsabilidad que la Administración pueda exigir de sus funcionarios con tal motivo».

Con esta sencilla fórmula el legislador acertó a incorporar al Derecho de daños administrativos novedades de gran calado que cambiaron por completo el oscuro panorama anterior en el que la irresponsabilidad de los sujetos públicos (salvo en la esfera local) era la regla. Tales novedades «obedecían a un deseo de aproximación de las instituciones expropiatoria e indemnizatoria, basado en el designio de asegurar la integridad patrimonial de los administrados frente a la actuación pública» (STS 5 junio 1979, Ar. 2536 y 4 febrero 1983, Ar. 551).

Y tres años más tarde el nuevo sistema de responsabilidad fue incorporado a una ley básica de la organización administrativa, la Ley de Régimen Jurídico de la Administración del Estado, de 26 de julio de 1957. Pero la implantación efectiva del nuevo sistema legal de responsabilidad, que venía a romper abruptamente con la tradicional inmunidad patrimonial de la Administración, tardó algún tiempo en consolidarse. Hasta finales de los años 60, tanto la Administración como los Tribunales se mostraron reacios a aceptar el giro operado en nuestro ordenamiento por una escueta cláusula general de responsabilidad administrativa que, además de declarar responsables directos a los entes públicos (y no a los funcionarios), extendía la cobertura indemnizatoria de los daños causados a los particulares más allá de los confines de la culpabilidad.

II. CARACTERES DEL SISTEMA DE RESPONSABILIDAD PATRIMONIAL DE LA ADMINISTRACIÓN

1. Sistema unitario: la remisión al legislador estatal.

Entre los principios generales del Estado social y democrático de Derecho, la Constitución recoge en el art. 9.3 el principio de responsabilidad de los poderes públicos. En un Estado de Derecho ningún poder público es irresponsable cuando se aparta de la Constitución y del resto del ordenamiento jurídico, a cuyos mandatos todos los poderes públicos están sujetos (art. 9.1 CE). La propia Constitución señala las diferentes modalidades que puede revestir el principio de responsabilidad en su aplicación concreta a cada uno de los poderes públicos. Entre esas modalidades se encuentra, dentro del Título V relativo al Gobierno y a la Administración, la responsabilidad patrimonial del poder ejecutivo por los daños causados a los particulares en el desempeño de sus funciones (ATC 96/1980). Responsabilidad que consagra el art. 106.2 en los términos siguientes: «Los particulares, en los términos establecidos por la Ley, tendrán derecho a ser indemnizados por toda lesión que sufran en cualquiera de sus bienes y derechos, salvo en los casos de fuerza mayor, siempre que la lesión sea consecuencia del funcionamiento de los servicios públicos».

Por su parte, el art. 149.1.18.ª reserva a la competencia legislativa exclusiva del Estado «el sistema de responsabilidad de todas las Administraciones», lo que impide a los Parlamentos autonómicos la creación de regímenes diferentes de responsabilidad administrativa. Pero el precepto constitucional no excluye que, «además de esa normativa común que representa el sistema de responsabilidad para todo el territorio, las Comunidades Autónomas puedan establecer otros supuestos indemnizatorios en concepto de responsabilidad administrativa, siempre que, naturalmente, respeten aquellas normas estatales con las que en todo caso habrán de cohonestarse y sirvan al desarrollo de una política sectorial determinada» (STC 61/1997, de 20 de marzo).

La Constitución ha elevado al más alto rango normativo la garantía patrimonial de los particulares frente a los daños administrativos. No parece dudoso que, al tomar esa decisión fundamental, el constituyente tuvo muy en cuenta el régimen de responsabilidad implantado en nuestro ordenamiento a partir de la LEF de 1954, y ya entonces, en 1978, plenamente consolidado, tanto en la doctrina especializada como en la práctica judicial. La fórmula utilizada está inspirada en el sistema de cláusula general de responsabilidad vigente en ese momento. Pero ello no significa que se haya constitucionalizado en toda su extensión el sistema legal del que trae causa; se ha constitucionalizado, sí, la garantía patrimonial, pero no las normas concretas que la regulan y configuran. La Constitución garantiza a los particulares el derecho a ser indemnizados por los daños administrativos, pero lo hace «en los términos establecidos por la Ley». Es, por tanto, un derecho de configuración legal (STC 325/1994), como también lo es el derecho a la indemnización expropiatoria, que sólo puede ejercerse «de conformidad con lo dispuesto por las leyes». Como ha recordado en reiteradas ocasiones el Tribunal Supremo, el derecho a la indemnización de daños administrativos no es un derecho «que derive directamente de la Constitución, sino que exige la interposición de una Ley, y es exigible no en los términos abstractos establecidos en la Constitución, sino en los términos concretos en que figure en la Ley ordinaria que lo regule».

La remisión de la Constitución a la ley no es una norma en blanco. La ley no puede suprimir el derecho a la indemnización de daños administrativos no expropiatorios, ni desfigurarlo hasta hacerlo irreconocible (excluyendo, por ejemplo, de la cláusula general sectores enteros de la actividad administrativa), pero la garantía constitucional de su existencia no sólo no impide sino que obliga al legislador (en eso consiste la reserva de Ley) a definir el contenido del derecho, regular los elementos de los hechos dañosos que permitan su imputación a la Administración, fijar distintas modalidades de reparación del daño o establecer, en su caso, reglas especiales de resarcimiento para determinados tipos de daños administrativos. Lo que la ley no puede es, con palabras del Tribunal Constitucional, «excluir radicalmente la posibilidad de que se produzcan lesiones indemnizables como consecuencia del funcionamiento de algún servicio público» (STC 116/2006).

Esa configuración legal se contiene hoy en el Título X de la Ley de Régimen Jurídico de las Administraciones Públicas y del Procedimiento Administrativo Común (Ley 30/1992, de 26 de noviembre, modificada por la Ley 4/1999, de 13 de enero -LRJPAC-). Esta ley ha venido a confirmar el sistema unitario de responsabilidad administrativa vigente en nuestro ordenamiento desde los años cincuenta, mediante una cláusula general sustancialmente idéntica a la que ya conocemos. El art.139.1 dispone, en efecto que:

«Los particulares tendrán derecho a ser indemnizados por las Administraciones Públicas correspondientes de toda lesión que sufran en cualquiera de sus bienes y derechos, salvo en los casos de fuerza mayor, siempre que la lesión sea consecuencia del funcionamiento normal o anormal de los servicios públicos».

Por su parte, el art. 141.1 concreta el alcance del principio general al señalar que: *«Sólo serán indemnizables las lesiones producidas al particular provenientes de daños que éste no tenga el deber jurídico de soportar de acuerdo con la Ley. No serán indemnizables los daños que se deriven de hechos o circunstancias que no se hubiesen podido prever o evitar según el estado de los conocimientos de la ciencia o de la técnica existentes en el momento de producción de aquéllos, todo ello sin perjuicio de las prestaciones asistenciales o económicas que las leyes puedan establecer para estos casos»*.

Este sistema unitario de responsabilidad, aplicable con carácter universal a todas las Administraciones públicas, garantiza, por tanto, a los particulares el resarcimiento de las lesiones patrimoniales sufridas por el funcionamiento de los servicios públicos que aquéllos no estén obligados a soportar.

2. Responsabilidad extracontractual.

El sistema de responsabilidad patrimonial de la Administración se aplica a los daños causados a los particulares sin que medie vínculo jurídico alguno entre éstos y aquélla y que tengan su causa en el funcionamiento de los servicios públicos. De ello se sigue que no procede encauzar una reclamación de indemnización por la vía de la responsabilidad extracontractual de la Administración cuando el supuesto de hecho causante y la correspondiente reparación del daño tienen otra vía procedimental específica, prevista en el ordenamiento jurídico. Sólo así se consigue evitar «una indeseable duplicidad de vías resarcitorias» (DCE 3144/1981; 3917/1998 y 3332/2000, entre otros muchos). El sistema general de responsabilidad de la Administración es supletorio de cualquier otro régimen específico de cobertura. Pero puede ser también complementario de dicho régimen específico si éste no alcanza a cubrir la totalidad de la reparación exigible.

De su ámbito de cobertura quedan fuera, en primer lugar, las obligaciones ex contractu generadas por los daños causados en el seno de alguna relación contractual, administrativa o privada (STS 7 diciembre 1999, Ar. 1729; 23 mayo 2001, Ar. 5414); y, en segundo lugar, las obligaciones ex lege u obligaciones autónomas que surgen directa y exclusivamente por hechos o situaciones reguladas por una Ley. El incumplimiento de ambos tipos de obligaciones patrimoniales cuentan con específicos regímenes de reparación y a ellos debe remitirse el perjudicado.

El sistema de responsabilidad administrativa tampoco es aplicable a los daños expropiatorios, entendiendo por tales «los perjuicios directamente vinculados a la actuación expropiatoria» de la Administración, perjuicios que «deben ser objeto de valoración en el expediente de justiprecio» (STS 19 abril 2001, Ar. 3158, FJ 2). Ese no es el caso, sin embargo, de aquellos perjuicios que, aunque conectados con un expediente expropiatorio, tengan su origen en el funcionamiento de la obra pública o del servicio público que motivó la expropiación, perjuicios éstos separables de los puramente expropiatorios y reparables, por tanto, por la vía de la responsabilidad extracontractual (STS 11 octubre 2000, Ar. 8628, FJ 3).

Tampoco pueden considerarse daños administrativos extracontractuales los producidos dentro de la relación estatutaria o de servicios profesionales que vincula a la Administración con sus funcionarios o agentes (ej.: lesiones o fallecimiento de agentes de las fuerzas de seguridad pública por accidentes en actos de servicio). Tales daños tienen sus propios instrumentos de reparación a través del sistema de clases pasivas o por medio de coberturas propias de aseguramiento concertadas por la Administración. No obstante, dado el carácter supletorio y complementario del sistema general, cabe acudir a él cuando los daños sufridos por los agentes públicos e imputables a la Administración carecen por completo de un régimen específico de reparación o si la cobertura que ofrece dicho régimen es insuficiente y no alcanza a cubrir la indemnización de todos los daños.

3. Responsabilidad directa.

La Administración responde directamente ante terceros por los daños que causen los agentes públicos que forman parte de su organización, cualquiera que sea la naturaleza jurídica del vínculo que les una, ya se trate, por tanto, de autoridades públicas, funcionarios o empleados laborales, ya sean sujetos que de forma ocasional desempeñen funciones públicas (SSTS 11 noviembre 1998, Ar. 9024 y 23 diciembre 1998, Ar. 10381). La relación orgánica y de servicio identifica a los funcionarios y agentes públicos con la Administración y obliga a imputar a aquélla los daños causados por éstos.

No se trata, por tanto, de una simple responsabilidad indirecta por hecho de tercero o, menos aún, subsidiaria de una previa responsabilidad personal de sus agentes. La víctima del daño no está obligada a identificar al empleado público cuya conducta haya causado el daño, sino que puede y debe dirigir su reclamación directamente a la Administración (art. 145 LRJPAC), como también puede y debe hacerlo en los casos en que el daño se deba al funcionamiento impersonal o anónimo de los servicios públicos.

Con excepción de los daños causados por conductas estrictamente privadas y ajenas por completo a los servicios públicos, el funcionario queda al margen de toda responsabilidad directa frente al perjudicado. Hasta la Ley 4/1999 de reforma parcial de la LRJPAC, el dañado podía optar entre reclamar directamente la indemnización a la Administración o ejercer la acción de resarcimiento frente al funcionario culpable ante los tribunales civiles. Pero la citada Ley ha suprimido esta última posibilidad, por lo que la responsabilidad personal del funcionario queda limitada a la que, en vía administrativa de regreso, pueda exigirle la Administración que hubiese indemnizado directamente a los lesionados (art. 145.2).

La responsabilidad directa de la Administración tiene una sola excepción en nuestro ordenamiento: que la lesión patrimonial se haya producido por hechos delictivos de los agentes públicos en el ejercicio de sus cargos o funciones. En tal caso, si la víctima acumula a la acción penal la acción civil de resarcimiento de daños y perjuicios, el art. 121 CP dispone que el responsable directo es el agente público y la Administración sólo responde subsidiariamente.

No obstante, la excepción no es absoluta pues el ejercicio de la acción penal contra el funcionario no impide al perjudicado reclamar directamente a la Administración la indemnización correspondiente «conforme a las normas de procedimiento administrativo», reclamación cuya tramitación no se suspende por el ejercicio de la acción penal contra el funcionario, «salvo que la determinación de los hechos en el orden jurisdiccional penal sea necesaria para la fijación de la responsabilidad patrimonial» (art. 146.2 LRJPAC).

III. FUNDAMENTO DEL SISTEMA

1. La reparación de daños injustificados: calificación del sistema como objetivo.

Como ya se ha señalado, el fundamento del principio de responsabilidad patrimonial de la Administración, consagrado en el art. 106.2 CE y desarrollado en los arts. 139.1 y 141 LRJPAC, es la garantía del patrimonio de los particulares frente a los daños administrativos injustificados. La Constitución y la ley reconocen el derecho al resarcimiento de toda lesión administrativa que el perjudicado no esté obligado a soportar. La antijuridicidad o ilicitud del daño que convierte a éste en lesión indemnizable no es, en principio, un factor subjetivo y reprochable de la conducta dañosa sino un elemento objetivo del quebranto patrimonial sufrido por la víctima, si bien la génesis de ese elemento objetivo del daño indemnizable puede estar estrechamente asociada en la mayor parte de los casos a la ilicitud o anormalidad de la conducta administrativa.

El sistema de responsabilidad administrativa gravita, pues, sobre el dato objetivo de la lesión patrimonial antijurídica, no sobre la culpa de la persona física autora del daño. El perjudicado no está obligado a señalar al agente público causante del daño, ni a probar que en la actividad administrativa «hubo comportamiento voluntario, doloso o culposo, de la persona o personas que encarnan el Organismo Administrativo que lo produjo» (STS 27 marzo 1980, Ar. 2249). En consecuencia, «en el sistema español la responsabilidad de la Administración hay que calificarla como objetiva, al venir dada no tanto por una conducta culpable que hay que sancionar sino más bien por un quebranto patrimonial que hay que reparar».

La cláusula general incluye ante todo la anormalidad en el funcionamiento de los servicios públicos. Pero «anormalidad» del servicio público no es equivalente a conducta culpable de algún agente físico concreto. El funcionamiento anormal incluye, ciertamente, los daños causados por comportamientos ilícitos (dolosos o culposos) de los agentes públicos en el ejercicio de sus funciones, pero no está ligado en todos los casos a tales conductas ilícitas. La anormalidad comprende también, y sobre todo, el funcionamiento ilegal, irregular, anómalo, o si se prefiere, el funcionamiento objetivamente culpable del servicio público, aquél que se sitúa por debajo de los niveles legal o socialmente exigibles, culpabilidad ésta que puede presumirse en los casos más graves de ilegalidad o irregularidad desplazando a la Administración la carga de la prueba en contrario.

Se trata, por tanto, de una anormalidad objetiva u objetivada, de un funcionamiento objetivamente ilícito, que puede darse aun cuando no haya habido culpa subjetiva alguna reprochable a los agentes administrativos: «el carácter objetivo de la responsabilidad de la Administración –se afirma en la STS 28 marzo 2000, Ar. 4051– determina que la anormalidad en el servicio no debe necesariamente estar conectada a la existencia de una infracción subjetiva de los deberes de los funcionarios, sino que basta con demostrar que objetivamente existió una deficiencia, aun cuando fuera aislada (...)». Pero, claro está, el carácter objetivo del sistema de responsabilidad, así entendido y aplicado, ni excluye ni convierte en indiferente la anormalidad del servicio a los efectos de la imputación de daños a la Administración.

El sistema contiene un segundo criterio general de imputación, éste sí rigurosamente objetivo: el funcionamiento normal de los servicios públicos. Según este título de imputación, es posible poner también a cargo de la Administración los daños injustos causados a los particulares por dos tipos muy concretos de actividades administrativas lícitas: las actividades peligrosas que por exigencias del interés general crean riesgos de daños accidentales o fortuitos y las actividades cuasi- expropiatorias que causan sacrificios especiales en el patrimonio de los particulares.

La concurrencia de todos estos factores configuradores de nuestro sistema de responsabilidad extracontractual de la Administración (a saber: antijuridicidad objetiva del daño, responsabilidad por anormalidad objetivada del servicio público, sin conexión necesaria con culpa subjetiva alguna, y responsabilidad por riesgo fortuito o por sacrificio especial en ciertos supuestos dañosos lícitos o normales) permite calificarlo con naturalidad como un sistema de responsabilidad objetiva. Y así ha venido haciéndolo la doctrina y la jurisprudencia desde hace medio siglo hasta nuestros días.

En resumidas cuentas, si la culpa subjetiva de un agente físico no es el eje gravitatorio de la responsabilidad de la Administración (como sigue siéndolo, aunque con muchos matices y excepciones, en el ámbito del Derecho privado), está justificado calificar el sistema legal como objetivo.

2. Responsabilidad por culpa (hecho ilícito) y responsabilidad sin culpa (hecho lícito).

Ahora bien, que el sistema sea objetivo no significa que la culpa haya desaparecido del campo de la responsabilidad extracontractual de la Administración. Tampoco quiere decir que al valorar el daño sufrido por el perjudicado en cada caso concreto sea indiferente que la actuación administrativa haya sido lícita o ilícita. Ni menos aún que los criterios normativos de imputación englobados en la cláusula general –ilegalidad, culpa subjetiva, culpa objetiva, anormalidad, riesgo y sacrificio especial– puedan ser utilizados indistintamente, para trasladar la carga de la indemnización a la Administración.

Cada criterio normativo de imputación cumple su propia función y tiene su propio ámbito de aplicación, según cuál sea la actividad llevada a cabo o la situación creada por la Administración. Responsabilidad objetiva no es ni ha sido nunca responsabilidad indiferente a la culpa en todos los casos. Si lo fuera, el sistema de responsabilidad de daños administrativos se habría convertido en una gigantesca maquinaria de aseguramiento social frente a todo tipo de daños directa o indirectamente conectados a una actuación administrativa, en vez de ser sólo un mecanismo de imputación de los efectos patrimoniales de daños injustos a la Administración que los ha causado.

IV. LA IMPUTACIÓN DE DAÑOS

1. La cláusula general: el funcionamiento de los servicios públicos.

El deber de resarcimiento por parte de la Administración se extiende a todos los daños que tengan su origen en el funcionamiento de los servicios públicos: «sin tal funcionamiento previo –afirma el Tribunal Constitucional– no puede existir responsabilidad patrimonial, pues ésta se deriva de aquél» (ATC 169/2001). El significado de esta cláusula general de responsabilidad es equivalente al de «actuación administrativa». La expresión «servicios públicos» no se refiere a un modo o tipo concreto de la acción administrativa, distinto de la policía, el fomento, el planeamiento, la actividad arbitral, la intervención, la regulación o la supervisión, sino que abarca el conjunto de todas las actividades desarrolladas por los entes públicos en el ejercicio de sus potestades administrativas, cualesquiera que éstas sean. Funcionamiento de los servicios públicos es tanto como decir funcionamiento de la Administración como poder público en cualquiera de sus múltiples manifestaciones. Hay una correspondencia semántica entre la «actuación administrativa» cuya legalidad controlan los Tribunales de Justicia, según el apartado 1 del art. 106 CE (los del orden contencioso-administrativo, conforme al art. 9.4 LOPJ), y el «funcionamiento de los servicios públicos» cuyos daños son imputables a la Administración, según el apartado 2 del citado precepto constitucional.

Este sentido amplio ha sido constante en la interpretación jurisprudencial. «La frase servicios públicos está empleada en el sentido de hacer y actuar de la Administración como acto de gestión pública y refiriéndose a cualquier actividad de la Administración con tal carácter en donde pueda surgir la figura del daño injustificado para el particular y para aquélla la obligación de indemnizar» (STS 2 febrero 1968). La expresión funcionamiento de los servicios públicos es equivalente a «gestión administrativa en general» o «repetida actuación de la Administración pública como tal» (STS 14 noviembre 1969), «giro o tráfico administrativo» o «situación de hecho administrativa» (STS 28 enero 1972). Como se recuerda en la STS 23 diciembre 1998, Ar. 10381, «la jurisprudencia ha homologado como servicio público toda actuación, gestión o actividad, o tareas propias de la función administrativa, que se ejerce incluso por omisión o pasividad con resultado lesivo, volviendo a conectar (...) la idea de Administración Pública con actividad administrativa, y todo ello con la idea de servicio público». Un ejemplo de eventual responsabilidad por omisión es el señalado en la STC 140/1995 en la que el Tribunal Constitucional afirma que «si los poderes públicos no adoptaron las medidas adecuadas para proteger los derechos e intereses del particular, por ejemplo, no ejerciendo la protección diplomática cuando la misma sea procedente

(STC 107/1992, Fundamento Jurídico 3.º), pese a haberla solicitado, éste podrá eventualmente ejercitar una petición indemnizatoria ante los Juzgados y Tribunales españoles por la lesión sufrida en sus bienes y derechos (art. 106.2 CE)».

La cláusula general no incluye, obviamente, la actividad legislativa desarrollada por las Cámaras parlamentarias o excepcionalmente por el Gobierno, puesto que tal actividad en ningún caso puede entenderse como un servicio prestado por la Administración. Así lo ha declarado en reiteradas ocasiones el Tribunal Constitucional: «La actividad legislativa queda fuera de las previsiones del citado artículo constitucional [art.106.2] referentes al funcionamiento de los servicios públicos, concepto éste en que no cabe comprender la función del legislador» (STC 129/1987; también, SSTC 134/1987, 70/1988, 65/1990, 66/1990, 67/1990 y 112/2006). En esta última Sentencia constitucional 112/2006, dictada en el recurso de inconstitucionalidad interpuesto contra la Ley 21/1997, reguladora de las emisiones y retransmisiones deportivas, el Tribunal no ha dudado en sostener que «las Cortes Generales pueden acordar, en todo caso, la exclusión de la responsabilidad del legislador en la compensación de los perjuicios causados por la aplicación de la Ley 21/1997 (...) sin que a ello se oponga la regla prevista en el art. 106.2 CE, porque este precepto no se refiere en ningún caso a las normas con rango de ley, sin que quepa deducir del mismo la inconstitucionalidad de unas actividades que no pueden considerarse comprendidas en la categoría de "funcionamiento de los servicios públicos" (último inciso del citado artículo), categoría que se refiere, examinando el contexto en el que se formula, a los servicios administrativos, quedando excluido, con toda evidencia, el Parlamento mientras ejerza la potestad legislativa».

Por el contrario, dentro del concepto «servicios públicos» hay que entender incluida también la actividad materialmente administrativa, sujeta al Derecho administrativo que, de modo instrumental en el ejercicio de sus propias funciones públicas, desarrollan otras organizaciones que no son Administraciones públicas en sentido subjetivo (órganos constitucionales y estatutarios, órganos de gobierno del Poder Judicial, Corporaciones de Derecho público) cuyo control judicial corresponde asimismo a la jurisdicción contencioso-administrativa (arts. 1.3 y 2 c) LJCA).

2. Los actos políticos del Gobierno.

Los daños indemnizables pueden tener su origen también en actuaciones que el Gobierno puede adoptar en cumplimiento de sus funciones constitucionales. Desde la vieja Ley Santamaría de Paredes de 1888, la actividad política del Gobierno, que éste ejerce como órgano constitucional y no como órgano supremo de la Administración, cumpliendo, por tanto, funciones constitucionales de naturaleza distinta a las funciones administrativas de que también es titular, ha estado exenta de controles judiciales, sin perjuicio, no obstante, de las indemnizaciones derivadas de los daños causados por dicha actividad política, indemnizaciones nunca cuestionadas y cuya determinación tanto aquella ley como la LJCA de 1956 atribuían a la jurisdicción contencioso-administrativa.

El art. 2.º a) de la vigente LJCA de 1998 admite una fiscalización parcial de los actos de gobierno, limitada a los elementos reglados y a la protección de derechos fundamentales, manteniendo la regla tradicional de indemnizar los daños que tales actos gubernamentales puedan causar a los particulares y cuya determinación sigue correspondiendo al orden jurisdiccional contencioso-administrativo.

3. La actividad privada de la Administración.

En la legislación anterior a la Ley 30/1992, los daños causados por la actividad extracontractual de la Administración sujeta al Derecho privado –esto es, cuando la Administración hubiese actuado, en palabras de la STS 7 junio 1967, «como persona jurídica privada, igual que cualquier particular, sin hallarse revestida (...) de la prerrogativa o atributo de poder»–, quedaban excluidos del sistema general de responsabilidad administrativa, siendo exigible la responsabilidad por tales daños ante la jurisdicción civil con arreglo a las normas comunes del Código civil. Pero la vigente LRJPAC, sobre todo desde la redacción dada al art. 144 por la Ley 4/1999, ha venido a eliminar dicha dualidad de regímenes jurídicos y de vías de reclamación según que el daño fuese causado por uno u otro tipo de actividad extracontractual –pública o privada– de la Administración, unificando el resarcimiento de todos los daños causados por la Administración dentro del sistema general de responsabilidad administrativa.

Se ha producido, por tanto, una completa unificación del sistema de daños causados por la actividad de la Administración, sea cual sea la naturaleza, pública o privada, de la relación o de la situación jurídica extracontractual en cuyo seno se haya producido la lesión indemnizable. La unidad del sistema alcanza tanto a la vía administrativa de reclamación y a la competencia exclusiva de la jurisdicción contencioso-administrativa para conocer de las pretensiones de resarcimiento (exclusividad ratificada por el art. 9.4 LOPJ y el art. 2 e) LJCA), como al régimen jurídico aplicable a los daños indemnizables. Para el legislador, el dato relevante que justifica la unidad del sistema de reparación de daños administrativos es la lesión patrimonial antijurídica sufrida por el perjudicado, no la naturaleza pública o privada de la relación o situación extracontractual determinante del daño (STS 8 febrero 2001, Ar. 521).

V. ÁMBITO SUBJETIVO DE LA RESPONSABILIDAD

1. Sujeto activo: el perjudicado, titular del derecho a la indemnización.

El art. 106.2 CE y el art. 139.1 LRJPAC reconocen el derecho de indemnización a «los particulares» es decir, a toda persona física o jurídica privada que sufra una lesión administrativa en sus intereses patrimoniales. Pero la condición de «perjudicado» alcanza también a otros sujetos jurídicos que, en rigor, no cabe calificar estrictamente de «particulares», como pueden ser los funcionarios públicos o incluso los propios entes públicos que sufren un daño causado por otra Administración pública.

En cuanto a los funcionarios públicos, sólo pueden acogerse a las indemnizaciones del sistema de responsabilidad extracontractual si no cuentan con un régimen específico de indemnización o éste no alcanza a cubrir la completa reparación del daño administrativo sufrido.

Por lo que respecta a la consideración de las Administraciones públicas como sujetos indemnizables cuando el daño sufrido procede de otra Administración pública, el Tribunal Supremo ha sostenido que el término «particulares» debe ser objeto de una interpretación integradora que colme la que, a su juicio, es una laguna de nuestro ordenamiento, de modo que permita entender comprendidos dentro de dicho término legal no sólo a los sujetos privados sino también «a las distintas Administraciones Públicas, cuando una de ellas sufre una lesión en sus bienes o derechos que es consecuencia, en una relación directa de causa a efecto, del funcionamiento normal o anormal de los servicios públicos prestados por otra Administración Pública». Si la razón que justifica el resarcimiento de los particulares consiste en proteger sus patrimonios frente a los daños administrativos injustos «la misma razón debe impedir que tal resultado dañoso haya de ser soportado por una Administración Pública, que tiene su patrimonio propio, cuando el daño procede del funcionamiento de los servicios de otra Administración Pública, que es titular de un patrimonio distinto del de la Administración lesionada. El deber de indemnizar se basa en el mismo fundamento de justicia: evitar que una persona (pública o privada) haya de soportar la lesión o daño antijurídico producido por el funcionamiento de los servicios de una determinada Administración Pública» (STS 14 octubre 1994, Ar. 8741).

2. Sujeto pasivo: la organización pública autora del daño, titular del deber de indemnizar.

A) Las Administraciones Públicas.
Como ya se ha señalado, el sistema legal de responsabilidad administrativa es unitario y general y se aplica, por tanto, a todas las Administraciones Públicas, sean territoriales (Administración General del Estado, Administraciones autonómicas y Administraciones locales), sean instrumentales, dependientes o independientes, es decir, a todas las Entidades de Derecho Público que integran la organización administrativa conforme a lo dispuesto en el art. 2.2 de la LRJPAC. La personalidad jurídico-pública del ente que comporta su integración en la organización administrativa es el dato básico que determina la aplicación del régimen público de responsabilidad patrimonial.

Ningún problema plantea la aplicación del sistema legal de responsabilidad extracontractual a los organismos públicos instrumentales, adscritos a alguna Administración territorial, que sean titulares de la actividad o servicio causante del daño. Tampoco es discutible la sujeción a dicho sistema legal de las llamadas Administraciones independientes. Así lo ha declarado el Consejo de Estado en lo que concierne al Banco de España, el cual, cuando ejerce potestades administrativas, está sujeto a la LRJPAC, según disponen el art. 1.2 de su Ley de Autonomía (Ley 13/1994) y el art. 2.4 de su Reglamento Interno, de 28 de marzo de 2.000.

Por el contrario, quedan obviamente fuera del ámbito subjetivo de la Administración las actividades de sujetos privados que cuenten con una previa autorización administrativa. Y ello porque, como ha recordado la STC 206/1997, «la actividad autorizante es un mecanismo apto para levantar trabas que se oponen al obrar privado en función de la salvaguardia de los intereses generales y mal puede considerarse que exista una vinculación posterior de la Administración con una actividad sustancialmente privada, ni que la autorización concedida vincule al órgano autorizante con la actuación desarrollada por los particulares, que es y sigue siendo independiente de un control administrativo sustancialmente externo a ella».

B) Otros organismos públicos.
El sistema legal es también aplicable a los órganos constitucionales y estatutarios que desempeñan actividades administrativas instrumentales cuyo control corresponde, según el art. 1.3 LJCA, a la jurisdicción contencioso-administrativa. Dicho control no se limita a la simple anulación de actos y disposiciones sino que permite formular también pretensiones de indemnización y dictar sentencias de condena al resarcimiento de daños y perjuicios (artículos 31.1 y 71.1.d) LJCA).

Otro tanto cabe decir de las Corporaciones de Derecho Público, que no forman parte de la organización administrativa (no son Administraciones Públicas stricto sensu según los artículos 2 de la LRJPAC y 1.2 de la LJCA) pero cuyos actos y disposiciones adoptados en el ejercicio de funciones públicas pueden ser plenamente controlados por los órganos de la jurisdicción contencioso-administrativa (artículo 2 letra c) de la LJCA), control que incluye también la condena al resarcimiento de los daños causados en el desempeño de tales funciones públicas.

Más problemática es, en cambio, la aplicación del sistema de responsabilidad administrativa a los daños causados por los concesionarios y contratistas de obras y servicios públicos. El dato de su no integración en la organización administrativa lleva, en principio, a excluirlos de dicho sistema, salvo en los casos en que los daños deriven de cláusulas o medidas impuestas por la Administración concedente. Tal es la doctrina dominante del Tribunal Supremo. Así, por ejemplo, entre las resoluciones judiciales mas recientes, la STS de 12 de febrero 2000, Ar. 2172: «en los servicios públicos concedidos la indemnización corre a cargo del concesionario»; o la STS de 5 junio 2001, Ar. 5779: «producida la lesión en la prestación de un servicio público, mediante concesión, deviene de todo punto inexcusable la particular imputación al concesionario (...)».

VI. ÁMBITO OBJETIVO: LOS REQUISITOS DEL DAÑO

El daño indemnizable ha de reunir algunos requisitos: la Ley dispone que en todo caso, «el daño alegado habrá de ser efectivo, evaluable económicamente e individualizado con relación a una persona o grupo de personas» (art.139.2 LRJPAC).

Daño efectivo equivale a daño cierto ya producido. El daño es efectivo cuando se ha producido una minoración del patrimonio de un sujeto, lo que impide el ejercicio anticipado de la acción de resarcimiento sobre daños potenciales o futuros de cuya realización no hay certeza ni previsión razonable. La efectividad del quebranto patrimonial puede darse, sin embargo, no sólo en el daño emergente sino también en el lucro cesante o pérdida cierta y probada de beneficios comerciales, no así, en cambio, sobre las ganancias posibles «pero inseguras, dudosas o contingentes, por estar desprovistas de certidumbre y carácter de prueba rigurosa» (STS 18 octubre 1993, Ar. 7498; STS 12 junio 2001, Ar. 6803).

El requisito de la evaluabilidad económica concurre cuando el quebranto patrimonial sufrido por el particular es susceptible de ser cuantificado en términos económicos o monetarios, lo que deja fuera del ámbito de cobertura las simples incomodidades o los perjuicios puramente subjetivos, sin trascendencia económica apreciable, que a los particulares inevitablemente puede causar la acción de los poderes públicos.

Mayor problema plantea el resarcimiento de los daños morales (pretium doloris), aquellos que se traducen en un sufrimiento o dolor íntimo (muerte de un familiar, pérdida de prestigio profesional, desmerecimiento de la opinión pública, lesión de la dignidad personal, lesión del poder de autodeterminación personal, etc) que no guarda relación en sentido estricto con bienes o derechos de contenido patrimonial y que, por ello mismo, no es susceptible de estimación en el tráfico jurídico-económico. Junto a tales daños morales puros, sin conexión con lesiones de intereses patrimoniales, es frecuente que la acción administrativa dañosa afecte simultáneamente y de modo indistinto (o de difícil deslinde) a elementos patrimoniales y a bienes inmateriales o afectivos de naturaleza no económica.

Superada una primera etapa de rechazo, influida por la jurisdicción civil y por exigencias del principio de equidad, la jurisprudencia contencioso-administrativa ha venido admitiendo la indemnización de ambos tipos de daños morales como categoría propia e independiente de los demás perjuicios. Se advierte, no obstante, la dificultad de su cuantificación en cada caso concreto por carecer de módulos objetivos para valorar el pretium doloris, cuya operación «comporta la conversión de circunstancias complejas y subjetivas en una suma dineraria» (STS febrero 2000, Ar. 2171), por lo que tal valoración debe dejarse al prudente arbitrio del Tribunal de instancia.

El último requisito del daño consiste en su incidencia sobre patrimonios concretos y singularizados de una persona o de un grupo determinado de personas. Se excluyen así las cargas generales que la Administración impone al conjunto de los ciudadanos o a grupos indeterminados o indefinidos de personas al organizar libremente las obras y servicios públicos. Tales cargas generales, aun cuando sus efectos patrimoniales puedan dejarse sentir de modo desigual sobre unas u otras personas, no son quebrantos patrimoniales individualizados, sino exigencias derivadas de la vida en común que todos están obligados a soportar. La generalidad de la carga elimina la ilicitud del perjuicio y equipara este supuesto no indemnizable al de las limitaciones establecidas por normas generales que la Administración debe concretar en cada caso.

Puede no ser fácil, sin embargo, deslindar la carga social o colectiva del perjuicio patrimonial concreto e individualizado. Una medida administrativa puede conllevar, en efecto, una carga general para el conjunto de los ciudadanos y, por tanto, no ser indemnizable, pero puede también suponer un daño individualizable en el patrimonio de alguna persona concreta o de algún grupo concreto de personas. El problema se ha planteado singularmente en relación con la situación de los titulares de inmuebles colindantes a las vías públicas cuyo trazado es modificado por la Administración. El Tribunal Supremo sostiene que las incomodidades o molestias generales no son indemnizables pero sí lo es la privación del acceso a las fincas colindantes como consecuencia de las variaciones introducidas en las vías públicas, puesto que tal privación de acceso equivale a «la pérdida de un derecho que implica la reducción del patrimonio» de su titular (STS 8 junio 1982, Ar. 3618).

La Constitución y la ley protegen a los particulares frente a todo quebranto patrimonial que la Administración cause a éstos en cualquiera de sus «bienes y derechos». La referencia indistinta a los bienes y derechos significa que la protección alcanza no tanto a derechos subjetivos o intereses legítimos concretos, cuanto al conjunto de situaciones jurídicas de ventaja que integran el patrimonio de cada sujeto. Se garantiza la integridad del patrimonio y se protege el derecho a la integridad patrimonial de cada persona, cualquiera que sea el bien o derecho que haya resultado menoscabado por la acción administrativa (incluidos los bienes afectivos). Por no formar parte de dicho patrimonio, se excluyen de la garantía indemnizatoria las simples expectativas, los intereses aleatorios derivados del riesgo del mercado o las situaciones de ventaja uti universi que toda persona disfruta como ciudadano o como usuario de los servicios públicos.

Sin embargo, no todo quebranto patrimonial es indemnizable, no todo daño individualizado, efectivo y económicamente evaluable es merecedor de resarcimiento. Para ello es preciso además que el daño administrativo carezca de justificación legal. Desde el ángulo del perjudicado, el daño no está justificado y se convierte en lesión patrimonial indemnizable siempre que aquél no tenga el deber jurídico de soportarlo (art. 141.1 LRJPAC); desde el ángulo de la Administración, el daño es antijurídico si no concurre algún título o causa de justificación que le autorice a causarlo o le exima de su reparación.

La antijuricidad es, pues, un elemento objetivo del daño indemnizable. El perjudicado sufre una lesión injusta si el ordenamiento no le impone el deber de soportarla, en cuyo caso la Administración autora de tal lesión patrimonial viene obligada a repararla; por el contrario, si la norma que habilita a la Administración para actuar legitima al propio tiempo el sacrificio patrimonial que acompaña a la acción administrativa, el daño no es antijurídico, no es una lesión patrimonial de la que aquélla haya de responder. No hay antijuridicidad del daño cuando la ley o «el grupo normativo de ella derivado» justifican el quebranto patrimonial «de un modo explícito o implícito» (STS 25 febrero 1998, Ar. 1810). Deber jurídico de soportar el daño y deber de indemnizar son, pues, conceptos antitéticos. Si hay deber de soportar el daño porque la ley imputa al perjudicado las consecuencias lesivas de la actividad administrativa, no hay derecho al resarcimiento y, correlativamente, no hay deber de la Administración de reparar el daño.

Ahora bien, en los supuestos de daños causados por el funcionamiento anormal de los servicios públicos, la inexistencia del deber de soportar el daño viene determinada por la ilegalidad o anormalidad de la actividad administrativa. Los particulares no están obligados a sufrir efectos dañosos de comportamientos administrativos que vulneren la legalidad o que infrinjan los estándares de funcionamiento legal o socialmente exigibles. Por ello, aun en el caso de que la Administración contara con un título jurídico que justificaría inicialmente el daño causado, éste le sería también imputable siempre que su actividad estuviera viciada de ilegalidad o anormalidad. No es extraño por ello que el Tribunal Supremo haya sostenido que «el carácter objetivo de la responsabilidad no excluye que el carácter antijurídico del daño pueda inferirse de factores subjetivos de culpabilidad o del incumplimiento objetivo de normas o deberes» (STS 16 diciembre 1997, Ar. 8786, y 23 febrero 1999, Ar. 2038). En tal caso la antijuridicidad de la conducta administrativa neutraliza y deja sin efecto exoneratorio la causa o el título que ampararía la producción del daño patrimonial, convirtiendo a éste en lesión indemnizable que obliga a la Administración a asumir la carga de su reparación.

No obstante, las afirmaciones anteriores deben ser matizadas en los casos en que el funcionamiento anormal de la Administración se proyecte sobre decisiones económicas de los particulares que implican riesgos aleatorios libremente asumidos dentro de las reglas del mercado y cuyos resultados, positivos o negativos, dependen de tales decisiones y no del mejor o peor funcionamiento de los entes administrativos de regulación, supervisión o vigilancia del mercado en que tales decisiones son tomadas. La libre asunción del riesgo económico (empresarial, de inversión o de ahorro) genera el derecho a disfrutar de las ganancias, pero impone también en contrapartida el deber de soportar las pérdidas derivadas de las propias decisiones económicas adoptadas, haya o no ejercido correctamente la Administración las funciones de control o supervisión del mercado en el que tales decisiones se hayan producido.

En los casos de daños producidos por el funcionamiento normal de los servicios públicos, la antijuridicidad depende exclusivamente de la ausencia de alguna causa legal que justifique tales daños. La causa de justificación puede consistir ante todo en un título jurídico, previsto en alguna norma legal o reglamentaria que imponga al particular «la obligación de soportar la carga» (STS 3 enero 1979, Ar. 7) o «el perjuicio contemplado» (STS 13 enero 2000, Ar. 659), como puede ser, por ejemplo, la existencia de un contrato incumplido, la ejecución forzosa de actos administrativos o de resoluciones judiciales firmes (STS 13 enero 2000, Ar. 659), la prohibición o la sanción de actividades ilegales, la orden de cumplimiento de deberes legales o la concreción de limitaciones de derechos privados previstas legalmente con carácter general (STS 27 abril 2001, Ar. 4223), porque tales limitaciones «deben ser soportadas, en principio, por cada uno de los individuos que integran el grupo de afectados, en aras de interés público» (STS 25 febrero 1998, Ar. 1810).

En los casos de actividades que comportan riesgo o peligro de daños potenciales para los particulares, es también causa de justificación, que elimina la antijuridicidad del daño, el desplazamiento de dicho riesgo desde la Administración causante del daño al propio perjudicado. Tal desplazamiento del riesgo tiene lugar al menos en tres supuestos: 1) asunción voluntaria del riesgo por el perjudicado; 2) aceptación implícita del riesgo y de sus efectos dañosos por la conducta ilegal o culposa de la víctima y 3) ignorancia invencible del riesgo por la Administración.

En cuanto a este último supuesto, el art. 141.1 LRJPAC contiene un segundo párrafo (añadido por la Ley 4/1999, de 13 de enero) que excluye la indemnización de «los daños que se deriven de hechos o circunstancias que no se hubiesen podido prever o evitar según el estado de los conocimientos de la ciencia o de la técnica existentes en el momento de producción de aquellos, todo ello sin perjuicio de las prestaciones asistenciales o económicas que las leyes puedan establecer para estos casos». El precepto legal hace referencia a aquellos daños que se deriven de situaciones de riesgo que la propia Administración crea pero ignorando de modo invencible o excusable que el peligro de daño pueda producirse a la luz de los datos suministrados por los conocimientos científicos o técnicos. Son los llamados «riesgos del progreso» que surgen de modo singular en el campo de los tratamientos médicos, con ocasión de la aplicación de nuevas terapias más avanzadas y eficaces para alcanzar los resultados sanitarios perseguidos pero con desconocimiento de eventuales consecuencias o secuelas perjudiciales, inexistentes hasta ese momento, o con fracaso inexplicable del resultado perseguido por el acto médico. Hay aquí también desplazamiento del riesgo hacia el perjudicado porque éste puede exigir información previa de los riesgos conocidos, pero no de los desconocidos; puede exigir el empleo de los medios necesarios conocidos para prevenir, evitar o limitar el daño, pero no tiene derecho a exigir el uso de medios preventivos frente a riesgos ignorados. Así lo ha entendido la jurisprudencia de la Sala 3.ª del Tribunal Supremo a partir de la importante Sentencia de 31 de mayo de 1999 (Ar. 6154), en la que se declara que «los daños derivados de una legítima actuación administrativa, que no se hubiesen podido prever o evitar según el estado de los conocimientos de la ciencia o de la técnica existentes en el momento de producción de aquellos, son un riesgo que el perjudicado debe soportar».

III
Un estatuto del profesorado universitario a la espera

José María Souvirón Morenilla
Catedrático de Derecho Administrativo
Universidad de Málaga

INTRODUCCIÓN

El Ministerio de Ciencia e Innovación (Secretaría de Estado de Universidades) hizo pública el 10 de noviembre pasado una Propuesta de Borrador de Real Decreto por el que se regula el Estatuto del Personal Docente e Investigador de las Universidades Españolas, que lógicamente ha suscitado el interés de la comunidad universitaria [2]. No en vano sus previsiones podrían afectar de manera sustancial al actual régimen del profesorado universitario, aunque es lo cierto que sus vicisitudes y alcance son poco conocidas por la comunidad docente. Por lo demás, las autoridades universitarias tampoco han llevado la cuestión a sus claustros o Consejos de Gobierno, aunque institucionalmente hayan elevado sus observaciones al respecto al Ministerio [3].

La cuestión, sin embargo, es relevante. Por ello conviene analicemos dicho Borrador que, antes o después, y con las modificaciones que procedan, podría ser aprobado, pues sería bueno no sucediera en este caso lo ocurrido con los nuevos planes de estudios del modelo de Bolonia: que las críticas o los problemas se evidenciaran justo cuando ya se llevaban años preparando su puesta en práctica.

De la rúbrica de dicho Borrador de Estatuto podría sacarse la impresión de que el mismo regula el profesorado de todas las Universidades españolas, pero no es así. Es un estatuto del personal docente e investigador (PDI) de las Universidades públicas y, además, aplicable tan sólo parcialmente al profesorado contratado de estas Universidades. En todo caso el interés del Borrador es evidente, pues se

---

[1] ABREVIATURAS: AYU: Ayudante; CEU: Catedrático de Escuela Universitaria; CRUE: Conferencia de Rectores de las Universidades Españolas; CU: Catedrático de Universidad; EBEP: Estatuto Básico del Empleado Público; LOMLOU: Ley Orgánica 4/2007, de modificación de la Ley Orgánica de Universidades; LOU: Ley Orgánica 6/2001, de Universidades; PA: Profesor Asociado; PAD: Profesor Ayudante Doctor; PCD: Profesor Contratado Doctor; PDI: Personal Docente e Investigador; PTEU: Profesor Titular de Escuela Universitarias; PTU: Profesor Titular de Universidad; PV: Profesor Visitante; UIMP: Universidad Internacional Menéndez Pelayo; UNED: Universidad Nacional de Educación a distancia.

[2] La existencia de un Estatuto del PDI fue reclamada por los Rectores de las Universidades españolas en sus propuestas sobre el Anteproyecto de Ley de Modificación de la LOU. Vid. al respecto D. CAMARA DEL PORTILLO, “La reforma de la LOU en materia de profesorado”, VII Seminario sobre aspectos jurídicos de la gestión universitaria, Burgos, 2005.

[3] Documento de la Comisión Académica Sectorial de las Universidades Españolas (CASUE), de la Conferencia de Rectores de las Universidades Españolas (CRUE), Las Palmas, 17 de noviembre de 2008.

inscribe en una reforma de la normativa –y del sistema- universitarios todavía en gran medida en curso y además viene a concretar en el ámbito universitario las novedades introducidas por el Estatuto básico del Empleado Público de 2007.

Como es sabido, la Ley Orgánica 6/2001, de 21 de diciembre, de Universidades (LOU) (que derogó a la Ley de Reforma Universitaria de 1983) fue, a su vez, objeto de una enjundiosa modificación por la Ley Orgánica 4/2007, de 12 de abril (en adelante LOMLOU): en algunos apartados, para optar por otras soluciones (por ejemplo, sustitución del sistema de habilitación para el acceso a los cuerpos docentes universitarios, por el de acreditación previa [4]); en otros, para proseguir y aun enfatizar las líneas de la LOU (así en lo que respecta al llamado Espacio Europeo de Educación Superior o el papel a jugar por la Universidad en la transferencia del conocimiento). El hecho es que, modificada la LOU por la LOMLOU y derogadas algunas normas reglamentarias dictadas en aplicación de aquélla, el marco reglamentario del régimen de las Universidades, en los apartados centrales de su función, se ha actualizado a través del Real Decreto 1393/2007, de 29 de octubre, por el que se establece la ordenación de las enseñanzas universitarias oficiales (BOE del 30), así como por dos Reales Decretos sobre el profesorado: los Reales Decretos 1312/2007, de 5 de octubre, por el que se establece la acreditación nacional para el acceso a los cuerpos docentes universitarios (BOE del 6) y 1313/2007, de la misma fecha, por el que se regula el régimen de los concursos de acceso a los cuerpos docentes universitarios (BOE del 8 de octubre).

En materia de profesorado queda, no obstante, por ultimar la actualización reglamentaria de su régimen, adaptada a la modificación de la LOU; en particular en lo que al profesorado universitario funcionario respecta. Una actualización objeto de esta específica previsión de la LOMLOU: que el Gobierno, en el plazo de un año, debía "aprobar mediante Real Decreto el Estatuto del personal docente e investigador universitario, que incluirá la regulación de una estructura de carrera funcionarial que esté basada en la obtención de méritos docentes o investigadores, así como las condiciones en las que los profesores o investigadores funcionarios universitarios podrán participar en la gestión y explotación de los resultados de su investigación" (Disp. Ad. 6ª LOMLOU).

---

[4] El sistema de habilitación previa fue objeto de crítica, sustantiva (por venir a ser una especie de concurso-oposición pero sin ingreso en el Cuerpo), y formal (por su inoperatividad y falta de funcionalidad). Vid. al respecto J.M. RODRIGUEZ GONZALE y F.L. HERNÁNDEZ GONZALEZ, "Consideraciones sobre el acceso a los cuerpos de funcionarios docentes universitarios", VI Seminario sobre aspectos jurídicos de la gestión universitaria, Universidad de Málaga, 2004.; y D. CAMARA DEL PORTILLO, cit., quien recoge como la CRUE, en su asamblea del 25 de enero de 2006, y ante el Anteproyecto de LOMLOU, valoró positivamente la sustitución del sistema de habilitación por el de acreditación.

El Borrador del Estatuto que vamos a analizar quiere dar cumplimiento a esa determinación, pero lógicamente debía hacerlo a la vista también de lo que al PDI de las Universidades pudiera afectar lo dispuesto en la Ley 7/2007, de 12 de abril, del Estatuto básico del Empleado público (en adelante EBEP), ley ésta de la misma fecha que la LOMLOU.

Voy a hacer, pues, un análisis del contenido de dicho Borrador con el fin de sintetizar sus previsiones fundamentales y novedades más relevantes, a cuyo fin seguiré el propio orden sistemático del Borrador [5], para después efectuar algunas consideraciones finales de fondo.

I. OBJETO Y ÁMBITO DE APLICACIÓN.

Dentro de su capítulo I ("Disposiciones generales") el art.1 del Borrador declara como objeto del mismo el régimen jurídico del personal docente e investigador perteneciente a los cuerpos docentes universitarios previstos en el artículo 5 y 6 LOU, es decir, los cuerpos de CU y PTU [6]. Pero, no obstante lo anterior, establece el Borrador que el PDI universitario contratado se regirá también por las disposiciones del mismo que les sean de directa aplicación, sin perjuicio de lo establecido en el EBEP y de las competencias de las Comunidades Autónomas.Así, pues, una aplicación integral del Borrador al PDI universitario funcionario, y sólo parcial al PDI contratado.

No incluye el Borrador un preámbulo explicativo, ni una referencia a su habilitación normativa. No obstante, es claro que, contemplada por el EBEP - siguiendo los precedentes anteriores- la existencia de una regulación específica para el PDI universitario, que habría sido concretada por el Título IX de la LOU, el Borrador que analizamos vendría ahora a desarrollar esa regulación específica [7].

---

[5] Un documento de 36 páginas, con 8 capítulos, 33 artículos, 2 disposiciones adicionales (dedicadas al profesorado de la UNED y de la UIMP) y otras 2 transitorias (dedicadas a los CEU y TEU).

[6] Incorpora además las reglas sobre la integración en estos cuerpos o eventual permanencia en su situación previa de los funcionarios de los precedentes cuerpos de CEU y PTEU, según prevén las disposiciones adicionales 1ª y 2ª de la LOMLOU.

[7] El EBEP resulta aplicable al personal funcionario y, en lo que proceda, al personal contratado de las Universidades públicas. Pero en aplicación del mismo al personal investigador pueden dictarse normas singulares. Por lo demás, el personal docente se regirá -en primer término- por la legislación específica dictada por el Estado y las Comunidades Autónomas en el ámbito de sus respectivas competencias, así como por lo previsto en el EBEP, excepto el capítulo II del Titulo III (carrera profesional y promoción interna), salvo el art.20 (evaluación del desempeño), y los arts. 22.3, 24 y 84, relativos estos a las retribuciones complementarias y la movilidad voluntaria entre Administraciones (art. 2º.1 y 2 EBEP).
Por su parte, la LOU establece el sistema de fuentes aplicable al PDI universitario en estos términos. El profesorado funcionario se regirá por las bases establecidas en esta ley y en su

Por otra parte, y sin duda como antesala de la regulación de su estructura que efectúa a continuación, el Borrador regula (art. 2) las relaciones de puestos de trabajo del PDI universitario, recogiendo junto a lo ya establecido por la LOU (arts. 70 y 71), el recordatorio de que el PDI funcionario no podrá ser inferior al 51 por 100 del total del PDI de la Universidad [8], así como la posibilidad, también prevista en la LOU [9], de que las Universidades modifiquen sus relaciones de puestos de trabajo por ampliación de las plazas existentes o por minoración o cambio de denominación de las vacantes.

---

desarrollo, por las disposiciones que en virtud de sus competencias dicten las Comunidades Autónomas, por la legislación general de funcionarios y por los Estatutos de las Universidades (art. 56.2. LOU).

Para el PDI contratado, la LOU establece que el régimen de las modalidades de contratación laboral específicas del ámbito aniversario (las figuras de AYU, PAD, PDC, PA y PV) será el establecido en la LOU y en sus normas de desarrollo, y supletoriamente el del Estatuto de los Trabajadores y sus normas de desarrollo, pudiendo las CCAA, en los términos de la LOU y en el marco de sus competencias, establecer el régimen del PDI contratado (art. 48.2 y 6 LOU).

Como es sabido, las previsiones de la LOU de 2001 sobre el régimen aplicable al PDI contratado y la habilitación a tal fin a las Comunidades Autónomas motivaron una cierta confusión y más una crítica. Primero, por los términos en que esa habilitación las CCAA se contemplaba en la LOU; en concreto:" En los términos de la presente Ley y en el marco de sus competencias, las Comunidades Autónomas establecerán el régimen del personal docente e investigador contratado de las Universidades". Cuestión central a este respecto era si de esa manera (entendiendo que con ello se habilitaba a las CCAA para regular el régimen laboral del PDI universitario contratado, y visto el carácter de competencia exclusiva del Estado en materia de "legislación laboral", art. 149.1. 7ª CE), la LOU había efectuado a favor de aquéllas una transferencia o delegación de competencias o sólo venía a reconocer su competencia de ejecución. Se trataba, en mi opinión, de un debate mal planteado, pues precisamente dada esa previsión del art. 149. 1.7ª CE, entiendo no cabía derivar que la LOU estuviera contemplando o reconociendo ninguna competencia de las CCAA en materia de normación laboral, sino en materia de régimen universitario de dicho profesorado contratado (perteneciente a otra materia a caballo del 149.1.18ª CE y del 27 y 149.1.30ª CE). Por eso mismo la LOU decía" "En los términos de la presente Ley y en el marco de sus competencias...".

Pero el hecho es que esa habilitación a las CCAA dio lugar a una muy diversa regulación por las CCAA del régimen del PDI contratado (para la UNED Por Real Decreto), al punto de que la situación pudo calificarse de "caótica" (BINTANEL GARCÍA). Por lo demás quedaba también como cuestión pendiente la correlación de esas previsiones de la LOU con las del Estatuto de los Trabajadores, y en concreto el carácter de la relación laboral de dicho PDI (¿relación especial, relación sujeta a regulación específica?).Vid. al respecto BENILDE ROSA BINTANEL GARCIA, "Regulación del PDI contratado de las Universidades públicas", VI Seminario sobre Aspectos jurídicos de la Gestión Universitaria, Málaga, 2004; y CAMARA DEL PORTILLO, cit.

La solución dada en la reforma de la LOU por la LOMLOU (arts. 48.2 y 6 de la LOU reformada) parece clarificar la cuestión: aplicación de la LOU y sus normas de desarrollo en cuanto regulación de unas modalidades de contratación específica (y supletoriamente del Estatuto de los Trabajadores y sus normas de desarrollo), quedando habilitadas las CCAA, en el marco de la LOU –por tanto no habilitadas por ésta, pero debiendo respetar lo que la misma y sus normas de desarrollo establezcan- para establecer el régimen del PDI contratado (entiendo que no el régimen contractual, sino el universitario), por ello mismo dentro de sus competencias de desarrollo legislativo y ejecución.

[8] Porcentaje ya establecido, aunque referido al PDI contratado, en la LOU: éste no podrá superar el 49% del total del PDI de la Universidad, ni el PDI con contrato laboral superar el 40% de la plantilla docente (art. 48. 4 y 5 LOU)

[9] Art. 70.3 LOU.

Incluye, no obstante, el Borrador algunas precisiones respecto de lo establecido en este punto por la LOU (art.70 de ésta). Así la necesaria publicación de las relaciones de puestos de trabajo "en el instrumento oficial correspondiente" y su disponibilidad por los ciudadanos que las soliciten; la restricción de esa posible modificación de las relaciones de puestos de trabajo a sólo el caso de las plazas de PDI funcionario (el art.70.3 LOU no distingue); y el que las Universidades, en la planificación de sus recursos promoverán medidas y acciones que garanticen una efectiva igualdad de género. Para conseguir este objetivo, los comités de selección y evaluación del personal deberán contar con una representación equilibrada de hombres y mujeres, debiendo las Universidades, en el plazo de un año a partir de la aprobación de este estatuto del PDI, concretar las correspondientes medidas y acciones [10].

II. LA ESTRUCTURA DEL PERSONAL DOCENTE E INVESTIGADOR UNIVERSITARIO.

Establecida por la LOU (y la LOMLOU que la modificó) una dualidad en el PDI de las Universidades públicas (funcionarios de los cuerpos docentes universitarios, y personal contratado), el Borrador específica en su capítulo II la estructura de esos dos grandes sectores del profesorado universitario.

1.PDI funcionario

El art 3 del Borrador precisa que los puestos reservados al PDI funcionario perteneciente a los cuerpos docentes del art. 56 LOU (o sea, CU y PTU) "podrán desempeñarse preferentemente por funcionarios de carrera o, en su caso, funcionarios interinos en los términos establecidos en el art. 10 de la Ley 7/2007, de 12 de abril por la que se regula el Estatuto básico del Empleado público" (el profesorado interino es regulado por el posterior art. 27).

2.PDI contratado

La LOU (tras su modificación en 2007) dedica al PDI universitario contratado sus arts. 48-55, facultando a las Universidades públicas para celebrar los correspondientes contratos y estableciendo estas distintas modalidades de contratación laboral:

---

[10] Determinaciones éstas en la línea de lo establecido por la LOMLOU de 2007, que en su E. de M. se refiere a que "la igualdad de hombres y mujeres debe alcanzar, sin duda, a la Universidad". Concretamente, el art. 13 de la LOU reformada determina que "los estatutos- de las Universidades- establecerán las normas electorales aplicables, las cuales deberán propiciar en los órganos colegiados la presencia equilibrada entre hombres y mujeres".

- las específicas del ámbito universitario, que se corresponden con las figuras de Ayudante, Profesor Ayudante Doctor, Profesor Contratado Doctor, Profesor Asociado y Profesor Visitante
- "las modalidades previstas por el Estatuto de los Trabajadores para la sustitución de trabajadores con derecho a reserva del puesto de trabajo" y
- la posibilidad de contratar personal investigador, técnico u otro personal, a través del contrato de trabajo por obra o servicio determinados, para el desarrollo de proyectos de investigación científica o técnica [11].

Pues bien, el Borrador en su regulación del PDI contratado, distingue, no obstante, entre "profesores contratados" (art.4) y "otro personal docente e investigador" (art.5).

2.1. Profesores contratados

Incluye el Borrador en su art. 4 al PDI contratado bajo las citadas modalidades específicas previstas por la LOU (AYU, PAD, PCD, PA, PV) [12] o "mediante las otras genéricas previstas en el Estatuto de los Trabajadores en los supuestos de sustitución o relevo", reiterando algunas determinaciones de la LOU al respecto, como la necesidad para ser contratado como PAD o PCD de la previa evaluación positiva de la actividad del candidato [13].

Pero añade estas determinaciones:
- Faculta a las Universidades para contratar, además de bajo las citadas figuras específicas (AYU, PAD, etc):
  a) Profesores Colaboradores en las condiciones previstas en el Real Decreto 989/2008, de 13 de junio [14].
  b) Profesores eméritos conforme al art. 54 bis LOU.
- Precisa que "las Universidades podrán, además, contratar profesores previstos en los números anteriores para cubrir las vacantes producidas por el cese

---

[11] La LOU establece: contratación del PDI por concurso público (salvo los Profesores Visitantes), siendo mérito preferente el estar "acreditado", y regula las citadas figuras contractuales específicas del ámbito universitario (arts. 49-54 bis LOU).

[12] La E. de M. de la LOMLOU de 2007 dice seguir las pautas de la LOU de 2001 estableciendo estas modalidades contractuales específicas del ámbito universitario "que no pueden subsumirse en las figuras previstas en la legislación laboral general", aunque con una definición más precisa de su especificidad. Argumenta, por lo demás, que para estas figuras es necesario establecer "mecanismos de temporalidad que favorezcan el desarrollo del proceso académico".

[13] Precisa que se considerará han obtenido dicha evaluación positiva los profesores funcionarios de carrera de los cuerpos docentes universitarios y quienes hayan obtenido la acreditación para acceder a éstos.

[14] La LOU, en su texto originario de 2001, recogía la figura del Profesor Colaborador, a contratar por las Universidades para impartir enseñanzas en determinadas áreas de conocimiento que estableciera el Gobierno, previa su evaluación favorable de la ANECA o correspondiente órgano autonómico de evaluación (art. 51 LOU). Pero la LOMLOU de 2007 dejó sin contenido este artículo; en suma, suprimió la figura. No obstante, estableció que quienes estuvieran contratados

temporal de la prestación de servicios con independencia de que el motivo del cese temporal suponga o no reserva del puesto de trabajo" [15].

Este artículo 4 del Borrador recuerda, en fin, que las condiciones de acceso, duración de los contratos y régimen de los profesores contratados serán los establecidos en la LOU (arts.48-54), en lo previsto en la legislación laboral, en las disposiciones de las CCAA y en los convenios colectivos del sector, así como que el procedimiento de selección será abierto y regido por los principios de mérito y capacidad.

2.2. Otro personal docente e investigador

Bajo esta rúbrica concreta el Borrador (art. 5) la posibilidad contemplada por la LOU de contratar personal investigador, técnico u otro personal a través del contrato de trabajo por obra o servicio determinados.A tal fin especifica la necesaria duración determinada del contrato; que la contratación será " a través de programas nacionales o autonómicos específicos para el desarrollo de proyectos de investigación científica, técnica o artística, de innovación pedagógica, transferencia del conocimiento, encargos docentes especializados de duración limitada y otras actividades académicas de carácter temporal o discontinuo"; y sobre todo orientando las modalidades de contratación -pues dice pueden ser otras – hacia una serie de figuras que expresamente menciona [16]:

---

como Profesores Colaboradores conforme a la LOU podrían seguir en el desempeño de sus funciones y, si poseían el título de Doctor o lo obtenían posteriormente, y obtenían además la evaluación positiva prevista en el art 52.a) LOU, accederían directamente a la categoría de Profesor Contratado Doctor en sus propias plazas (disp.ad. 3ª LOMLOU).

Por lo demás, la misma LOMLOU (disp. transitoria 2) estableció que el Gobierno determinaría las condiciones y plazo en los que, de forma excepcional, las Universidades podrían contratar Profesores Colaboradores entre Diplomados, Arquitectos Técnicos o Ingenieros Técnicos, que en todo caso deberían contar con informe favorable de la ANECA u órgano de evaluación autonómico. Pues bien, el R.D. 989/2008, de 13 de junio, ha dado cumplimiento a las anteriores previsiones fijando como plazo final para que las Universidades convoquen los correspondientes concursos para la contratación de tales Profesores Colaboradores, el 13 de mayo de 2013.

[15] Es este último un precepto ciertamente genérico, que parece ampliar el estricto supuesto contemplado por la LOU (sustitución de trabajadores con derecho a reserva del puesto de trabajo), y en teoría en términos alternativos –pues habla de vacantes- al nombramiento de interinos, aunque acotando tal posibilidad con la necesaria duración determinada del contrato y porque su objeto será cubrir las actividades académicas "en situaciones excepcionales de emergencia".

[16] a) Contratos para investigadores doctores financiados por programas nacionales, autonómicos o sectoriales específicos dirigidos a la captación de recursos humanos de excelencia.
b) Contratos para investigadores doctores o no doctores, asociados a proyectos de investigación y /o desarrollo con financiación pública o privada.
c) Contratos para PDI de apoyo a la investigación, asociados a proyectos con financiación pública o privada.
d) Contratos para PDI de apoyo a los procesos de enseñanza aprendizaje, asociados a proyectos con financiación pública o privada, o a convocatorias propias de las Universidades (que incluyen el apoyo a la innovación educativa).

Se trata de figuras vinculadas a una financiación adicional (de programas o proyectos) [17] y que resultan interesantes desde los objetivos de innovación, dinamización y competitividad que presiden la LOU (sobre todo tras la LOMLOU de 2007 que la reformó).Ahora bien, consagradas por el estatuto del PDI, tales figuras podrían, no obstante la ambigüedad de su régimen [18], dar lugar a nuevos segmentos de PDI universitario establecidos así a nivel reglamentario; como revela su integración en la Universidad [19].

3. La evolución de la estructura del PDI

A la vista de lo expuesto parece oportuno reparemos en la evolución de la estructura del PDI universitario y la incidencia que sobre la misma podría tener este posible Estatuto futuro.

La LRU de 1983 estableció un sistema funcionarial matizado:4 figuras de PDI funcionario – CU, TU, CEU, TEU-, a las que se añadía el profesorado no funcionario, regido por contrato administrativo y con un límite global de éste del 20%-30% sobre el total del PDI en cada Universidad. Posteriormente la LOU de 2001 sesgó ese sistema hacía un modelo tendencial mixto (aparición de las figuras contractuales sujetas a régimen laboral, algunas, como los PCD, con plena capacidad docente e investigadora, y ampliación del total del personal contratado al 49%). Para ahora, tras la reforma de la LOU por la LOMLOU de 2007 (si bien ésta suprimió los cuerpos de CEU y TEU), y en una línea ya indiciada en aquélla (sobre todo con la aparición del PDI de régimen laboral), darse pie a todas esas figuras contractuales que acabamos de glosar.

Pues bien, el resultado podría ser la segmentación del PDI universitario en un conjunto muy diverso de categorías. En efecto, si el Borrador viera la luz como Real Decreto en sus actuales términos la estructura del PDI incorporaría: 2 cuerpos de funcionarios, CU y TU (más los CEU y TEU que no se integren en aquéllos); 7 figuras contractuales LOU: AYU, PAD, PCD, PA, PV (más los Eméritos, y los colaterales Profesores Colaboradores, también subsistentes e incluso susceptibles de nuevos contratos por las Universidades hasta el año 2013); los funcionarios interinos; los sustitutos contractuales; y esas posibles 4 figuras de investigador y PDI articuladas a través del contrato por obra y servicio determinados.Si a eso

---

17 Por eso el Borrador precisa que la duración del contrato y sus condiciones serán las establecidas por la convocatoria de financiación a que se adscriban (art. 5.3).

18 El Borrador establece que este personal "tendrá los derechos y deberes que les correspondan por ley, según su tipo de contrato" (art. 5º.4).

19 El art.5.5. del Borrador establece que "las Universidades regularán el régimen de participación en las actividades académicas de este personal, asegurando en todo caso su consideración y su integración total en la Universidad durante el periodo en que esté vinculado a la Universidad. Igualmente, las Universidades incluirán a este PDI en los procesos electorales atendiendo a la naturaleza de su vinculación temporal con la Universidad".

añadimos los 3 grados de ascenso previstos, como vamos a ver, por el Borrador para cada uno de los Cuerpos docentes universitarios, nos encontraríamos con 19 posiciones distintas dentro de la estructura del PDI [20]. Y todo ello cuando sólo tales grados de ascenso corresponden a una carrera profesional legalmente ordenada (como veremos establece el Borrador), apareciendo las restante figuras como un prolegómeno no estrictamente reglamentado o un sector colateral al de los Cuerpos. Pero, es más, siendo así, el hecho es que tantas y tan variadas categorías o figuras no están diferenciadas en sus funciones, pues de todas ellas se predica un mismo tipo de actividad (docencia, investigación, gestión, participación institucional, innovación y transferencia de conocimiento) aunque, eso sí, con un principio tendencial hacia tal diferenciación funcional a través de las "orientaciones" a que luego me referiré.

El cuadro descrito se muestra ciertamente propicio a la crítica. Con ocasión del Anteproyecto de LOMLOU los sectores directamente interesados formularon propuestas de distinto signo al respecto. Los Rectores [21] postularon el mantenimiento de la figura de PCD –por su estabilidad-, pero rechazaron que las CCAA pudieran regular contratos permanentes para no Doctores (lo que con la LOMLOU y el Estatuto proyectado sólo a medias se cumpliría, dado el tenor del art. 5 de éste, según hemos visto); insistieron en la necesidad de un contrato de sustitución para afrontar las incidencias derivadas de diversas contingencias (enfermedad, maternidad, etc.) del profesorado, algo resuelto por la LOMLOU y el Borrador que comentamos; y en que se regulara el personal investigador en formación (o sea los becarios de FPI), algo no abordado por la LOMLOU ni este Borrador; y en todo caso llamaron la atención sobre la necesidad de evitar que como consecuencia de la regulación de las CCAA se produjeran una proliferación de figuras de PDI. Por su parte, y frente a esa posición posibilista de los Rectores, los sindicatos se mostraron mucho más radicales al pedir la reducción de los cuerpos docente y una simplificación de las figuras contractuales [22], algo que la LOMLOU sólo siguió con la efectiva supresión de los Cuerpos de CEU y TEU.

---

[20] Es más, al parecer, en la negociación entre el Ministerio y los sindicatos ha aparecido la posibilidad de que aquél opte porque el Estatuto recoja nada menos que 6 niveles (uno de entrada más otros cinco) por cada Cuerpo.

[21] Propuesta de la Asamblea de la CRUE del 25 de enero de 2006.

[22] FETE-UGT proponía la existencia de un único Cuerpo de Profesores de Universidad, con 3 niveles de promoción y grados personales: Catedrático (nivel 30), Titulares (29) y Titulares no Doctores (27), con promoción dentro de ese Cuerpo único, desde Titular a Catedrático tras 3 años de servicio y evaluación de una Comisión nacional. Junto a ello tan sólo 2 perfiles de PDI contratado: Profesorado en Formación (Profesores Ayudantes con 4 más 4 años de contrato) y Profesorado contratado no estable (PCD temporal, Asociados, Visitantes y Eméritos). Así pues, una clara línea funcionarial, reforzada con la propuesta de que los Ayunantes no podrían superar el 16 por 100 de la plantilla ni los contratados no estables el 20 por 100.

Por su parte CCOO proponía 5 figuras de PDI: 2 Cuerpos (Profesores Doctores y no Doctores, con dos niveles cada Cuerpo, y 2 figuras contractuales estables (PCD y PC), más una figura de Profesor en Formación (Ayudantes). Junto a ello admitía una gran apertura para el sistema al admitir que cada Comunidad Autónoma decidiera por sí el modelo funcionarial, laboral o mixto que estimara oportuno para sus Universidades. Vid. al respecto, CAMARA DEL PORTILLO, cit.

Dados tales antecedentes, la posición de los citados sectores ante la diversificación y segmentación de las figuras del PDI que el Borrador de Estatuto incorpora, y en especial ante las previsiones del art. 5 del mismo, no podía ser muy favorable. Así los Rectores, ahora ante dicho Borrador, han alertado sobre el exceso de figuras de PDI que el mismo recoge [23]. Por su parte los sindicatos han reclamado se evite la dispersión de contratos innecesarios que invaden las competencias del profesorado actual y su cualificación (reclamación, por ejemplo, del CSIF) y dado un rotundo no a la contratación por obra y servicio para realizar docencia (posición, por ejemplo, de CCOO), en suma, dos claras negativas al contenido del art. 5 del Borrador.

III. DERECHOS Y DEBERES DEL PDI UNIVERSITARIO

El capítulo III del Borrador (arts.6 y 7) regula los "Derechos y deberes del personal docente e investigador universitario".

1. Derechos

El Borrador reconoce al PDI universitario "los derechos tanto individuales como ejercidos de forma colectiva, reconocidos en la Ley 7/2007, de 12 de abril", o sea, el EBEP [24] (6.2.). Pero, antes, y específicamente, enumera los que, "en el ámbito del presente estatuto" le corresponden (art. 6.1, letras a) a r).Tales derechos se predican en general –sin distingos en el texto- del "personal docente e investigador", por tanto de todo el PDI universitario, tanto funcionarial como contractual, y sin especificaciones por razón del Cuerpo docente, figura contractual, categoría, etc., ni aún por su correlación con la plena capacidad docente e investigadora que la LOU no reconoce expresamente a todas esas categorías.

La relación de derechos es prolija y dispar en cuanto a su contenido y alcance[25], por lo que me limitaré a sólo unas consideraciones al respecto. El derecho a la carrera profesional y a la formación continúa y la actualización permanente de

---

[23] Documento de la Comisión Sectorial de las Universidades Españolas (CASUE) de la CRUE, Las Palmas, 17 de noviembre de 2008.

[24] Parece que la referencia deberá entenderse hecha a los derechos recogidos en los arts. 14 y 15 del EBEP, y no al conjunto de los derechos proclamados por éste. Pues esto último podría resultar antinómico en algunos apartados del EBEP (derecho a la carrera, retribuciones, promoción interna, etc.) precisamente excluídos por éste (art. 2.3) de su aplicabilidad a los docentes.

[25] A ejercer sus funciones con libertad académica; a desarrollar la carrera profesional establecida en el propio Estatuto y de acuerdo con los principios de mérito y capacidad, así como a la formación continua y a la actualización permanente de conocimientos y capacidades que le permitan ejercer el desempeño de las tareas y funciones de su actividad profesional; a la efectiva realización del principio de igualdad de género en el desempeño de las funciones académicas y representativas, en la contratación de personal y en el desarrollo de la carrera profesional; a recibir la orientación y medios necesarios para atender a los estudiantes con discapacidad, y el

sus conocimientos y capacidades (letra b), que recoge lo previsto en el art.14 e) y g) del EBEP, entendido como derecho de todo el PDI, incluido, pues también el contratado, resulta, en lo que respecta a la carrera, un tanto retórico, pues el Borrador no le anuda más consecuencias que la de que las Universidades informen y orienten al PDI sobre las condiciones de desarrollo de su carrera profesional (art. 6.3.a), junto con las previsiones genéricas de su art. 15 (que por lo demás sólo se refieren a la carrera del profesorado funcionario, del que, en efecto regula la "carrera horizontal"). Por otra parte, y desde perspectiva opuesta, puede resultar una extrapolación excesiva reconocer el derecho a la formación continua nada menos que a los CU y PTU [26].

Ciertas incógnitas plantea también el derecho a "la efectiva realización del principio de igualdad de género en el desempeño de las funciones académicas y representativas, en la contratación de personal y en el desarrollo de la carrera profesional" (letra c). Unida esta previsión a la de la efectiva igualdad de género en la planificación de los recursos humanos de la Universidad y la representación equilibrada de hombres y mujeres en los Comités de selección y evaluación (art.2.4 del Borrador), ¿supondría ello, por ejemplo, la necesidad de que se establezcan mecanismos para esa igualdad de género en los encargos docentes y de investigación, una necesaria contratación del PDI paritaria o equilibrada por razón de género, o este mismo tratamiento en el ascenso dentro de los Cuerpos docentes universitarios? [27]

PDI con discapacidad a recibir los medios y atención necesarios para que puedan realizar sus tareas con plenitud; a la plena integración en las estructuras docentes e investigadoras de la Universidad (Departamentos, centros, etc); de sufragio activo y pasivo en la formación de los órganos representativos de gobierno; a su evaluación de conformidad con criterios públicos objetivos, transparentes y preestablecidos; a la información y participación; a ser reconocido y amparado como autor o coautor de los trabajos académicos en los que participe; a la formulación de iniciativas investigadoras a través de la propia Universidad, así como a suscribir convenios a través de su Universidad con otras Universidades y entidades para la realización de trabajos de carácter científico, técnico y artístico; a disfrutar de licencias especiales, con reserva del puesto de trabajo, para fomentar la investigación y la colaboración interuniversitaria, y movilidad a una empresa de base tecnológica, de acuerdo con los programas establecidos en cada Universidad al amparo de la legislación vigente; al ejercicio de la libertad sindical, la negociación colectiva, la huelga y el derecho de reunión (en los términos del EBEP).

[26] Sobre todo si atendemos a lo previsto por el art.6.3.b.) del Borrador: las Universidades deben promover la realización de cursos de formación inicial y contínua del PDI, organizarán programas de preparación del profesorado que se incorpora por primera vez a tareas docentes e investigadoras en la Universidad, con especial atención a la incentivación de la formación docente y de la innovación educativa, fomentando el uso de las tecnologías de la información y las comunicaciones, la aplicación de distintas metodologías de enseñanza-aprendizaje y la adecuación y actualización del material didáctico.

[27] En uno de esos apartados -el de las funciones representativas- el propio Borrador nos da la respuesta: "En todos los procesos electorales para cargos de gestión y dirección las Universidades velarán y promoverán una representación equilibrada de hombres y mujeres" (art. 6.g); y "las Universidades han de formular políticas de igualdad de género, promoviendo una representación equilibrada de hombres y mujeres en los órganos de gobierno, gestión y evaluación de la Universidad" (art.6.3.c). A tener en cuenta, por lo demás, que con carácter general la disp. ad. 8ª del EBEP obliga a las Administraciones públicas a elaborar y aplicar un plan de igualdad a desarrollar en el convenio colectivo o acuerdo de condiciones de trabajo del personal funcionario que sea aplicable, en los términos previstos en el mismo.

2. Deberes

El art.7 del Borrador establece los deberes del PDI universitario. La enumeración de tales deberes incorpora, de entrada, este primer deber genérico: "Desarrollar su actividad académica con pleno respeto a la Constitución y al resto del ordenamiento jurídico y especialmente cumplir con los deberes establecidos en los artículos 52 a 54 de la Ley 7/2007, de 12 de abril, Estatuto Básico del Empleado Público, así como las obligaciones y deberes que se establezcan por la Universidad de acuerdo con sus normas" (art.7.a). Para a continuación añadir diversos deberes específicos, que en algún caso concretan los establecidos en el EBEP [28].

Todo ello suscita algunas cuestiones. Así, aunque la remisión a lo establecido en los arts. 52 y 54 del EBEP resulta en general coherente, y sin que dé lugar a mayores dificultades de aplicación dado el tenor en gran medida principial de dichos artículos del EBEP (en particular art.53 –principios éticos- y 54 –principios de conducta-), ¿qué alcance tendrían para el PDI universitario algunos de tales deberes establecidos por el EBEP: así el de "garantizar la atención al ciudadano en la lengua que lo solicite siempre que sea oficial en el territorio" (art.54.11 EBEP).

El Borrador recoge el deber de "participar en las acciones de formación continua necesaria para la actualización de conocimientos y capacidades profesionales". Y, en efecto, el EBEP consagra el deber de "mantener actualizada la formación y cualificación" (art.54..8 EBEP). Ahora bien, una cosa es la obligada actualización de los conocimientos y la cualificación, y otra que tal deber se concrete en hacerlo "participando en las acciones de formación continua necesarias" para esa actualización (como exige el art.7.c) del Borrador). Porque, ¿quién determinará la necesidad de tal actualización? ¿qué consecuencias tendrá el incumplimiento de ese deber en el orden disciplinario o en el de la evaluación de la actividad del PDI? ¿no padece con ello la libertad de cátedra, que podría colisionar con el contenido de tales acciones de formación continua obligatorias?.

Consagra asimismo el Borrador como deber el "desarrollar las tareas docentes, de investigación, innovación y transferencia de conocimientos" que al PDI "les

---

[28] Respeto a todos los miembros de la comunidad universitaria; participar en el desarrollo científico, tecnológico o artístico de la sociedad con sujeción a prácticas y principios éticos reconocidos en la comunidad docente e investigadora, y en las acciones de formación continua necesarias para la actualización de sus conocimientos y capacidades profesionales; desarrollar las tareas docentes, de investigación, innovación y transferencia de conocimientos, y de gestión que les asigne la Universidad, a cuyo fin las Universidades las concretarán anualmente en el Plan de Dedicación Académica (PDA); impartir enseñanzas en su "respectivo ámbito disciplinar" utilizando los métodos de enseñanza adecuados para promover el aprendizaje de los alumnos y su evaluación, para la consecución de los objetivos educativos marcados; participar en los correspondientes procesos y comisiones o tribunales; participar en las actividades de formación a lo largo de la vida que la Universidad programe y para las que se le requiera, etc.

asigne la Universidad en la que realizan su actividad" (art.7.d). La asignación –como vinculante- de tales tareas parece formulada en términos muy genéricos y faltos de precisión en cuanto a las tareas de gestión que pueden ser asignadas al PDI, el modo de articular la transferencia de conocimiento, si la asignación se conectará o no a la "orientación" del profesor regulada por el propio Borrador, y si la asignación deberá producirse en todo caso dentro de las actividades propias del área de conocimiento del PDI.

En este último sentido puede resultar significativo que el deber del profesor de impartir enseñanzas lo sea "dentro de su respectivo ámbito disciplinar" (art.7 c) del Borrador), por la eventual relativización del actual criterio del "área de conocimiento" y la discordancia entre la definición de las plazas del profesorado, que han de corresponder a "áreas de conocimiento" –art.71 LOU-, y el deber de impartir enseñanza acotado por el Borrador, sin embargo, por "ámbitos disciplinares". En fin, ese deber de impartir enseñanzas incluye el hacerlo "utilizando los métodos adecuados para promover el aprendizaje de los alumnos y su evaluación para la consecución de los objetivos educativos marcados" (art.7.e) del Borrador). Ahora bien, ¿quién decide la adecuación de los métodos, o marca los objetivos educativos? Es una cuestión de interés si reparamos en que la metodología docente puede entenderse incluída en la libertad de cátedra, mientras que, por otra parte, el establecimiento de ese deber puede estar conectado a los nuevos valores inducidos de "Bolonia" (proporcionar a los alumnos, además de conocimientos, "competencias") y a las nuevas estrategias docentes que, al parecer y sobre su base, se quieren generalizar.

IV. FUNCIONES Y DEDICACIÓN DEL PROFESORADO UNIVERSITARIO

En el capítulo IV del Borrador ("Funciones y dedicación del profesorado universitario"), tras unas reglas generales sobre las actividades del PDI, se regulan sus actividades docentes, investigadoras, de innovación y transferencia del conocimiento, y de dirección y gestión, se incluyen unas novedosas previsiones sobre la "diversificación e intensificación de la actividad", y finalmente se establece el régimen de su dedicación (arts. 8-14).

1. Las actividades del PDI en general

Con carácter general, y tanto para el PDI funcionario como el contratado (en este caso "teniendo en cuenta las competencias normativas propias de las CCAA o de otros ámbitos normativos" –¿-), el art. 8 del Borrador establece que la "actividad académica" del PDI comprende "la realización de funciones docentes, de investigación, de innovación y transferencia de conocimiento, y de gobierno, dirección y gestión" [29], funciones que el art. 8,4 del Borrador precisa [30], a lo que añade que el PDI "deberá conocer las políticas relacionadas con la responsabilidad social institucional o universitaria que oficialmente se determinen".

Lo relevante en todo caso es que todas esas funciones se consideran integrantes de la "actividad académica" del PDI y por ello se establece que "deberán ser consideradas en términos equilibrados en los procesos de reconocimiento, motivación e incentivos tanto para el acceso a la condición de profesor universitario como para la correspondiente promoción dentro de la carrera profesional" (art.8.2). Pues bien, resultan de interés a este respecto ese contenido tan diverso de la "actividad académica" tal y como el Borrador la concibe, así como la relevancia que el mismo otorga a las nuevas estrategias y tecnologías docentes y a la participación del profesorado en la creación de empresas de base tecnológica en tanto que "actividad académica"; el que las "actividades académicas encomendadas individualmente al PDI" (dice el art. 8.3 del Borrador, aunque no establece por quién, ni si incluirán, especificadas, todas las antes indicadas o bien sólo algunas de ellas) "quedarán anualmente reflejadas en el llamado PDA (documento o plan individualizado de dedicación académica), de carácter público

---

[29] El Borrador de Estatuto (art.1°) da esta definición de la "actividad académica": "En el ámbito del presente Real Decreto se entiende por actividad académica el conjunto de funciones que debe cumplir un profesor universitario a lo largo de su carrera académica: actividad docente, actividad investigadora, participación institucional, participación en la gestión universitaria, y actividad de transferencia de conocimiento e innovación".
Es una definición novedosa respecto del contenido convencional de la actividad académica, por el conjunto diverso de actividades que comprende. Se trata de tareas a cumplir "a lo largo" de la carrera académica, y no necesariamente de modo simultáneo, pero, aún así, la definición resulta relevante por los efectos que el desarrollo de una u otra de las citadas funciones puede tener en la propia carrera del profesor a través de las llamadas "intensificaciones" y "orientaciones" previstas por el Borrador (art. 13) y a las que luego nos referiremos, así como en sus concretos derechos y deberes.

[30] El art.8.4 del Borrador establece que aquél "podrá realizar las siguientes funciones" (el "podrá" parece describir una potencialidad a concretar en cada caso): planificación, programación e impartición de las "materias, asignaturas, cursos y módulos asignados por los órganos competentes de la Universidad", y el desarrollo de tutorías y orientación y apoyo al proceso de enseñanza-aprendizaje de los estudiantes; evaluación de este proceso; participación en los procesos de innovación educativa, en el diseño e implantación de "materias virtuales para las enseñanzas a distancia semipresencial o virtual y de actividades formativas no regladas; en la investigación; en la transferencia de conocimiento y tecnología mediante actividades de innovación y desarrollo, participando, en su caso, en la creación de "empresas de base tecnológica de origen académico, con especial participación en actividades de promoción del desarrollo regional"; participación en la dirección, coordinación y gestión de las actividades docentes e investigadoras en los términos que le sean encomendados conforme a la normativa aprobada por la Universidad; en actividades de dirección y gestión general de la Universidad, desempeñando los cargos para los que sean elegidos o designados; en los planes y programas de evaluación institucional que establezca la Universidad u otras entidades competentes; y en los procesos y concursos establecidos por la Universidad para el acceso a la condición de profesores universitarios funcionarios o contratados.

y cuyo cumplimiento efectivo será comprobado por la Universidad"; o el que el desempeño de las citadas actividades será considerado en los procedimientos de reconocimiento, motivación e incentivos (hemos de entender que para los "quinquenios" y "sexenios", como también para la nueva "evaluación global" del profesorado que el Borrador establece para obtener los grados de ascenso dentro de los Cuerpos docentes universitarios) y estará conectado con "el acceso a la condición de profesor universitario" (se supone que en cada una de las figuras de PDI) y la "promoción dentro de la carrera profesional" [31].

En cualquier caso la definición general de las actividades del PDI universitario que efectúa el art. 8 del Borrador y que acabamos de glosar ha de entenderse "sin perjuicio de lo que se señala en los artículos siguientes" es decir, las precisiones que los artículos 9 y ss.efectúan para cada tipo de actividad (docente, investigadora, etc.) y "teniendo en cuenta la categoría, orientación y régimen de dedicación" del profesor (art.8.4)

2. Actividades docentes del PDI

El art.9 del Borrador del Estatuto establece que "las actividades docentes comprenden las acciones, tareas y trabajos que suponen la transmisión de conocimiento y el apoyo para la adquisición de competencias por los estudiantes a través de los procesos formativos. Suponen participar en la impartición de enseñanzas dentro del ámbito de la especialidad disciplinar a que pertenece, en cualquier titulación, reglada o no, y centro de su Universidad" [32].

A resaltar la definición, como objetivo de la docencia, no sólo de la transmisión del conocimiento, sino de la adquisición por los estudiantes de "competencias" (es decir, la aptitud para el desarrollo aplicado de los conocimientos adquiridos), concepto enfatizado en la actual reforma de los planes de estudios en el contexto del Espacio Europeo de Educación superior y que condicionará, pues, el régimen de actividades del PDI. Como también que la actividad docente del profesor universitario implique impartir enseñanzas (de cualquier titulación, reglada o no, y centro de su Universidad) "dentro del ámbito de la especialidad disciplinar" a que

---

[31] El uso simultáneo por el Borrador de los conceptos de "carrera" y "promoción" –conceptos separados en el EBEP– permitiría interpretar esta dicción del Borrador como relativa tanto al ascenso de grado en cada cuerpo docente, como en el paso del Cuerpo de PTU al de CU.

[32] El artículo precisa, por lo demás, el contenido de esta actividad: docencia presencial, tutorías, dirección y seguimiento de prácticas externas, actividad en materia virtual, dirección de trabajos fin de grado o máster y de tesis doctorales, preparación de materiales docentes, preparación y realización de exámenes y evaluaciones, participación en la dirección, coordinación y administración académica de las enseñanzas, y participación en programas y actividades de innovación educativa y formación continúa.

pertenece. Es este un concepto no perfilado en el Borrador de Real Decreto, pero desde luego distinto del que hasta ahora ha sido convencional al respecto (el de "área de conocimiento"). Pero a las implicaciones del mismo u otros que utiliza el Borrador (como el de "ámbito disciplinar" o "disciplina académica") me referiré más adelante.

3. Actividades investigadoras

El art.10 del Borrador de Real Decreto, tras definir las actividades de investigación del PDI ("las acciones, tareas y trabajos que contribuyen a la generación y difusión del conocimiento científico, tecnológico o artístico que el PDI realice individualmente o como parte de un grupo de investigación"), establece que tales actividades comprenden, entre otras, las que enumera en sus letras a) a o).Es una enumeración adecuada al contenido convencional de la investigación, y relevante, porque desde la norma podrá constituir una referencia a tener en cuenta para la evaluación de la actividad investigadora ("sexenios"). A resaltar asimismo, por su posible alcance futuro, la referencia al "diseño, gestión y participación en redes y programas de investigación, nacionales e internacionales" (art.10.i).

4. Actividades de innovación y transferencia de conocimiento

La LOMLOU de 2007 dio especial importancia a la transferencia del conocimiento por las Universidades [33]. Consecuentemente, el Título VII de la LOU fue el más retocado por la LOMLOU (la rúbrica del mismo pasó a ser "De la investigación en la Universidad y de la transferencia del conocimiento") para incluir en él toda una serie de objetivos y determinaciones al respecto [34]. Sobre esta base el art.11 del Borrador ("Actividades de innovación y transferencia del conocimiento del PDI") define éstas como las comprensivas de las "actuaciones, tareas y trabajos artísticos que el PDI

---

[33] En su E. de M. se refiere a la necesidad de convertir a las Universidades europeas en "agentes activos para la transformación de Europa en una economía plenamente integrada en la sociedad del conocimiento"; y a que "la implicación de las Universidades en la respuesta a las demandas de la sociedad y el sistema productivo es otro de los ejes sobre los que ha girado la presente reforma".

[34] La consideración de la transferencia del conocimiento a la sociedad como uno de los objetivos esenciales de la Universidad (art.39.3 LOU); el "desarrollo por la Universidad de una gestión eficaz del conocimiento y del desarrollo tecnológico, la innovación y la competitividad de las empresas" (art.41.1 LOU); la "vinculación entre la investigación universitaria y el sistema productivo como vía para articular la transferencia de los conocimientos generados y la presencia de la Universidad en el proceso de innovación del sistema productivo y de las empresas... vinculación que podrá llevarse a cabo a través de la creación de empresas de base tecnológica a partir de la actividad universitaria, en cuya actividad podrá participar el PDI de la Universidades conforme al régimen previsto en el artículo 83" (art.41.2 g); dando derecho el ejercicio de la actividad de transferencia del conocimiento por el PDI a la evaluación de sus resultados (art.41.3 y 4 LOU).

realice individualmente o como parte de un grupo de investigación y propicien la aplicación del conocimiento a la sociedad y sus agentes económicos, tanto públicos como privados, en el ámbito del I+D, mediante procesos de desarrollo tecnológico e innovación", y las ejemplifica en la enumeración que se incorpora en dicho artículo (dirección y ejecución de proyectos técnicos y trabajos aplicados; desarrollo de patentes, licencias, marcas y prototipos; de modelos productivos; de estudios de viabilidad, elaboración de dictámenes e informes, etc.).

A destacar la inclusión en esa enumeración –por tanto como integrante de la "actividad académica" del PDI – de la "creación de empresas de base tecnológica de origen académico y otras basadas en el conocimiento, o participación en las mismas" (repárese, creación de tales empresas); la colaboración con empresas y organismos públicos o privados en proyectos de I+D+i; y la participación en incubadoras de empresas y unidades de valorización y comercialización de los resultados de la investigación.

Todo ello es muy significativo de una concepción sobre la actividad académica en la que no voy a entrar, aunque sí llamar la atención sobre que la misma, para ser operativa, requeriría de las oportunas medidas de apoyo administrativo, una adecuada diferenciación funcional en las tareas regulares del PDI, y un régimen flexible de incompatibilidades que permitiera llevar a cabo tales tareas "externas" a las tradicionales universitarias. Pues bien, el Borrador no aborda la primera cuestión; sí lo hace con la segunda, mediante sus previsiones sobre la "diversificación e intensificación" de las actividades del PDI; y establece algunas importantes novedades en materia de compatibilidad por razón de la creación y participación en empresas de base tecnológica, según veremos.

5. Actividades de dirección y gestión

El art.12 del Borrador define las "actividades de dirección y gestión del PDI" como "todas las actuaciones, tareas y trabajos que comporte una planificación correcta y una ejecución acertada de todas las actividades mencionadas en los artículos anteriores, tanto las que formen parte de su actividad docente, investigadora y de innovación y transferencia de conocimiento, como las de dirección, representación y gestión con proyección global sobre la Universidad o cualquiera de sus ámbitos". El precepto enumera, por lo demás, las tareas que, entre otras, se configuran como de dirección y gestión (desempeño de cargos académicos, participación en el diseño, implantación y evaluación de planes estratégicos y planes de estudio, formar parte de comisiones y tribunales, etc.).

6. Diversificación e intensificación de las actividades

El art. 40.3 LOU (tras su reforma en 2007) establece que "la Universidad facilitará la compatibilidad en el ejercicio de la docencia y la investigación e incentivará el desarrollo de una trayectoria profesional que permita una dedicación más intensa a la actividad docente o a la investigación".Sobre esta base el art.13 del Borrador ("Diversificación e intensificación de las actividades del PDI") recoge importantes novedades en el régimen del PDI.

De entrada establece (art. 13.1) que "el PDI universitario tiene plena capacidad docente y plena capacidad de investigación, siempre que tenga el título de Doctor, sin perjuicio de su desarrollo orientado predominantemente a la realización de funciones docentes e investigadoras e innovadoras (orientación general)". Para luego prever (ap.2) que el PDI podrá desarrollar una intensificación, bien en la actividad docente, bien en la de investigación e innovación y transferencia (correlativas a las "orientaciones profesionales específicas" que las universidades podrán reconocer: orientación docente, y orientación investigadora/innovadora), y además, tener temporalmente una "orientación de dirección y gestión universitaria".

Conviene efectuemos algún comentario sobre estas determinaciones del Borrador. En primer término, según el Borrador (art.13.3) en el plazo de un año tras la aprobación del Estatuto las Universidades deberán establecer las directrices y criterios "para que se puedan identificar y reconocer, con carácter temporal, las orientaciones de su PDI, atendiendo a su historial académico y a sus posibilidades" y los procedimientos y requisitos para la modificación de la orientación "originaria" de cada PDI (ap.4), así como velar "por que la progresión y obtención de méritos sea posible en las diferentes orientaciones" (ap.5). En suma, parece que el régimen y aplicación de estas orientaciones quedan sin más en manos de cada una de las Universidades (lo que sin duda podría suponer para ellas más de una complejidad). Ahora bien, no queda claro el carácter temporal o definitivo de la integración del PDI en las "orientaciones específicas"; si la, misma es potestativa o no para el profesor; cómo se hará efectiva; y si su alcance se limita al ámbito de la Universidad de que se trate o tendría una reconoscibilidad general en el conjunto del sistema universitario.

Pero a éstas se unen otras incógnitas. La primera, el que la aplicación de las citadas orientaciones podría conllevar que se resienta la función docente de las Universidades; o bien que sólo las Universidades con alto número de profesores puedan aplicar tales orientaciones (la referencia del texto a que el reconocimiento de las orientaciones dependerá, junto al interés del profesor, de la "disponibilidad" de la Universidad es ya una pista). En segundo lugar, como ya hemos dicho, estas orientaciones son un tramo más añadido a la segmentación del PDI, pues, si como hemos visto, la estructura del PDI contaría, tras este proyectado Real Decreto, con 15 figuras distintas de profesorado (y 19 distintas posiciones), a ello se uniría la diversificación, dentro de cada una de esas 15 figuras, en 4 distintas "orientaciones" (general, docente, investigadora/innovadora, y de dirección-gestión). En fin, como no hay que descartar que en el futuro tales orientaciones pudieran tener los correspondientes efectos en los ámbitos retributivo y de evaluación (repárese en este sentido en la previsión del Borrador -art.13- de que en las diferentes orientaciones será posible la progresión y obtención de méritos), ¿podrían reconocerse "sexenios" a un profesor con "orientación" docente? ¿se reflejarán tales orientaciones en la clasificación de las plazas en las relaciones de puestos de trabajo o los concursos para su provisión?.

7. La dedicación del PDI universitario

El art..14 del Borrador ("Dedicación del PDI") regula la dedicación del PDI: a tiempo completo –necesario para el desempeño de órganos unipersonales- y a tiempo parcial, según lo establecido en el art. 68 LOU, y sin que ese régimen sea obstáculo para la realización de los trabajos previstos en el art. 83 LOU en las condiciones establecidas en ésta, el Real Decreto proyectado y los Estatutos y normas de cada Universidad (ap.1).

La dedicación parcial, declarada compatible con el ejercicio por cuenta propia de actividades profesionales o empresariales, podrá ser, a opción del profesor interesado, ordinaria (con reducción de la actividad y retribuciones hasta un 80%) y reducida (con reducción hasta el 50%), (ap.6).La dedicación del PDI a tiempo completo se distribuye en un 80% para actividades docentes, de investigación, innovación y transferencia, en función de la orientación correspondiente (este porcentaje puede ser reducido por actividades de dirección y gestión); un 10% para actividades de formación contínua (asistencia a cursos, empresas, estancias cortas en universidades e instituciones, etc.); y un 10% para actividades conexas a las funciones de profesor universitario que cada interesado podrá determinar libremente (ap.7).

El Borrador sujeta el cambio de dedicación a su necesaria concesión por la Universidad (concesión condicionada a las necesidades del servicio y las disponibilidades presupuestarias) ante solicitud del interesado efectuada siempre antes de la iniciación del curso académico, y sin que pueda concederse, salvo casos justificados, antes de la finalización de cada curso académico (ap.3 y 4).

La asignación máxima semanal de horas para actividades docentes presenciales, tutorías y supervisión del estudiante y evaluación de la adquisición de competencias relacionadas con las materias, cursos o asignaturas que tenga asignada el profesor en la planificación docente, será de 14 horas semanales, debiendo destinarse el resto de su dedicación a otras actividades docentes, de investigación/innovación y transferencia (en las enseñanzas a distancia se establecerán las oportunas equivalencias entre la actividad presencial y no presencial) (ap.10) [35]. La dedicación concreta quedará especificada en el Plan de Dedicación Académica (PDA), de carácter anual, que elaborarán las Universidades incluyendo la distribución de las actividades y dedicación asignadas a su profesorado [36].

El art.14 del Borrador se cierra con esta determinación: "Las Universidades asignarán a los diferentes Centros y Departamentos los encargos docentes y cubrirán de la forma más eficaz posible las necesidades docentes de cada enseñanza. El criterio de asignación de la actividad docente al Departamento y a su profesorado en cada una de las ramas del conocimiento se hará considerando los recursos humanos disponibles y su cualificación, así como las necesidades docentes en las diferentes enseñanzas, sin restringirse necesariamente a la pertenencia a una determinada área de conocimiento" (ap.11). No hay duda del alcance de esta previsión. La asignación de la docencia no queda ya expresamente contextualizada por la necesaria vinculación de las enseñanzas de que se trate con unas u otras "áreas de conocimiento" responsables así de su contenido (hasta hace poco esa vinculación quedaba predeterminada por el propio plan de estudios, pero ha desaparecido con el R.D. 1393/2007).Queda así conferido a cada Universidad un amplio margen de libertad, teniendo en cuenta que la asignación docente a cada Departamento y a su profesorado se hará "en cada una de las ramas de conocimiento" (concepto éste también abstracto, pero ya perfilado por ese mismo R.D. 1393/2007, que establece estas cinco ramas: Artes y Humanidades, Ciencias, Ciencias de la Salud, Ciencias Sociales y Jurídicas, e Ingeniería y Arquitectura), y ya no por áreas de conocimiento, y a partir, como criterios, de los recursos humanos disponibles y su cualificación y las necesidades docentes en las diferentes enseñanzas.

---

[35] Estas previsiones sobre la dedicación se completan con la regulación de la jornada laboral del PDI funcionario que se recoge en el art. 28 del Borrador.

[36] Dicha dedicación podrá efectuarse por periodos anuales; la valoración de la actividad docente se efectuará conforme al sistema de créditos europeo (fijándose en dicha valoración los porcentajes que de los créditos europeos de cada materia correspondan a las actividades docentes presenciales –clases teóricas y prácticas, tutorías y evaluación-); y para el cumplimiento de las obligaciones de docencia y tutorías las Universidades podrán establecer actividades académicas obligatorias para su profesorado, siempre que se reserve al menos 1/3 del total a tareas de investigación (determinación esta última del Borrador ciertamente ambigua) (ap.8 y 9).

V. LA CARRERA DOCENTE E INVESTIGADORA Y LAS RETRIBUCIONES E INCENTIVOS

El Cap. V del Borrador regula la "carrera docente e investigadora" del PDI. Conviene en este sentido recordar que el EBEP exceptúa al personal docente (en los términos que prevé su art. 2.3 y que ya consideramos más atrás) de la aplicación del capítulo II de su Título III (donde se regula el derecho a la carrera profesional y a la promoción interna y la evaluación del desempeño), salvo el artículo 20 (o sea, el régimen de esta evaluación). Sin embargo, aun así, la LOMLOU de 2007, en su disposición adicional 6ª, al mandatar al Gobierno para aprobar el Estatuto del PDI universitario, lo habilita para incluir en él la "regulación de una estructura de carrera funcionarial". Pues bien, sobre esta base el Borrador de Estatuto regula la carrera docente e investigadora del PDI, incluyendo en su Cap. V 3 artículos (el 15, "la carrera docente e investigadora"; 16, "carrera horizontal"; y 17, "Retribuciones e incentivos"), más algunas particularidades que conviene precisar.

En el propio art.15 se señala que "el presente estatuto regula esa carrera para el personal docente e investigador funcionario, siguiendo lo dispuesto en la disposición adicional 6ª de la LOMLOU" y que "la regulación de las fases anteriores no es competencia de este estatuto, sin embargo para poder ingresar en el cuerpo de Profesores Titulares de Universidad, primer escalón de la carrera del PDI funcionario, es imprescindible desarrollar una carrera previa". Ahora bien, al margen de las razones por las que el Borrador sea o no competente para regular tales "fases anteriores" a la "carrera de PDI funcionario" (entre ellas, claro está, que la disp. adic. 6ª LOMLOU sólo contemplaba regular "una estructura de carrera funcionarial"), de hecho el mismo se refiere a esas "fases anteriores", a modo de una "carrera previa" para el PDI contratado.

Al cabo, pues, dos carreras: 1) una "carrera previa" de PDI contratado laboral, que el Borrador no regula pero para la que establece una serie de criterios, y 2) la carrera docente e investigadora del PDI funcionario de la que el Cuerpo de PTU es el "primer escalón" y respecto de la que el Borrador expresamente regula la "carrera horizontal" en cada uno de los cuerpos de funcionarios docentes.

1. Reglas generales sobre la carrera docente e investigadora de todo el PDI

El art. 15 del Borrador contiene determinadas reglas generales sobre la "carrera" de todo el PDI (funcionario y contratado), aunque las mismas ciertamente se centran en este último, y quedando el propio diseño de la carrera atribuido a las Universidades, de acuerdo con los criterios que fija el Borrador (y en concreto en lo que respecta al PDI funcionario sus arts 16 y 17 [37]) en los siguientes términos.

- "Las Universidades presentarán, en el ámbito de la formación de postgrado especial atención a la formación de Doctores necesarios para atender la necesidad de personal investigador, ya sea para el desarrollo de una carrera académica universitaria o fuera de este ámbito, con las competencias y cualificaciones establecidas para los Doctores por el R.D. 1393/2007, de 29 de octubre, por el que se establece la ordenación de las enseñanzas universitarias oficiales [38], así como las que determine el Marco Español de cualificaciones para la Educación Superior [39] (art.15.3).

- "Las Universidades podrán incorporar a los alumnos que hayan superado los estudios necesarios para la elaboración y defensa de una Tesis Doctoral a programas o proyectos específicos de investigación, o a la realización de labores auxiliares de docencia, en las que sin perjuicio de la naturaleza de estudiante, contractual o de beca o cualquier otra ayuda, se contemple una específica acción formativa docente e investigadora" (art.15.4).

- "Las Universidades impulsarán el perfeccionamiento y actualización de la competencias docentes e investigadoras del personal académico vinculado a las mismas mediante relación temporal (se supone que Ayudantes y Profesores Ayudantes Doctores), para alcanzar un desarrollo profesional necesario, que les permita acceder a los Cuerpos docentes universitarios (art.15.5).

---

[37] Así se deriva del tenor del art. 15.2 del Borrador: "Las Universidades velarán por la efectividad del derecho a la carrera profesional del PDI, mediante el diseño general y específico de la misma, de acuerdo con los criterios establecidos en el presente reglamento, y el apoyo, asistencia y orientación, tanto del personal en formación, así como de aquel que desarrolla funciones académicas en la misma. La descripción de dicha carrera, así como la de los criterios de superación de la misma, serán generales, objetivos y públicos. Dichos criterios deberán integrarse dentro de los criterios de valoración de acceso a las distintas funciones docentes".

[38] Ciertamente no se acierta a verificar en ese R.D. 1393/2007, las supuestas competencias y cualificaciones de los doctores.

[39] Marco que pretende informar a la sociedad y en particular a los estudiantes sobre cuáles son las exigencias de aprendizaje de cada nivel, y a los empleadores sobre cuáles son las correspondientes competencias de quienes van a ser empleados, así como facilitar la movilidad y el reconocimiento internacional de los títulos y la formación.

Para la definición de dicho Marco y su elevación a la aprobación del Gobierno, el R.D. 900/2007, de 6 de julio, creó el Comité del Marco Español de cualificaciones para la Educación Superior.

- "El desarrollo de la carrera docente e investigadora prestará una especial atención a la movilidad del personal docente e investigador funcionario entre diferentes instituciones de educación superior y de investigación, regulada en los art. 19 a 23 del presente estatuto, como instrumento para dotar al sistema de ciencia e innovación español de la flexibilidad imprescindible para su desarrollo, y ofrecer al personal docente e investigador un horizonte atractivo y variado en el que realizar su actividad y progresar en su carrera (art.15 y 16).

Las citadas determinaciones son más programáticas que prescriptivas. Pero, aun así, resulta claro -como cuestión de política legislativa debatible- que al cabo "el diseño" y aplicación de la carrera profesional del PDI (incluido el funcionario, pero sobre todo la del contratado) quedan atribuidas a cada una de las distintas Universidades. Por lo demás, el texto de este art. 15 del Borrador incluye algunas imprecisiones. Por ejemplo, el "personal en formación" al que se refiere el ap.2 ¿ son los alumnos de Doctorado contemplados en el ap. 4, o comprende también a los Ayudantes? ¿Por qué la atención a la movilidad que recoge el ap. 6 se restringe al solo caso del PDI funcionario, sin alcanzar al contratado?

2. La carrera horizontal del PDI funcionario y su evaluación

Pero tras las anteriores reglas generales del art.15, el Borrador dedica sus arts. 16 y 17 específicamente al PDI funcionario, regulando en el art. 16 la "carrera horizontal".

La LOU en su art. 69 determina (ya en el texto originario de 2001) que el Gobierno establecerá los intervalos de niveles o categorías dentro de cada nivel correspondiente a cada cuerpo docente, los requisitos de promoción de uno a otro, así como su consecuencias retributivas. Por su parte la LOMLOU de 2007, al prever un futuro estatuto del PDI universitario a aprobar por el Gobierno (disp. adic.6ª), estableció que dicho estatuto incluiría la regulación de una estructura de carrera funcionarial basada en la obtención de méritos docentes e investigadores. Pues bien, el Borrador articula esa "carrera horizontal" conforme sigue.

1. Establece 3 "grados de ascenso" para cada uno de los Cuerpos docentes universitarios (de CU y de PTU), basándose la promoción a cada uno de estos grados en "una acumulación de puntos como resultado de las sucesivas evaluaciones globales del profesorado".Esas evaluaciones globales -de carácter voluntario- se realizarán cada 5 años; valorarán el conjunto de la actividad docente, investigadora, innovadora y de transferencia del conocimiento, de participación en la dirección y gestión universitaria, y de participación en actividades institucionales del profesor (art.15.1); y tendrán 2 componentes (cf. Art. 16.2 y 3):

1º) Una evaluación general del profesorado atendiendo a estos criterios generales: antigüedad en el Cuerpo, méritos docentes, méritos de investigación, méritos por innovación y transferencia de conocimiento, méritos de dirección y gestión académica.

2º) Una valoración específica de la actividad docente del profesor en el correspondiente periodo de 5 años (dice el Borrador "que corresponde a lo previsto en el R.D. 1086/1989, de 28 de agosto, modificado por el R.D. 74/2000 de 21 de enero, sobre retribuciones del profesorado universitario"), que se realizará conforme a los criterios y procedimientos que el Gobierno establezca. Y que, al igual que la evaluación global, tendrá carácter voluntario (art. 16. 6 y 7).

El Borrador de Estatuto remite a la regulación por el Gobierno, en el plazo de un año tras su aprobación, de un lado, el desarrollo de estos mecanismos de ascenso en la carrera docente, y en concreto el procedimiento, los criterios de evaluación (es de suponer, los criterios específicos, pues los criterios generales se recogen ya en el art.16.2 del propio Borrador) y los baremos que deban aplicarse [40], y, de otro, los organismos competentes para la evaluación -en todo caso externa- y los procedimientos necesarios a tal fin (art.16.4 y 5) [41].

2. El Borrador, en su art.17, donde se regulan las retribuciones e incentivos, prevé que "para determinar el grado de ascenso dentro de cada uno de los cuerpos docentes se computarán los conceptos y méritos alegados por cada solicitante, desde la fecha de ingreso en el cuerpo". Es una previsión un tanto espinosa a la vista del actual régimen de los "sexenios" y "quinquenios", pero las novedades respecto de ese régimen podrían ser más notables.

Así, no es claro que la evaluación docente (los "quinquenios") continúe con su actual régimen, pues el Borrador la califica ya de "parte específica de la evaluación global relacionada con los méritos docentes". No obstante, subraya que su superación dará derecho al complemento por méritos docentes previsto en el R.D. 1089/1989

---

[40] Dicha regulación se prevé se efectúe con la participación de las organizaciones sindicales, el Consejo de Universidades y la Conferencia General de Política Universitaria.

[41] La especificación en los baremos de la evaluación global y la inclusión en el propio Estatuto de los "criterios específicos" se ha convertido en el caballo de batalla de la negociación del Estatuto entre el Ministerio y los sindicatos. La información suministrada por los sindicatos en su momento indicaba que el Ministerio había adelantado los "puntos" que se entenderían necesarios para obtener, a lo largo de la carrera, en cada Cuerpo y en una o varias evaluaciones, los distintos grados: 1º grado (40 puntos); 2º grado (70 puntos), 3º grado (100 puntos). Todo ello según el siguiente baremo: por antigüedad, hasta 20 puntos (1 por año); por méritos docentes, hasta 50 puntos (5 por quinquenio); por investigación, hasta 50 puntos (de 10 a 15 por sexenio); por innovación y transferencia de conocimiento, hasta 50 puntos; y por dirección y gestión, hasta 30 puntos.

(modificado por RD 74/2000), sobre retribuciones del profesorado universitario. Por el contrario, el Borrador no vincula a la "evaluación global" la actual evaluación de la actividad investigadora prevista por el R.D. 1086/1989 (los llamados "sexenios"). Se limita a recordar (art.16.7) su carácter voluntario, sin correlacionarla siquiera con el criterio "méritos de investigación" consignado en el ap.2 del art.16. Aunque, como veremos, establece en el contexto de las retribuciones e incentivos, algunas novedades de interés al respecto.

De estos dos datos podría concluirse que la "evaluación global" proyectada (con sus efectos sobre los grados de ascenso en los Cuerpos de CU y TU) predeterminará ciertos efectos de este escalonamiento interno. Y así el art.16.8 del Borrador dice: "En relación a las consecuencias académicas mencionadas en el punto 1 de este artículo, además de lo dispuesto en el art. 6.1 del RD 1312/2007 de acreditación [42], podrá formar parte de las comisiones de acreditación de cada cuerpo el PDI que haya alcanzado el segundo grado".

En suma, y aunque esas "consecuencias académicas mencionadas en el punto 1 de este artículo" (el art. 16) no se ven en el texto del Borrador por ningún lado, el Borrador prevé puedan formar parte de las Comisiones de acreditación, además de quienes tengan los correspondientes "sexenios" que establece el R.D. 1312/2007, quienes hayan alcanzado el segundo grado en la carrera. Solución esta posiblemente proyectada para que los grados de ascenso de la carrera tengan ese mismo y característico efecto añadido de los "sexenios", de modo que en tales Comisiones de acreditación participen profesores con méritos contrastados en su "actividad académica" global –tal y como define el propio Borrador tal actividad -, y no sólo en la de investigación.

3. Pero expuestas las implicaciones del texto literal del Borrador, la incidencia posterior de la negociación entre los sindicatos y el Ministerio podría llevarnos a más de una conjetura. Por ejemplo –y teniendo en cuenta la información suministrada por aquéllos- el Ministerio hablaba ya en febrero pasado del establecimiento de 5 grados de ascenso más el inicial de entrada o básico, de las consecuencias académicas de ese escalonamiento (para ser Director de Departamento, investigador principal en proyectos, dirigir tesis doctorales, etc.); y de la necesaria superación cada 5 años de la comentada evaluación global que por lo demás podría superarse con dos niveles: básico y de excelencia. Evaluación global, a la que debería añadirse la docente, la de investigación (también con dos niveles. Básico y de excelencia) y la que efectúen las Comunidades Autónomas. Por descontado que esta información dada por los sindicatos se acompañaba de comentarios nada entusiastas al respecto.

---

[42] Exigencia para poder formar parte de las Comisiones de acreditación de 3 "sexenios" para las de CU y 2 para las de PTU.

3. Carrera horizontal de los Titulares de Escuelas Universitarias y Catedráticos de Escuelas Universitarias subsistentes

Conforme a la redacción dada al art. 56.1 y 2 de la LOU por la LOMLOU de 2007, el profesorado universitario funcionario pertenecerá al Cuerpo de Catedráticos de Universidad o al de Profesores Titulares de Universidad. Se producía así la supresión de los anteriores cuerpos de Catedráticos de Escuelas Universitarias y de Profesores Titulares de Escuelas Universitarias, con la previsión de la posible integración de sus miembros en el Cuerpo de PTU en virtud de una serie de mecanismos [43]. Pues bien, sin duda ante la subsistencia de profesorado perteneciente a los antiguos cuerpos de CEU y TEU, las disposiciones transitorias 1ª y 2ª del Borrador de Estatuto contemplan, respectivamente para uno y otro caso, que "el Gobierno establecerá los criterios y baremos específicos para la promoción en la carrera horizontal de estos profesores, diferenciando en su caso, entre doctores y no doctores".

4. Retribuciones e incentivos del PDI funcionario

Concretando lo establecido en la LOU (art.69), el art.17 del Borrador establece que el régimen retributivo del PDI perteneciente a los cuerpos docentes, así como el correspondiente a los distintos grados dentro de cada cuerpo, tendrá carácter uniforme en todas las Universidades, será el establecido por la legislación general de funcionarios y será adecuado, específicamente, a las características de dicho personal, a cuyo fin establece (art. 17.2) los distintos conceptos por los que serán retribuídos los Cuerpos docentes con dedicación a tiempo completo [44].

---

[43] Los funcionarios doctores del Cuerpo de CEU podrían integrarse, solicitándolo al Rector de su Universidad, en el Cuerpo de PTU en las mismas plazas que ocuparan, manteniendo todos sus derechos y computándose como fecha de ingreso en el Cuerpo de PTU la que tuvieran en el Cuerpo de origen. Quienes no solicitaran dicha integración permanecerían en su situación actual (por tanto como CEU) y conservarían su plena capacidad docente e investigadora, pudiendo asimismo presentar la solicitud para obtener la acreditación para Catedrático de Universidad prevista en el art. 60.1 LOU (Disposición adicional 1ª LOMLOU).
Por su parte, y para los Profesores Titulares de Escuelas Universitarias la LOMLOU (Disposición adicional 2ª) estableció el siguiente mecanismo: si poseían a la entrada en vigor de la LOMLOU el título de Doctor, o lo obtenían posteriormente, y se acreditaban específicamente en el marco de lo previsto por el art. 57 LOU (esa especificidad es descrita por la norma por la valoración particular a otorgar a la docencia), accederían directamente al Cuerpo de PTU en sus propias plazas. Quienes no accedieran a la condición de PTU permanecerían en su situación, manteniendo todos sus derechos y conservando su plena capacidad docente y en su caso –hay que entender, si poseían el título de Doctor- investigadora. Esta determinación se acompaña, por lo demás, de esta previsión: mientras exista profesorado Titular de Escuelas Universitarias o habilitado para dicha categoría que no esté acreditado para una categoría superior, las Universidades podrán convocar concursos entre los mismos para ocupar plazas de Titulares de Escuelas Universitarias.

[44] Como retribuciones básicas: a) sueldo base, b) trienios y c) pagas extraordinarias. Y como retribuciones complementarias: d) complemento de destino, e) complemento específico con tres componentes: e1) general, e2) de cargo y e3) por méritos docentes; y f) complemento de productividad, con estos componentes: f1) de carrera académica, f2) de investigación, f3) retribuciones adicionales de carácter autonómico.

El Borrador viene así a reproducir en esencia el régimen hoy existente (los "quinquenios" se imputan al componente "méritos docentes" del complemento específico, y los "sexenios" al componente "investigación" del complemento de productividad), aunque los nuevos niveles 29 y 30 repercutirán en el complemento de destino. Pero introduce algunas novedades:

- La incorporación al complemento de productividad del componente f1) "carrera académica", con las consecuencias retributivas que el gobierno establezca (art. 17.3) [45].

- Se establece atendiendo al requisito específico de titulación de Doctor, exigido para el acceso a los respectivos Cuerpos, que el nivel correspondiente a los Profesores Titulares de Universidad es el 28 y a los Catedráticos de Universidad es el 30" (art. 17.1) [46].

- El reflejo en el estatuto del PDI, como retribuciones adicionales de carácter autonómico, y de acuerdo con el art. 69 LOU, de las que las CCAA establezcan, ligadas, previa evaluación, a méritos individuales docentes, investigadores, de innovación y de gestión (art. 17.5).

- La redefinición de la retribución por evaluación de la actividad investigadora (f2) (los "sexenios") y aún del régimen de esta evaluación, en los siguientes términos.

El Borrador, que reitera su actual carácter voluntario y periodicidad sexenal, precisa que en esta evaluación de la actividad investigadora se tendrá en cuenta la innovación y la transferencia de tecnología y de conocimiento; que la evaluación debe ajustarse a la productividad y a los criterios de valoración de la misma dentro de las diferentes "ramas del conocimiento" (recordemos el significado de este concepto, y con ello la dificultad de que esos criterios sean homogéneos en las disciplinas de una misma de esas "ramas"); y sobre todo, que "el sistema recogerá una gradación por niveles en la excelencia alcanzada en cada tramo, con las consiguientes consecuencias retributivas", con dos niveles: un nivel básico –que implicará obtener el mínimo previsto para una evaluación positiva- y un nivel de excelencia (art. 17.4). Una determinación esta última que, sin duda, añade –sobre lo ya antes expuesto- un punto más de segmentación en el PDI y dentro de los mismos cuerpos docentes universitarios, porque es bien sabido que los efectos de los "sexenios" no se limitan ciertamente sólo a los retributivos.

---

[45] Recoge así lo previsto en el art. 24 a) del EBEP.
[46] Actualmente 28 y 29 respectivamente.

Este art. 17 del Borrador recoge, en fin, el reconocimiento de las correspondientes indemnizaciones por razón del servicio (establecidas por el RD 462/2002, de 24 de mayo), y una cláusula final (art. 17.7) ciertamente abstracta sobre la remuneración del PDI a tiempo parcial: "Será establecida en función del tipo de dedicación, sin perjuicio de las regulaciones que se establezcan para los límites de dedicación que permiten compatibilizar el trabajo en la Universidad con tras actividades profesionales".

VI. SITUACIONES ADMINISTRATIVAS DEL PDI FUNCIONARIO

Dirigido exclusivamente al PDI funcionario, el Cap. VI del Borrador (con sólo un artículo, el 18) regula las situaciones en que, de acuerdo con lo previsto en el EBEP[47], puede aquél encontrarse:

- Servicio activo: "Cuando el funcionario docente desempeñe un puesto que, conforme a la relación de puestos de trabajo de la correspondiente Universidad, esté adscrito al cuerpo docente de que se trate, y no le corresponda quedar en otra situación" (ap. 2).

- Servicios especiales, situación que se declarará en las circunstancias y condiciones establecidas en el art. 87 del EBEP. El reingreso al servicio activo [48] en su Universidad y puesto, tendrá que producirse en el plazo máximo de un mes a contar desde la fecha en que cese la circunstancia que justificó la situación de servicios especiales, pasando, en otro caso, a la situación de excedencia voluntaria por interés particular (ap. 3).

- Servicio en otras Administraciones. Cuando, por la provisión de puestos de trabajo establecidos en cada caso obtengan destino en cualquier organismo, universidad o centro de investigación dependiente de ellas, con las condiciones establecidas en el art. 88 del EBEP (ap. 4). Una situación ésta que aplicada al PDI de las Universidades en los estrictos términos del art. 88 del EBEP, requeriría alguna precisión aclaratoria.

- Comisión de servicio, que "en casos excepcionales y con derecho a reserva de puesto de trabajo, las Universidades podrán conceder, a petición de otra Universidad o centro de investigación dependiente de las Administraciones públicas, al PDI funcionario por un curso académico, renovable según dispongan

---

[47] Arts. 85-91 EBEP.

[48] El art. 27.3, aunque en contexto diferente, reitera que la situación de servicios especiales concede el derecho a la reserva de la plaza y destino que se estuviera ocupando.

las normas de la respectiva universidad" (ap. 4). Previendo el Borrador que "cuando quede vacante un puesto de trabajo de PDI funcionario en una universidad y concurran razones de urgente necesidad podrá ser cubierto en comisión de servicios por otro funcionario que reúna los requisitos establecidos para su desempeño en la relación de puestos de trabajo" [49].

• Excedencia voluntaria por interés particular, por agrupación familiar, por cuidados familiares o por razón de violencia de género en los términos y condiciones previstos en el art. 89 del EBEP. Precisando el Borrador que en los casos de excedencia voluntaria por interés particular o por agrupación familiar, éstas no comportarán reserva del puesto de trabajo [50] y que el reingreso al servicio activo de los funcionarios se efectuará de acuerdo con lo preceptuado en el art. 67 de la LOMLOU y el art. 11 del RD 1313/2007 (apartado 6) [51].

• Excedencia temporal para incorporarse a una empresa de base tecnologica. Se concreta asi la previsión de la LOU (art. 83.3) de que el PDI de las universidades (en este caso, funcionarios o contratados con vinculación permanente), si reúne las condiciones establecidas en dicho precepto [52], pueda solicitar dicha excedencia temporal. La excedencia sólo podrá concederse por un límite máximo de cinco años y comportará el derecho a la reserva del puesto de trabajo y a su cómputo a efectos de antigüedad (art. 18.5 del Borrador). Por lo demás, el régimen de esta excedencia temporal es luego precisado en el art. 23 del Borrador, dentro del Cap. VII ("Movilidad del PDI universitario").

---

[49] El Borrador reitera luego estas mismas determinaciones en su capítulo VIII ("Régimen de los profesores universitarios funcionarios", art. 25.4 y 5), donde sistemáticamente parece lo adecuado, pues como párrafos de este art. 18.4 resultan un tanto incoherentes .Quizá de ahí derive que el texto del art. 18.1 del Borrador hable de la situación de comisión de servicios de otras AAPP.

[50] En las restantes excedencias, lógicamente habrá que estar a lo establecido por el EBEP en cuanto a la reserva del puesto de trabajo.

[51] Hay aquí un error en el Borrador: no es el art. 67 de la LOMLOU (LO 4/2007, de 12 de abril, por la que se modifica la LO 6/2001, de 21 de diciembre, de Universidades, LOU), sino el art. 67 de la propia LOU (modificada).

El RD 1313/2007, de 5 de octubre, regula el régimen de los concursos de acceso a cuerpos universitarios. Conforme a estas normas, el reingreso al servicio activo del PDI funcionario en excedencia voluntaria se efectuará mediante la obtención de una plaza en los concursos de acceso a los cuerpos docentes universitarios que cualquier universidad convoque, o –en el caso de reingreso en la Universidad en la que se prestaran servicios con anterioridad a la excedencia- solicitando del Rector la adscripción provisional a una plaza de la misma, con la obligación de participar en cuantos concursos se convoque por dicha universidad para cubrir plazas en su cuerpo y área de conocimiento, perdiendo la adscripción provisional de no hacerlo. No obstante, el reingreso será automático y definitivo, a solicitud del interesado dirigida a la universidad de origen, siempre que hubieran transcurrido, al menos, dos años en situación de excedencia, y que no excedieran de cinco, y si existe plaza vacante del mismo cuerpo y área de conocimiento.

[52] Que la empresa de base tecnológica sea creada o desarrollada a partir de patentes o de resultados generados por proyectos de investigación financiados total o parcialmente con fondos públicos y realizados en universidades, y que el PDI fundamente su participación en los mencionados proyectos.

• A reseñar que, fuera de este Cap. VI (en el VII, art. 22), se contempla el paso a excedencia con reserva del puesto de trabajo en su Universidad de origen para los profesores en servicio activo en ésta que sean contratados en otra como Profesor Visitante.

VII. MOVILIDAD DEL PERSONAL DOCENTE E INVESTIGADOR UNIVERSITARIO

La disposición adicional 10ª de la LOU ("De la movilidad temporal del personal de las Universidades") establece que los poderes públicos promoverán mecanismos de movilidad entre las Universidades y otros centros de investigación, con sus correspondientes programas de financiación, así como medidas de fomento y colaboración entre las Universidades, centros de enseñanzas no universitarias, Administraciones públicas, empresas y otras entidades, públicas y privadas, para favorecer la movilidad temporal entre su personal y el que presta sus servicios en estas entidades. Por su parte, la LOMLOU subrayó también la importancia de la movilidad en el marco del espacio europeo de educación superior y de la movilidad interuniversitaria (cfr. su E. de M.).

El Borrador de Real Decreto viene a concretar dichas previsiones en lo que al personal docente e investigador universitario respecta, regulando en su Cap. VII (arts. 19 a 24) la "movilidad del profesor docente investigador universitario".

1.Reglas generales y tipos de movilidad del PDI (art. 19)

En su art. 19 ("Tipos de movilidad del PDI"), el Borrador acota el concepto de movilidad a efectos del estatuto del PDI: "Se entiende por movilidad del personal docente e investigador, a efectos del presente Real Decreto, la que se produce entre Universidades o entre éstas y otros organismos públicos o privados dedicados a la investigación y/o con empresas innovadoras basadas en el conocimiento", remitiendo la regulación de dicha movilidad del PDI (en general, por tanto, para el profesorado funcionario y el contratado) a lo que determinen las Universidades (en su reglamentación propia, en los convenios entre Universidades o los de éstas y otros organismos públicos) y a los acuerdos que se establezcan entre las diferentes Comunidades Autónomas.

No obstante, el propio Borrador contempla, como sistematizacion reglamentaria de diversos supuestos contemplados por la regulacion legal, 4 modalidades de movilidad (no impedientes de otras), objeto respectivamente de sus arts. 20 a 24:

a) Vinculación permanente a una Universidad de profesores de otros países.
b) Movilidad temporal de profesores entre Universidades y OPIS españoles.

c) Movilidad temporal extraordinaria de profesores entre Universidades y OPIS españoles y extranjeros (profesores visitantes).
d) Movilidad temporal para la explotación de los resultados de la investigación (excedencia para la incorporación a empresas de base tecnológica).

2.Vinculación permanente de profesorado de otros países

El art. 20 del Borrador establece que "la vinculación permanente de profesores extranjeros se regirá por lo dispuesto en el art. 89 LOMLOU". Sigue el artículo, en sus distintos apartados, reproduciendo, sin más, lo establecido en dicho art. 89, ciertamente no de la LOMLOU de 2007, sino de la LOU (en la redacción dada por aquélla).

Se reitera así la previsión legal de que el profesorado de las universidades de los Estados miembros de la Unión Europea con posición en ellas equivalente a las de CU o TU será considerado acreditado a los efectos de la LOU (según el procedimiento y condiciones establecidas por el RD 1313/2007, de 5 de octubre, por el que se establece la acreditación nacional a los cuerpos docentes universitarios) [53]; que dicho profesorado podrá formar parte de las Comisiones de acreditación nacional y, si las Universidades lo establecen en sus estatutos, de las Comisiones encargadas de resolver los concursos para el acceso a los cuerpos docentes universitarios; que a los efectos de concurrir a los procedimientos de acreditación, a los concursos de acceso a los cuerpos docentes universitarios y a las convocatorias de contratos de profesorado universitario, los solicitantes, dice el Borrador -"los nacionales", el art. 89 LOU-, de los Estados miembros de la UE gozarán de idéntico tratamiento y con los mismos efectos, al de los solicitantes españoles [54].

3. Movilidad temporal del PDI entre Universidades y OPIS españoles y profesores visitantes

Contempla el Borrador, art. 21, la posibilidad de que las universidades suscriban entre sí o con organismos públicos de investigación convenios para el intercambio temporal de personal docente e investigador. En virtud de estos convenios, el PDI funcionario (no contempla el Borrador, pues al contratado) adscrito a una

---

[53] Cf. en particular la disp. ad. 4ª del RD 1312/2007, que prevé la necesaria certificación por la ANECA de dicha posición equivalente.

[54] Estas previsiones serán aplicables también a los nacionales de Estados a los que, en virtud de tratados internacionales celebrados por la UE y ratificados por España, sea de aplicación la libre circulación de trabajadores en los términos en que ésta se encuentra definida en el Tratado constitutivo de la Comunidad Europea.

Universidad podrá vincularse temporalmente a otra Universidad o a un OPI (el marco temporal de las adscripciones deberá ser fijado en los convenios que se establezcan) [55]. La vinculación podrá referirse a cualquiera de las actividades del PDI reguladas por el art. 8 del Borrador, así como ser "ser a tiempo parcial siempre que la suma de las dedicaciones en ambas universidades no supere el tiempo completo" [56].Estableciendo que la Universidad en ningún caso podrá obligar a su PDI a acogerse a esa adscripción temporal a otra universidad u OPI, el Borrador determina que las universidades regularán en el plazo de un año los requisitos y procedimientos para la concesión de estas adscripciones temporales.

4. Profesores Visitantes

En su artículo 22 el Borrador viene sin más a recoger el régimen de los Profesores Visitantes establecido en el art. 54 LOU (contrato con profesores o investigadores de reconocido prestigio de otras universidades y centros de investigación, españoles o extranjeros, de carácter temporal por la duración que se acuerde entre las partes y con dedicación a tiempo parcial o completo). Añade, no obstante, algunas precisiones: que los Profesores Visitantes podrán realizar todas las funciones atribuidas al PDI en el capítulo IV del Borrador (el art. 54 LOU se refiere a tareas "docentes o investigadoras"), y que, si se trata de profesores en situación de servicio activo vinculados a universidades españolas, pasarán a la situación de excedencia con reserva del puesto de trabajo en su universidad de origen (art. 22.1).

5. Movilidad del PDI para la incorporación a empresas de base tecnológica

La LOMLOU de 2007 añadió al art. 83 LOU un apartado 3 que permite que, siempre que una empresa de base tecnológica sea creada o desarrollada a partir de patentes o resultados generados por proyectos de investigación financiados con fondos públicos y realizados en Universidades, el profesorado universitario funcionario y el contratado con vinculación permanente que fundamente su participación en tales proyectos, podrán solicitar la autorización para incorporarse a dicha empresa

---

[55] El art. 30.6 del Borrador regula, como algo distinto de estos convenios de intercambio, los de colaboración entre universidades públicas para la impartición de enseñanzas por profesores de la otra universidad

[56] Los funcionarios acogidos a dichos convenios de intercambio quedarán sometidos a las condiciones que éstos establezcan en lo relativo a categorías, retribuciones complementarias, dedicación, derechos electorales, etc. en la institución de destino y en la de origen, computándose los períodos de adscripción a otra Universidad u OPI a efectos de antigüedad y sin que ello suponga un impedimento para el progreso en la "carrera horizontal" regulada en el art. 16 del Borrador.

mediante una excedencia temporal (el precepto remite al Gobierno la regulación de las condiciones y el procedimiento para la concesión de dicha excedencia, dentro de ciertas previsiones al respecto).

Sobre esta base el art. 23 del Borrador articula esa incorporación del PDI a "empresas de base tecnológica" mediante dos mecanismos (previstos en sus ap. 1 y 2, y 3).

- Los profesores con vinculación permanente (por tanto, funcionarios o contratados) a la Universidad que fundamenten haber participado en el proyecto de investigación cuyos resultados hayan dado lugar a la creación de una empresa de base tecnológica podrán incorporarse a dicha empresa mediante excedencia temporal a autorizar por la Universidad [57].

- Los profesores de los cuerpos docentes universitarios con dedicación a tiempo completo que fundamenten su participación en proyectos de investigación cuyos resultados hayan dado lugar a la creación de una empresa de base tecnológica podrán solicitar el régimen de dedicación a tiempo parcial para compatibilizar su actividad en la Universidad con la actividad laboral en dicha empresa [58]. El profesor podrá volver al régimen de tiempo completo siempre que lo solicite con una antelación mínima de 2 meses antes de la finalización del período por el que se le hubiera concedido la dedicación parcial.

6. Explotación de los resultados de la investigación

Bajo esta rúbrica el Borrador regula en su art. 24, en esencia, 3 diferentes supuestos:

- Los contratos con personas, Universidades o entidades públicas o privadas que el profesorado universitario, conforme al art. 83.1 y 2 LOU, puede celebrar para la realización de trabajos de carácter científico, técnico ó artístico, así como

---

[57] La Universidad debe regular el procedimiento para la concesión de dichas excedencias, ajustándose a estas condiciones que fija el Borrador: límite máximo 5 años para la excedencia; derecho a la reserva del puesto de trabajo durante el período de excedencia y cómputo de éste a efectos de antigüedad; cómputo asímismo del periodo de excedencia a efectos de la concesión de retribuciones ligadas a méritos individuales por el ejercicio de funciones de investigación, desarrollo tecnológico, transferencia de conocimientos y gestión; declaración del excedente que no solicite el reingreso con un mes de anterioridad al fin del periodo de excedencia, en la situación de excedencia voluntaria por interés particular; y entre el fin del disfrute de una excedencia de este tipo y el comienzo de la siguiente por parte de un mismo profesor debe transcurrir un periodo mínimo de 2 de años (concreta así el Borrador lo previsto por el art. 83.3 LOU).

[58] Es así único supuesto de dedicación a tiempo parcial para desarrollar actividades por cuenta ajena.

para el desarrollo de enseñanzas de especialización o actividades específicas de formación.

El Borrador (art. 24.1 y 2) declara compatible la dedicación del profesorado de las Universidades públicas con la realización de dichos trabajos y celebración de los correspondientes contratos, siempre que lo autoricen, conforme a los procedimientos que éstas establezcan [59].

• La participación en empresas de base tecnológica. Determina el Borrador (art. 24. 3): "En virtud de lo establecido en la disposición adicional 24 de la Ley 4/2007, las limitaciones establecidas en el art. 12.1.b) y d) de la Ley 53/1984, de 26 de diciembre, de Incompatibilidades del Personal al servicio de las Administraciones públicas, no serán de aplicación a los profesores y profesoras funcionarios de los cuerpos docentes universitarios cuando participen en empresas de base tecnológica [60] promovidas por su Universidad y participadas por éstas o por alguno de los entes previstos en el art. 84 de la Ley Orgánica 6/2001, de 21 de diciembre, de Universidades", es decir, fundaciones, empresas u otras personas juridicas creadas por las Universidades.

El Borrador reproduce asi lo ya establecido en la disp. ad. 24 de la LOMLOU, que en efecto excluye a los profesores universitarios funcionarios de la aplicación de las limitaciones establecidas por esos dos preceptos de la Ley de Incompatibilidades: el art. 12.1 b), que impide al personal sujeto a la Ley de Incompatibilidades la pertenencia a Consejos de Administración u órganos rectores de empresas y entidades privadas cuya actividad esté directamente relacionada con la que gestione la Administración, organismo o entidad en que preste sus servicios el personal afectado; y el art. 12.1 d), que les impide la participación superior al 10 por 100 en el capital de empresas y sociedades concesionarias, contratistas de obras, servicios o suministros, etc.

---

[59] Precisa, además a tal fin el Borrador en los aps. 4 y 5 del art.24 estas dos reglas:

- Cuando el contrato sea suscrito por el Rector o persona en quien delegue, la compatibilidad se entenderá concedida automáticamente, y si el contrato es firmado por el profesor la compatibilidad requerirá la previa y expresa conformidad del Rector o persona en quien delegue.

- Inclusión dentro de las enseñanzas contempladas por el art. 83 LOU, de las enseñanzas de master y doctorado, así como otras enseñanzas dirigidas primordialmente a cumplir y profundizar los conocimientos de los titulados universitarios al objeto de elevar su capacitación científica o profesional. La imparticion de docencia en otra universidad podria quedar asi posibilitada por esta via.

[60] Conforme a la D. Ad. 24 de la Ley O. 4/2007 -que éste art. 24.3 del Borrador viene a concretar-, se consideran tales empresas de base tecnológica creadas o promovidas por la universidad y participadas por ésta, las creadas a partir de patentes o de resultados generados por proyectos de investigación realizados en universidades disponiendo dicha D. Ad. que el Gobierno regulará las condiciones para la determinación de la naturaleza de base tecnológica de tales empresas.

• Participación en la explotación de los resultados de I+D+i.

Por último, el art. 24.6 del Borrador dispone que la Universidad velará para que el PDI, en cualquier fase de su carrera, se pueda beneficiar de la eventual explotación de sus resultados de I+D+i, al amparo de lo dispuesto en la Disposición Adicional 24 de la Ley Orgánica 4/2007, de 12 de abril (de reforma de la LOU), que a estos efectos la Universidad promoverá la existencia de acuerdos previos a la realización de los correspondientes proyectos en lo que respecta a la explotación de sus resultados, y que la incorporación de un nuevo miembro a un Grupo de Investigación comportará la aceptación de los mencionados acuerdos [61].

VIII. RÉGIMEN ADMINISTRATIVO DE LOS PROFESORES UNIVERSITARIOS FUNCIONARIOS.

El capítulo VIII del Borrador se dedica al régimen administrativo de los profesores universitarios funcionarios, regulando la provisión de puestos de trabajo, el Registro de Personal, el profesorado interino, la jornada laboral, la jubilación, las compatibilidades e incompatibilidades, las vacaciones, permisos y licencias, el régimen disciplinario, y las plazas vinculadas a servicios asistenciales de las instituciones sanitarias (art. 25 a 33).

1. Proceso administrativo de provisión de puestos de trabajo

Bajo esta rúbrica el Borrador (art. 25) regula los siguientes apartados:

• El ingreso en los cuerpos docentes universitarios (art. 25.1 y 2), limitándose a efectuar una remisión a lo establecido en los Reales Decretos 1312/2007 de 5 de octubre, por el que se establece la acreditación nacional para el acceso a dichos cuerpos, y 1313/2007, de 5 de octubre, sobre los concursos de acceso a éstos, y a reproducir lo establecido por el art. 65.1 LOU: el nombramiento por el Rector de los candidatos propuestos por las Comisiones que juzguen los concursos.

• El traslado del expediente administrativo y el reconocimiento del tiempo de servicios prestados con anterioridad, en el caso de obtención por un profesor universitario de un nuevo puesto, del mismo o de distinto cuerpo, en otra Universidad (art. 25.3 y 4).

---

[61] La remisión a la D. Ad. 24 de la Ley O. 4/2007 parece restringir el supuesto a la explotación de los resultados de I+D+i a través de la creación o participación en empresas de base tecnológica. Pero ello no debería excluir su aplicación a otras modalidades de explotación de tales resultados.

• Las comisiones de servicios en otra Universidad, Administración u organismo público en estos términos: por un curso académico, renovable; corriendo la retribución del profesor a cargo de la Universidad, Administración u organismo público receptor; y su otorgamiento por el Rector de la Universidad conforme a lo establecido en la Disposición Adicional 3ª del Real Decreto 364/1995, de 10 de marzo, por el que se aprueba el Reglamento general de ingreso del personal al servicio de la Administración General del Estado (art. 25. 5,6,7 y 8) (por su parte, el art. 27. 2 del Borrador establece la reserva de la plaza y destino que viniera ocupando el funcionario nombrado en comisión de servicios).

2. Registro de personal

Se recuerda en el art. 26 el deber de las Universidades de inscribir en el Registro Central de Personal a sus funcionarios pertenecientes a los cuerpos docentes universitarios y de facilitar a dicho Registro toda la información relativa a su situación administrativa, conforme a lo dispuesto en el Reglamento del Registro Central de Personal (Real Decreto 2073/1999, de 30 de diciembre), así como el mantenimiento por la Administración del Estado del expediente personal u hoja de servicios actualizada del PDI funcionario.

3. Personal docente e investigador interino

El Borrador recoge en su art. 27 el régimen del personal docente e investigador interino, a nombrar para ocupar transitoriamente, por un plazo máximo de dos años, plazas vacantes en tanto se cubren por concurso de acceso entre personal acreditado conforme al Real Decreto 1313/2007, de acreditación, o para plazas de PDI en comisión de servicios o en situación de servicios especiales (el Borrador especifica así para el ámbito de las Universidades públicas, condiciones no contempladas por el art. 10 del EBEP)

Dicho personal interino se seleccionará en procedimiento abierto, bajo los principios de mérito y capacidad, entre los acreditados para los cuerpos docentes (no precisa el Borrador si esa acreditación debe ser la respectiva para CU o PTU), y cesará automáticamente –según los casos- cuando la plaza que ocupa se provea por el sistema de provisión de puestos previsto en el Real Decreto 1313/2007, de 5 de octubre, de acreditación nacional para el acceso a los cuerpos docentes universitarios, o se incorpore a dicha plaza su titular.

4. Jornada laboral

Establece el Borrador (art. 28) que la duración de la jornada de trabajo del PDI funcionario, con régimen de dedicación a tiempo completo, será la establecida con carácter general para los funcionarios de la Administración General del Estado, con una duración máxima de treinta y siete horas y media semanales, durante las que se desarrollarán las actividades docentes, investigadoras, de innovación y transferencia y de gestión previstas en el estatuto del profesorado universitario. La duración de la jornada de trabajo del PDI funcionario con régimen de dedicación a tiempo parcial se determinará en función del porcentaje de reducción de dedicación que corresponda de acuerdo con las modalidades previstas en el artículo 14 del Borrador de Real Decreto [62], no pudiendo ser en ningún caso inferior a 18 horas semanales [63].

Como previsión de interés, el Borrador establece que las Universidades podrán conceder una reducción del tiempo de dedicación a las actividades docentes, hasta un máximo del 30% de la dedicación máxima (definida en el artículo 14 del Borrador), para el PDI con dedicación a tiempo completo que haya cumplido 60 años, reducción que "será solicitada por el interesado al Rector y se concederá atendiendo a los recursos humanos disponibles y salvaguardando las necesidades docentes de cada universidad y no comportará reducción de la retribución que corresponda" (art.28.3).

5. Jubilación

El art. 29 del Borrador regula la jubilación del PDI: voluntaria a solicitud del interesado; forzosa, al cumplir la edad legalmente establecida; y por declaración de incapacidad permanente [64], en los siguientes términos:

La jubilación voluntaria del PDI perteneciente a los cuerpos docentes universitarios "podrá ser solicitada por el interesado siempre que tenga 30 años de servicio y haya cumplido 60 años de edad o cuando haya cumplido 65 años de edad". La solicitud se dirigirá al Rector de la Universidad a que pertenezca y la efectividad de la jubilación estará referida a la finalización del curso académico [65].La jubilación forzosa de ese mismo personal se declarará de oficio al cumplir el funcionario

---

[62] Dedicación parcial ordinaria (reducción de un máximo del 80% de actividades) y parcial hasta un máximo del 50 % de reducción de actividades).

[63] Esta previsión (que en puridad tiene como referencia, no la jornada, sino la dedicación) debería contextualizarse o trasladarse a los preceptos del Borrador que regulan esta última (art. 14) aunque deba conllevar lógicamente la correspondiente reducción de jornada.

[64] No contempla, sin embargo, la jubilación parcial, como hace el art. 67 EBEP.

setenta años de edad, pudiendo el interesado optar por jubilarse a la finalización del curso académico en el que hubiere cumplido la edad reglamentaria.

El Borrador solventa así las dudas suscitadas por la determinación del art. 67.3 del EBEP (jubilación forzosa a los 65 años y solicitud de prolongación hasta los 70, y sujeta ésta a decisión motivada de la Administración) en su aplicación al profesorado universitario, con una solución enmarcable en lo previsto en el último párrafo de dicho art. 67.3 EBEP: la exclusión de aquélla determinación de los funcionarios que tengan normas estatales específicas de jubilación.

Incluye, por último, este art.29 (ap. 2) del Borrador que las Universidades y las Comunidades Autónomas, con el fin de facilitar la renovación del PDI, podrán diseñar programas específicos de efectivos, en función de las necesidades de la programación académica, y atendiendo a la edad del PDI y a los años de servicios prestados [66].

6. Incompatibilidades

El Borrador de Real Decreto (art. 30) establece la sujeción general del PDI universitario a lo previsto en la Ley 53/1984, de 26 de diciembre, de Incompatibilidades del Personal al servicio de las Administraciones públicas y sus disposiciones de desarrollo, sin perjuicio de lo establecido en el propio Borrador (y antes por la LOU) sobre las obligaciones de dicho profesorado y la posibilidad de que el mismo realice trabajos específicos.

Pero a partir de ahí, precisa las siguientes reglas:

- Prohibición de que el PDI –funcionario o contratado- de las Universidades públicas en activo o en servicios especiales, sea contratado como profesor o investigador permanente por universidades privadas ni por centros adscritos a éstas [67].

---

65 El Borrador da cumplimiento así a lo establecido por la D. Ad. 23 de la LOMLOU de 2007 que estableció: "El Gobierno, las CCAA y las Universidades promoverán, en el marco del estudio que el Gobierno realice y envíe al Congreso de los Diputados sobre el acceso a la jubilación voluntaria de determinados colectivos –previsto por la D.Ad. 8ª EBEP-, el establecimiento de acuerdos que faciliten la reducción paulatina de actividad, una vez alcanzados los 60 años, y la jubilación voluntaria anticipada del personal de las Universidades. El Estatuto del PDI previsto en la D. Ad. 6ª desarrollará la jubilación voluntaria".

66 Parece recoger así la propuesta de la CRUE en su Asamblea del 25 de enero de 2006 (y un algún antecedente de hecho en las Universidades) de la introducción en LOMLOU de medidas para la renovación de las plantillas del profesorado, como la jubilación parcial, gradual, e incentivos a la jubilación anticipada, etc.

67 Se considera como "permanente" el profesor que preste sus servicios en función de una relación de prestación de servicios docentes, de investigación o de gestión por cuenta de una universidad privada o centro adscrito a la misma, para la realización de actividades con

Se exceptúa de lo anterior la incorporación a la universidad privada con la finalidad de realizar estancias, autorizadas, de duración inferior a un año no renovable, y además el Borrador (art.30.2, párrafo tercero) no descarta que el PDI pueda participar en actividades de las universidades privadas (hay que sobreentender con carácter "no permanente"), para lo que se requerirá la autorización de compatibilidad (no obstante, esa participación no podrá ser computada a los efectos de la evaluación de la calidad de los centros y programas de la universidad privada, salvo que el programa se realice en el marco de un convenio de colaboración interuniversitaria).

• El PDI contratado a tiempo parcial podrá compatibilizar sus tareas con las de profesor o investigador en otras Universidades públicas o centros adscritos a éstas, previa solicitud y concesión de la compatibilidad correspondiente (art. 30.3) [68].

• Prohibición de que el PDI de las universidades se matricule como estudiante en titulaciones universitarias oficiales de la misma rama de conocimiento y universidad en las que imparta docencia (art. 30.4).

• Recordatorio de la posibilidad, prevista por el art. 83 LOU, de que los grupos de investigación, Departamentos e Institutos Universitarios, y su profesorado, a través de éstos o de estructuras organizativas "ad hoc", realicen contratos para la realización de trabajos científicos, técnicos o artísticos o enseñanzas de especialización (art. 30.5) [69].

• Posibilidad de que las Universidades públicas establezcan convenios de colaboración para el desarrollo de enseñanzas oficiales en las que el PDI adscrito a ellas pueda impartir docencia en otra Universidad pública con cargo

---

carácter regular. Conecta así con la determinación del art. 72.3 LOU: "El profesorado de las universidades privadas y de los centros privados de enseñanza universitaria adscritos a universidades, no podrá ser funcionario de un cuerpo docente universitario en situación de activo y destino en una universidad pública. La misma limitación se aplicará al profesor docente e investigador a tiempo completo".

[68] Repárese en que el Borrador, al limitar la compatibilidad para este caso a tan sólo la actividad en otra universidad pública, no en una privada, podría excederse respecto de lo establecido en el art. 72.3, último inciso de la LOU, citado.

[69] Ahora bien, el Borrador precisa que la compatibilidad respecto de lo previsto por dicho art. 83 LOU, si se trata del desarrollo de enseñanzas de especialización o actividades específicas de formación, será denegada por el Rector en determinados casos (carecer los trabajos del nivel científico exigible al profesorado universitario; perjuicio cierto a la labor académica del PDI participante o a la actividad de la Universidad; que el tipo de trabajo objeto de contrato este atribuido en exclusiva a determinados profesionales y el profesor contratante carezca de título correspondiente; que las obligaciones contraídas en el contrato impliquen, de hecho, la constitución de una relación estable (art.30.7).

a su dedicación docente. Estos convenios deberán garantizar que el PDI afectado no reciba más de una remuneración con cargo a los presupuestos de las Administraciones públicas (art.30.6) [70].

• Como regla general, la remuneración que podrá percibir el PDI "estable", anualmente por las actividades desarrolladas en ejercicio de las compatibilidades previstas en el Real Decreto no podrá exceder del doble de la retribución anual máxima que puede llegar a percibir un profesor de los Cuerpos docentes universitarios con dedicación a tiempo completo (aunque las Universidades podrán establecer mecanismos de periodificación de estas retribuciones en ejercicios sucesivos al momento de pago, con el fin de evitar la superación del citado límite) (art.30.8).

7. Vacaciones, permisos y licencias

Establece, en primer término, el art.31 del Borrador que cada Universidad hará público, antes del comienzo de cada curso escolar, el calendario lectivo, en el que se establecerán la fecha del inicio y fin de las actividades docentes y periodos de evaluación. Es un calendario independiente de la jornada de trabajo del PDI en función de su régimen de dedicación, por lo que –añade- a tal fin deberá diferenciarse entre calendario laboral, calendario académico y calendario lectivo (ap.1 y2).

Las vacaciones anuales retribuídas del PDI funcionario serán de 1 mes natural o de 22 días hábiles anuales por cada año completo de servicio o en forma proporcional al tiempo de servicios efectivos, y se disfrutarán dentro del año natural y hasta el 15 de enero del año siguiente, en periodos mínimos de cinco días hábiles consecutivos, siempre que los correspondientes periodos vacacionales sean compatibles con las necesidades del servicio, y preferentemente en periodo no lectivo (no se considerarán hábiles los sábados, sin perjuicio de las adaptaciones que se establezcan para los horarios especiales) (ap.3) [71].

El PDI universitario tendrá derecho a disfrutar de permisos con la duración establecida en el EBP, al menos, en los supuestos de fallecimiento, accidente o enfermedad grave de un familiar en primer grado de consaguinidad o afinidad; traslado de domicilio sin cambio de residencia; realización de funciones sindicales o de representación del personal; concurrir a concursos de plazas, exámenes finales y demás pruebas definitivas de aptitud; realización de pruebas prenatales;

---

[70] Esta previsión resulta concomitante de alguna manera, con los convenios de intercambio objeto del art.24.1 y2 del Borrador, y deberían precisarse sus respectivas diferencias y efectos.
[71] Reglas ajustadas así al art.50 EBEP.

lactancia de un hijo menor de 12 meses; nacimiento de hijos prematuros o que deban permanecer hospitalizados a continuación del parto; el cuidado directo de algún menor de 12 años, de persona mayor que requiera especial dedicación, o de una persona discapacitada que no desempeñe actividad retribuída, por ser preciso atender al cuidad de un familiar de primer grado (art.31.4).

Asimismo tendrá derecho a los permisos por parto; adopción y acogimiento; paternidad por nacimiento, adopción o acogimiento; y por razón de violencia de género en los términos y condiciones establecidas en el art.49 del EBEP.Además, a lo largo del año, tendrá derecho a disfrutar hasta 6 días de permiso por asuntos particulares (que no podrán acumularse a los períodos de vacaciones anuales) siempre que las actividades académicas queden cubiertas (esos días de permiso por asuntos particulares podrán ser distribuidos según convenga al interesado, previa autorización del Director del Departamento o Centro), a los que se añaden dos días adicionales al cumplir el 6° trienio, incrementándose en un día adicional por cada trienio cumplido a partir del octavo (art.31.4)

Las Universidades podrán conceder a su PDI licencias con el fin de mejorar su formación docente y actividad investigadora en Universidades, instituciones y centros nacionales o extranjeros, dentro de las disponibilidades presupuestarias y con los requisitos y condiciones establecidas en sus Estatutos (recordando el Borrador -art.31.5- que las Universidades promoverán la movilidad de su PDI, especialmente el que se encuentre en los inicios de su carrera docente e investigadora) [72].

8. Régimen disciplinario

El Borrador de Real Decreto especifica (art. 32) que el procedimiento y aplicación de las sanciones disciplinarias se ajustarán al procedimiento establecido en la legislación general de funcionarios en materia de régimen disciplinario, -añade-

---

[72] Si la licencia es por tiempo no superior a un año, el profesor tendrá derecho a recibir la totalidad de las retribuciones que venía percibiendo; si es por tiempo superior a un año y no superior a dos las Universidades podrán conceder al profesor hasta el 80% de las retribuciones que venía percibiendo; y las licencias para periodos superiores a 2 años o los sucesivos que sumados a los obtenidos durante los últimos 5 año superen dicho periodo, no darán lugar al reconocimiento de retribución alguna.
En la concesión de licencias se fijará con precisión el tiempo de duración, retribuciones a percibir por cualquier concepto e institución y demás condiciones de disfrute, y el PDI que disfrute una licencia por actividad docente e investigadora mantendrá el pleno ejercicio de sus derechos en la Universidad en la que ocupa su puesto (art.31.5).
En fin, el Borrador prevé que las Universidades podrán regular las condiciones para la concesión de otras licencias extraordinarias por estudio, con una duración no superior a un año natural, a profesores e investigadores que se hagan acreedores a ellas por su prolongada y cualificada dedicación a la Universidad (no podrán disfrutarse estas licencias hasta transcurrido un mínimo de 7 años desde la última que le hubiera sido concedida).

"Título VII de la Ley 7/2007, de 12 de abril, del Estatuto Básico del Empleado Público". Hay así una cierta imprecisión, pues ese Título VII regula también aspectos sustantivos -infracciones y sanciones- y no solo procedimentales. Aunque ciertamente el carácter básico del EBEP acota como marco sustantivo el de la correspondiente ley disciplinaria estatal.

En todo caso, el Borrador precisa (reproduciendo el originario tenor de la LOU) que corresponde al Rector de la Universidad adoptar las decisiones relativas al régimen disciplinario de todo el personal docente e investigador que preste servicio en ella, a excepción de la de separación de servicio, que será acordada por el Ministro de Ciencia e Innovación, previa iniciativa del Rector, a propuesta del Consejo de Universidades.

9. Plazas vinculadas

El Borrador de Real Decreto (art. 33) viene a especificar que en tanto el art. 61 LOU[73] no sea desarrollado por el Gobierno, continuará vigente el régimen aplicable a este personal establecido en el Real Decreto 1558/1986, de 28 de junio, por el que se establecen las bases generales del régimen de conciertos entre las Universidades y las Instituciones Sanitarias; y que la denominación del régimen de dedicación del profesorado con plaza vinculada se corresponderá con lo establecido para el profesorado de los Cuerpos Docentes Universitarios. (Por tanto, existirán dos regímenes de dedicación: a tiempo completo y a tiempo parcial) (art. 33.1 y 2).

Añade a lo anterior (fuera, pues, de las estrictas previsiones de la LOU) que los citados conciertos podrán establecer, conforme al art. 105 de la Ley General de Sanidad, un número de plazas de profesores asociados a cubrir por personal asistencial que preste servicios en la Institución sanitaria concertada. Estos profesores asociados (los conocidos como "asociados clínicos") se regirán por las normas propias de los profesores asociados de la Universidad, con las peculiaridades que reglamentariamente se establezcan en cuanto a la duración de sus contratos (en todo caso el número de plazas de tales asociados no será tenido en cuenta a efectos del porcentaje de profesores contratados y de funcionarios) (art. 33.2).

---

[73] El art. 61 de la LOU establece que el personal de los cuerpos docentes universitarios que ocupen una de las llamadas plazas universitarias vinculadas a los servicios asistenciales de las instituciones sanitarias (art. 105), plazas que se considerarán como un solo puesto de trabajo, se regirán por este artículo de la LOU y el resto de ésta que les resulten aplicables, por la Ley General de Sanidad y demás legislación sanitaria, y por las normas que el Gobierno establezca en relación con estos funcionarios (en particular se determinará el ejercicio de las competencias sobre situaciones administrativas, de régimen disciplinario y el sistema de retribuciones aplicable a este personal).

10. Profesorado de la UNED y la UIMP

Las disposiciones adicionales 1ª y 2ª del Borrador de Real Decreto, se dedican de modo específico al PDI de la UNED y de la UIMP, respectivamente.

La LOU contempla la especificidad de la UNED (impartir enseñanza a distancia en todo el territorio nacional, sujeción a un régimen especial a establecer por el Gobierno, que incluirá, entre otros apartados, las específicas obligaciones docentes de su profesorado y el régimen de los tutores, etc.) (Disp. Ad. 2ª LOU). Concretando estas previsiones, el Borrador de Real Decreto establece en su disposición adicional 1ª que "sin perjuicio de las previsiones establecidas en la disposición adicional segunda de la LOMLOU (la referencia es incorrecta, debe hacerse a la LOU) y de las obligaciones generales establecidas en el presente Real Decreto y en los Estatutos de la Universidad", el PDI funcionario de la UNED, en atención a sus especiales características, estará sujeto a un régimen específico que incluye: el deber, además de desempeñar las tareas docentes e investigadoras, de participar en la elaboración del material didáctico que la Universidad determine como específico de la enseñanza a distancia y adaptado a las tecnologías de la información; el de atenerse a las directrices y plazos que, en orden al desarrollo de la metodología de enseñanza a distancia y sin menoscabo de su libertad de cátedra, se adopten para la mejor elaboración y adecuación didáctica de dichos materiales; la obligación de realizar los deplazamientos que por razones docentes deba efectuar a las unidades territoriales de la UNED y sus centros asociados; y el derecho y el deber de recibir la formación específica precisa para el desarrollo de la actividad de enseñanza a distancia.

Por lo demás, el Borrador remite a los Estatutos de la UNED determinar los criterios de equiparación entre el régimen de dedicación establecido con carácter general para el profesorado universitario funcionario en el Real Decreto y el de dicho personal de la UNED, en orden a la asignación de sus tareas docentes e investigadores, y a la determinación del régimen de sus obligaciones de permanencia, asistencia a los alumnos, relación con los tutores y demás actividades propias de la enseñanza a distancia [74].

Por su parte, la disposición adicional 3ª de la LOU contempla el régimen especial de la UIMP, tanto en cuanto a su configuración como organismo autónomo, como en lo que respecta a sus actividades, incluidas las enseñanzas de postgrado y

---

[74] El Borrador (D.Ad. 1ª,2) determina que en tanto el Gobierno no establezca la regulación específica de la UNED prevista en la Disposición Adicional 2ª de la LOU, los Profesores Tutores de los centros asociados de la UNED se regirán por lo dispuesto en los Estatutos de ésta y en el Reglamento del Centro Asociado al que se encuentren vinculados.

doctorado. Pues bien, el Borrador de Real Decreto completa dicho régimen de UIMP, precisando que su Rector tendrá las atribuciones y tratamientos propios de los Rectores de las Universidades públicas españolas, y que la UIMP podrá suscribir convenios de colaboración y movilidad con otras universidades y centros de investigación a fin de garantizar la viabilidad de las citadas enseñanzas, convenios éstos que podrán incluir el destino temporal de profesorado en la UIMP). Precisa, por otra parte, los tipos de personal de la UIMP (funcionarios de carrera de la Administración General del Estado -docentes, investigadores y no docentes- que sean destinados a la UIMP; funcionarios propios; y personal docente, investigador y no docente contratado) y el régimen de sus cargos unipersonales, cuyo nombramiento y condiciones del personal que los desempeñe se regirán por lo establecido en los Estatutos de la UIMP, especificando, por lo demás, que el ejercicio de tales cargos será plenamente compatible con la continuidad como funcionario en activo en las Universidades de procedencia, sin que en ningún caso se pueda percibir más de una retribución con cargo a los presupuestos de las Administraciones públicas, y pudiendo los Vicerrectores, el Secretareo General y los Directores de Centros y de Investigación de la UIMP solicitar dispensa parcial de obligaciones docentes en su Universidad de procedencia.

IX. ALGUNAS CONSIDERACIONES FINALES

A lo largo de las páginas precedentes y en el lugar oportuno he hecho ya alguna consideración crítica a las previsiones del texto del Estatuto proyectado. Pero más allá de esas reflexiones parciales voy a terminar con unas consideraciones generales sobre el alcance de dicho proyecto y el modelo universitario en el que el mismo parece contextualizarse.

1. La peculiaridad del PDI universitario y su régimen.

El Borrador de Estatuto viene a establecer para el PDI de la Universidad pública un régimen específico dentro del marco general aplicable a la función y el empleo públicos. Pues bien, en mi opinión, el mismo sigue en exceso, aún adaptadas, las claves de ese marco jurídico general, es decir, las del EBEP, en unos términos que es dudoso resulten congruentes con la peculiaridad de la función docente universitaria. Prueba de ello es la pretensión de extrapolar a este ámbito el esquema de los grados y niveles de la carrera, que, como ya hemos expuesto, unidos a la segmentación en diversas categorías del PDI (funcionario de diversos Cuerpos, contratado bajo distintos perfiles, etc.), no harán sino establecer una diversidad de posiciones de difícil justificación si tenemos en cuenta que no hay en esencia diferencia alguna en la capacidad y responsabilidad funcional (la docente-investigadora) de unas y otras de tales categorías y posiciones.

Lo curioso es que hasta hoy toda esa pretensión de extrapolar al ámbito de la función pública docente universitaria los esquemas del régimen general de la función pública, en términos reales o analógicos, no han hecho más que enmarañar el propio régimen de la función docente universitaria con unas consecuencias bien distintas de lo que pudo ser su inicial objetivo. Estoy pensando, por ejemplo, en el régimen de los "quinquenios" y "sexenios" que, creados en su momento como mero sucedáneo de los conceptos retributivos generales (del complemento específico y del de productividad, respectivamente) para permitir un discreto incremento salarial, pero bien alejado de lo que aquellos complementos suponen en la Administración activa, han pasado a ser –al paso de determinaciones reglamentarias coyunturales- auténticas marcas de "status" y jerarquización dentro de cada Cuerpo. Así ha sucedido con los "sexenios", determinantes ya para participar en las Comisiones de acreditación y de los concursos de acceso, y así podría suceder con los "quinquenios" si se aprobara el Estatuto proyectado.

Pues bien, esa misma traza parece tener el escalafonamiento dentro de cada Cuerpo que suponen los niveles o grados de carrera previstos por el Estatuto proyectado: un supuesto factor de leve mejora retributiva, pero cuyas consecuencias académicas frente al eje formal del modelo (la estructura de Cuerpos) podrían ser ciertamente importantes. Todo ello, y sus consecuencias (una excesiva segmentación del profesorado y una jerarquización burocrática y fáctica del PDI), basado probablemente en una serie de datos que no cabe desconocer: la voluntad de establecer un factor de emulación y diferenciación de "status" que aunque muy magro en sus efectos reales, puede avenirse bien con la peculiar psicología del PDI, y a modo de antídoto frente a la supresión de Cuerpos (por ejemplo, los de CEU y TU), la expansión del número de TU y CU pareja a la de Universidades y Centros producida en las últimas dos décadas, y la supuesta fácil vía de acceso a estos Cuerpos derivada del sistema de acreditación por méritos. El sistema de niveles y grados puede haber sido así percibido como un elemento útil para equilibrar ese panorama, pero ciertamente a cambio de complicar en exceso la carrera académica por el riesgo de que, a partir de la evaluación global proyectada para el acceso sucesivo a tales niveles y grados (tres, si no acabaran siendo cinco, y por Cuerpo), dicho sistema pueda finalmente dar en todo lo contrario: un factor de general desincentivación del profesorado.

2. ¿Desaparición de las "áreas de conocimiento"?

Hemos visto que el Borrador de Estatuto no se refiere ya a las "áreas de conocimiento", sino a otros conceptos: "ámbito disciplinar", etc. Conviene por ello situar el significado actual y futuro de las "áreas de conocimiento".

El art. 71 de la LOU (no modificado por la LOMLOU de 2007) determina que las denominaciones de las plazas de la relación de puestos de trabajo de profesores funcionarios de los cuerpos docentes universitarios corresponderán a las de las áreas de conocimiento existentes (sigue una definición del concepto de área de conocimiento), así como que el Gobierno establecerá y, en su caso, revisará el catálogo de áreas de conocimiento, previo informe del Consejo de Coordinación Universitaria (se supone que, tras la LOMLOU, el Consejo de Universidades).La LOU mantiene así el criterio ya establecido por la Ley de Reforma Universitaria (LRU) de 1983.

Ahora bien, en el sistema de la LRU a partir de ahí las "áreas de conocimiento" tenían una relevante función añadida, casi de eje del sistema, al predeterminar la constitución de los Departamentos, acotar los concursos para la provisión de las plazas de profesorado, y definir en los planes de estudio –por la adscripción de las materias a una u otra área de conocimiento- la responsabilidad docente de los correspondientes Departamentos y del profesorado [75], todo ello en función de los "áreas de conocimiento". Pues bien, la posterior LOU de 2001, aún incluyendo la citada determinación de su art. 71 (artículo éste, como decimos, no modificado por la LOMLOU de 2007), no asumió a nivel legal esa comentada función añadida. Así, si bien para las Comisiones juzgadoras de los pruebas de habilitación nacional exigía que sus componentes fueran profesores del área de conocimiento correspondiente (art. 57), no estableció el mismo requisito para las Comisiones juzgadoras de los concursos a plaza (art. 64). En todo caso, el Real Decreto 774/2002, de 26 de julio, por el que reguló el sistema de habilitación nacional para el acceso a los cuerpos de funcionarios docentes universitarios y el régimen de los concursos respectivos –ya derogado-, sí precisaba (art. 2.2) que las denominaciones de las plazas a proveer mediante concurso serían necesariamente la de alguna de las áreas de conocimiento del Catálogo de Áreas de su Anexo.

Pero con la reforma de la LOU por la LOMLOU de 2007 el significado de las áreas de conocimiento (aún mantenidas las previsiones del art. 71 LOU) ha podido relativizarse un tanto más: los Departamentos se configuran ahora por "ámbitos -no por áreas- de conocimiento" (art.90 LOU); en sus previsiones sobre el nuevo sistema de acreditación nacional (art.57 LOU) no se tiene en cuenta el concepto "área de conocimiento", ni siquiera para la composición de las Comisiones juzgadoras; en las relativas a los concursos de acceso a plazas (art.62) tampoco se tiene en cuenta el papel a jugar por las áreas de conocimiento (desde luego, ni en la composición de las Comisiones de selección de las plazas convocadas, pues sólo se exige "la necesaria aptitud científica y docente de sus componentes";

---

[75] Cfr. al respecto, los antiguos Reales Decretos 1888/1984, sobre concursos; 1497/1987. de directrices generales de los planes de estudios; y 898/1985, sobre régimen del profesorado.

ni en la capacidad de los candidatos, referida a la "correspondiente materia o especialidad").

Por lo demás, los reglamentos dictados en aplicación de la LOU reformada de 2007 han seguido la misma línea. Así, conforme al Real Decreto 1312/2007, sobre acreditación nacional, la constitución de las Comisiones de acreditación se efectúa por "ramas del conocimiento" (Artes y Humanidades; Ciencias; Ciencias de la Salud; Ciencias Sociales y Jurídicas; Ingeniería y Arquitectura) (art.4.2); la solicitud de acreditación ha de hacerse por "rama de conocimiento" (art.14); y las Comisiones han de remitir la documentación aportada por los solicitantes para su informe, al menos a dos expertos "del ámbito científico y académico" correspondiente.Por su parte, el Real Decreto 1313/2007, por el que se regula el régimen de los concursos, remite la composición de las Comisiones de selección de las plazas convocadas a lo que establezcan los Estatutos de la Universidad garantizando –sólo- la "necesaria aptitud científica y docente de sus componentes" (art.6.1.) y centra el cometido de tales Comisiones en constrastar las capacidades del candidato "en la correspondiente materia y especialidad".

Digamos, no obstante, que, aun así, la necesaria referibilidad de los concursos a la correspondiente área de conocimiento parece deducirse del dato de que tales concursos para el acceso a las plazas de los Cuerpos docentes lo han de ser para plazas dotadas en el estado de gastos del presupuesto de la Universidad (art. 62 LOU) (así lo reitera el artículo 3 del Real Decreto 1313/2007, de concursos); que en el presupuesto de la Universidad ha de incluirse la relación de puestos de trabajo (art.70), y que las denominaciones de las plazas de la relación de puestos de trabajo han de corresponder a las áreas de conocimiento existente (art.71LOU)[76] (en este sentido el art.2.1 del Borrador, en la regulación de las relaciones de puestos de trabajo, recuerda el necesario cumplimiento de lo establecido por los art. 70 y 71 LOU).

Lo relevante en todo caso es que la correlación entre las "áreas de conocimiento" (y por tanto del profesorado perteneciente a cada una de ellas y su concreta responsabilidad docente) con las enseñanzas a impartir en la Universidad, podría desdibujarse un tanto en el futuro. Pues, frente a la adscripción de las materias y asignaturas a las correspondientes áreas de conocimiento, prevista por el sistema de directrices generales de los planes de estudio que establecía el sistema LRU de 1983, y aún vigente en la mayoría de nuestras Universidades, la nueva ordenación de las enseñanzas universitarias tras la LOU reformada en 2007, establecida

---

[76] Por eso tanto el art.67 LOU como el 11 del Borrador de Real Decreto hablan de reingreso al servicio activo si existe plaza vacante del mismo cuerpo y "área de conocimiento".

por el Real Decreto 1393/2007, de 29 de octubre, omite ya esa correlación [77]. La operatividad de las "áreas de conocimiento" en el conjunto de la ordenación del sistema universitario queda así un tanto desdibujada. Es más, incluso me parece dudoso que el Catálogo de las Áreas de Conocimiento esté vigente (el mismo se incluía como Anexo en el RD 774/2002, de habilitación nacional, que ha sido derogado por el posterior RD 1313/2007, que regula el régimen de los concursos de acceso a los cuerpos docentes universitarios).

Pues bien, ¿cuál puede ser el sentido de todo este entramado sucesivo? Me parece, si es que todo ello no es fruto del azar, que existe una clara voluntad en la política legislativa de los últimos tiempos de otorgar a las Universidades una mayor libertad en la definición de la capacidad docente-investigadora de su profesorado para disponer así de una consiguiente mayor libertad en la adscripción y utilización de sus recursos docentes. A partir de ahí ciertamente podríamos llegar a más de una conjetura, entre ellas, el que la política legislativa, para responder a la demanda generalizada de educación superior, haya optado por una Universidad orientada a ofrecer una formación superior, más que especializada, básica, y en todo caso flexible y mudable, para lo cual se haría necesario disponer de un profesorado universitario polivalente y centrado mayoritariamente en la docencia (la investigación, con niveles de excelencia, quedaría encomendada o reconocida tan sólo a una proporción de tal profesorado) y en los nuevos métodos a tal fin. Sobre esta base y con ese horizonte las Universidades tendrían que disponer de mayor flexibilidad en la utilización de sus recursos humanos docentes, flexibilidad que podría verse impedida por el acotamiento disciplinar que legalmente implica el régimen de las "áreas de conocimiento".

---

[77] Esa ordenación remite a las Universidades la elaboración de sus planes de estudio, con un contenido formativo que incluirá aspectos básicos de la "rama de conocimiento", materias obligatorias y optativas, seminarios, prácticas externas, trabajos dirigidos, etc., en el Grado, y en términos análogos –salvo las materias básicas- en el Master.

Pero esa ordenación se basa en las "ramas de conocimiento" (la ya citadas: Arte y Humanidades, Ciencias, Ciencias de la Salud, Ciencias Sociales y Jurídicas, Ingeniería y Arquitectura), pues en ellas han de incardinarse los correspondientes títulos de Grado y debiendo las Universidades elaborar los planes de estudio a partir de ese criterio. De ahí la necesaria inclusión en el Grado de un fuerte componente de "materias básicas", especificadas por el RD 1393/2007, Anexo 2, para cada una de las "ramas de conocimiento" (así las ramas "Ciencias Sociales y Jurídicas" incluye como materias básicas: antropología, ciencia política, comunicación, educación, derecho, economía, etc.).

Ahora bien, frente a ello en absoluto se prescribe que unos u otros contenidos formativos queden atribuidos en el plan de estudios a las correspondientes "áreas de conocimiento" (y mucho menos hay ya una vinculación entre materias y "áreas de conocimiento" predeterminada, como sucedía en el sistema LRU, por directrices generales de obligado cumplimiento por las Universidades).

3. El porvenir del Estatuto del PDI proyectado.

He rotulado mi exposición como "Un Estatuto del profesorado universitario a la espera". Desde que el Borrador de ese Estatuto fue dado a conocer en noviembre pasado ha estado sujeto a negociación entre el Ministerio y las centrales sindicales, con distintos parones y dilaciones. Y, que yo sepa, ahí sigue.¿Cual será su futuro?

Como ya he comentado, el Borrador fue objeto de un conjunto de observaciones por parte de la CRUE, en concreto de su Comisión Académica Sectorial (CASUE), plasmadas en el documento que ésta aprobó en Las Palmas el 17 de noviembre de 2008 y donde se llamaba la atención del Ministerio sobre un conjunto de cuestiones: el Borrador establecía demasiadas figuras de PDI; incluía aspectos del PDI contratado cuya determinación era más propia de los convenios colectivos que del Estatuto; su poca concreción al remitirse a futuras regulaciones (por ejemplo, en las nuevas evaluaciones y criterios para la carrera horizontal); la necesidad de dar mayor énfasis a la valoración de la actividad docente; el riesgo de que mediante la transferencia de conocimiento por la Universidad pública ésta se privatizara; la confusa definición por el Borrador de lo que es el PDI; sus dudas sobre las "orientaciones"; la necesidad de aclarar el régimen de los grados por Cuerpo y de cómo el sistema de grados afectaría al paso de un Cuerpo a otro; el de los quinquenios, de la transición al nuevo régimen de los sexenios y el alcance de las dos clases de sexenios, básico y de excelencia, etc.

Estas observaciones de la CASUE, dependiente de la CRUE, eran puramente técnicas. Pero lo cierto es que las mismas expresaban muchos reparos, por ejemplo, al régimen previsto para el "otro PDI" (el contratado por proyectos y programas), a las "orientaciones" del PDI, a la transferencia de conocimiento y las empresas de base tecnológica, etc., todo ello desde una evidente falta de consenso sobre ese proyectado nuevo perfil del profesorado universitario vinculado a la I+D+i en contexto empresarial, entre otros factores. Desde entonces se han producido algunas novedades, entre ellas la segregación de la responsabilidad sobre las Universidades del Ministerio de Ciencia e Innovación -responsable del Borrador de Estatuto que analizamos- para su integración en el de Educación, como también el nombramiento como nuevo Ministro de Educación precisamente del Rector hasta entonces presidente de la CRUE. No sé si este hecho podrá, cara al inmediato futuro, afectar al contenido del Estatuto hasta ahora proyectado.

IV
La aventura jurídica de los parques tecnológicos universitarios

Silvia Del Saz Cordero
Catedrática de Derecho Administrativo
UNED

1. LA TRANSFERENCIA DE LA ACTIVIDAD DE INVESTIGACIÓN A LA SOCIEDAD COMO FUNCIÓN PRIORITARIA DEL SERVICIO PÚBLICO UNIVERSITARIO. LA PROGRESIVA ADAPTACIÓN DEL MARCO LEGAL

Poco tiene que ver la concepción de la actual universidad con la que en su día inspiró la primera Ley de Universidades postconstitucional, la tan conocida LRU. Mucho ha llovido desde la Ley orgánica 11/1983 que respondía a parámetros bien diferentes de los actuales pues, aunque inspirada en el sistema anglosajón de organización tanto de enseñanzas como de estructuras docentes, seguía anclada en una concepción heredera de la universidad francesa en la que primaba claramente la actividad docente enfocada a la preparación técnica de futuros profesionales sobre cualesquiera otras funciones que se le encomendaban y que, en todo caso, se subordinaban a esta primera.

En mi opinión, la LRU era una ley rompedora en lo que se refiere a organización, piénsese, si no, en la revolución que entonces supuso la creación de las nuevas figuras de profesorado, de los Departamentos interdisciplinares, de las áreas de conocimiento, o en el simple concepto de crédito entonces tan ajeno a la cultura española, pero a cambio absolutamente conservadora en cuanto a los objetivos y contenidos de la actividad universitaria.

No en vano, el primer artículo de la LRU resumía lo que se entendía por servicio público universitario que, como era consustancial a la filosofía clásica del servicio público, se presumía deficitario debiendo correr su financiación a cargo de los poderes públicos, esto es, a cargo de los presupuestos públicos y financiado por el sistema impositivo.

Este servicio público se definía a partir de los tres conocidos elementos, ordenados por importancia decreciente, de la docencia, el estudio y la investigación, limitándose a mencionar, casi de pasada, entre las funciones de la universidad al servicio de la sociedad, la de apoyo científico y técnico al desarrollo económico nacional, término ahora obsoleto, y de las Comunidades Autónomas.

Y digo que casi de pasada porque, después, esta función de apoyo científico al desarrollo económico no tuvo una especial consideración a lo largo del articulado de la Ley que no arbitraba los instrumentos necesarios para poderla llevar a cabo salvo, quizás y muy indirectamente, el mecanismo del conocido artículo 11 cuya finalidad no era tanto, en mi opinión, permitir esa transferencia de conocimientos e investigación al sector privado sino arbitrar un incentivo económico, un complemento retributivo para los profesores destinado a evitar, por decirlo de algún modo, la "fuga de talentos" y la muy penalizada dedicación parcial y compensar las retribuciones no siempre adecuadas a una actividad investigadora de calidad, sobre todo cuando esta actividad era susceptible de contraprestación en el mercado.

Es más, la interrelación de la universidad y la sociedad se concebía no tanto como presencia de la Universidad en el mundo de la empresa sino, al contrario, como presencia de la sociedad en la Universidad a fin de que ésta no perdiera su punto de contacto con la realidad. Así se puso de manifiesto en la creación de los Consejos sociales, tan descafeinados por las leyes autonómicas, en los que, casi ausente el mundo de la empresa, dominaba la presencia político institucional, y cuyas competencias se ceñían, menos mal, a los aspectos puramente económicos. Los Consejos sociales poco a poco, con honrosas excepciones, se dejaron llevar por la inercia de la maquinaria administrativa universitaria y de una Universidad que todavía se encontraba a años luz de sus homónimas europeas.

La aprobación de la Ley Orgánica 6/2001, de Universidades, reflejó el cambio que tras casi veinte años de rodaje se había producido en la concepción de la Universidad española, entonces metida de lleno en el proceso de transformación de las Universidades europeas iniciado con la Carta de Bolonia que, como otros tantos procesos de transformación de los servicios públicos, pretendía poner punto y final a los defectos pero también virtudes de una Universidad centenaria como era la nuestra.

De Bolonia nos vino la convicción del carácter indisociable de la actividad investigadora y docente, poniéndose el énfasis en la investigación como único medio para que las enseñanzas universitarias pudieran satisfacer las necesidades sociales y las exigencias de los conocimientos científicos.

Ello explica el nuevo título que la LOU dedicó a la actividad investigadora que, además, se vio especialmente potenciada por el impulso que el Estado español (programa INGENIO 2010) y la propia Unión europea (Comunicación de la Comisión de 10 de mayo de 2006) quisieron dar a la inversión pública y privada en investigación como instrumento de mejora de la competitividad del sector productivo y la industria, investigación que se pretendió canalizar fundamentalmente a través de las universidades.

La modificación de la LOU por la Ley orgánica 4/2007 fue mucho más allá. Por vez primera se daba reconocimiento legal a lo que ya era una realidad en la Universidad española al incluir entre los principales objetivos de la reforma legislativa el conseguir que los resultados de la investigación trascendieran los

estrechos límites de la docencia y formación de profesionales para llegar al corazón del sector productivo, al mundo de la empresa.
De alguna forma, la reforma de la LOU sólo recogió la transformación que las Universidades ya habían comenzado por su cuenta y riesgo, llevadas por su instinto de supervivencia y por la llamada de las nuevas tecnologías, una trasformación que consistía simple y llanamente en la aplicación de su investigación al mundo de la empresa, al sector productivo, intentando capitanear de esta forma la "revolución" científica y tecnológica del sector industrial. La mejor demostración de que el desarrollo económico y tecnológico no conoce de ideologías políticas y que, en un mundo como es el actual, lo importante es garantizar los resultados que terminan midiéndose no por su universalidad o por el interés público al que sirven sino por su aceptación en el mercado.

Tal y como señala la Exposición de motivos de la reforma de la LOU, la Universidad se concibe como motor del avance del conocimiento y del desarrollo social y económico del país, lo que le obliga a impulsar, junto a la investigación básica, la transferencia al sector productivo de los resultados de su investigación. En ello insiste la denominación del Título VII ahora titulado "De la Investigación en la universidad y de la transferencia del conocimiento".

Y es que la transferencia del conocimiento es, en la redacción actual de la LOU, además de objetivo esencial, una función propia de la Universidad que le obliga a arbitrar los medios e instrumentos necesarios para la prestación de este servicio, que se califica de "social", por parte del personal docente e investigador.

Por ello no es ya posible encontrar en la LOU una alusión a la actividad de investigación que no esté directamente ligada con la transferencia del conocimiento. La universidad, señala en su artículo 41.1, desarrollará una investigación de calidad y una gestión eficaz de la transferencia del conocimiento y la tecnología con los objetivos de contribuir al avance del conocimiento y del desarrollo tecnológico, la innovación y competitividad de las empresas. El fomento de la investigación científica tendrá como objetivo la vinculación entre la investigación universitaria y el sistema productivo como vía para articular los conocimientos generados y la presencia de la universidad en el proceso de innovación del sistema productivo y de las empresas, dice su art. 41.2.g.

Pero no se trata sólo de un hipotético objetivo a conseguir. A su servicio se establecen una serie de medidas como son la habilitación de una nueva estructura, los institutos mixtos de investigación que permiten una relación directa entre el profesorado universitario y el entorno productivo y la creación de empresas de base tecnológica a partir de la investigación universitaria.

Ello se acompaña de un régimen de docentes/investigadores que no sólo permite compatibilizar la investigación básica y la docencia con la investigación destinada a la transferencia del conocimiento sino que incentiva el desarrollo de una trayectoria profesional "no universitaria" en cuanto que los investigadores pueden prestar servicios en las empresas de base tecnológica (spin off) creadas o desarrolladas a partir de patentes o resultados generados por proyectos de investigación financiados con fondos públicos y realizados en las Universidades, abandono que no implica la pérdida del puesto de trabajo pues durante el tiempo en que preste sus servicios en la empresa, como máximo cinco años, se les reserva el puesto de trabajo y todo ese tiempo computa a efectos de antigüedad (art. 83.3).

Se introduce asimismo la "transferencia del conocimiento" como factor a ponderar en la determinación de las retribuciones adicionales del profesorado universitario o para la obtención de la acreditación necesaria para el acceso a plazas de profesorado, conservándose en toda su extensión la compatibilidad entre dedicación exclusiva del profesorado y la actividad en el sector privado, al permitir, siguiendo la tradición inaugurada en la LRU, que el profesorado que se encuentra en esta situación administrativa que, en principio, conllevaría la prohibición de desempeñar una segunda actividad retribuida en el sector privado, la realización de trabajos, científicos, técnicos o artísticos para terceros.

Esta especial atención que la LOU presta a la transferencia de conocimientos ha sido fomentada aún más si cabe por las propias Universidades que, por poner un ejemplo, han incluido los contratos de transferencia de conocimiento, cuantificados en miles de euros, como uno de los parámetros prioritarios para establecer las plantillas docentes e investigadoras.

Y para terminar de cerrar el círculo, la LOU permite a las Universidades utilizar, ahora ya sin límite alguno, cualquier medio instrumental incluida la creación de fundaciones y sociedades mercantiles de titularidad íntegramente pública o participadas en mayor o menor medida por el sector privado, dándose cobertura así a las denominadas spin off que no son otra cosa que el trampolín a través del que la Universidad y, en especial, el investigador transforman su proyecto en empresa y comercializan y explotan el producto de su investigación.

No hay motivo alguno para dudar de que el propósito del legislador haya sido conectar definitivamente la universidad y su función investigadora con el tejido productivo empresarial, en definitiva, conseguir que la empresa española pueda aprovechar el esfuerzo de inversión pública en investigación prácticamente centralizado en la Universidad.

Pero no debe ignorarse el peso determinante que en todo este proceso, para bien o para mal, ha tenido el componente económico, es decir, la conversión de la transferencia de conocimiento en el elemento, si no fundamental, si al menos de los más importantes de la financiación del servicio público universitario y, por ende, de su personal, todo ello aderezado, en honor a la verdad, por la captación de ayudas públicas para la actividad de investigación que posteriormente sirve de soporte a las empresas de base tecnológica que crea la Universidad o que se comercializa en el mercado.

Y es que, por desgracia, las Universidades, como el resto de administraciones públicas, se han visto seriamente afectadas por la política de contención del gasto público y directamente condicionadas por el carácter limitado de sus recursos, situación que se ha visto agravada por el crecimiento importantísimo y no siempre justificado del número de Universidades y su escasa especialización por áreas de conocimiento, materias o tipos de disciplinas.

A estas alturas, tan lejos ya la LRU, esta claro que la autonomía universitaria discurre, como la otra cara de una misma moneda, por el camino de la autonomía financiera y la búsqueda de recursos propios.

Los ingresos procedentes de la actividad docente “reglada” de las Universidades, todavía impregnada por la filosofía de la prestación universal o cuasi universal son absolutamente insuficientes pues los usuarios del servicio no pagan su coste real, y las Comunidades Autónomas no alcanzan a cubrir con sus transferencias corrientes los costes cada más elevados que implica mantener un servicio educativo universitario de la calidad que se le pretende exigir.

A pesar del aluvión de titulaciones propias, cursos y enseñanzas de todo tipo que las Universidades imparten, y a pesar del respiro que en el futuro pueda suponer la adaptación de los estudios universitarios al modelo de Bolonia, los ingresos por la actividad puramente docente están lejos de permitir cubrir los costes de funcionamiento de cualquier Universidad.

De ahí que la supervivencia de la universidad española tenga que pasar necesariamente por la venta en el mercado del único producto que el mercado está dispuesto a pagar, el producto de su investigación que tiene su aplicación práctica en la fabricación de determinados productos o en la prestación de determinados servicios de gran valor añadido.

Esta “mercantilización” del servicio público universitario no deja de tener sus aspectos negativos. En efecto, no todas las Universidades compiten en igualdad de condiciones por esta operación de “captura del cliente” pues se encuentran en mejor situación aquellas que geográficamente están situadas en un entorno económico e industrial más activo o aquellas otras que por su tradición o por contar con más medios materiales están en condiciones de ofrecer un producto más atractivo. Por otra parte, este proceso, fundamentalmente dirigido a la industria

tecnológica o a la empresa de servicios de alto valor añadido podría hacer peligrar el futuro de aquellas otras disciplinas con escasa o nula aplicación práctica cuya investigación sólo encuentra utilidad en la docencia.
Y todo ello con el dudoso trasfondo que supone la utilización de medios públicos para la realización de una actividad de mercado que se rige por las reglas de la libre competencia y el peligro de la definitiva separación entre los investigadores que se dedican a actividades productivas que, de paso, les permiten complementar sus retribuciones, y aquellos otros que dirigen sus esfuerzos a la función sin duda menos rentable de la investigación para la docencia.

Pero tampoco deben olvidarse los efectos beneficiosos que de la venta del producto de la investigación pueden derivarse no ya solo para la sociedad sino para el servicio público universitario.

Cuando de lo que se trata es de "vender" un producto en el mercado ya no existen los clientes cautivos del servicio público y la selección del producto y, por ende, de sus autores, ya no depende criterios más o menos formalizados, sino sencillamente, de su calidad y utilidad. Es posible que, a través de la competencia, se consiga la mejora de la calidad del servicio público universitario, finalidad ésta para la que, hasta ahora, no ha servido ni la autonomía universitaria, ni la política de incentivos económicos para el personal docente e investigador, ni los diferentes sistemas de selección del profesorado, ni los programas de evaluación de calidad a los que pacientemente se someten año tras año las Universidades.

El desarrollo de la investigación de calidad, aunque venga propiciado por el mercado, tendrá que repercutir necesariamente en la mejora de la docencia a la que la actividad de investigación, se quiera o no, se encuentra unida, y supondrá una fuente de ingresos para la Universidad que necesita medios suficientes para cumplir el resto de las funciones "menos rentables" que tiene encomendadas.

2. EL DESEMBARCO UNIVERSITARIO EN LOS PARQUES TECNOLÓGICOS

La entrada de las Universidades en los parques tecnológicos sólo se puede explicar en el contexto que acabamos de relatar, esto es, si no se pierde de vista la transformación que ha sufrido la Universidad, derivado de la convicción de que la transferencia de la investigación a la sociedad es su función prioritaria, siendo imprescindible para este cometido la proximidad física de la Universidad, prestadora del servicio, y el cliente, o empresa dispuesta a comprar el producto de la investigación universitaria.

Y digo que las Universidades entran, desembarcan para ser más precisos, en los parques tecnológicos porque éstos no son ni mucho menos, a diferencia de los parques tecnológicos estadounidenses, un invento universitario sino, al contrario, un fenómeno que han sabido aprovechar las Universidades para estar presentes en el desarrollo científico y tecnológico y, de alguna forma, asumir su protagonismo. Los parques tecnológicos llegaron a nuestro país, como tantas otras cosas, importados desde Estados Unidos donde los estudiosos sitúan, en la década de los cincuenta, el nacimiento de los primeros parques auspiciados por empresas privadas que pretendían favorecer la creación de empresas tecnológicas y atraer a las ya existentes, contando para ello con la valiosa colaboración de la Universidad.

Es más, las Universidades, guiadas por esta misma idea y aprovechando los parques tecnológicos crearon sus propias empresas, primero académicas, y luego ya puras y duras empresas industriales ayudadas por la inversión privada a través del capital riesgo. Como han señalado los estudiosos, los parques tecnológicos americanos nacieron y aún se siguen concibiendo bajo la idea de la rentabilidad económica que es lo que explica la presencia e impulso de la iniciativa privada Y todo ello redundó, claro está, no sólo en el desarrollo económico en general, sino también en el desarrollo económico de la región donde se ubicaron y de la propia Universidad. El éxito tecnológico de las empresas allí instaladas atraería, a su vez, otras empresas especializadas en la misma tecnología y serviría de vivero de nuevas empresas. En definitiva, se había conseguido la concentración física de empresas necesitadas de una misma tecnología de cuyos avances era protagonista la Universidad.

Muy anteriores a los parques tecnológicos, y en el contexto de la España de los años sesenta y por tanto alejados años luz de la industria tecnológica y ajenos por completo al mundo universitario, constituyeron un primer embrión los Polos de promoción y desarrollo que al amparo del Plan de desarrollo Económico y Social se puso en marcha en 1963 para conseguir conducir la inversión privada a las regiones menos favorecidas, a base de desgravaciones fiscales a la inversión, créditos públicos, primas a las exportaciones y preparación de suelo finalista para la instalación de empresas.

A esta misma filosofía, aunque ahora ya impregnados de las nuevas tecnologías, respondían los primeros parques tecnológicos, parques de primera generación que llegaron a España en los años ochenta con una filosofía similar a los que ya se habían implantado en Europa: la transformación de una región geográfica en un área de alta tecnología. Los parques de Tres Cantos en Madrid, Málaga, Zamudio en Vizcaya, Castilla y León, Llanera en Asturias, del Valles en Barcelona, y de Alava son los mjores exponentes de estos primeros parques que supusieron el despegue industrial de las regiones en las que se ubicaban.

Cierto es que en nuestro país estos parques vinieron de la mano de la inversión pública, como previamente había ocurrido en Francia, y no contaban con las Universidades.
En efecto, en esta primera fase, que se prolonga hasta bien entrada la década de los noventa, son las Comunidades Autónomas, con la ayuda de fondos comunitarios y de los fondos estatales a la creación de infraestructuras de investigación, las que participan e impulsan los parques tecnológicos con la idea de atraer hacia su territorio empresas de base tecnológica. De este proceso están todavía ausentes las Universidades, preocupadas aún por asimilar y digerir el cambio organizativo que supuso la LRU y ajenas al papel que podían asumir en el desarrollo del sector productivo.

Habrá que esperar a los años noventa para que los Parques tecnológicos comiencen a contar con las Universidades y para que las Universidades descubran el camino de los parques tecnológicos y la función que a través de ellos pueden desempeñar. Los parques de esta época, entre los que se pueden citar el de Orense, el de Vigo, el de San Sebastián y el Parque Balear de Innovación tecnológica, se mueven ya en un entorno más favorable a la coordinación con la Universidad y algunas de ellas, las más innovadoras, empiezan a darse cuenta de papel que pueden jugar en el mundo de la empresa.

Aún así la Universidad sigue desempeñando un papel secundario pues el descubrimiento de la investigación para la transferencia del conocimiento todavía esta empezando y el marco legal sólo ofrece las herramientas clásicas, ajenas y seguramente insuficientes para este nuevo planteamiento.

La última generación de parques tecnológicos, ahora ya si parques tecnológicos universitarios, se inicia en la década del dos mil y gira sobre el mundo universitario, pues las Universidades las que en zonas próximas o en el propio recinto universitario crean sus propios parques tecnológicos tales como el de Sevilla, el Parque científico de Barcelona, el de Gijón, Alcalá de Henares o el Parque científico de Madrid. No por casualidad, este fenómeno coincide con la modificación del marco legal a la que antes nos hemos referido y con la transformación de los objetivos del servicio público universitario.

La LOU en su primera versión, tal y como se ha expuesto, vino a recoger esos primeros intentos universitarios de entrar en el mundo de la empresa y de vender en el mercado el producto de su investigación. Este marco normativo, aún bastante limitado, había empezado a discurrir por el mundo de la investigación y de la transferencia del conocimiento.

Las OTRIS y fundaciones universitarias así como el tímido recurso a la creación de las primeras sociedades mercantiles que encuentran un mínimo apoyo en la autonomía universitaria y la teórica libertad de creación de entidades instrumentales, hacen frente en este momento, junto al acierto de las Universidades al nombrar entre sus Vicerrectores de Investigación a especialistas en captar ayudas públicas para sus programa de investigación, al nuevo fenómeno aún escasamente regulado por la normativa universitaria, de la transferencia del conocimiento.

Va mucho mas allá la Ley 1/2003, de Universidades de Cataluña, que anticipándose con mucho a la modificación de la LOU, vendrá a reconocer expresamente la realidad de los parques científico-tecnológicos. Su artículo 24 reconoce a las Universidades catalanas la posibilidad de crear parques científico-tecnológicos de carácter universitario o interuniversitario, que reúnan centros de investigación de la misma universidad o de otras universidades, de empresas y de otras instituciones. Sus objetivos principales son promover y facilitar la investigación; facilitar el contacto y la colaboración entre la universidad y la empresa y la difusión de los resultados de la investigación universitaria en la sociedad; crear empresas tecnológicamente innovadoras; estimular la cultura de la calidad, de la investigación y de la innovación entre las instituciones del parque y entre las empresas que estén vinculadas al mismo; contribuir, mediante el perfeccionamiento tecnológico y la innovación, a la mejora de la competitividad de las empresas.

Y finalmente la reforma de la LOU en 2007 amplía el marco normativo y aunque sin citar expresamente los parques tecnológicos ofrece todas las herramientas para que las Universidades puedan crearlos.

Aún así, a diferencia de otros países y sobre todo del ejemplo estadounidense que se pretende emular, los parques tecnológicos de última generación siguen siendo tributarios de la financiación pública.

La tradicional creación de parques tecnológicos se realizó en España gracias a la inversión pública para lo que se aprovecharon, cuando todavía eran posibles, las ayudas europeas de los fondos Feder. Ha sido también especialmente importante el esfuerzo de inversión de las Comunidades Autónomas y del Gobierno central para la creación de parques tecnológicos así como los incentivos, mediante ayudas públicas estatales, a las entidades privadas para la financiación de infraestructuras de investigación. No cabe duda alguna en la actualidad que tanto la creación como el mantenimiento de los parques tecnológicos requieren de la financiación privada no sólo para los complejos procesos de transformación del suelo, y de creación e implantación de empresas, sino también para el proceso de desarrollo científico y tecnológico. Pero lo cierto es que la iniciativa privada no estará presente hasta que los parques tecnológicos arrojen resultados "apetecibles" en términos de rentabilidad económica para lo que resulta necesario, o bien incrementar las ayudas públicas, o bien desarrollar una industria con un producto realmente competitivo

3. ¿QUÉ SON LOS PARQUES UNIVERSITARIOS CIENTÍFICO TECNOLÓGICOS? ELEMENTOS SOBRE LOS QUE GIRAN

Como venimos de ver, no existe en la legislación universitaria, salvo en la Ley catalana de Universidades, una definición de parque científico-tecnológico. No obstante, la realidad que han supuesto los parques en todo el mundo ha permitido acuñar una definición de lo que es un parque tecnológico que permite identificarlos por las características que todos ellos reúnen.

Según la Asociación Internacional de Parques Tecnológicos, un parque es una organización gestionada por profesionales especializados cuyo objetivo fundamental es incrementar la riqueza de su comunidad promoviendo la cultura de la innovación y la competitividad de las empresas e instituciones generadoras de saber instaladas en el parque o asociadas a él. A tal fin un parque tecnológico estimula y gestiona el flujo de conocimiento y tecnología entre universidades, instituciones de investigación, empresas y mercados, impulsa la creación y crecimiento de empresas innovadoras mediante mecanismos de incubación y de generación centrífuga (spin off) y proporciona otros servicios de valor añadido así como espacios e instalaciones de gran calidad.

Son varios los elementos que debemos tener en cuenta a la hora de definir un parque tecnológico.

En primer lugar, y aunque ello no se suela poner de manifiesto, los parques tecnológicos parten de un elemento que es la realidad física, el territorio donde se ubican.

Se trata de un espacio físico, transformado y preparado para la instalación de los centros de investigación y de las empresas, cuyo éxito depende en buena medida de su situación, de las infraestructuras con las que cuenta y de las instalaciones que es capaz de ofrecer a los usuarios del parque. Es por ello definitiva la proximidad física de los centros universitarios con las empresas acreedoras de la tecnología y del resultado de la investigación. Precisamente, los parques tecnológicos universitarios de última generación se encuentran próximos a los recintos universitarios o dentro de ellos.

Los parques tecnológicos no son, sin embargo, simples procesos de transformación de suelo aunque, por desgracia, en algunas ocasiones ciertos desarrollos urbanísticos se hayan comercializado con esta denominación. No, los parques tecnológicos son algo más, y aunque la transformación del suelo es necesaria y la que requiere la inversión mas importante, se distinguen de otros desarrollos industriales y terciarios por el papel que juega en ellos la tecnología y el desarrollo científico, esto es los servicios que se prestan para las empresas que en ellos se implantan, y que dependen en buena medida de la Universidad.

Por ello, y esta es su segunda característica definidora, los parques científicos tecnológicos no se agotan con la transformación y comercialización del suelo industrial y terciario pues, una vez implantadas la empresas, son centros prestadores de servicios de tecnología e investigación que proceden fundamentalmente de las universidades, centros y otras instituciones de investigación. De ahí que sea necesario mantener un organismo estable de gestión que dé a conocer e impulse la transferencia de tecnología y fomente la innovación entre las empresas y organizaciones usuarias del parque.

Finalmente, y como tercera característica, no debe perderse de vista cuál es la finalidad de los parques tecnológicos, alentar la formación y el crecimiento de empresas basadas en el conocimiento y de otras organizaciones de alto valor añadido pertenecientes al sector terciario, normalmente residentes en el propio Parque. De ahí la importancia del criterio a utilizar para seleccionar las empresas que se van a implantar y de establecer mecanismos jurídicos que permitan mantener en todo momento la decisión sobre las empresas residentes.

Estas deben ser, en definitiva, las características de los parques tecnológicos promovidos por la Universidad o por la Universidad y las Administraciones públicas, para (i) la implantación de los centros docentes y de investigación de la universidad, (ii) la implantación de centros de investigación de empresas, (iii) la implantación de empresas necesitadas de una fuerte inversión en I+D+I. y (iv) la creación de nuevas empresas cuyos productos conllevan un alto valor añadido por la necesidad de tecnología.

4. LA TRANSFORMACIÓN DEL SUELO PARA LA IMPLANTACIÓN DE LOS PARQUES TECNOLÓGICOS

La creación de un parque tecnológico es un proceso complejo que requiere de tres elementos: (i) generación de una actividad investigadora cuyos productos tengan utilidad en el mercado; (ii) empresas que deseen comprarlo y (iii) un lugar físico donde puedan ubicarse tanto la Universidad, prestadora del servicio, como las empresas acreedoras el mismo. El fallo de cualquiera de estos tres elementos supondrá el fracaso de cualquier parque tecnológico.

La existencia de un espacio físico adecuado en el que puedan implantarse tanto los servicios de investigación de la Universidad como las empresas que requieren de una alta inversión en ciencia y tecnología es la base de los parques tecnológicos aunque no su objetivo. La proximidad física entre prestadores y compradores del servicio de investigación es, en definitiva, condición esencial aunque no suficiente de los parques tecnológicos.

Y si bien es verdad que las Universidades llevan ya años familiarizándose con la batalla de la investigación y de la promoción y venta de su producto, formando equipos de investigadores, fichando a expertos captadores de subvenciones en proyectos de investigación, potenciando sus OTRIS o, para mejorar su eficiencia, creando todo tipo de entidades instrumentales para conseguir colocar el mercado el producto de su investigación, creo que no me confundo si digo que la "intendencia" es todavía su asignatura pendiente.

Las Universidades no pueden hoy por hoy comprar a golpe de talonario un espacio idóneo, un suelo finalista, para instalar sus parques tecnológicos.

En primer lugar porque, por suerte o desgracia, en nuestro país el precio del suelo finalista es absolutamente inalcanzable, más aún para unas entidades públicas agobiadas por el coste económico del servicio que han de prestar, presionadas por su propia política de crecimiento del Capítulo uno, el relativo a costes de personal, y con un presupuesto especialmente limitado.

No parece oportuno señalar aquí el problema que desde hace años ocupa a nuestro urbanismo, que algunos achacan a la falta de suelo finalista por el excesivo tiempo que consume la tramitación de los instrumentos de planeamiento y la ineficacia de la intervención administrativa y otros a la especulación, primero de los propietarios y después de los promotores de suelo.

Paradójicamente la LOU contiene una cautela, mejor dicho prohibición, de que las Universidades puedan utilizar su patrimonio inmobiliario, el que ya no es necesario para el servicio público que prestan, para atender a sus nuevas necesidades, es decir, para hacer tesorería para la adquisición de nuevos terrenos.

Bien se ocupa el artículo 80. 2 LOU de recordar que aún cuando los bienes destinados por el Estado o Comunidades Autónomas al cumplimiento de las funciones de la Universidad son de titularidad de éstas, cuando dejen de ser necesarios para el servicio universitario, esto es, cuando sean desafectados, podrá reclamarse su reversión por la Administración de origen. La verdad es que si aplicáramos hasta su extremo la doctrina constitucional de la inembargabilidad del dinero público por su afectación a los fines presupuestarios, bien podría mantenerse que la enajenación por la Universidad de los bienes desafectados del servicio público para poder adquirir suelo finalista para la creación, por ejemplo, de un parque tecnológico, no implica su verdadera desafectación e impide el nacimiento del derecho de reversión de la Administración que originariamente fuera su titular. No obstante siempre queda la cautela frente a Administraciones tan necesitadas de fondos como la propia Universidad.

En segundo lugar, y a al margen del elemento precio, porque es realmente improbable que las Universidades puedan encontrar suelo transformado, esto es, suelo urbano adaptado a sus necesidades y dotado de los servicios e infraestructuras que requiere la instalación de un parque tecnológico, y menos aún que este suelo este vacante, esperando a que llegue la Universidad que es quien debe tener la decisión sobre el tipo de empresas a implantar y asumir un cierto protagonismo sobre la organización y gestión de los servicios propios del parque tecnológico. En caso contrario no sería posible la transferencia de tecnología que justifica la creación del parque tecnológico ni la presencia de la Universidad. En otras palabras, aún en el caso de que ese suelo fuera de titularidad pública y la administración titular estuviera dispuesta a cederlo o adscribirlo a la Universidad para la creación de un parque tecnológico es muy difícil que pueda encontrarse un suelo con estas características.

En consecuencia, la creación del parque tecnológico pasa casi necesariamente por la transformación de un suelo rural o urbanizable en suelo urbanizado. Y para ello, hoy por hoy, resulta imprescindible la colaboración de las Administraciones públicas regionales y municipales.

Cualquier proceso de transformación de suelo, por pequeño que sea el espacio afectado, se trate un desarrollo urbanístico o de un simple proyecto a realizar sobre suelo rural o urbanizable, requiere de una actividad pública previa de aprobación del proyecto si es que el parque tecnológico se concibiera como un equipamiento y no diera lugar a un cambio en la clasificación del suelo una vez urbanizado, o una actividad de planeamiento ya sea regional a través de los instrumentos de ordenación del territorio, o municipal a través de los planes urbanísticos.

La decisión sobre el emplazamiento del parque tecnológico es esencial pues de ello dependen una serie de factores que pueden influir decisivamente en su viabilidad.

Debe tenerse en cuenta que los parques tecnológicos implican o al menos deberían implicar a corto y medio plazo la creación de empleo y la necesidad de ubicar en ellos determinadas instalaciones que permitirán la implantación de nuevas empresas a las que su vez deben desplazarse los investigadores y servicios universitarios por lo que resulta necesario garantizar un fácil acceso e incluir entre los costes de la urbanización la conexión con las infraestructuras exteriores, así como, dependiendo del sector productivo al que se pretende enfocar y del tipo de productos de las empresas que se vayan a implantar garantizar la posibilidad de distribución de los mismos. Cuanto más alejado del suelo urbano existente, la inversión en urbanización es más importante pues la conexión con las infraestructuras existentes resulta económicamente más gravosa.

La ubicación del parque tecnológico es determinante, también, del precio del suelo, que sólo resultará indiferente si el parque tecnológico se enmarcase en un desarrollo urbanístico y la Universidad recibiera el suelo como sistema general o supramunicipal, de cesión gratuita y obligatoria, que se impusiera a los propietarios formando parte de los deberes de cualquier actuación urbanística. En los demás casos, es decir si el suelo se tuviera que obtener por compra o por expropiación, su ubicación puede influir en el precio del suelo, si bien es verdad que, a partir de la Ley 8/2007, el valor del suelo ha disminuido drásticamente.

Aunque someramente, debe indicarse que la Ley del Suelo ha venido a distinguir entre el precio de mercado y el precio al que se debe valorar el suelo a efectos de expropiación, pues su valor ya no incluye las plusvalías generadas por el planeamiento ya que el derecho a urbanizar ya no forma parte del contenido del derecho de propiedad.

A estos efectos, la Ley distingue entre el suelo ya urbanizado, el suelo que forma parte de la ciudad, y el suelo que requiere una actividad de transformación urbanística. Para el primero se mantiene el valor del mercado, pues cuando se expropia debe incluirse en esa valoración el aprovechamiento o edificabilidad reconocida por el planeamiento de forma que el suelo no sólo vale como suelo sino por lo que en él se puede edificar. Por el contrario, cuando se trata de un suelo no urbanizado, el único valor que se le reconoce no es siquiera el que tendría en el mercado, mayor según se encuentre más cerca de la ciudad o según esté clasificado por el planeamiento urbanístico, sino el que tendría si se estuviese utilizando para su explotación agrícola, ganadera, o cualquier otra compatible con su clasificación como suelo rural.

A la vista de estos factores, existen dos posibilidades para una Universidad que pretenda crear o participar en la creación de un parque tecnológico: (i) la participación junto con una o varias administraciones públicas en el proceso de transformación de suelo y creación del parque; (ii) el acuerdo con la iniciativa privada.

Los parques tecnológicos universitarios de promoción pública son aquellos en los que una o varias administraciones, normalmente la autonómica y, en su caso aunque no necesariamente, el municipio en el que el parque se va a ubicar, actúan como promotores del parque y, en consecuencia, también como promotores de suelo, encomendando a la Universidad, mediante la firma del correspondiente convenio, en algunos casos su gestión, y en todos, la prestación de los servicios de investigación, de ayuda a la creación de nuevas empresas tecnológicas, consustanciales a la existencia de un parque tecnológico.

Estos desarrollos han sido en nuestro país los más frecuentes por varias razones. En primer lugar, porque la administración autonómica tiene a su vez las competencias necesarias para su realización, pues se trate de un proyecto o de un verdadero desarrollo urbanístico, la competencia para la aprobación de proyectos de interés regional, o de los planes urbanísticos corresponde a la administración autonómica.

En segundo lugar, porque la promoción pública conlleva financiación pública y sin perjuicio de que las administraciones públicas intenten de alguna forma rentabilizar la inversión, lo cierto es que siempre queda dinero público en el camino que se justifica por el propio objetivo de los parques tecnológicos, el desarrollo económico de una determinada región y el fomento y ayuda al sector industrial tecnológico. De hecho, hay quienes afirman que una de las diferencias más importantes entre los parques tecnológicos estadounidenses y los españoles es precisamente que estos últimos no están tan marcados por la rentabilidad económica.

En tercer lugar, y directamente derivado de lo anterior, porque a través de los parques tecnológicos de promoción pública se lleva a cabo una verdadera política de fomento o ayuda tanto al sector productivo como a la propia universidad que encuentra en los parques una forma de transferir los resultados de su investigación.

Todas las legislaciones autonómicas de ordenación del territorio y urbanísticas contemplan la posibilidad de llevar a cabo proyectos de interés regional y la mayoría recogen la posibilidad de que las Comunidades Autónomas puedan tramitar y aprobar verdaderos planes urbanísticos, con diferente alcance y en distintas clases de suelo, sin tener que pasar por los instrumentos normales de la modificación o revisión del planeamiento urbanístico que, como es sabido, es una competencia fundamentalmente municipal.

La elección de la herramienta, proyecto o plan, depende en todo caso del planteamiento que posteriormente se quiera dar al parque tecnológico y si resulta necesario o no, a fin de persuadir a las empresas tecnológicas para que se instalen en el parque, que éstas adquieran la propiedad de los terrenos en los que van a implantarse o si, al contrario, basta con cualquier título administrativo que les garantice el derecho de uso de un terreno dotado de las necesarias infraestructuras y servicios aunque sea por un tiempo limitado. Y esta decisión, por suerte o desgracia, depende única y exclusivamente, de una cuestión puramente económica: si la administración está dispuesta a fomentar o financiar con dinero público la instalación de empresas de nueva creación o el traslado de empresas ubicadas en otro entorno geográfico, o por el contrario son las empresas las que deben asumir en solitario el coste de la implantación en el nuevo parque tecnológico.

Con estos parámetros es cómo debe seleccionarse la utilización de una u otra herramienta urbanística.

La mayor parte de las legislaciones autonómicas contemplan la posibilidad de que las administraciones regionales puedan aprobar, en ejecución de las políticas regionales, verdaderos planes urbanísticos que implican la transformación urbanística del suelo, esto es, la posibilidad de realizar actuaciones de urbanización, si se utiliza la terminología de la ley estatal de Suelo. Los objetivos más o menos amplios de estos planes, así como el tipo de suelo según la clasificación que les otorguen los planes generales, vienen determinados por las legislaciones autonómicas pero no es extraño encontrar que estos planes dan cobertura a actuaciones residenciales con un alto porcentaje de viviendas de protección pública o desarrollos industriales.

Estos planes de interés supramunicipal precisan una tramitación más o menos similar a los planes urbanísticos, pero no están vinculados por los planes generales y, sobre todo, en ellos el Ayuntamiento o Ayuntamientos afectados no tienen una competencia decisoria aún cuando sean consultados y se les requiera la emisión del correspondiente informe. Por tratarse de verdaderos planes urbanísticos requieren en todo caso de un posterior proceso de ejecución que implica, además de la urbanización, el cumplimiento de los deberes, en los términos establecidos en la legislación autonómica, que conlleva cualquier actuación de urbanización.

Ejecutado el planeamiento, el suelo se ha convertido en un suelo urbanizado o urbano, sin perjuicio de que las legislaciones autonómicas no obliguen directamente a esta modificación de la clasificación del suelo y, a cambio, se limiten a imponer a los Ayuntamientos la obligación de incluir estos suelos, ya de hecho urbanos, en la revisión de planeamiento.

Estos planes autonómicos permiten, sin embargo, que una vez ejecutado el planeamiento, existan parcelas calificadas como dotacionales y parcelas en las que se ubiquen los usos lucrativos, es decir, parcelas destinadas a un uso industrial o terciario.
Las parcelas destinadas a un uso dotacional público son las idóneas para la implantación de los servicios universitarios. Por tratarse de un equipamiento público estas parcelas no consumen aprovechamiento lucrativo, se obtienen por cesión libre y gratuita, y pueden ser adscritas por la Administración autonómica o en su caso por la municipal si se consideran dotaciones generales a la Universidad.

El resto de parcelas destinadas a usos industriales o terciarios, al tener aprovechamiento lucrativo, puedan ser vendidas a las empresas que pretenden implantarse en el parque tecnológico, que a su vez podrán enajenarlas a otras empresas. Para entonces, la administración regional promotora del parque habrá perdido la capacidad de seleccionar las nuevas empresas que se implanten en el parque salvo que haya garantizado, en el contrato de venta, un derecho de tanteo o retracto, o la posibilidad de autorizar la transmisión de la propiedad, lo que dicho sea de paso, puede resultar irrelevante si el parque ha conseguido situarse en un nivel de calidad que supondrá que el mercado establezca sus propios filtros y haga su propia selección de empresas.

Los proyectos de interés regional tienen un objetivo diferente pues permiten la implantación de infraestructuras o equipamientos públicos al margen de proceso urbanístico de transformación de suelo. Esta ha sido una posibilidad admitida tradicionalmente en nuestra legislación pues siempre el Estado ha podido realizar equipamientos e infraestructuras en cualquier tipo de suelo, aunque no estuvieran previstas en el planeamiento y aún siendo incompatibles con éste. Pero estos proyectos no son, a diferencia de los planes supramunicipales, procesos urbanísticos de transformación del suelo, puesto que con ellos no se crea ciudad, sencillamente se implanta un determinado equipamiento o infraestructura aunque ello lleve aparejado la necesidad de dotarle de los servicios adecuados. Estos proyectos implican que es suelo no cambia su clasificación, esto es, no pasa necesariamente a la categoría de suelo urbanizado y, sobre todo, carece de aprovechamiento lucrativo, pues se trata de suelos de dominio público por estar afectados al equipamiento o infraestructura que sustentan. Por ello no se les exige el cumplimiento de los deberes propios de cualquier actuación urbanística ya que no se trata de desarrollos urbanísticos.

En esta categoría de proyecto de interés regional tiene perfecta cabida la implantación de un parque tecnológico siempre que sea de una administración pública o de una entidad pública como es la universidad pública, pues para que exista un bien de dominio público resulta en todo caso necesaria la presencia de los dos elementos de la titularidad pública y la afectación. Estos parques tecnológicos, aunque conlleven una urbanización suficiente para la prestación de servicios a las empresas allí implantadas, no conlleva el cambio de clasificación de suelo ni exige un proceso de gestión y ejecución urbanística pues no se produce el paso de las fincas iniciales a parcelas de resultado. En definitiva, el suelo será de dominio público, y las empresas que allí se instalen sólo podrán contar con un título concesional que les permita, durante un determinado plazo, ocupar el dominio público.

En cualquier caso se trate de un Plan regional o de un proyecto, el suelo podrá adquirirse por compra o, en su caso, mediante expropiación, pues tanto la aprobación del plan como del proyecto por la Comunidad Autónoma conlleva la declaración de utilidad pública o interés social. Cuando se trata de un proyecto, si éste afecta a suelo ajeno, su aprobación permite, mediante la tramitación del correspondiente procedimiento expropiatorio, la obtención del terreno al igual que la aprobación de un proyecto de carretera o de cualquier infraestructura pública legitima la obtención coactiva de los terrenos afectados.

Cuando se trata de un plan supramunicipal, todas las legislaciones autonómicas contemplan, entre otros, el sistema de ejecución de planeamiento por expropiación lo que implica, sencillamente, que los terrenos afectados por el planeamiento son expropiados siendo la administración directa o indirectamente si actúa con beneficiario, la obligada a realizar la urbanización y al cumplimiento de los deberes propios de la actuación urbanística, quedándose a su vez con las parcelas finalistas en las que se localiza el aprovechamiento lucrativo.

Es por ello que cualquier proyecto o en su caso planeamiento supramunicipal, debe tener en cuenta los costes que implica la adquisición del suelo, aún cuando en este segundo caso, las legislaciones autonómicas contemplen la posibilidad de actuar con beneficiario. Si se escogiera esta segunda opción y se pretendiera que la Universidad actuara como beneficiaria del parque tecnológico sería ésta, al final del proceso, la titular de las parcelas lucrativas pero tendría lógicamente que soportar, entre otros, el coste de la obtención del suelo.

Por otra parte, mediante Plan o Proyecto, cualquier actuación de iniciativa pública debe tener en cuenta que cuando se parte de un suelo no urbanizado será necesario llevar a cabo la urbanización, mayor o menor según se trate de plan o proyecto, pero al fin y al cabo transformación física del suelo que implica dotarle de los servicios mínimos requeridos por el planeamiento o en su caso por la infraestructura a implantar, esto es acceso rodado, abastecimiento y saneamiento, suministro de energía eléctrica e instalaciones de comunicaciones tan necesarias en este tipo de actuaciones.

La urbanización puede o no correr a cargo de la Universidad, pues dependerá del cuál sea el papel que se le reserve en la actuación y del esfuerzo económico que estén dispuestas a realizar las Administraciones públicas implicadas en el desarrollo. Sólo debe señalarse que si la Universidad resultara beneficiaria de la expropiación sería ella la obligada también al pago de la urbanización, mientras que si fuera la Comunidad Autónoma la beneficiaria de la expropiación y la titular, en definitiva del suelo una vez urbanizado, el coste de la actuación correspondería a la administración autonómica sin perjuicio de las obligaciones que en su caso pudieran establecerse mediante el correspondiente convenio con la Universidad.

En cualquier caso, se trate de la administración regional o de la Universidad, tratándose de un proyecto, esto es de la realización de una obra pública para la instalación de un equipamiento de dominio público, ambas podrían recurrir a las figuras contractuales previstas en la legislación de contratos públicos que permiten desplazar a los privados el coste de financiación de la obra pública, en concreto, a la concesión de obra pública que supone que la retribución de concesionario por la ejecución de la obra consiste únicamente en la explotación de los bienes de dominio público o, en su explotación y el pago de un precio por parte de la administración. Trasladado este esquema al parque tecnológico ello implicaría que el concesionario de la obra percibiría durante el tiempo de la concesión los ingresos procedentes de la ocupación del suelo por las empresas que pudieran implantarse en el parque y cualesquiera otros servicios o dotaciones complementarias que fueran susceptibles de explotación económica. Para evitar la pérdida del protagonismo de las administraciones y de la universidad en la selección de las empresas que en ella pudieran implantarse siempre podrían establecerse cautelas en el Pliego de condiciones administrativas particulares de la concesión tales como la necesaria autorización previa por la Universidad de los contratos privados que el concesionario pudiera suscribir con las empresas para su implantación en el parque, contrato cuyo plazo máximo no podría exceder el plazo de la concesión de obras que se hubiera adjudicado.

Este esquema de concesión de obra pública encaja peor en el caso de que se optara por realizar un Plan urbanístico supramunicipal. Aún ejecutado el planeamiento por el sistema de expropiación, las parcelas resultantes en las que se ubicaran los diferentes usos del parque, serían parcelas lucrativas y, en consecuencia, no afectadas por el planeamiento al dominio público por lo que, en definitiva, no tendrían cabida en el concepto de obra pública, si bien es verdad que, al menos en teoría, las parcelas finalistas podrían afectarse expresamente al dominio público y ser objeto de explotación por el concesionario.

No es necesario recurrir, sin embargo, a estos instrumentos supramunicipales de ordenación del territorio o de aprobación de proyectos, para la implantación de un parque tecnológico promovido por las administraciones públicas o por las Universidades.

En el marco del sistema urbanístico ordinario, esto es, utilizando los instrumentos normales del planeamiento municipal: planes generales, planes de sectorización, planes parciales, todas las legislaciones urbanísticas contemplan la posibilidad de que sean promovidos por la iniciativa pública y ejecutados por sistemas públicos de ejecución, en concreto mediante expropiación. Una vez más las Universidades tendrían que actuar de la mano de las administraciones territoriales, la autonómica o la municipal, pues en cuanto que no podrían ser lo que las legislaciones urbanísticas suelen denominar "administración actuante" su papel deberá reducirse al de ser beneficiarias de la expropiación o, en su caso, el que le atribuyan estas administraciones mediante la firma del correspondiente convenio. Debo citar, en este modelo, la posibilidad que recogen algunas legislaciones urbanísticas de

crear consorcios, entidades de derecho público constituidas al menos por dos administraciones, que actúan de promotores de desarrollos urbanísticos en la creación de suelo industrial susceptible de albergar un parque tecnológico.
No puedo terminar esta intervención sin hacer, siquiera una mención breve, al papel que en la creación de parques tecnológicos puede asumir la iniciativa privada. Dado el objetivo fundamental de los parques tecnológicos debe descartarse la creación de un parque tecnológico sin contar con promotores especializados que tengan un concepto claro de lo que debe ser un parque tecnológico y de que éste requiere una organización estable y permanente que sea capaz de coordinar la comercialización del suelo para dirigirla hacia los objetivos previamente establecidos y garantizar los servicios que distinguen este tipo de desarrollos industriales.

Y los sistemas clásicos de ejecución del planeamiento no garantizan este resultado, ya se realice directamente por los propietarios mediante el sistema de compensación o intervenga la figura del urbanizador que se limita a realizar la obra de urbanización a cambio de una retribución en dinero o en suelo finalista. Ejecutado el planeamiento, son los propietarios de los terrenos los titulares de las parcelas finalistas que pueden transmitir con total libertad a terceros, sin que en modo alguno quede garantizada la implantación de un determinado tipo de empresas tecnológicas. El interés de los propietarios será el de obtener la máxima rentabilidad por los suelos urbanizados al margen de cualquier otra consideración, mientras que el interés de los parques tecnológicos va, como se ha expuesto, bastante más allá de la simple comercialización y venta de un suelo finalista.

Por ello, es necesario un promotor, aunque privado, que tenga clara su línea de "negocio" y que incluya en su idea de rentabilidad, más allá de lo que implica la venta o comercialización de un suelo finalista, el valor añadido que suponen los servicios de transferencia de la investigación que ofrece la universidad en este tipo de desarrollos. Y para ello es necesario que este promotor cuente, de un lado, con la propiedad de los suelos sobre los que se va a implantar el parque tecnológico o, al menos, con la voluntad y compromiso de los propietarios de este suelo y, de otro, con la colaboración desde un principio de la Universidad que vaya a garantizar la prestación de los servicios que van a distinguir el un parque tecnológico universitario de cualquier otro desarrollo industrial o terciario.

V
La patología de la gestión universitaria y su tratamiento por la jurisdicción contable [1]

Olayo E. González Soler
Fiscal

I. INTRODUCCIÓN.

Las reflexiones que a continuación pretendo someter a su consideración exigen previamente realizar algunas observaciones sobre nuestro modelo de control de la actividad económico-financiera del sector público, para verificar posteriormente si la gestión de las UUPP puede constituir objeto de actuación del mismo. Realizada dicha verificación con resultados positivos, se expondrá a continuación cual sea el diagnóstico realizado de dicha gestión, tanto en el ámbito de la fiscalización como en el de la jurisdicción, para finalizar con algunas reflexiones sobre las causas del distinto tratamiento que, en el ámbito de la JC, viene recibiendo la gestión de las UUPP.

Nuestra Constitución, prosiguiendo la tradición patria sobre la constitucionalización de los órganos encargados del control de la gestión de los caudales públicos, mantiene que el TCu es un órgano constitucional [2], proclamando en su art. 136.1 que "el Tribunal de Cuentas es el supremo órgano fiscalizador de las cuentas y de la gestión económica del Estado, así como del sector público", condición ésta de supremo órgano fiscalizador que igualmente se reitera en el art. 153 d) CE al atribuirle el control económico y presupuestario de la actuación de los órganos de las CCAA.

Por su parte, el art. 136.2 CE, después de disponer que las cuentas del sector público estatal serán censuradas por el TCu, añade que éste, "sin perjuicio de su propia jurisdicción", remitirá a las Cortes, de las que depende directamente conforme se expresa en el párrafo segundo del art. 136.1 CE, un informe anual en el que, cuando proceda, se harán constar "las infracciones o responsabilidades" en que hubieran incurrido los gestores de las entidades fiscalizadas.

Pero la CE de 1978 introduce, aunque sea por vía indirecta, una novedad en la regulación del TCu, que, al menos para el MF, ofrece trascendental importancia, puesto que, a partir de su desarrollo normativo, las funciones que hasta entonces

---

[1] El presente trabajo fue preparado para presentarlo como una de las ponencias que integran el programa del X Curso del Régimen Jurídico de las Universidades y, como tal, fue concebido para su exposición oral, cuya forma se mantiene en esta presentación escrita con la esperanza de que las deficiencias del texto sean compensadas por su viveza.

[2] Sobre la condición del TCu de órgano constitucional o de órgano con relevancia constitucional puede consultarse M. Sueiras Pascual, Aproximación al Tribunal de Cuentas: Naturaleza, Funciones y Organización Interna", en El Tribunal de Cuentas. Fiscalización y Enjuiciamiento, Cuadernos de Derecho Judicial, Madrid, 2004, págs. 24-26.

habían venido siendo desempeñadas por los Fiscales del TCu, que era uno de los Cuerpos de funcionarios que integraban su estructura y, por tanto, con dependencia de sus órganos de gobierno, pasan a ser encomendadas al MF, cuya autonomía funcional está consagrada en nuestro texto constitucional. Así lo exige el art. 124 CE, que no tolera que las funciones que atribuye al MF puedan ser llevadas a cabo por órganos distintos.

Sin embargo, cuando se desarrollan los preceptos constitucionales citados, tanto los que se refieren al TCu como el que regula el MF, se establece que la Fiscalía del TCu es, al mismo tiempo, un órgano del TCu y un órgano del MF, que, sin perjuicio de su dependencia funcional del Fiscal General del Estado, se rige por lo dispuesto en la legislación reguladora del TCu. Así resulta de los arts. 19 g) y 27 LOTCu y de los arts. 12. j y 18.Uno EOMF, modificado por L 24/2007, de 9 de octubre.

El análisis del marco normativo del TCu permite asegurar, ante todo, que estamos en presencia de un modelo de control complejo porque el mismo comprende dos grandes funciones, denominadas de fiscalización y de enjuiciamiento, cuyo objeto lo constituyen, respectivamente, la verificación de la actividad económico-financiera de las entidades que integran el sector público y la exigencia de las responsabilidades contables que sean apreciables en el ejercicio de dicha actuación o en el de la propia actividad enjuiciadora del TCu, puesto que tal competencia jurisdiccional se puede ejercitar también sobre hechos de los que el Tribunal puede conocer al margen de su actuación fiscalizadora.

Las notas esenciales que, desde un punto de vista orgánico, caracterizan una y otra de las funciones en las que se encarna nuestro modelo de control de la actividad económica del sector público, se encuentran sintetizadas en la STC 18/1991[3] cuando acuñó lo que puede considerarse un aforismo jurídico-contable al decir que el TCu es supremo, pero no único, cuando fiscaliza y único, pero no supremo, cuando enjuicia la responsabilidad contable.

Y es que, en efecto, está previsto en muchos de los Estatutos de Autonomía que el ejercicio de las funciones fiscalizadoras en el ámbito autonómico sea llevado a cabo por órganos de control externo distintos del TCu, órganos que existen en doce CCAA y que, con una u otra denominación [4], son conocidos con el acrónimo OCEx.

---

[3] FJ 2

[4] Las CC AA que han implantado en su organización un sistema de control externo y las denominaciones oficiales utilizadas son las siguientes: Sindicatura de Cuentas, en Baleares, Cataluña, Castilla-La Mancha, Asturias y la Comunidad Valenciana; Consejo de Cuentas en Castilla y León y Galicia; Cámara de Cuentas, en Andalucía y Madrid; Cámara de Comptos, en Navarra; Tribunal de Cuentas, en el País Vasco y Audiencia de Cuentas en Canarias.

La actividad fiscalizadora de los OCEx resulta imprescindible coordinarla con la del TCu porque, entre otras razones, así lo exige el principio de la división del trabajo. Existiendo ámbitos competenciales coincidentes entre aquéllos y éste, es necesario, por lo menos, determinar las entidades que cada uno de ellos va a fiscalizar y, además, elaborar criterios comunes para realizar conjuntamente fiscalizaciones [5].

Todo ello abona la tesis de considerar que la complejidad, como antes se decía, es una de las notas que caracteriza nuestro modelo de control de la actividad económica del sector público.

Sin embargo, el ejercicio de las funciones jurisdiccionales no las comparte el TCu con los OCEx, si bien tampoco son ejercidas por aquél con carácter exclusivo y excluyente porque sus sentencias son, en algunos casos, susceptibles de recurso de casación ante el TS, procedimiento este que ha sido el utilizado también en otros ámbitos jurisdiccionales para compatibilizar el principio de unidad jurisdiccional que se proclama en la CE (art. 117.5) con alguna especialidad jurisdiccional subsistente, como la Jurisdicción Militar.

El ejercicio de tales funciones jurisdiccionales se traduce, cuando son estimadas las pretensiones que se plantean, en la obligación de resarcir los daños causados a los caudales públicos, razón por la cual la otra nota que caracteriza nuestro modelo de control es la compulsividad, la cual también se predica de la función fiscalizadora puesto que en su ejercicio se deben poner de manifiesto las deficiencias encontradas y realizar las recomendaciones pertinentes para su subsanación [6], todo ello sin perjuicio de la responsabilidad contable que sea procedente exigir en el marco de actuación del propio TCu y de las responsabilidades de otra clase cuya exigencia sea procedente promover [7].

Dejando ahora al margen la función fiscalizadora del TCu, por lo que se refiere a la función de enjuiciamiento, puede afirmarse que, cualesquiera sean las reservas que puedan sustentarse al respecto [8], la naturaleza de dicha actividad es estrictamente jurisdiccional por las siguientes razones:

---

[5] Este tipo de fiscalizaciones realizadas conjuntamente por el TCu y los OCEx suelen ser fiscalizaciones horizontales, porque tienen por objeto la actividad de una entidad presente en el territorio de distintas CCAA, como ocurre con las UUPP, a cuyo Informe de Fiscalización se hará referencia posteriormente.

[6] Cfr. Arts 12.2 y 14 LOTCu.

[7] Arts. 12.2 y 38 y ss LOTCu.

[8] Cfr. La pretendida jurisdicción del Tribunal de Cuentas, de C. Albiñana García Quintana, en Presupuesto y Gasto Público, núm. 17, Madrid, 1983. Una exposición de la polémica sobre la naturaleza de la función jurisdiccional del Tribunal de Cuentas puede verse en "La Jurisdicción del Tribunal de Cuentas", de C. Cubillo Rodríguez. Granada 1999, págs. 52 a 60.

1ª) La misma se ejerce a través de dos órganos, de los cuales uno de ellos es el TS, que desarrolla su actividad en relación con la responsabilidad contable a través del recurso de casación, por lo que su caracterización como actividad jurisdiccional no debe ofrecer dudas. El otro órgano a través del cual se desarrolla esta actividad es el TCu, que en su ejercicio es independiente e imparcial.

La independencia se predica del TCu por estar sometido en su actuación únicamente al imperio de la ley (art. 5 LOTCu), porque tiene competencia exclusiva para aprobar su reglamento de funcionamiento (arts. 3 LOTCu y 88 y 11 LFTCu), porque sus componentes gozan de inamovilidad durante el tiempo que desempeñan sus funciones (art. 30.2 LOTCu) y, finalmente, porque el Tribunal tiene autonomía presupuestaria y funcional, puesto que, por una parte, el art. 3 h) LOTCu atribuye al Pleno competencia para la aprobación del Anteproyecto de su presupuesto para su integración en los Presupuestos Generales del Estado así como para la de las relaciones de puesto de trabajo y ofertas de empleo público y, por otra parte, salvo para la elaboración de la Declaración sobre la Cuenta General del Estado en la que el TCu actúa por delegación de las Cortes Generales, en todas las demás actuaciones el Tribunal es plenamente independiente.

La imparcialidad del TCu se sustenta en que sus miembros están sujetos al mismo régimen de incompatibilidades y prohibiciones establecidas para los Jueces y Magistrados en la LOPJ (art. 33.1 LOTCu).

2ª) La referida función se actúa a través de un proceso (art. 25 LOTCu) en el que las partes mantienen en pie de igualdad sus pretensiones, que son resueltas por el órgano encargado de hacerlo mediante la aplicación de normas jurídicas positivas.

3ª) En la resolución que pone fin al proceso se puede imponer la realización de una prestación consistente en el pago de una cantidad de dinero, cuyo cumplimiento, en el caso de que no sea realizado voluntariamente, puede obtenerse a través de los medios previstos en nuestro ordenamiento jurídico para tales casos (arts. 46-49 LOTCu y 41-74 LFTCu).

En consecuencia, la exigencia de responsabilidad contable entraña el ejercicio de uno de los poderes en los que encarna la soberanía estatal: el ejercicio de la potestad jurisdiccional. Así lo proclama el art. 15.1 LOTCu cuando establece que "el enjuiciamiento contable, como jurisdicción propia del Tribunal de Cuentas ...".

Si bien es cierto que una de las actividades que ejerce el TCu es de naturaleza jurisdiccional, resulta necesario destacar, sin embargo, que la misma no es de naturaleza sancionadora, entendiendo esta expresión en sentido estricto; esto es, su ejercicio no se traduce en la imposición de una privación de derechos de cualquier naturaleza, sino en el resarcimiento de los perjuicios causados al erario público. En consecuencia, puede afirmarse que la JC es de naturaleza reparadora porque va encaminada a conseguir que se restituyan a las arcas públicas los caudales cuya salida no ha sido convenientemente justificada o cuyo ingreso en las mismas no se produjo de manera indebida.

La peculiaridad de tales pretensiones de resarcimiento radica en que las mismas tienen que plantearse, no contra la Administración o contra las entidades que integran el sector público, sino contra los gestores de las mismas, quienes, con su patrimonio privado, tienen que hacer frente a los resarcimientos a los que resulten condenados.

Analizada, pues, a grandes rasgos la naturaleza de las actividades que ejerce el TCu, es necesario a continuación verificar si la gestión de las UUPP puede ser objeto de su actuación.

La respuesta positiva parece evidente. En efecto, aún cuando, conforme a lo dispuesto en la legislación reguladora del TCu [9] o en la legislación presupuestaria[10], se pudiera pensar que es lícito dudar si las UUPP pertenecen al sector público[11] y si sus cuentas pueden ser sometidas al control del TCu o de los OCEx, la inconsistencia de tales dudas las evidencia de manera irrefutable la propia legislación universitaria, ya que, conforme al art. 1 de la Ley Orgánica 6/2001, de Universidades, reiterando lo previsto en la Ley Orgánica 11/1983, de Reforma Universitaria, la educación superior que les corresponde impartir es un servicio público; por su parte, las Leyes de Ordenación Universitaria, de 29 de julio de 1943, y General de Educación, de 4 de agosto de 1970, establecen el sometimiento al TCu de la información financiera y presupuestaria de las UUPP [12]. Por lo demás, así viene sucediendo en la práctica, como lo ponen de manifiesto las distintas fiscalizaciones que se vienen realizando periódicamente tanto por el TCu como por los OCEx sobre las distintas UUPP [13].

---

9 Cfr. art. 4 LOTCu.
10 Cfr. arts. 2 y 3 LGP.
11 Sobre la naturaleza de las UUPP puede consultarse el trabajo titulado La Universidad: Una administración pública en trance de revisión, de J. M. del Valle Pascual, presentado en las Jornadas de Secretarios Generales de las Universidades Públicas y editado por el Servicio de Publicaciones de la Universidad de Burgos en Estudios sobre Régimen Jurídico Universitario.
12 En el mismo sentido J. Velarde Fuertes en la Ponencia titulada Las Cuentas Anuales de las Universidades Públicas: su rendición ante el Tribunal de Cuentas, que fue presentada en el V Curso sobre Régimen de Universidades Públicas celebrado en junio de 1999 en la Universidad de Alcalá y editada por su Servicio de Publicaciones en el año 2000, págs. 209-223.
13 En el Programa de Fiscalizaciones que anualmente aprueba el Pleno del TCu se incluyen las fiscalizaciones de las UUPP enclavadas en las CCAA que no cuentan con OCEx

Siendo indudable, pues, que el TCu y, en general, los OCEx gozan de competencia para verificar la actividad económico-financiera de las UUPP, parece razonable recurrir a dicha fuente de información para conocer cual sea el diagnóstico de tales instituciones en los aspectos que ahora nos atañen, tarea que se aborda a continuación.

II. EL DIAGNÓSTICO DE LA GESTIÓN UNIVERSITARIA EN EL ÁMBITO DE LA FISCALIZACIÓN [14]

La Comisión Mixta Congreso-Senado acordó, en Resolución de 21 de diciembre de 2001, "solicitar del Tribunal de Cuentas la remisión a las Cámaras de una fiscalización de la organización, de la actividad económico-financiera y de la gestión del conjunto de las universidades públicas, en el marco de la normativa vigente y de los principios de eficiencia y economía para la prestación del servicio de educación superior que les corresponde".

En cumplimiento de dicho Acuerdo el TCu incluyó en su Programa de trabajo para el año 2003 la realización de dicha fiscalización, cuyo ámbito temporal se circunscribió al ejercicio 2003, siendo aprobadas las Directrices Técnicas conforme a las que había de realizarse la misma por Acuerdo del Pleno del TCu de 30 de abril de dicho año.

A su vez, el Informe de Fiscalización de las UUPP fue aprobado por Acuerdo del Pleno del TCu de 17 de enero de 2008 y, como no tengo constancia de que, hasta la fecha, haya sido publicado en el BOE, las citas que se hagan irán referidas a la edición publicada por el TCu.

Aunque el TCu no sea, tal vez, una institución que pueda proponerse como modelo de la celeridad deseable con la que una institución pública debe ejercer sus competencias, en el presente caso concurren circunstancias que justifican razonablemente el lapso de tiempo transcurrido entre la adopción de los Acuerdos de realización de la fiscalización y de aprobación del Informe correspondiente a la misma.

---

[14] Análisis de la gestión universitaria en el ámbito de la fiscalización nacional y europea han sido hechos por A. Arias Rodríguez. El primero, en el IX Curso sobre el Régimen Jurídico de Universidades, celebrado en el año 2007 en Sevilla y el segundo, en el V Curso sobre Régimen de Universidades Públicas, celebrado en el año 2005 en la Universidad de Alcalá de Henares, que se recogen en los volúmenes editados por los Servicios de Publicaciones de las referidas Universidades, el primero en las págs. 267-275 y el segundo en las págs. 109-161.

En efecto, se trata de una fiscalización horizontal a realizar en colaboración[15] con los OCEx de las CCAA [16], lo que representa una dificultad añadida a la propia de cualquier trabajo fiscalizador, si se toma en consideración que cada uno de los órganos de control externo que intervinieron en su elaboración, tiene su propio método de trabajo, cuyos resultados hubo que poner en común para armonizar su resultado final.

¿Cuál es el diagnóstico que el TCu hace de las UUPP? Para responder a esta cuestión parece adecuado referirse a las conclusiones del Informe de Fiscalización del TCu, de las que se transcribirán a continuación las que parecen más relevantes para nuestro propósito, referidas a las siguientes áreas: organización, económico-financiera y gestión.

A) Área de organización [17].

1.- La existencia de múltiples órganos colegiados en las universidades públicas con funciones homogéneas y en algún caso solapadas, puede incidir negativamente en el proceso de elaboración y toma de decisiones. A ello se suma la presencia en dichos órganos de un número significativo de personas, fundamentalmente profesores, que participan en la elaboración y aplicación de las normas internas de su universidad y al mismo tiempo son destinatarios de las mismas; lo que puede afectar a la necesaria objetividad a la hora de gestionar los intereses generales de la universidad [18].

2.- En relación con la organización administrativa de las universidades públicas, destaca la diversa configuración de las gerencias y, dentro del ámbito de sus competencias, la gestión descentralizada de la tesorería, con la presencia de numerosas unidades que gestionan cuentas y gran número de cuentas gestionadas[19].

---

[15] La utilización del término adecuado para definir la relación existente entre el TCu y los OCEx cuando concurren en el ejercicio de actuaciones fiscalizadoras es una tarea que se presenta plagada de dificultades tomando en consideración las distintas perspectivas desde las que se puede abordar. Como no constituye el objeto de este trabajo pronunciarse sobre tal cuestión, opto por utilizar el término de colaboración por entender que nadie se puede sentir postergado con el mismo, ya que, al fin y al cabo, el Informe aprobado por el TCu fue el resultado del trabajo desplegado tanto por el propio Tribunal como por los OCEx que tuvieron intervención en el mismo.

[16] Cuadro 3, págs. 18 y 19 del Informe de Fiscalización de las UUPP, ejercicio 2003, nº 775, cuyo cuadro se incorpora como Anexo nº 2.

[17] Informe de Fiscalización del TCu ya citado, págs. 39-70, en donde se recogen los resultados de la fiscalización, algunas de cuyas conclusiones referidas a esta área son las que se citan a continuación, como se hará con las sucesivas áreas, por cuya razón se repite la numeración de conclusiones, cuya diferenciación hay que hacerla tomando en consideración el área al que se refieran.

[18] Conclusión VII.1.2 del Informe de Fiscalización del TCu ya citado, pág. 221

[19] Conclusión VII.1.3 del Informe de Fiscalización del TCu ya citado, pág. 221

3.- Dentro de las 47 universidades presenciales, 13 no cuentan con unidad de control interno. De entre las que sí disponen de dicha unidad, ésta depende en la generalidad de los casos, tanto funcional como orgánicamente, de las gerencias o del rector. Únicamente en un supuesto la dependencia es del Consejo social [20].

4.- Los recursos humanos con que cuentan las unidades de control interno son insuficientes para realizar las funciones que le son propias y no guardan relación con el volumen económico de los gastos e ingresos de las universidades. Estas unidades, por lo general, no tienen planes de actuación y manuales de procedimientos, ni realizan un informe anual sobre sus actividades [21].

5.- Al finalizar el ejercicio 2003, se constata la existencia de un número significativo de entes dependientes de las universidades públicas. La falta de datos y registros actualizados por parte de las universidades, permite deducir la existencia de otros no localizados. El análisis llevado a cabo pone de manifiesto que una buena parte de dichos entes adopta la forma de fundación y que, en ocasiones, sus fines y objetivos no guardan relación con los estrictamente universitarios; lo que puede no ser conforme con lo previsto en la LOU (art. 84). De los mencionados entes dependen a su vez otros que, de forma indirecta, también mantienen relaciones de diversa naturaleza con las universidades. Salvo en tres comunidades autónomas, las universidades no consolidan los estado financieros de los entes dependientes de ellas [22].

6.- El plan estratégico no es un instrumento suficientemente extendido en el sistema universitario durante el periodo analizado. No existe un modelo tipo de plan estratégico para el conjunto de las universidades públicas [23].

7.- Las universidades, en general, no realizan estudios sobre los precios públicos de las titulaciones oficiales, ni sobre la adecuación de los recursos en función de la oferta y la demanda docentes previstas. Gran parte de los recursos que financian la actividad universitaria (contratos-programas y transferencias) están desvinculados de la consecución de resultados [24].

8.- La mayoría de las universidades analizadas no tenían implantados mecanismos de evaluación durante el periodo objeto de análisis. A lo sumo se limitan a realizar

---

[20] Conclusión VII.1.4 del Informe de Fiscalización del TCu ya citado, pág. 221
[21] Conclusión VII.1.5 del Informe de Fiscalización del TCu ya citado, pág, 221
[22] Conclusión VII.1.6 del Informe de Fiscalización del TCu ya citado, págs. 221-222
[23] Conclusión VII.1.7 del Informe de Fiscalización del TCu ya citado, pág. 222
[24] Conclusión VII.1.8 del Informe de Fiscalización del TCu ya citado, pág. 222

encuestas a los alumnos tratando de averiguar su opinión acerca de la mayor o menor aptitud docente de los profesores [25].

B) Área económico-financiera [26].

1.- De las 47 universidades públicas presenciales, nueve no tenían implantado el Plan General de Contabilidad Pública [27].

2.- Las cuentas de la mayoría de las entidades dependientes de las universidades públicas no están incluidas en las cuentas de éstas ni en las cuentas de las comunidades autónomas, en detrimento de la representatividad de las cuentas públicas [28].

3.- En el ejercicio 2003 han aprobado los presupuestos una vez iniciado el mismo ejercicio 30 universidades públicas, lo que resta eficiencia al presupuesto como instrumento planificador [29].

4.- En el conjunto de las universidades públicas analizadas, las modificaciones presupuestarias han incrementado el presupuesto en un 27%, lo que pone de manifiesto una deficiente presupuestación inicial. Además, muchas universidades han modificado el presupuesto sin ajustarse a la normativa aplicable. Por otra parte, se han dejado de reconocer obligaciones por falta de crédito presupuestario y se han reconocido derechos en exceso sin ajustarse a lo previsto en los Principios Contables Públicos [30].

5.- Las fuentes de financiación del presupuesto del conjunto de las universidades presenciales en el período 2000/2003, han crecido a una tasa anual acumulada media del 8,9%. La financiación propia ha crecido a una tasa del 4,6%, mientras que la financiación ajena lo ha hecho al 10,6%.

En la financiación propia, las tasas y precios públicos crecieron a una tasa media del 4% mientras que el remanente de tesorería ha crecido al 2%. En la financiación ajena las transferencias corrientes han crecido a una tasa media del 10,2% mientras que las de capital lo han efectuado al 9% y el endeudamiento al 17,5%.

La financiación propia ha pasado del 30,2% en el ejercicio 2000 al 26,7% en el ejercicio 2003.

---

[25] Conclusión VII.1.9 del Informe de Fiscalización del TCu ya citado, pág. 222
[26] Informe de Fiscalización del TCu ya citado págs. 103-126. Ver nota 13.
[27] Conclusión VII.1.1 del Informe de Fiscalización del TCu ya citado, pág. 222
[28] Conclusión VII.1.2 del Informe de Fiscalización del TCu ya citado, pág. 222
[29] Conclusión VII.1.3 del Informe de Fiscalización del TCu ya citado, pág. 222
[30] Conclusión VII.1.4 del Informe de Fiscalización del TCu ya citado, pág. 222

El crecimiento de la proporción de las fuentes de financiación ajena se debe fundamentalmente al crecimiento de las transferencias corrientes, que ha pasado del 52,4 al 54,5%.

Dentro de la financiación ajena destacan las transferencias de las CCAA que alcanza de media el 80% en el ejercicio 2003. De ellas el 71,7% financiaron operaciones corrientes y el 8,2% operaciones de capital.

De los precios públicos, el 74% se ingresa directamente por los alumnos y el 19% en concepto de becas del Ministerio de Educación y Ciencia.

En el período 2000/2003, el aumento de las transferencias corrientes ha financiado, en exceso, el incremento de las obligaciones en operaciones corrientes [31].

6.- El Ministerio de Educación, Cultura y Deporte firmó un convenio de colaboración con todas las CCAA y con sus universidades con el objeto de contribuir al cumplimiento de los compromisos generales de estabilidad económica contraídos por el Estado con la Unión Europea. Las universidades se comprometían a la progresiva consecución de equilibrio presupuestario y a la contención del endeudamiento en el año 2002. El resultante de la aportación fue de 172.478 miles de euros, correspondiendo un 73% a la Administración General del Estado y el 27% a la Administración de las CC AA. Los compromisos han sido cumplidos con carácter general, salvo en el caso de 10 universidades a tenor de las liquidaciones llevadas a cabo por el Ministerio de Educación [32].

7.- Los gastos de funcionamiento son 4,3 veces los ingresos ordinarios. Este margen negativo es compensado con las transferencias netas [33].

C) Área de gestión [34]:

1) Docencia.

a) Los alumnos de nuevo ingreso han experimentado, en los últimos tres años, una tasa anual de crecimiento negativo acumulado del 3%, disminuyendo Ciencias Experimentales un 7%, Humanidades un 6% y Ciencias Sociales y Jurídicas un 4% [35].

b) El segmento de entre 1.000 y 5.000 alumnos matriculados por ramas es el que más universidades acumula excepto en la rama de Ciencias Sociales y

---

[31] Conclusión VII.1.7 del Informe de Fiscalización del TCu ya citado, pág. 223
[32] Conclusión VII.1.9 del Informe de Fiscalización del TCu ya citado, pág. 224
[33] Conclusión VII.1.11 del Informe de Fiscalización del TCu ya citado, pág. 224
[34] Informe de Fiscalización del TCu, págs. 126-215. Ver nota 13.
[35] Conclusión VII.1.4 del Informe de Fiscalización del TCu ya citado, pág. 225

Jurídicas, donde el mayor número de universidades se da entre los 10.000 y los 20.000 alumnos matriculados [36].

c) Las universidades se concentran en los segmentos más altos de alumnos graduados en las ramas de Ciencias Sociales y Jurídicas Técnicas.

Los alumnos graduados se han reducido en los últimos tres años a una tasa anual media del 2%. Humanidades, Ciencias Sociales y Jurídicas y Ciencias Experimentales han reducido el número de graduados, mientras Ciencias de la Salud y Técnicas lo han aumentado [37].

2) Investigación.

a) La actividad investigadora, en la mayoría de las universidades públicas carece de planificación o ésta es deficiente debido fundamentalmente a su dependencia de la financiación externa, que no es conocida hasta el momento en que reciben la adjudicación o concesión [38].

b) Se han detectado contratos suscritos con entidades y empresas catalogados como de investigación, que se apartan del contenido científico, artístico y técnico previsto en el art. 83 de la LOU [39].

c) El Vicerrectorado de Investigación, órgano que dirige la actividad investigadora en todas las universidades, no controla ni tiene constancia, en la mayoría de las universidades, de la actividad gestionada por entidades externas, con personalidad jurídica propia e independiente de la universidad [40].

d) Los presupuestos de la mayoría de las universidades no reflejan la totalidad de los ingresos y gastos relativos al desarrollo de la actividad investigadora [41].

3) Personal.

a) El personal al servicio de una muestra de 41 UUPP presenciales ha experimentado una aumento de 9,4% en el período 2000/03 (tasa del 3%) y revela una tendencia generalizada a favor de la provisión de puestos de trabajo por personal funcionario, siendo el 2002 el ejercicio a partir del cual se confirma y acrecienta esta tendencia [42].

b) Los gastos de personal suponen más de la mitad de sus presupuestos y más del 76% de sus operaciones corrientes. Dichos gastos se distribuyen entre varios capítulos presupuestarios, fundamentalmente entre los capítulos 1 y 6 (gastos de personal y de inversión respectivamente), en función de la estructura del presupuesto de cada universidad y del modelo elegido para la gestión de la

---

[36] Conclusión VII.1.8 del Informe de Fiscalización del TCu ya citado, pág. 226
[37] Conclusión VII.1.11 del Informe de Fiscalización del TCu ya citado, pág. 226
[38] Conclusión VII.1.1 del Informe de Fiscalización del TCu ya citado, pág. 226
[39] Conclusión VII.1.2 del Informe de Fiscalización del TCu ya citado, pág. 227
[40] Conclusión VII.1.3 del Informe de Fiscalización del TCu ya citado, pág. 227
[41] Conclusión VII.1.4 del Informe de Fiscalización del TCu ya citado, pág. 227
[42] Conclusión VII.1.1 del Informe de Fiscalización del TCu ya citado, pág. 227

actividad investigadora. Este hecho, además de no favorecer la transparencia informativa en las fases de elaboración, ejecución y liquidación del presupuesto ni su posterior control, desnaturaliza la liquidación presupuestaria del estado de gastos, sin que existan fundamentos objetivos que lo justifiquen [43].

c) Los distintos factores analizados en relación con la gestión de los recursos humanos ponen de manifiesto la existencia de discrepancias relevantes entre ellos, sobre todo a partir del ejercicio 2001, año en el que se experimentan diferencias significativas entre el crecimiento de los efectivos totales y la evolución del conjunto de datos académicos. Al finalizar el ejercicio 2003, las universidades públicas se encuentran en una situación en la que, teniendo en cuenta el aumento de sus efectivos y el de sus correspondientes retribuciones, sus gastos de personal han tenido un incremento absoluto cercano al 25%, hecho que no parece estar en consonancia con las tendencias negativas que marcan los datos académicos analizados [44].

d) En relación con los instrumentos para la gestión de personal aplicados por la universidad, se concluye lo siguiente:

1º) Con carácter general, las universidades públicas no han elaborado Planes Estratégicos ni constan políticas o estrategias específicas que contemplen objetivos concretos encaminados a la determinación del contingente de personal necesario, y su correspondiente valoración, en función de las necesidades reales que la prestación del servicio público encomendado demanda, por lo que las plantillas de los colectivos propios de la universidad se conforman y desarrollan en función de los acontecimientos que acaecen durante los distintos cursos académicos.

2º) Las unidades que gestionan los recursos humanos, dependientes de las Gerencias, generalmente no tienen competencias en la toma de decisiones que afectan al colectivo PDI, exceptuando las de mera gestión administrativa. Asimismo, se contrata personal ajeno a las universidades, concretamente a personal becario a propuesta del PDI que contrata o conviene proyectos al amparo del art. 83 de la LOU, no constando la existencia de medidas de control que permita garantizar que los servicios o departamentos de personal de las universidades, según el caso, conozcan los perfiles académicos o profesionales exigidos, así como las características y otros aspectos que garanticen los principios de publicidad, concurrencia y aptitud, que se requiere para su contratación.

3º) La división de competencias en materia de recursos humanos, según sea para el colectivo PAS o el PDI, pone de manifiesto la existencia de diferentes órganos que gestionan el gasto de personal, sin que se tenga constancia de la aplicación generalizada de normas internas o manuales de organización que

---

[43] Conclusión VII.1.2 del Informe de Fiscalización del TCu ya citado, pág. 227

[44] Conclusión VII.1.3 del Informe de Fiscalización del TCu ya citado, pág. 227

estructuren su coordinación, con el objetivo de velar por un adecuado control interno de la gestión de la totalidad de estos recursos.

4º) El sistema informático aplicado con carácter general para la gestión de personal no permite llevar a cabo un control objetivo y eficaz sobre la totalidad de los efectivos que debieran estar consignados en las nóminas ni sobre los distintos elementos retributivos que se deben reflejar en las mismas, a pesar de que son elaboradas por los servicios o departamentos de personal, limitándose en numerosos casos a recoger los datos remitidos por otros órganos de las universidades que también gestionan personal al servicio de las mismas.

5º) Con carácter general, las universidades públicas no han acometido la elaboración de la Relación de Puestos de Trabajo correspondiente a su profesorado, por lo que, además de no cumplir el mandato legal correspondiente, no cuentan con la utilidad que suponen como instrumento de disciplina en la gestión del gasto de personal. Entre otros aspectos de la gestión a los que puede afectar su carencia, está el impedimento para el análisis y la verificación de los requerimientos de las plazas cubiertas, existencia de plazas no cubiertas y la razonabilidad de las contrataciones temporales llevadas a cabo durante el periodo analizado [45].

4) Informática.

Los sistemas informáticos de gestión y control no están integrados generalmente en las universidades. No existen desarrollos comunes implantados para todas las universidades [46].

5) Contratación.

a) Se observa una utilización excesiva del concurso para la adjudicación de los contratos en detrimento de la subasta, que no se utilizó a pesar de ser la forma ordinaria de adjudicación de obras públicas que, por el carácter absolutamente reglado de su procedimiento, implica un menor riesgo de conculcación de los principios de objetividad y transparencia y que, generalmente, permite obtener las mayores ventajas sin perjuicio de asegurar los medios, la capacidad y la solvencia de las empresas licitadoras mediante el previo establecimiento de los adecuados requisitos de clasificación y, en su caso, de otros requisitos adicionales mediante la posible utilización del procedimiento restringido, así como la adecuada calidad en la ejecución mediante la previa y rigurosa elaboración, replanteo y supervisión de los correspondientes proyectos [47].

---

[45] Conclusión VII.1.4 del Informe de Fiscalización del TCu ya citado, pág. 227-229
[46] Conclusión VII.1.2 del Informe de Fiscalización del TCu ya citado, pág. 230
[47] Conclusión VII.1.1 del Informe de Fiscalización del TCu ya citado, pág. 231

b) Con frecuencia, los criterios de adjudicación de los contratos no se expresaron con precisión ni, en ocasiones, con objetividad en los pliegos de cláusulas administrativas particulares de los concursos examinados ni se especificaron las formas de asignación de puntos de los correspondientes baremos, lo que no es conforme con los principios de transparencia, publicidad y objetividad, informadores de la contratación pública, y las bajas de los precios de las ofertas fueron insuficientemente valoradas en los pliegos y/o en los informes de valoración, sin que consten circunstancias que pudieran justificar esta actuación que no es conforme con el principio de economía en la gestión de fondos públicos [48].

c) En los procedimientos negociados sin publicidad, que implican la exclusión de los contratos así tramitados de los principios de publicidad y libre concurrencia, la máxima discrecionalidad en la selección de los adjudicatarios y en los que, además, no suelen obtenerse bajas apreciables, no siempre se justificó la concurrencia de los supuestos legales invocados para su utilización, particularmente, cuando se invocó la existencia de una imperiosa urgencia o de un único empresario capacitado para la realización de las correspondientes prestaciones [49].

La deducción que, en mi opinión, cabe extraer de las conclusiones transcritas del Informe de Fiscalización del TCu sobre las UUPP es que la gestión económico-financiera de las mismas, si bien está necesitada de la adopción de medidas encaminadas a subsanar las deficiencias denunciadas, no presenta patologías relevantes o, al menos, merecedoras de que se ocupe de las mismas la SETCu y declare responsabilidades contables a las que sus gestores tengan que hacer frente.

Y no podía ser otra la conclusión si se atiende a que se trata de una fiscalización y, además, de una fiscalización horizontal, si bien necesario es reconocer que tal ausencia de patología se observa también en las fiscalizaciones específicas, tanto en las llevadas a cabo por el TCu como en las realizadas por los OCEx, lo que permite afirmar, pues, que la ausencia de patología guarda más relación con la naturaleza de la actividad fiscalizadora en sí misma considerada que con la clase de fiscalización efectuada.

Que ello sea así no parece que deba extrañar si se toma en consideración, en primer lugar, que el destino natural de los informes de fiscalización lo constituye, no la averiguación de ilícitos contables, sino hacer llegar a las Cámaras legislativas, de

---

[48] Conclusión VII.1.2 del Informe de Fiscalización del TCu ya citado, pág. 231
[49] Conclusión VII.1.3 del Informe de Fiscalización del TCu ya citado, pág. 231

las que los órganos de control externo son un valioso instrumento colaborador en la realización de sus cometidos, los resultados de la verificación efectuada sobre la gestión de las entidades fiscalizadas a la luz de los principios de legalidad, de eficiencia y de economía. Y, en segundo lugar, que los fiscalizadores, tanto del TCu como de los OCEx, tienen, para el ejercicio de sus funciones, un poder coercitivo limitado, puesto que, si bien es cierto que las entidades requeridas tienen la obligación de colaborar suministrando la información recabada (arts. 7.1 y 2 LOTCu y 30.1,2,3 y 4 LFTCu), el fiscalizador no puede comprobar si la entidad fiscalizada remite toda la información que posee de la que se recabó ni si la información que se proporciona es veraz, ya que la única coerción que se puede utilizar está prevista para el caso de que la entidad se niegue a prestar la colaboración requerida, esto es, para los casos de ausencia de colaboración, que es lo que únicamente puede comprobar el fiscalizador, y, además, las medidas que puede adoptar en los casos en que se produzca dicha negación de colaboración solamente pueden traducirse en la imposición de una multa coercitiva y/o en la remisión a la Jurisdicción Penal del testimonio correspondiente para depurar responsabilidad penal por delito de desobediencia (arts. 7.3 y 30.5 LFTCu).

En otras palabras, los fiscalizadores no tienen las competencias de los Jueces de Instrucción, aunque, tal vez, convendría reflexionar sobre la conveniencia de que, tal vez no los fiscalizadores, pero sí alguno de los órganos del TCu encargados del enjuiciamiento de la responsabilidad contable, estuvieran investidos de tales atribuciones.

Pero la “patología” de la gestión de las entidades fiscalizadas no solamente puede ser “diagnosticada” por los Consejeros de Fiscalización del TCu. Existen otros órganos en el Tribunal, independientemente de los jurisdiccionales propiamente dichos, a los que su legislación reguladora llama para contribuir a realizar dicha función, como son el MF y los DI.

En efecto, al Fiscal del TCu la ley le encomienda, entre otras, las funciones de “... solicitar la práctica de las diligencias que estime convenientes en orden a la depuración de las responsabilidades contables ...” (art. 16.2.b LFTCu), “... tomar conocimiento de todos los procedimientos fiscalizadores y jurisdiccionales que se sigan en el Tribunal a efectos de esclarecer las posibles responsabilidades contables que de ellos puedan derivarse” (art. 16.2.c LFTCu) y “... ejercitar la acción de responsabilidad contable y deducir las pretensiones de esa naturaleza en los juicios de cuentas y procedimientos de reintegro por alcance” (art. 16.2.d LFTCu), siendo de destacar que, cuando se trata de procedimientos fiscalizadores tramitados directamente por el TCu, el Fiscal tiene intervención durante toda la tramitación del procedimiento hasta la aprobación del Proyecto de Informe por el Pleno, del que el Fiscal es uno de sus componentes.

Por su parte, las competencias de los DI son, entre otras, las de "reclamación de las diligencias preventivas del alcance que se hayan instruido..." administrativamente (art. 47.1.b LFTCu), "práctica de las diligencias oportunas en averiguación del hecho y de los presuntos responsables..." (art. 47.1.c LFTCu) y "... pase del tanto de culpa a los Tribunales ordinarios, si hubiese indicios de responsabilidad criminal ..." (art. 47.1.d LFTCu) así como la "liquidación provisional del alcance ..." (art. 47.1.e LFTCu).

En consecuencia, parece lógico que, antes de formar opinión definitiva sobre la "patología" de la gestión de las UUPP, se haga alguna referencia a los resultados de la actuación de la Fiscalía del TCu y de los DI.

Por lo que respecta a la primera, no ha encontrado indicios de responsabilidad contable en el Informe de Fiscalización de las UUPP realizado por el TCu en colaboración con los OCEx, pero sí ha apreciado la existencia de tales indicios en algunas fiscalizaciones específicas, siendo los más relevantes los siguientes:

1ª) Pago indebido de retribuciones en materia de personal, cuya ilegalidad puede producirse por distintas causas:
-De manera absoluta, por abonarse retribuciones superiores a los aumentos previstos en las leyes presupuestarias o en las disposiciones dictadas en su desarrollo o no contempladas en la legislación vigente.
-Con relación a determinados funcionarios, v. gr.: contratación de cargos exclusivamente docentes a los que se les abona las retribuciones de los que, además de desempeñar tareas docentes, también realizan investigación; equiparaciones retributivas de cuerpos de funcionarios no contempladas en la legislación vigente; retribuciones pagadas con infracción de la legislación sobre incompatibilidades; retribuciones complementarias pagadas a docentes que estaban prestando servicios en instituciones ajenas a la Universidad; gratificaciones extraordinarias abonadas a contratados laborales en situación de excedencia sin que fuese autorizado su pago por la Universidad.
-Provisiones y/o gastos para gratificaciones por jubilación.
-Pactos que, para el futuro, representan aumentos salariales superiores a los autorizados por las leyes de presupuestos.

2ª) Responsabilidad contable derivada de la gestión de los contratos, siendo los supuestos más relevantes los siguientes:
-Incrementos de precio de los contratos por modificados carentes de justificación.
-Prórrogas injustificadas de la duración de los contratos.
-Falta de imposición de las penalidades previstas en los contratos por incumplimientos imputables exclusivamente a los contratistas.
-Desviaciones no justificadas en los precios de los contratos.

-Revisiones de precios no previstas en los PCAP.
-Pagos hechos por servicios prestados sin haber sido formalizado el contrato correspondiente.
-Pagos hechos por servicios cuya necesidad de prestación no se justificó ni tampoco la prestación misma.
-Ampliaciones no justificadas del objeto de los contratos.
-Pérdidas sobrevenidas por préstamos hechos a concesionarios.
-Modificaciones de contratos carentes de justificación, que dieron lugar a incrementos no justificados de sus precios.
-Adjudicaciones de contratos sin valorar los precios de las ofertas.
-Pago injustificado de precio superior al de la adjudicación.

3ª) Deficiencias en la justificación de los gastos en que se incurre, como sucede en los casos siguientes:
-Falta de control de la ejecución y resultados de los proyectos de investigación, tanto cuando gozan de subvenciones de la Administración Central o de la Autonómica como cuando no gozan de tales beneficios.
-Gastos de protocolo sin indicación del acto ni del motivo que los origina y gastos generales.
-Gastos de locomoción o alojamiento.
-Destino de las subvenciones recibidas.

4ª) Falta de ingreso de derechos pertenecientes a las UUPP, como son, por ejemplo, los siguientes:
-Comisiones devengadas por la gestión de contratos de las UUPP realizada por Fundaciones Universitarias.
-Precios pagados en las enajenaciones de mobiliario realizadas mediante subasta.
-Prescripción de derechos por falta de reclamación del pago de los mismos .
-Beneficios generados por la venta de fondos de inversión.
-Ingresos procedentes de la impartición de enseñanzas no regladas.
-Existencia de presupuestos cerrados con saldos sin depurar con una antigüedad superior a diez años
-Diferencias entre los fondos bibliográficos inventariados y los registrados en contabilidad.
-Saldo contable de fondos líquidos por gastos realizados pendientes de justificar.
-Saldo de deudores extrapresupuestarios por fondos concedidos a distintas unidades de gastos, que, al cierre del ejercicio, ni están justificados ni reintegrados a la tesorería de la Universidad.

5ª) Pago de intereses moratorios por incumplimiento de los plazos de ingreso de las retenciones IRPF.

6ª) Pago de recargos moratorios por incumplimiento de los plazos de ingreso de las cuotas de la SS.

7ª) Tramitación de generaciones de crédito con financiación del remanente de tesorería, en la medida en la que de dicha infracción de la normativa presupuestaria se puedan derivar perjuicios para la hacienda universitaria.

8ª) Incorporaciones de crédito por importe superior al de los remanentes incorporables, en la medida en la que de dicha infracción de la normativa presupuestaria se puedan derivar perjuicios para la hacienda universitaria.

Por lo que respecta a los DI resulta más difícil proporcionar información detallada sobre el contenido de las actas de liquidación provisional dictadas por ellos en las Actuaciones Previas tramitadas, porque no me consta la existencia de un registro de las mismas que sea fácilmente accesible, si bien se puede asegurar, por experiencia, que en muy pocos casos, si es que hay alguno, se apreció la existencia de alcance, lo que, sin embargo, sí ocurrió en otros supuestos en los que el TCu declaró la existencia de alcance y de los que se dará cuenta a continuación.

III. SU TRATAMIENTO POR LA JURISDICCIÓN CONTABLE.

Así, pues, resumiendo lo que se acaba de decir, el panorama de la responsabilidad contable desde la perspectiva de los órganos que, en sentido amplio, se integran en la JC es el siguiente: por una parte, no se conocen casos en los que los órganos de control externo hayan promovido la exigencia jurisdiccional de responsabilidad contable derivada de la gestión de las UUPP y, por otra, el MF advierte numerosos casos en los que aprecia la existencia indiciaria de responsabilidad contable, que, sin embargo, no se traducen en pronunciamientos jurisdiccionales declarándola.

Tal contraste está necesitado de una explicación, sobre todo después de analizar los pronunciamientos jurisdiccionales del TCu sobre responsabilidad contable apreciada en la gestión de la UUPP.

A) Pronunciamientos del TCu por deficiencias en la gestión de las UUPP.
Examinada la base de datos sobre jurisprudencia contable que gestiona el propio TCu, pueden destacarse las siguientes resoluciones que contienen pronunciamientos significativos en materia de responsabilidad contable derivada de la gestión universitaria:

1ª) Auto 11/1994, de 21 de octubre de la SJTCu, por el que, sin perjuicio de la falta de legitimación del recurrente (Abogacía del Estado) por falta de gravamen, se confirma la resolución del Consejero de Enjuiciamiento acordando la no incoación de procedimiento de reintegro por falta de legitimación pasiva del denunciado que, encontrándose en situación de excedencia voluntaria en el Cuerpo de Catedráticos de Escuelas Universitarias, venía percibiendo retribuciones como Magistrado Suplente del TSJ de Murcia. Obviamente, el Catedrático en cuestión y, al tiempo Magistrado suplente, no tenía encomendada la gestión de los caudales públicos consistentes en las retribuciones que percibía, percepción que, en caso de ser ilícita, sería susceptible de exigir en vía contencioso-administrativa.

2ª) Sentencia del TS de 27 de febrero de 2004: En la misma se desestima el recurso de casación interpuesto contra la sentencia de 2ª instancia, que, a su vez, desestimó el recurso de apelación planteado contra la sentencia de 1ª instancia, la cual apreció que era constitutivo de alcance, del que debía responder el Gerente de la Universidad, la existencia de un saldo deudor en la cuenta de tesorería no justificado porque, pese a que se acreditaba otra cosa con las certificaciones expedidas, éstas no tenían otra finalidad que la de cuadrar formalmente las cuentas, ya que en la del Banco de España no existía el saldo que se certificaba.

La existencia de un saldo deudor en cuenta carente de justificación constituye el supuesto típico del alcance,por lo que es obvio que la certificación con la que se pretendía cuadrar las cuentas no tenía virtualidad alguna, salvo para generar, en su caso, responsabilidad penal.

En las dos instancias judiciales del TCu también fue declarado responsable contable el Habilitado de la Universidad, cuyo recurso fue estimado por el Tribunal Supremo por considerar que en la tramitación del procedimiento judicial había sufrido indefensión en la medida en la que no pudo tener intervención en la tramitación de la preparación del proceso, argumento que, como se verá posteriormente, no es admitido pacíficamente [50].

3ª) Sentencia 5/2005, de 13 de abril, de la SJTCu, en la que se declara responsable del alcance a la funcionaria encargada del manejo y justificación de la cuenta de gastos menores del Servicio de Publicaciones de la Universidad y del ingreso en el Banco de las cantidades recaudadas en efectivo por las ventas realizadas en dicho Servicio, porque se realizaron pagos duplicados, existían descubiertos no justificados y no se ingresó en el Banco la totalidad del dinero recaudado por las ventas efectuadas.

Como en el caso anterior, la existencia de descubiertos no justificados o la falta de ingreso de los caudales públicos percibidos, constituyen los supuestos típicos de responsabilidad contable: el alcance y la malversación.

4ª) Auto 12/2005, de 17 de junio, de la SJTCu, por el que se desestima el recurso interpuesto contra el Auto dictado en 1ª instancia acordando la no

---

[50] Posteriormente será objeto de atención esta Sentencia al analizar la naturaleza de la fase de preparación del proceso de reintegro por alcance.

incoación de proceso de reintegro por alcance, ya que la falta de pago de la Tasa del Ayuntamiento no incumbía a la Universidad, sino al INSALUD, al que la Universidad tenía cedido el uso del pabellón en el que se realizaba la actividad generadora del tributo.

En el presente caso, la falta de participación del presunto responsable en la realización del hecho justifica la no incoación del proceso, sin necesidad de averiguar si los hechos que constituían su objeto eran o no generadores de responsabilidad contable

B) Análisis de la actuación del MF y del TCu ante la responsabilidad contable derivada de la gestión universitaria.

Tan escaso número de pronunciamientos jurisdiccionales sobre temas de responsabilidad contable derivados de la gestión de las UU P puede sugerir, por una parte, que no existe una situación patológica relevante en dicha gestión y, por otra, que la actuación de la Fiscalía del TCu se revela excesivamente rigurosa cuando no errónea.

No quisiera, de momento, pronunciarme sobre la verosimilitud de ninguna de las conclusiones enunciadas porque, entre otras razones, me parece que, con los medios de que dispongo, es imposible llegar a un conocimiento completo de la situación real de la gestión de las UUPP. Pero, en todo caso, considero necesario, antes de que tales conclusiones puedan ser extraídas, hacer algunas reflexiones sobre la regulación del funcionamiento del TCu porque las mismas pueden contribuir a realizar una valoración fundada sobre la cuestión que nos ocupa.

Tales reflexiones tendrán como objeto determinadas cuestiones procesales íntimamente relacionadas con la exigencia de responsabilidad contable, como son la legitimación y las actuaciones preparatorias del proceso de reintegro por alcance, que es uno de los cauces procesales a través de los cuales se puede exigir dicha responsabilidad [51].

1) La legitimación.

De la legislación reguladora del TCu puede deducirse que gozan de legitimación para pedir la actuación de sus órganos jurisdiccionales:

1º) Quienes tuvieren interés directo en el asunto o fuesen titulares de derechos

---

[51] El otro lo constituye el denominado juicio de cuentas, previsto en la legislación reguladora del TCu para los hechos que no son susceptibles de constituir el objeto del proceso de reintegro por alcance, con la peculiaridad, además de que las actuaciones que integran la fase preparatoria del proceso, que forman la denominada Pieza Separada, corren a cargo del Consejero encargado de la Fiscalización en la que se han descubierto tales hechos.

subjetivos relacionados con el caso (art. 47.1 LOTCu) [52], entre quienes se encuentran, obviamente, las entidades públicas perjudicadas (art. 55.1 LFTCu).
2º) El MF (art. 55.1 LFTCu).
3º) Cualquier persona, física o jurídica, puesto que se consagra el ejercicio de la acción pública sin necesidad de prestación de fianza o caución de clase alguna (arts. 47.3 LOTCu y 56.1 LFTCu).

Por su parte, conforme al art. 55.2 LFTCu, gozan de legitimación pasiva [53] todos "... los presuntos responsables directos o subsidiarios, sus causahabientes y cuantas personas se consideren perjudicadas por el proceso".

Como quiera que la determinación de quienes, por ser perjudicados, gozan de legitimación activa para exigir responsabilidad contable no plantea otros problemas que los de establecer quienes ostenten su representación y defensa y que el tratamiento del ejercicio de la acción pública determinaría que esta ponencia alcanzara una extensión desmesurada, circunscribiré mis reflexiones a la legitimación del MF y a algunos aspectos de la determinación de la legitimación pasiva.

a) La legitimación del MF.

El examen de los arts. 55.1, 69.2 y 73.3 LFTCu permite afirmar, en primer lugar, que la legitimación de la que goza el MF en la JC siempre es activa, por lo que, sin perjuicio de que deba respetarse la libertad que le reconoce el art. 25 EOMF para desenvolverse en las intervenciones orales cuando reciba una orden o una instrucción concerniente al ejercicio de sus funciones, siempre tendrá que ejercitar la acción, de suerte que, cuando no lo considere procedente, deberá desistirse del proceso si es que había formulado demanda con anterioridad o, en otro caso, pedir su archivo o, mejor dicho, reiterar dicha petición porque, como se verá posteriormente, también ha habido posibilidad de formularla con anterioridad al momento de la presentación de la demanda.

Pero, con independencia de que el MF solamente goce de legitimación activa en la JC, la misma, además, se viene considerando de carácter subsidiario, ya que, en definitiva, solamente se le confiere traslado de las actuaciones para que pueda formular demanda cuando no haya sido planteada por ninguno de los perjudicados.

---

[52] Sobre la interpretación del precepto puede consultarse M. Sola Fernández, La legitimación activa en los procesos de responsabilidad contable. Especial referencia al Ministerio Fiscal, en Estudios de Derecho Judicial, 83, 2006, págs. 107-116.

[53] Sobre la legitimación pasiva puede consultarse J.C. López López, "La legitimación pasiva en los procedimientos jurisdiccionales de responsabilidad contable", en Estudios de Derecho Judicial, 83, 2006, págs. 137-180. Su opinión, que expresa el parecer de la doctrina jurisprudencial, tanto del TCu como del TS, no es íntegramente aceptada, como se verá posteriormente.

Sin embargo, tal posición, que se sustenta en la práctica que se ha venido observando en el TCu, se puede compatibilizar difícilmente con las razones que, en mi opinión, justifican la presencia del MF en aquél, que no son otras que las derivadas de la defensa del interés público y de la satisfacción del interés social, que le son encomendadas tanto por la CE (art. 124.1) como por el EOMF (art. 1.1) y que se manifiestan en el presente caso a través del reintegro de los caudales públicos menoscabados durante su gestión.

La consecución de tales fines exige, desde mi punto de vista, evitar que la actuación del MF se subordine a la inexistencia de demanda, entendiendo tal expresión en su sentido mas absoluto, esto es, solamente cuando los perjudicados no hayan presentado demanda podrá hacerlo el MF, ya que puede ocurrir, y así acontece en la práctica con mayor frecuencia que la deseable, que los perjudicados no dirijan la demanda contra todos los posibles demandados o que en la misma no incluyan todos los hechos de los que se puede derivar responsabilidad contable.

En tales casos, si se adopta la posición tradicional que se ha expuesto, el MF no podría tener otra intervención que la de adherirse o no adherirse a la demanda planteada durante la tramitación del proceso, pero no podría formular "su demanda" porque la única que se puede plantear ya lo habría sido por la entidad o el organismo perjudicados [54], con lo cual difícilmente podría afirmarse que se habría ejercido la defensa del interés público o se habría conseguido la satisfacción del interés social.

Para conseguirlo es posible realizar otra interpretación de las normas reguladoras de la legitimación del MF consistente en entender que, háyase o no planteado la demanda por los perjudicados, se le debe conferir siempre traslado de las actuaciones, de suerte que, si se encuentra conforme con la demanda, deberá adherirse a la misma, pero, si no se encuentra conforme con la planteada, podrá formular "su demanda", la que considere procedente, en aras de obtener el reintegro de los fondos cuyo menoscabo fundamenta el ejercicio de la acción.

Dicha posición encuentra acomodo sin dificultad alguna en la legislación vigente, porque también puede entenderse que no se plantea demanda por los perjudicados cuando no se dirige contra todos los legitimados pasivos o cuando no se fundamenta la pretensión en todos los hechos en los que se puede apoyar.

---

[54] Piénsese, llevando las cosas hasta el extremo, en las facilidades que se han venido otorgando a los gestores de caudales públicos que gocen, al mismo tiempo, de la condición de cuentadantes y de responsables de la entidad perjudicada: bastaría con acordar la presentación de la demanda contra alguno de los legitimados por el hecho más irrelevante de todos los llevados a cabo para asegurase que no podrán ser demandados por todos los demás hechos, cualquiera que sea su gravedad.

Y, además, la referida posición fortalece el derecho de defensa del demandado o demandados porque, a la hora de contestar a la demanda, van a tener conocimiento completo de todas las pretensiones que se plantean, a diferencia de lo que hasta ahora viene aconteciendo, puesto que la adhesión a la demanda por parte del MF se tiene que realizar después de haberse producido la contestación a la misma por el demandado.

Dicho con otras palabras, la legitimación de la que goza el MF en la JC no es de carácter subsidiario, sino de carácter sucesivo.

Configurada así la legitimación del MF, se garantiza, dada la sumisión del mismo los principios de legalidad y de imparcialidad en el ejercicio de sus funciones, el reintegro de los caudales públicos menoscabados y, con independencia de la mayor comodidad que pueda entrañar para el MF formular su demanda por escrito en lugar de hacerlo de manera verbal y durante la celebración de la audiencia previa, se fortalece el derecho de defensa del demandado o demandados.

b) Algunas cuestiones sobre la legitimación pasiva.

Gozan de legitimación pasiva [55], por disposición literal del art. 55.2 LFTCu, todos "... los presuntos responsables directos o subsidiarios, sus causahabientes y cuantas personas se consideren perjudicadas por el proceso".

Por tanto, aunque la responsabilidad contable solamente puede deducirse de las cuentas que deben rendir quienes reciben caudales públicos (art. 49.1 LFTCu), y ese será el límite que determine la extensión de la JC (art. 15.1 LOTCu), responsables ante ella no tienen por qué ser solamente quienes deban rendir cuentas por haber recibido caudales públicos para su gestión, sino también todos ("ostenten o no la condición de cuentadantes", dice el art. 72.1 LFTCu) los que, por haber causado menoscabo a los caudales públicos por una infracción de la legislación reguladora del TCu o de la legislación presupuestaria y/o contable, están obligados a la reparación de tales perjuicios (arts. 38.1 LOTCu y 49.1 LFTCu).

La determinación de quienes sean responsables, que es la condición a la que se debe anudar la atribución de la legitimación pasiva y no a la de cuentadantes, se realiza por la propia LOTCu, en cuyo artículo 38 se establece que dicha responsabilidad puede ser directa o subsidiaria (art. 38.2 LOTCu), regulándose en sus arts. 42 y 43 quienes pueden incurrir en una u otra, para lo cual el legislador

---

[55] Sobre la legitimación pasiva puede consultarse J.C. López López, "La legitimación pasiva en los procedimientos jurisdiccionales de responsabilidad contable", en Estudios de Derecho Judicial, 83, 2006, págs. 137-180. Su opinión, que expresa el parecer de la doctrina jurisprudencial, tanto del TCu como del TS, no es íntegramente aceptada, como se verá posteriormente.

recurre en tales preceptos a la utilización de cláusulas de extensión de la misma porque considera responsables no solamente a quienes directamente hubieren causado el menoscabo, sino también a los inductores, a los autores morales y a los cooperadores, sean o no necesarios (arts. 42.1 y 43.1 LOTCu).

En este punto conviene hacer una reflexión sobre la extensión de la legitimación pasiva, dado que la doctrina científica [56] y la jurisprudencial, tanto de la SJTCu[57] como del TS [58], subordinan la legitimación de todos los responsables (sean autores materiales, morales, cooperadores o cómplices) a que sean cuentadantes, de hecho o de derecho, de suerte que quienes no sean parte, de hecho o de derecho, de la relación jurídico-contable, cualquiera que sea la participación que hayan tenido en el menoscabo que sufran los caudales públicos como consecuencia de la infracción legal correspondiente, incluso cuando sea cometida por ellos mismos o cuando se les pueda atribuir responsabilidad por su infracción, no pueden ser llamados ante la JC para que respondan de su actuación.

Dicho con otras palabras, conforme a la doctrina científica comúnmente aceptada, y conforme a la jurisprudencia contable vigente, los *extranei* a la relación contable no pueden ser llamados al proceso contable, conclusión que se fundamenta en que, conforme a lo dispuesto en el art. 49.1 LFTCu, la JC solamente puede dirigir su actuación contra quienes, de hecho o de derecho, reciben caudales públicos para su gestión, cuya entrega provoca, además de la obligación de rendir cuentas, la de justificar el destino dado a tales caudales, razón por la cual, cuando dicha justificación no se produzca o cuando se produzca deficientemente, pueden ser llamados ante la JC para que reintegren los caudales cuyo uso no se ha justificado o no lo ha sido convenientemente. Pero solamente pueden ser llamados los cuentadantes, sean de hecho o de derecho, conforme a las previsiones del art. 72.1 LFTCu.

Semejante postura implica reconocer que las cláusulas de extensión de la responsabilidad contable que figuran en los arts. 42.1 y 43.1 LOTCu solamente son de aplicación a quienes hayan recibido caudales públicos para su gestión, limitación que no aparece claramente expresada, en mi opinión, en la legislación reguladora del TCu, puesto que una cosa es que su actuación jurisdiccional (la extensión de la JC, que es el objeto de regulación del art. 49.1 LFTCu) se circunscriba a la responsabilidad que luzca en las cuentas que deben rendir quienes reciben, de hecho o de derecho, caudales públicos para su gestión y otra bien diferente

---

[56] Cfr. J.C. López López, ob. cit..

[57] Cfr. STCu de 18 de abril de 1986, de 10 de julio y de 9 de septiembre de 1987, de 29 de julio de 1992, de 28 de febrero de 2001 y de 14 de septiembre de 2004 y ATCu de 11 y 18 de enero de 1986 y de 13 de mayo de 1987.

[58] Cfr. STS de 8 de noviembre de 2006.

que quienes, sin recibir caudales públicos para su gestión, participan en la misma por cualquier título y, con infracción dolosa o culposa de la legislación aplicable, produzcan su menoscabo, no puedan ser llamados ante la JC para responder por la causación de tales daños.

Dicho con otras palabras, el planteamiento de una pretensión de responsabilidad contable presupone la existencia de una relación jurídico-contable que haya sido incumplida, pero el incumplimiento de dicha relación puede ser atribuido no solamente a la parte que haya recibido los caudales para su gestión, sino también a terceros que, puestos de acuerdo con dicha parte, hayan colaborado con ella en la producción del daño de alguna de las formas previstas en los arts. 42.1 y 43.1 LOTCu.

La interpretación que se viene realizando en la práctica del TCu equivale, por una parte, a restringir las posibilidades de resarcimiento de los caudales públicos menoscabados durante su gestión en la medida en la que se limita el círculo de personas que pueden ser llamadas al proceso y, por otra, a considerar innecesarios los arts. 42.1 y 43.1 LOTCu, puesto que es obvio que, quienes reciban caudales públicos para su gestión, deben responder de los mismos en las cuentas que tienen la obligación de presentar, cualquiera que sea la intervención que hayan podido tener en la producción de su menoscabo, siempre que concurran los demás elementos exigidos en la ley para apreciar la existencia de responsabilidad contable.

En mi opinión, es indiscutible que tales personas, los *extranei* que, aún no habiendo recibido, de hecho o de derecho, caudales para su gestión, los menoscaban en concierto con quienes lo recibieron mediante la realización culpable de acciones que entrañan infracciones de la legislación reguladora de la gestión de los caudales públicos [59], cumplen, en principio, los requisitos necesarios para ser llamados al proceso porque su comportamiento coincide con el previsto en los arts. 42.1 y 43.1 LOTCu. Se podrá discutir si dicha intervención es o no relevante en la causación del daño, pero la discusión sobre la existencia de dicho elemento configurador de la responsabilidad contable, la relación de causalidad, tiene que producirse en el seno de un proceso ya constituido.

Ciertamente que no se puede desconocer que la dicción literal del art. 49.1 LFTCu restringe la extensión de la JC al conocimiento "... de las pretensiones de responsabilidad que, desprendiéndose de las cuentas que deben rendir todos

---

[59] La legislación reguladora de la gestión de los caudales públicos cuya infracción puede dar lugar al nacimiento de la responsabilidad contable no es solamente la presupuestaria o la contable, pues no se puede olvidar que el art. 72 LFTCu configura también supuestos de dicha clase de responsabilidad.

cuantos tengan a su cargo el manejo de caudales o efectos públicos, se deduzcan contra los mismos ...", pero, ante la contradicción entre dicho precepto y los que en la LOTCu regulan la responsabilidad contable (arts. 42.1 y 43.1), parece razonable optar por una interpretación como la propuesta porque, como ya se ha indicado, cabe entender que el objeto de regulación de aquéllos preceptos y de éste es bien diferente y, por tanto, compatible: los arts. 42.1 y 43.1 LOTCu determinan quienes son los responsables contables, mientras que el art. 49.1 LFTCu lo que determina es la extensión de la JC.

De esta manera, si bien es cierto que para el planteamiento de una pretensión de responsabilidad contable tiene que haber un cuentadante, de hecho o de derecho, que habilite la actuación jurisdiccional del TCu, para la determinación de las personas que ante el mismo puedan ser llamadas solamente habrá que atender a quienes sean responsables del ilícito contable.

La interpretación propuesta contribuye, además, a evitar las contradicciones que se pueden plantear con otras jurisdicciones, especialmente con la penal, cuya compatibilidad está expresamente proclamada en el art. 18 LOTCu, precepto que reserva también a la JC la responsabilidad civil derivada de delito que, al mismo tiempo, constituya un ilícito penal.

Pues bien, si la legitimación pasiva se restringe en la JC a los cuentadantes, puede ocurrir que los responsables civiles sean distintos según que actúe la JC o la JP. En efecto, piénsese en un delito de malversación de caudales públicos con distintas personas responsables en distintos conceptos: como autores materiales, como inductores y como cooperadores necesarios, cómplices o encubridores. Si solamente concurre la condición de cuentadante en los autores materiales y la determinación de la responsabilidad civil se efectúa, conforme a lo dispuesto en el art. 18.2 LOTCu, por la JC, solamente responderán civilmente tales autores materiales, pero no los demás responsables, que, en cambio, sí lo serían si la determinación de la responsabilidad civil se efectuara por la JP.

El ejemplo que se propone no es ninguna hipótesis de laboratorio porque ya aconteció en la realidad, concretamente con las STS de 21 de diciembre de 1999, de la Sala 2ª [60], y la Sentencia 8/2007 de la Sala de Justicia de 6 de junio del TCu[61], cuyos supuestos de hecho se describen, sintéticamente, a continuación.

---

[60] EDJ1999/35876, rec. 1493/1999

[61] Resoluciones de la Sala de Justicia del TCu año 2007, Tribunal de Cuentas, pág. 203-260

La Sala 2ª del TS, estimando parcialmente el recurso de casación por infracción de ley interpuesto por el MF y los ejercitantes de la Acción popular contra Sentencia de 24 de febrero de 1998 de la Sección 6ª de la Audiencia Provincial de Madrid, condenó definitivamente, entre otras personas, a D. Luis, D. Jorge y Dña. Blanca como responsables en concepto de autor el primero, cooperador necesario el segundo y encubridora la tercera, de un delito de malversación de caudales públicos a las penas correspondientes y a que, por vía de responsabilidad civil, indemnizaran al Estado en 578.000.905 pesetas, que era el importe a que ascendían los daños y perjuicios sufridos como consecuencia del delito de malversación de caudales públicos llevada a cabo por los condenados.

Pues bien, siendo firme la sentencia dictada por la JP, ante la JC se instó el correspondiente proceso de reintegro por alcance, cuyo objeto estaba constituido, en cuanto al delito de malversación se refiere, por los mismos hechos que fueron objeto de enjuiciamiento por la JP, dirigiéndose la demanda contra las mismas personas que en dicha sede jurisdiccional resultaron condenadas, que, sin embargo, no lo fueron en la JC, cuyas resoluciones [62] absolvieron a dos de los condenados, D. Jorge y Dña. Blanca, por entender que los mismos no gozaban de legitimación pasiva ya que, aunque habían participado en el expolio de los fondos públicos colaborando con quien los tenía a su disposición para su gestión, no podían ser considerados cuentadantes de derecho ni de hecho.

Contra la Sentencia de la SJTCu se interpuso el correspondiente recurso de casación, que se encuentra pendiente de decisión en la actualidad para impugnar, entre otros extremos, tal concepción de la legitimación pasiva, si bien, salvo que el TS modifique su doctrina al respecto, el mismo puede considerarse abocado al fracaso.

Tal afirmación se realiza porque la doctrina del TS, contenida entre otras en la STS de 8 de noviembre de 2006 [63] y de 17 de abril de 2008 [64], puede sintetizarse diciendo que, como se sostiene por el TCu, su jurisdicción solo puede ejercerse respecto de quienes reciban fondos públicos para su gestión, con exclusión de las personas que participen en la misma sin tener la condición de cuentadantes, aunque sea de hecho.

---

[62] La sentencia de 1ª instancia fue dictada por el Departamento Tercero en el Procedimiento de Reintegro 239/98 y es de 11 de julio de 2001. La sentencia de Apelación ya ha sido anteriormente citada, estando encaminado uno de los motivos del recurso interpuesto por la Abogacía del Estado, al que se adhirió el MF, a que se desestimara la excepción de falta de legitimación pasiva alegada por D. Jorge y Dña. Blanca.

[63] Recurso de Casación nº 4048/2001

[64] Recurso de Casación nº 7452/2002

Sin embargo, en la última de las sentencias citada se contiene un Voto Particular del propio ponente de la sentencia [65], en el que, aún sin cuestionar "que la condición de cuentadante sea un presupuesto para la acción de responsabilidad contable... si la acción se dirige contra un cuentadante y un tercero por razón de unos mismos hechos, existiendo concierto de voluntades y una malversación de caudales públicos declarada por sentencia penal firme... la jurisdicción contable debe ser la competente para conocer de la responsabilidad contable de todos los implicados, incluidos los cooperadores necesarios, aunque no sean cuentadantes, para evitar que se divida la continencia de la causa".

En el referido Voto Particular se sustenta una tesis que, aunque no coincide totalmente con la que se propugna, representa, al menos, una posibilidad de que se amplíe el campo de quienes gozan de legitimación pasiva en la JC.

2) Actuaciones preparatorias del proceso.

La preparación del proceso a través del cual se actúa la pretensión de reintegro por alcance o malversación de los caudales públicos se divide, a su vez, en dos partes, conocidas, respectivamente, con los nombres de DP y de AP, si bien antes de realizar su análisis parece necesario hacer alguna reflexión en torno a su naturaleza jurídica.

La doctrina científica y jurisprudencial es concorde en atribuir naturaleza administrativa a esta fase pre-procesal. Y la verdad es que no faltan razones para sostener dicha conclusión si se repara en que su tramitación se pone a cargo de los DI, los cuales no gozan de las condiciones de inamovilidad e independencia propia de los órganos jurisdiccionales, ya que son funcionarios designados por la CG y pueden pertenecer al propio Tribunal, a los OCEx o a la Administración Pública.

Por otra parte, la función que desempeñan los DI carece de virtualidad procesal propiamente dicha, porque sus decisiones no vinculan a los legitimados activamente, quienes pueden presentar demanda frente a personas que aquéllos no hayan considerado provisionalmente legitimados pasivos o por hechos que tampoco hayan considerado provisionalmente que pueden generar responsabilidad contable, si bien la desvinculación no puede entenderse de un modo tan absoluto que sea posible presentar una demanda que se fundamente en hechos que ni siquiera hayan sido objeto de las AP [66].

---

[65] Lo fue el Magistrado Excmo. Sr. D. Emilio Frías Ponce

[66] En este sentido se puede señalar que en la Sentencia del Departamento 2º de 31 de julio de 2007 se establece en su FJ 2 que las AP son el fundamento del proceso, razón por la cual, aunque las partes no están vinculadas por el acta de liquidación del DI, los hechos en los que se fundamente la demanda tienen que aparecer en aquéllas.

Finalmente, aunque pueden adoptar medidas de aseguramiento de carácter real, como es el embargo de bienes de quienes consideren provisionalmente que son responsables del alcance, tal medida se debe adoptar y ejecutar conforme a las normas previstas en el Reglamento General de Recaudación, esto es, de acuerdo con la regulación administrativa de la referida medida de aseguramiento y no con su regulación procesal.

Sin embargo, el TS, enfrentado en una ocasión [67] a resolver sobre la vulneración del derecho a la tutela judicial efectiva ex art. 24.1 CE porque se había demandado, y había resultado condenado, quien no tuvo intervención en la fase de preparación del proceso de reintegro ni fue considerado provisionalmente responsable del alcance en el acta de liquidación provisional del DI, concluyó que se había producido la vulneración de tal derecho porque, de modo semejante a lo que ocurre en el proceso penal, la fase estrictamente procesal, que en el proceso penal está representada por el juicio oral y en el proceso contable se inicia con la presentación de la demanda, no se puede abrir contra quien no haya sido judicialmente imputado en el proceso penal y, paralelamente, contra quien no haya sido considerado provisionalmente responsable en el acta de liquidación que debe dictar el DI en la fase previa al proceso verdaderamente dicho [68].

---

[67] STS, Sala 4ª, de 27 de febrero de 2004, que es una de las citadas anteriormente al dar cuenta de los pronunciamientos jurisdiccionales sobre responsabilidad contable derivada de la gestión de las UUPP.

[68] A dicha decisión tal vez no fuera ajena la doctrina contenida en la STC 18/1981, de 31 de enero, dictada para resolver el recurso de inconstitucionalidad planteado por el Gobierno de España contra determinados preceptos de la Ley de la Xunta de Galicia 6/1985, de 24 de junio, del Concello de Contas de Galicia, en cuyo FJ 4º se concluye la inconstitucionalidad del precepto que atribuye al OCEx competencia en materia de instrucción de procedimientos de responsabilidad por considerar que tales "... competencias (que) deben inscribirse en la función de enjuiciamiento de responsabilidades contables que corresponde en exclusiva a ese Tribunal. Las actividades de "instrucción de procedimientos jurisdiccionales" aparecen estrechamente vinculadas al enjuiciamiento estricto por responsabilidades contables, lo que se deduce, tanto de las disposiciones al respecto de la Ley Orgánica del Tribunal de Cuentas, como de la posterior L 7/1988 de 5 abril de funcionamiento de ese Tribunal. En esta última, que se refiere extensivamente a las actividades de instrucción, éstas se configuran claramente como una fase preliminar preparatoria del juicio de cuentas. En efecto, si bien su regulación se contiene en el Cap. IX Tít. IV de la Ley, relativo a la función fiscalizadora del Tribunal, la instrucción se configura como claramente separada de los procedimientos de fiscalización en sentido estricto, y ordenada a preparar la actividad jurisdiccional del Tribunal de Cuentas. Ello se desprende del mismo encabezamiento del Capítulo ("De las actuaciones previas a la exigencia de responsabilidades contables") y de la diferenciación que éste establece entre las actuaciones fiscalizadoras y las previas a la exigencia de responsabilidad. Estas procederán, "una vez concluido el examen y comprobación de cualquier cuenta, grupos de cuentas o los correspondientes procedimientos de fiscalización" (art. 45.1) en el supuesto de responsabilidades que no sean por alcance de caudales o efectos públicos. Y en el caso de que las presuntas responsabilidades lo sean por alcance, las actuaciones previas se configuran también como inequívocamente separadas de las fiscalizadoras, y posteriores a éstas; si las presuntas responsabilidades lo son por alcance de caudales o efectos públicos (art. 46) se pasarán los hechos supuestamente constitutivos del alcance a la Sección de Enjuiciamiento del Tribunal, que deberá decidir, bien el archivo de las actuaciones, bien la propuesta a la Comisión de Gobierno, de nombramiento de Delegado

No parece este el lugar adecuado para estudiar las dos fases de las que constan las AP, ni hay tiempo tampoco para ello, pero sí resulta necesario referirse, al menos, a dos cuestiones que, en mi opinión, son trascendentales. Tales cuestiones son, en primer lugar, el contenido de las AP y, en segundo lugar, el control jurisdiccional sobre el mismo.

1ª) El contenido de las AP.

Por lo que respecta al contenido de las AP, el mismo se encuentra expresado en LFTCu, en cuyo art. 47.1 LFTCu se establece que las AP se integran por las diligencias siguientes:

-Nombramiento de Secretario, que debe autorizar y ejecutar los proveídos que se dicten durante la instrucción del procedimiento.
-Reclamación de las diligencias preventivas que, en su caso, hubieran podido practicarse por la Autoridad administrativa que hubiese descubierto el alcance.
-Remisión de testimonio a los órganos de la JP en el caso de que resultasen indicios de la comisión de una infracción de dicha naturaleza.
-Práctica de las diligencias que sean oportunas para la averiguación del hecho y de los presuntos responsables del mismo.
-Acta de liquidación provisional.
-Adopción de medidas de aseguramiento de carácter real respecto de quienes

---

instructor. Si fuese este último el caso, el Delegado nombrado deberá practicar las actuaciones previstas en el art. 47 de la Ley de funcionamiento, entre ellas la liquidación provisional del alcance -47.1.e)-, el requerimiento a los presuntos responsables para que efectúen depósito o fianza del importe provisional del alcance -47.1.i)- y el embargo de los bienes de los presuntos responsables -art. 47.1.g)-. Como se colige fácilmente, se trata de actuaciones que no pueden reputarse de fiscalizadoras, sino como directamente orientadas al enjuiciamiento y en su caso, exigencia de responsabilidad y, por tanto, incluidas en el procedimiento enjuiciador y reservadas al Tribunal de Cuentas. Ello se ve corroborado por la Ley Orgánica del mismo, que encomienda a este órgano los procedimientos de instrucción (art. 26), y si no excluye que la instrucción pueda llevarse a cabo por órganos de fiscalización de Comunidades Autónomas, ello procederá, como expresamente prevé la LO 2/1982, en su art. 26.3, por delegación del Tribunal de Cuentas. Ahora bien, aun cuando la Ley gallega del Consejo de Cuentas prevé la delegación de funciones por parte del Tribunal de Cuentas (arts. 5.2 y 10.2), la "instrucción del oportuno procedimiento jurisdiccional" a que se refiere el art. 5.1 de la misma Ley no se hace depender de delegación alguna, y se configura como potestad propia del Consejo de Cuentas; lo que supone ir ultra vires respecto de lo dispuesto en el art. 136 CE y en el art. 53 Estatuto de Autonomía. Los representantes del Parlamento y de la Junta de Galicia alegan que, en realidad, lo que el artículo prevé es la apertura de un expediente o procedimiento administrativo que facilite al Tribunal de Cuentas la apertura de la fase preparatoria, equivalente a una diligencia preliminar. Pero tal actividad de constatación de indicios de responsabilidad, que en cuanto trasunto de los resultados de la fiscalización no podría negarse al Consejo de Cuentas, no se identifica con la "instrucción de procedimientos jurisdiccionales", como se ha señalado, a la luz de las disposiciones de la LO 2/1982 y de la Ley de Funcionamiento del Tribunal de Cuentas. Por todo ello ha de apreciarse la inconstitucionalidad del inciso "instruirá el oportuno procedimiento jurisdiccional" del precepto que se impugna".

aparezcan como presuntos responsables en el acta de liquidación provisional, siendo tales medidas el requerimiento a tales personas para que depositen o afiancen convenientemente el importe del alcance, en cuyo cálculo se debe incluir el importe de los intereses que se puedan devengar, con el apercibimiento de que, en su defecto, se embargarán bienes de su propiedad en los términos establecidos en el Reglamento General de Recaudación.

De todas las diligencias que integran el contenido de las AP importa ahora referirse a la señalada en cuarto lugar, esto es, a la obligación del DI de practicar cuantas diligencias considere oportunas para la averiguación del hecho y de los presuntos responsables, siendo importante destacar que el nacimiento de dicha obligación se produce cuando el hecho ya ha sido objeto de una valoración inicial por los órganos jurisdiccionales, valoración que ha determinado la exclusión del archivo del procedimiento y, como alternativa al mismo, se ha optado por habilitar la actuación del DI y, en consecuencia, ha establecido el presupuesto necesario para que se cumplan las previsiones del art. 47.1 LFTCu.

Es decir, cuando nacen las obligaciones del DI, se ha producido una valoración inicial de un órgano jurisdiccional que ha excluido la licitud del hecho desde el punto de vista de la responsabilidad contable porque, de no haber sido así, lo procedente habría sido acordar el archivo.

Aunque el mandato de la ley es claro y el DI debe practicar, conforme al mismo, las diligencias oportunas para averiguar el hecho y los presuntos responsables, la práctica del Tribunal ha venido a consagrar una importante limitación consistente en restringir la realización de dicha actividad de averiguación a la práctica de las diligencias necesarias, no para que se conozca el hecho y sus presuntos responsables, sino para que el DI fundamente su opinión sobre la existencia o inexistencia de ilicitud contable, lo que obviamente facilita la aparición del riesgo que a continuación se refiere.

En efecto, partiendo de la base de que la realización de un juicio de valor sobre la ilicitud de un hecho, especialmente en el ámbito de la responsabilidad contable, puede recibir tantas respuestas como personas lo realicen, resulta especialmente importante advertir sobre el peligro de que la actuación de los DI se reduzca a liquidar los alcances puestos en su conocimiento, con todos sus elementos, rechazando la averiguación de los demás porque siempre será posible considerar inoportuna la práctica de averiguación alguna, ya que siempre se podrá justificar, con mayor o menor razonabilidad, la licitud del hecho.

Tal posición, de adoptarse en la práctica, condenaría a su desaparición a la JC por supresión de su objeto, olvidándose que, en la gran mayoría de los casos, cuando se somete el hecho al conocimiento del DI, no es posible saber pormenorizadamente las circunstancias de los hechos y, mucho menos, las diligencias de prueba que los puedan acreditar, razón por la cual dependerá de la habilidad y de la diligencia de los DI la recogida del material probatorio que permita ulteriormente el planteamiento de la pretensión.

En mi opinión, el art. 47.1 lo que determina es el contenido mínimo de las AP, en cuya tramitación deben observarse los principios que rigen la materia probatoria, que no son otros que los de la necesidad y los de la pertinencia.

En consecuencia, el DI, para averiguar el hecho y sus presuntos responsables, tiene que practicar todas las diligencias que sean necesarias, esto es, todas las que guarden relación con el hecho y sean necesarias para su acreditación, siendo rechazable la práctica consolidada del TCu de restringir la actuación de los DI a realizar las averiguaciones que resulten suficientes para sustentar la opinión del DI sobre la licitud contable del hecho porque, como ya se ha anticipado y se desarrollará posteriormente, la opinión del DI sobre la licitud del hecho carece de virtualidad procesal y, además, está exenta de control jurisdiccional.

Es cierto que los obstáculos que representan dicha práctica para la depuración de la responsabilidad contable puede salvarse mediante la actuación de las partes legitimadas porque nada impide proponer a los DI la práctica de las diligencias de averiguación que consideren oportunas. Sin embargo, dicha posibilidad no resuelve el problema planteado porque, con independencia de lo que se dirá a continuación sobre la vigencia del principio de contradicción en las AP, el control previsto en la LFTCu sobre la denegación por el DI de las diligencias propuestas por las partes está afectado de las mismas limitaciones: si el DI considera lícito el hecho, la SJTCu difícilmente podrá acordar la práctica de las diligencias propuestas por las partes porque, sencillamente, no puede revisar la declaración de licitud del DI, como se verá posteriormente.

Junto a la practica de las averiguaciones necesarias sobre el hecho y sus presuntos responsables, reviste también especial importancia el acta de liquidación provisional porque, aun cuando su contenido no sea vinculante ni para el órgano de enjuiciamiento ni para las partes (pudiendo aquél ordenar y éstas instar la prosecución del procedimiento pese a que el acta de liquidación provisional concluya la inexistencia de alcance o de personas responsables del mismo [69]), no se puede negar que es una valoración que se realiza por un órgano técnico sobre la existencia de un ilícito contable y sobre la participación que en su comisión han podido tener las personas que se expresan como responsables del mismo.

[69] En mi opinión habría sido deseable otorgar mayor relevancia a las AP atribuyéndoles, al menos, la virtualidad que les reconoce la STS de 27 de febrero de 2004, si bien ello entrañaría la necesidad de fortalecer la figura de los DI garantizando su independencia.

Otra de las razones por las que es importante el acta de liquidación provisional es porque la misma habilita para la adopción de medidas de aseguramiento de carácter real y, en consecuencia, para eliminar el riesgo, si es que las mismas se practican con éxito, de que se consolide el menoscabo de los caudales públicos alcanzados.

Para la práctica de dicha diligencia dispone la LFTCu (art. 47.1.e) que se acordará la "... previa citación de los presuntos responsables, MF, Letrado del Estado o, en su caso, legal representación de la entidad perjudicada ...", lo que plantea de lleno la intervención de otras personas en la práctica de las AP, cuestión que, desde mi punto de vista, no puede recibir otra respuesta que la afirmativa y, además, ampliando y facilitando en la medida en la que sea posible tal intervención.

En efecto, el reconocimiento de la legitimación, activa o pasiva, se efectúa en la legislación reguladora del TCu sin limitación de clase alguna en orden a instar las actuaciones que sean procedentes, por lo que, quienes gocen de la misma, podrán, y deberán, tener intervención en todo el procedimiento, tanto en la fase procesal propiamente dicha como en la fase preparatoria de la misma; por otra parte, tales legitimados son quienes deberán plantear las pretensiones de resarcimiento, o resistir las que se planteen, en la fase procesal propiamente dicha.

En consecuencia, tanto por que la ley lo autoriza como por que la defensa de sus intereses lo demanda, será necesario reconocer dicha intervención y hacerlo con la mayor amplitud para que la defensa de tales intereses se pueda realizar sin riesgo de limitación de clase alguna. Así lo exige la vigencia del principio de contradicción procesal, que constituye uno de los elementos esenciales del derecho a la tutela judicial efectiva.

Tal conclusión permite abogar por entender que la dicción literal del art. 47.1.e) LFTCu no puede interpretarse de manera que se considere satisfactoriamente cumplida la obligación legal para que los legitimados comparezcan en esta fase del procedimiento con que se les cite para recibir la notificación del acta de liquidación provisional, poniendo entonces a su disposición en la sede del TCu los resultados de las averiguaciones practicadas, en cuyo momento pueden hacer las manifestaciones que consideren procedentes.

Tal sería un modo formal de cumplir con la obligación legal que se aviene mal con las exigencias que derivan de los derechos fundamentales que se encuentran en juego. En mi opinión resultaría necesario, para dar satisfacción a tales exigencias, que los organismos o personas que gozan de legitimación pudieran conocer, realmente y con facilidad, las diligencias de prueba cuya práctica se ha acordado realizar por el DI así como cual fuera su resultado, a medida que se haya ido produciendo, para poder articular convenientemente las peticiones que fuesen procedentes para completar la averiguación llevada a cabo por aquél antes de que la misma concluya.

No es otro el sentido que, en mi opinión, tiene el recurso del art. 48 LFTCu, habilitado para impugnar las resoluciones del DI "... en que no se accediera a completar las diligencias en los extremos que los comparecidos señalaren ...", pues esperar a articular dicho recurso, que no tiene efectos suspensivos, a que concluyan las AP con el acta de liquidación provisional, supone condenar al fracaso las pretensiones impugnatorias que puedan plantearse y, en todo caso, retardar el momento en que puedan plantearse las pretensiones o impedir su planteamiento.

Con lo expuesto no se pretende sustituir la labor de los DI, puesto que es sobre ellos sobre quien recae la obligación de averiguar el hecho y sus presuntos responsables. Sencillamente se trata de complementar dicha actividad reconociendo a los legitimados la posibilidad de satisfacer las exigencias derivadas de los derechos que le asisten en forma que sea compatible con el derecho a la tutela judicial efectiva.

2º) El control jurisdiccional de las AP.

Analizado ya, a grandes rasgos, cual sea el contenido de las AP, nos ocuparemos a continuación de hacer algunas reflexiones sobre el control jurisdiccional de las AP.

La regla general de la que hay que partir es que la actuación de los DI no está sujeta a control jurisdiccional, en la medida en la que, conforme a la práctica del TCu, las diligencias de averiguación que deben practicar únicamente están orientadas a servir de soporte suficiente para la declaración provisional formulada por el DI sobre la existencia o inexistencia de alcance contenida en el acta de liquidación provisional, con independencia de que dicha opinión sea o no la procedente.

Los Consejeros de Cuentas no pueden controlar la declaración del DI sobre la existencia o inexistencia de alcance y, por ende, el contenido del acta ni tampoco ordenar la práctica de nuevas diligencias de averiguación, a no ser por la vía del recurso del art. 48 LFTCu, cauce impugnatorio que únicamente permite el control de la indefensión y de la denegación de la práctica de diligencias propuestas por las partes.

Dejando a un lado la indefensión, respecto de la denegación de diligencias hay que señalar que la efectividad de este medio de control jurisdiccional es limitada porque, si el DI únicamente tiene obligación de practicar las averiguaciones necesarias para sustentar su opinión sobre la licitud del hecho y esta se expresa en el acta de liquidación provisional, el recurso no podrá interponerse o, al menos no debe resolverse, hasta que la misma haya sido dictada.

Por otra parte, si la necesidad de la realización de las averiguaciones por parte del DI se ha venido subordinando por el TCu a la fundamentación por aquél de su opinión sobre la licitud o ilicitud de los hechos, el órgano jurisdiccional no podrá resolver sobre la pertinencia de practicar las averiguaciones denegadas por el DI mas que si realiza, a su vez, una valoración sobre su opinión en torno a la licitud de los hechos.

Pero la realización de dicha valoración, cuya competencia está atribuida a la Sala de Justicia, que la tiene que ejercitar antes de analizar el fondo del asunto del que eventualmente puede tener conocimiento ulterior a través del recurso de apelación, puede entrañar un serio riesgo de vulneración del derecho a la tutela judicial efectiva desde la vertiente del derecho a un juez imparcial, razón ésta de la necesidad de preservar la imparcialidad objetiva del juzgador que es la que, en mi opinión, constituye el fundamento de las deficiencias de la regulación legal.

En efecto, la preservación de la imparcialidad objetiva es una cuestión de especial trascendencia en la JC por el procedimiento diseñado para el ejercicio de las funciones jurisdiccionales, que es el siguiente: de los cuatro Consejeros que integran la SETCu, tres ejercen jurisdicción en la primera instancia, correspondiendo el conocimiento del recurso de apelación que pudiera interponerse contra su sentencia al Presidente de la Sección, que no ejerce jurisdicción en la primera instancia, y a los otros dos Consejeros que no han tenido conocimiento del asunto.

Siendo ello así, es claro que, cuando la Sala de Apelación conozca de impugnaciones interpuestas contra resoluciones dictadas durante la tramitación de la primera instancia, debe evitar conocer del fondo porque, de hacerlo, sus componentes deben abstenerse de conocer del recurso de apelación que pudiera interponerse contra la sentencia de primera instancia y, si no lo hacen, podrán ser recusados, lo que determina que sea fácilmente previsible que se pueda producir la paralización del TCu en el ejercicio de sus funciones jurisdiccionales, salvo que los Consejeros contaminados fuesen sustituidos por los de fiscalización, en cuyo caso la actividad afectada de paralización sería ésta.

Una solución podría ser hacer depender a los DI de la Fiscalía del TCu, que es el órgano encargado de promover la exigencia de responsabilidad contable, pero ello requiere una modificación de la LFTCu, cuyo art. 11.3 prevé que dependan de la SETCu.

Entre tanto, la única opción posible es que los legitimados activamente en cada proceso se personen en las AP y pidan vista de lo actuado para que, antes de que se dicte el acta de liquidación provisional, propongan la práctica de diligencias de averiguación, cuya denegación por los DI puede habilitar la vía que proporciona el recurso del art. 48 LFTCu en el momento en que se produzca dicha denegación.

Dicha opción, sin embargo, constituye un remedio de dudosa eficacia porque, con independencia de que supone trasladar a las partes la satisfacción de una carga que, legalmente, debe ser cumplida por los DI, el verdadero problema lo constituye, de una parte, que la actuación de éstos en la averiguación de los ilícitos contables no está sujeta a control jurisdiccional y, de otra, que existe cierta resistencia en la práctica a aceptar la vigencia del principio de contradicción en las AP.

3) Conclusiones.

Después de las reflexiones realizadas sobre la legitimación y sobre la fase preparatoria del proceso contable se está en mejores condiciones de opinar fundadamente sobre las divergencias existentes entre el tratamiento jurisdiccional de la responsabilidad contable en general, y, por tanto, también de la derivada de la gestión universitaria, y la actuación del MF.

El análisis conjunto de las mismas pone de manifiesto, en primer lugar, la complejidad de la tramitación de esta fase del proceso, con la consiguiente incidencia en la tardanza con la que a veces son resueltas las pretensiones de responsabilidad contable que se plantean.

La verdadera dimensión de tal complejidad se comprenderá mejor si, además, se toma en consideración la existencia de numerosas posibilidades de impedir que concluya la tramitación de la fase de preparación del proceso contable con un examen sobre el fondo de las pretensiones, posibilidades que se concretan en la denegación del nombramiento de DI, en la no incoación de procedimiento si los hechos no constituyen de manera manifiesta un ilícito contable, en su archivo por la falta de concurrencia de cualquier otro elemento configurador de la responsabilidad contable o, finalmente, en el sobreseimiento de las actuaciones por el reintegro del alcance.

Por último no se puede dejar de poner de manifiesto el carácter formal, cuando no la inutilidad, de esta propia fase del proceso, si se toma en consideración que está prácticamente exenta de control jurisdiccional y que, cualquiera que sea su contenido, la fase jurisdiccional propiamente dicha siempre puede instarse por quienes gozan de legitimación activa, si es que tienen la capacidad suficiente para obtener las pruebas en que se fundamenten sus pretensiones.

Con todo es necesario reconocer la virtualidad de la tramitación de las actuaciones jurisdiccionales, incluso en los casos en los que se concluyen con una resolución de archivo. En efecto, dejando a un lado los casos en los que se produce el sobreseimiento por reintegro del alcance (resolución que en el año 2008 se dictó en 18 ocasiones, cuando se dictaron en total 45 sentencias en primera instancia), se viene comprobando que los indicios de responsabilidad que se deducen de las actuaciones fiscalizadoras, se desvirtúan cuando se tramitan las AP. Son numerosos los casos en los que justificantes de gasto que no aparecen durante la fiscalización, se encuentran en la fase jurisdiccional o en los que las alegaciones de los presuntos responsables en fase jurisdiccional descubren la existencia de normas que habilitan la realización de gasto, como ocurrió, por ejemplo, con las de los premios de jubilación otorgados en algunas UUPP.

Todo ello parece suficiente para, por una parte, explicar la diferencia entre la actuación jurisdiccional propiamente dicha y la del MF, sobre todo si no se olvida, como no se debe hacer, el diferente cometido del TCu y de su Fiscalía y, por otra, para abogar por el mantenimiento de la JC y, al propio tiempo, por la adaptación de su regulación a las exigencias del poder que se ejerce, que no tolera ni sumisión de clase alguna a las actuaciones administrativas ni renuncias o debilidades en la protección de los intereses públicos ni de los derechos de los ciudadanos que puedan ser llamados a un proceso.

ANEXO I

Abreviaturas utilizadas:
AP: Actuaciones Previas.
CCAA: Comunidades Autónomas.
CE: Constitución Española.
DI: Delegado/s Instructor/es.
DP: Diligencias Preliminares.
EOMF: Estatuto Orgánico del Ministerio Fiscal.
INSALUD: Instituto Nacional de la Salud.
JC: Jurisdicción Contable.
JP: Jurisdicción Penal.
LFTCu: Ley de Funcionamiento del Tribunal de Cuentas.
LOTCu: Ley Orgánica del Tribunal de Cuentas.
LOPJ: Ley Orgánica del Poder Judicial.
LOU: Ley Orgánica de Universidades.
MF: Ministerio Fiscal.
PAS: Personal de Administración y Servicios.
PDI: Personal Docente Interino.
OCEx: Órgano de Control Externo de las Comunidades Autónomas.
SJTCu: Sala de Justicia del Tribunal de Cuentas.
STC: Sentencia del Tribunal Constitucional.
STS: Sentencia del Tribunal Supremo.
SETCu: Sección de Enjuiciamiento del Tribunal de Cuentas.
TCu: Tribunal de Cuentas.
TS: Tribunal Supremo.
TSJ: Tribunal Superior de Justicia.
UUPP: Universidades Públicas.

ANEXO II. Cuadro 3
Aprobación de los informes individuales de fiscalización

UNIVERSIDADES PÚBLICAS	SIGLAS	ÓRGANO DE CONTROL EXTERNO	Fecha aprobación Informe
1. Almería	UAL	Cámara de Cuentas de Andalucía	17.10.2006
2. Cádiz	UCA		20.12.2006
3. Córdoba	UCO		17.05.2007
4. Granada	UGR		17.05.2007
5. Huelva	UHU		17.05.2007
6. Jaén	UJA		17.05.2007
7. Málaga	UMA		17.07.2007
8. Sevilla	US		26.09.2007
9.Pablo de Olavide	UPO		26.092007
10. Zaragoza	UZ	Tribunal de Cuentas	28.09.2006
11 La Laguna Tenerife	ULL	Audiencia de Cuentas de Canarias	04.07.2006
12 Las Palmas Gran Canaria	ULPGC		04.07.2006
13. Cantabria	UC	Tribunal de Cuentas	09.05.2006
14. Castilla La Mancha	UCLM	Sindicatura de Cuentas de Castilla – La Mancha	27.12.2005
15. Burgos	UBU	Consejo de Cuentas de Castilla y León	20.12.2006
16. León	ULE		19.04.2007
17. Salamanca	USAL		19.04.2007
18. Valladolid	UVA		21.06.2007
19. Autónoma de Barcelona	UAB	Sindicatura de Cuentas de Cataluña	14.02.2006
20. Barcelona	UB		18.10.2005
21. Girona	UDG		24.10.2006
22. Lleida	UDL		27.09.2006
23. Pompeu Fabra	UPF		23.05.2006
24. Politécnica Cataluña	UPC		26.10.2005
25. Rovira I Virgili	URV		20.06.2006
26. Extremadura	UEX	Tribunal de Cuentas	28.11.2006
27. A Coruña	UDC	Consejo de Cuentas de Galicia	12.07.2006
28. Santiago de Compostela	USC		12.07.2006
29. Vigo	UVI		12.07.2006
30. Illes Balears	UIB	Sindicatura de Cuentas de las Illes Balears	13.02.2006
31. La Rioja	UR	Tribunal de Cuentas	24.10.2006
32. Alcalá de Henares	UAH	Cámara de Cuentas de Madrid	28.12.2006
33. Autónoma de Madrid	UAM		28.12.2006
34. Carlos III	UC3M		28.12.2006
35. Complutense	UCM		28.12.2006
36. Politécnica de Madrid	UPM		28.12.2006
37. Rey Juan Carlos	URJC		28.12.2006
38. Pública de Navarra	UPNA	Cámara de Comptos de Navarra	21.07.2005

UNIVERSIDADES PÚBLICAS	SIGLAS	ÓRGANO DE CONTROL EXTERNO	Fecha aprobación Informe
39. País Vasco	UPV	Tribunal Vasco de Cuentas Públicas	19.12.2005
40. Oviedo	UO	Tribunal de Cuentas	09.052006
41. Murcia	UMU	Tribunal de Cuentas	28.09.2006
42. Politécnica de Cartagena	UPC		24.10.2006
43. Alicante	UA	Sindicatura de Cuentas de la Generalitat Valenciana	21.12.2004
44. Jaime I de Castellón	UJI		21.12.2004
45. Miguel Hernández	UMH		21.12.2004
46. Politécnica de Valencia	UPVa		21.12.2004
47. Valencia	UV		21.12.2004
No presenciales			
48. UNED		Tribunal de Cuentas	28.11.2006
49. Oberta de Catalunya		Sindicatura de Cuentas de Cataluña	04.10.2006

VI
El tropel de las empresas universitarias y el Derecho. De dónde venimos: la larga marcha

Juan Manuel del Valle Pascual
Director del Gabinete de Asesoría Jurídica de la Universidad Politécnica de Madrid

1. EL TRAILER DE LA PELÍCULA

El escaso interés de la pequeña empresa española por los productos innovativos científica y tecnológicamente, junto con la escueta remuneración profesoral y la idea de reenganchar a quienes tomaron el camino del pluriempleo para complementarla, hicieron nacer las empresas universitarias, en un ambiente de incremento del componente de la investigación entre las funciones del servicio público que a la universidad corresponde para merecerse tal consideración.

2. ENTRE CUERPOS Y ALMAS

Dice el saber popular que la cara es el espejo del alma, y, sin tener intención de quitarle razón, asevero que eso es tan cierto como su contrario, según lo cual el alma acaba siendo condicionada por la propia imagen, hasta ser pervertida incluso. Nadie ve maldad en un niño con cara de bueno, o se necesitan muchas barrabasadas para darnos cuenta de que en realidad es un travieso camuflado o un loco bajito insoportable. También es difícil no estar receloso ante alguien con mirada torva, por más que su fiereza no responda a realidad alguna y sea más bueno que el pan. "Tiene cara de bandido", y queda ya condenado a serlo, salvo la cadena perpetua de tener que demostrar lo contrario cada día y en cada circunstancia. No imaginamos a Platón con apariencia de labriego, tanto como que al ver a una persona con aspecto de labriego tampoco pensaríamos que se trataba de Platón, ni a Gary Cooper como un asesino impío, mientras Maquiavelo tenía cara de ser el autor de El príncipe. La imagen y la esencia de las personas e instituciones configuran su unidad y son en buena medida compañeras. Para su natural desarrollo conviene que vayan a la par, al igual que los remeros de una barca, a fin de no navegar en círculo a ninguna parte o a trompicones y de llegar más tarde a su destino. Conviene mantener el orden de actuación de las patas de un ciempiés, para que su andar antes atienda a emular al ballet Bolshoi que al libre caminar de la comitiva del carnaval de Río al son de la batucada, tan individualista, pues cualquier disfunción se paga, y a partir de determinado momento el caos es su precio.

Una imagen: La universidad latina es profesional, según el decir que hizo fortuna de Francisco GINER [1], en tanto que la inglesa es educativa y la alemana científica, y

---

[1] Sobre reformas en nuestras universidades (1902). Escritos sobre la universidad española. Pensamiento. Espasa Calpe. 1990. Pág. 117.

tales calificativos han quedado grabados en su piel respectiva de forma indeleble, a pesar de lo que más adelante seguiré contando. José Luis LÓPEZ DE SILANES recién ha dicho que "*[e]n el contexto actual, cuando se habla de la universidad, se piensa normalmente en la formación académica que ofrece a sus estudiantes, pero olvidamos con frecuencia otras labores y actividades de igual o mayor relevancia que la estricta formación universitaria*" [2]. Labores y actividades que ya pueblan el alma de las universidades, pero aún no se reflejan suficientemente en su cara, pues no han alcanzado la suficiente prestancia social. Todavía aquella imagen de GINER vale más que mil palabras, pero ya la cara no es fiel espejo del alma universitaria de este siglo XXI. No puede hablarse de universidad que no investigue, sería un cuerpo sin alma, una academia cualificada de bachillerato, papel que tuvo durante unos cuantos siglos de su historia particular.

Hablo de imagen de la institución, claro, porque de uno en uno los profesores universitarios cargaron de tinta la siempre perspicaz y lista pluma de NIETO para dejar huella en el papel de que "*[l]a sociedad ha tenido siempre un concepto inmejorable de los catedráticos; pero no precisamente como pozos de ciencia pura, sino como detentadores de un saber útil directamente aprovechable*" [3], que en muchos casos añadían a su horario de clases otro de actividad profesional independiente o en reputadas empresas, pues tener un abogado catedrático o un profesor universitario en nómina daba buen relumbrón. Sin más citas ni recuerdos y a los efectos de empezar esta breve colaboración en el trabajo de más entidad que emprenderán quienes me acompañan, de los que siento el orgullo de ser telonero, puedo ir dejando dicho que la universidad española de los últimos tiempos logró aglutinar las individualidades profesionales para expender titulados a un mercado que, con traspasar el zaguán del colegio profesional correspondiente, se convertían en profesionales titulados, en tanto el claustro docente de cualquier facultad o escuela emprendía sus restantes tareas, generalmente las más lucrativas, fuera del campus universitario. Universidad profesional, sí, pero con más lecturas que las que hiciera GINER DE LOS RÍOS para enunciar su clásica tríada.

La universidad española lleva muchos años siendo mediopensionista, pues el bajo sueldo profesoral mandaba al mal pagado al pluriempleo a poco que tuviera ocasión, que la tenía. Lo barato es caro. "*La cátedra garantizaba prestigio social, estabilidad económica y libertad intelectual*", pero un cierto ascetismo. NIETO, sobre el valor del segundo empleo del docente, nos trae "*la anécdota de un ilustre catedrático de Derecho Mercantil de Zaragoza, abogado de prestigio, cuando invitando en su casa*

---

[2] Quien esas palabras escribe es Presidente del Consejo Social de la Universidad de La Rioja y Presidente también de la Compañía Logística de Hidrocarburos (CLH), y lo ha dejado escrito en el diario Expansión del lunes 23 de marzo de 2009.

[3] La tribu universitaria. Alejandro NIETO. Tecnos. 2ª edición. 1986. Pág. 35.

a algunos compañeros de otras Facultades, iniciara el almuerzo con un humilde potaje de legumbres. 'Ésta es la invitación del catedrático –explicó–, ahora empieza el menú del abogado', y a continuación hizo servir, en efecto, un opíparo banquete" [4]. Situación que no debe estar desvinculada del hecho de que la grandísima mayoría de estudiantes lo sean también a tiempo parcial, es decir, que habiten en su casa familiar y no en un college, como sus compañeros y profesores anglosajones, que viven, comen y duermen en ella y con sus compañeros/as y en buena medida fuera de su ciudad de origen, en tanto los nuestros, del estudio, saben con intensidad, eso sí excesiva, sólo en la proximidad de los exámenes. La universidad española es una porción no agobiante de la vida de los universitarios españoles, pues sólo devora buena parte de las horas del día con constancia a los menos, a los que ven que la universidad sirve para más cosas que para formar profesionales, y hacen una vocación creativa e investigadora de su tiempo no docente o discente, modelando la nueva cara de la universidad con las mismas fibras de su alma, con el resultado de extender su perímetro, pues el aulario, el laboratorio e, incluso, el campus, si me apuras, son recintos más estrechos de lo deseable. Debe ir habiendo ya más universidad fuera de él. Y, de hecho, empieza a haberla.

Desde muy al comienzo de la vida colegial se consideró que la universidad tenía en su cuerpo único de institución su propia personalidad jurídica [5] ajena a la de sus integrantes, y ello le daba un valor intangible que sumaba las fuerzas unidas en el claustro. Era el símbolo de su independencia. En la Francia revolucionaria, la universidad pierde su personalidad [6], aunque no su estilo [7]. Y a su influjo, también en Italia perdió personalidad jurídica la universidad, para sumergirse en la del estado,

---

[4] La tribu...Cit. Págs. 11 y 134.

[5] TARDÍO PATO, J. A. sigue la pista de esta cuestión, considerando que los juristas medievales tuvieron claro que la universitas, que no era otra cosa que una corporación –aún no existían las universidades– configuraba una persona ficta en palabras de INOCENCIO IV, cuando sólo era SINIBALDO DE FIESCHI, que al decir de BARTOLO DE SASOFERRATO, la universidad representat unam personam, trayendo como base de aquello el Digesto (título IV, libro III), que permitía a estas corporaciones poseer bienes comunes y un actor o síndico para actuar en nombre de todos en los lugares comunes. El Derecho de las universidades públicas españolas. Volumen I. Editorial PPU. Barcelona. 1994. Pág. 98 y ss.

[6] Se suprimen las universidades mismas por Ley de 15 de septiembre de 1793, que al día siguiente suspende la ejecución de esta supresión, sin que posteriores normas reorganizadoras se refirieran a los efectos jurídicos de este pasito adelante, pasito atrás, aunque a nadie va a extrañar que sean configuradas las universidades como rama de la administración pública napoleónica. L'Enseignement supérieur en France. Tomo I. 1888. Págs. 206 y ss. y Cours de Droit Public et Administratif. 5ª edición. Cotillon editeur. Libraire du Conseil d'Etat. París, 1860. Tomo II. Pág. 274. LAFERRIÈRE, M. F., quien considera que perdió personalidad la universidad en su conjunto, pero no cada una de ellas, aunque quedara sometida a severos controles.

[7] *"Cualesquiera que fueran las primitivas intenciones de Napoleón, el sistema universitario francés engendró, desde la III República, el único servicio público 'autogestionado' de la historia*

aunque con reserva finalista de sus bienes [8]. En España el huevo tapa el fuero, pues si bien nadie toca su personalidad jurídica, el proceso desamortizador le pega bajo su línea de flotación y la deja sin rentas y hundida su hacienda para ya siempre jamás desde el primer tercio del siglo XIX [9], cuyos fondos acaban en la hacienda pública, si bien se deja a las universidades administrar sus bienes y derechos –la bolsa de la compra, versión La cabra mecánica, más o menos– en la convicción de que pertenecían al estado. Éste no sé si estás o no has venido, lo entiende TARDÍO PATO como supresión de su personalidad, que, en su versión, acaba contaminando la universidad de esa limitada, pero existente, capacidad de obrar reconocida a los afrancesados establecimientos públicos [10]. Nos recuerda SOSA WAGNER que "*[e]l poder político ocupa la universidad con maneras resueltas, las viejas potestades eclesiásticas son un recuerdo, el catedrático un burócrata, los claustros y las juntas son tentáculos alargados del ministerio, los planes vienen impuestos y lo mismo las clases, los horarios y los libros*" [11], con lo que la universidad española se convierte en centro decadente bajo un poder también en decadencia. Va a ser el dictador PRIMO DE RIVERA quien le otorgue en papel expresa personalidad jurídica a las universidades, para nunca más perderla[12], lo que es confirmado por una norma ya del ramo, que fue el Decreto CALLEJO [13] quien vuelve a declarar la personalidad jurídica universitaria, que se repite en las normas subsiguientes [14] hasta no necesitar decirlo por tenerlo todos bien claro.

---

francesa. Los que hablan de la Universidad 'napoleónica' se limitaron a tomar al pie de la letra textos caídos en desuso desde hacía mucho tiempo". VEDEL, G. La experiencia de la reforma universitaria francesa: autonomía y participaciones. Cuadernos Civitas. Introducción de MARTÍN MATEO, 1978. Pág. 33.

[8] La dottrina delle persone giuridiche. GIORGI. G. Volumen V. Firenze. 1895. Pág. 430 y ss.

[9] PESET, M. y J. L. La Universidad española (siglos XVIII y XIX) Despotismo Ilustrado y Revolución Liberal. Editorial Taurus. Madrid. 1974. Pág. 741.

[10] El Derecho de las universidades…Cit. Pág 122 y 124.

[11] El mito de la autonomía universitaria. Cuadernos Civitas. Thomson Civitas. 3ª Edición. 2007. pág. 39.

[12] Por Real Decreto de 9 de junio de 1924 (Gaceta de Madrid del día 10) se reconoce a las universidades como corporaciones de interés público reconocidas por la Ley, lo que conlleva su comprensión entre las personas jurídicas reconocidas por el art. 35 del Código Civil. Antes de ello, el Decreto SILIÓ de 21 de mayo de 1919 la reconoció con la autonomía universitaria, con más éxito ante la Historia que ante su real aplicación y ante los más renombrados universitarios. El mito... Cit. SOSA WAGNER, F. Pág. 45 y ss.

[13] Real Decreto Ley de 19 de mayo de 1928 (Colección legislativa págs. 266 a 286).

[14] Desde la franquista Ley de Ordenación Universitaria de 29 de julio de 1943 (BOE del 31) (art. 5), pasando por la Ley General de Educación y Financiamiento de la Reforma Educativa, de 4 de agosto de 1970 (BOE del 6) (art. 63.3). Del asunto ya no se volvió a hablar en ninguna de las subsiguientes, tales como la LO 11/1983, de 25 de agosto (BOE del 1 de septiembre), de Reforma Universitaria, LO 6/2001, de 21 de diciembre (BOE del 24), de Universidades y LO 4/2007, de 12 de abril (BOE del 13), de modificación de la anterior. Silencio administrativo positivo pues lo dieron por hecho.

El caso es que el derecho de los siglos anteriores concedió una cierta importancia a la personalidad jurídica por la fuerza de lo colectivo y por la capitalización del valor de sus miembros y de su trayectoria, y al hecho de que la universidad la ostentara como bandera de su libertad, a pesar de que podamos pensar hoy que no parece que resultara excesivamente relevante que la tuviera o careciera de ella, pues lo trascendente era su capacidad operativa real más que sus avanzadillas. Aunque conviene decir que sólo muy esporádicamente cruzaba las fronteras de la respectiva facultad para verles la cara a los no académicos, y su libertad real, salvo episodios concretos, estuvo por encima de la media en el absolutismo y la dictadura, para incomodidad del poder político, si no se salía del campus, razón por la cual de siempre se ha advertido una cierta relación de ideas entre claustro y lugar cerrado, que traducido a lo nuestro ha podido entenderse como universidad para la ciencia y ajena al resto del mundo. Ayer estuvo en cuestión si la universidad tenía personalidad jurídica. En este momento de nuestra narración estará la historia de su desdoblamiento. Porque hoy "la" universidad es algo más que una y comienza a ser un grupo.

3. HAY OTRA VIDA FUERA DEL CAMPUS

La magia que se esconde en las palabras encierra a veces continentes de intenciones comprimidas como los gases, que salen por las rendijas llenando el mundo –en este caso- de aromas. Me vas a perdonar, lector, que atribuya a la mágica expresión de "servicio público" el veneno del nuevo tiempo de la universidad española. Lo mete de rondón y con discusión en su estreno jurídico español la Ley 14/1970, de 4 de agosto (BOE del 6), General de Educación y Financiamiento de la Reforma Educativa (en adelante LGE), y para toda la educación, ni más ni menos y, además, con carácter fundamental (art. 3.1), lo cual fue mas un lujo dialéctico que otra cosa [15]. Como el boletín oficial del estado no cambia el mundo si no aumenta la velocidad de la sangre por las venas de quienes tienen que hacer poesía del papel,

---

[15] Los debates derivados de tal decisión los cuenta bien SÁNCHEZ VEGA, M. en La Educación como servicio público en el derecho español. Publicaciones de la Fundación Santamaría. Madrid. 1981, en general, en el debate parlamentario de la LGE, pág. 185 y sig. Algo conté yo mismo en La universidad: Una administración pública en trance de revisión., para la reunión sectorial de Secretarios Generales de la Conferencia de Rectores de Universidades Españolas el día 9 de junio de 2006 en la Universidad de Burgos, y puede leerse en Estudio sobre régimen jurídico universitario. Universidad de Burgos. 2006. pág. 11 y sigs. o en LA LEY núm. 6318, miércoles, 14 de septiembre de 2005.

La Ley mencionada crea el Patronato Juan de la Cierva (art. 4), en tanto que el Decreto de 7 de mayo de 1942 (BOE del 21) crea el Instituto Nacional de Técnicas Aeroespaciales (INTA), que recibe este nombre por Decreto 2845/1963, de 31 octubre (BOE del 8 de noviembre).

Las fundaciones en el ámbito universitario. Autonomies. Revista Española de Derecho

o revolución de la conciencia inmóvil, el proceso de masificación -yo prefiero decir generalización- estudiantil, unido al pulso joven de una sociedad que miraba al resto del mundo con sorpresa y a Europa con la misma admiración que miedo a las aborígenes fuerzas vetustas, hizo todo ello que naciera una nueva aventura de hacer de la universidad difícil de controlar la pimienta picante de las cosas, la académica palanca de UNAMUNO, un grano en la nariz de la dictadura.

Pero no adelantemos acontecimientos, la posguerra incivil española ve tempranamente la creación del Consejo Superior de Investigaciones Científicas por Ley de 24 de noviembre de 1939 (BOE del 28), que saneaba de republicanismo la Junta de Ampliación de Estudios (art. 6), hija de la herética Institución Libre de Enseñanza, lo que es el primer germen de otras varias entidades investigadoras[16]. La Junta de Energía Nuclear se crea por Decreto Ley de 22 de octubre de 1951 y el Instituto Nacional de Investigaciones Agrarias (INIA), por Decreto Ley 17/1971, de 28 de octubre (BOE del 4 de noviembre). En los que tuvieron cabida segundas dedicaciones de profesores universitarios, configurando los primeros reductos para la investigación de aquel tiempo. Lo que alcanza una intención más universalizadora con la creación de la Comisión Asesora de Investigación Científica y Técnica (CAICYT), por Decreto de 7 de febrero de 1958 (BOE del 15), que alcanza valor de Ley el 26 de diciembre de 1958 (BOE del 29), con una intención planificadora de la investigación. Que da pie a la creación de la Comisión Delegada del Gobierno de Política Científica, por Decreto 893/1963, de 25 de abril (BOE del 3 de mayo), y del Fondo Nacional para la Investigación, por Decreto 3199/1964, de 16 de octubre (BOE del 21). Comenzaba el andar de un pequeño ejército de pequeños organismos, y detrás de cada uno se adivinaban esfuerzos individuales hasta conseguir ver la luz. Que llegaría también a la universidad misma con la creación de las Comisiones de Investigación Científica Universitaria por Orden de 12 de marzo de 1973 (BOE del 19). Por Decreto 2341/1977, de 5 de agosto (BOE del 12 de septiembre) se crea el Centro para el Desarrollo Tecnológico Industrial (CDTI).

Para que no todo fuera piedra constructiva, tras usar la tijera de la remodelación de antiguas instituciones, la Orden de 12 de mayo de 1973 (BOE del 30), papel, aprobó un modelo tipo de contrato para este tipo de actividades. La Orden de 10 de julio de1974 (BOE del 3 de agosto) establece ya unas categorías de personal investigador en régimen de contratación temporal, cuando se tratase de personal que no tuviese ya vinculación con la universidad y en régimen de exclusiva dedicación, contemplando también el carácter de retribución complementaria por esta actividad investigadora para quienes ya fueran de la universidad (art. 3),

---

[16] La Ley mencionada crea el Patronato Juan de la Cierva (art. 4), en tanto que el Decreto de 7 de mayo de 1942 (BOE del 21) crea el Instituto Nacional de Técnicas Aeroespaciales (INTA), que recibe este nombre por Decreto 2845/1963, de 31 octubre (BOE del 8 de noviembre).

destacando que este tipo de gastos formaría parte de los créditos de inversiones. Dice apoyarse este reglamento menor en el Decreto 1707/1971, de 8 de julio (BOE del 19) que, a la advocación de la autonomía universitaria de la LGE, faculta para contratar personal docente, técnico, administrativo, auxiliar y subalterno (art. 3.1), pero no investigador, mire usted, pese a lo cual se vio pie en ello (no hay como tener ganas), si bien contempla la posibilidad de celebrar convenios y conciertos entre la universidad y otras entidades públicas y privadas, lastrados por la obligada aprobación por el Ministerio de Educación y Ciencia y, en cuanto implicasen obligaciones económicas para la universidad, también por el Ministerio de Hacienda (art. 5). Para intentar seducir a los privados a la aventura, el Decreto 1765/1961, de 22 de septiembre (BOE del 7 de octubre), dio pie a la creación de asociaciones de investigación. El caso es que tijera, piedra y papel, la investigación universitaria era merecedora de atención administrativa.

Pero esta incipiente actividad contaba en la universidad con pocos elementos para servirle de fuerza motriz, y muchos para observarla, criticarla y pedir la justa distribución de los medios obtenidos, lo cual daba lugar en muchos casos a una perfecta asfixia de los atrevidos investigadores pioneros que decidiesen actuar dentro de la persona jurídica universitaria tan llena de órganos parcitipativos de gobierno, a veces depredadores, las menos, consentidores, y siempre ralentizadores. Como a la sazón se estaba produciendo "*un verdadero auge descentralizador*" –en palabras de Silvia DEL SAZ CORDERO [17], que alentó ese impulso natural en las almas no excesivamente adiestradas a las complejas tareas y triquiñuelas de la burocracia, para emprender el ya bien popular camino de huída del derecho administrativo, que a veces está como para dejarlo atrás, y se lleva a palos con el mercado, carentes algunas de sus actividades de potestas, prerrogativa, imperium y otros conceptos de salvaguardia de derechos de ciudadanos precisados de abrigo y lastre para lo restante. Y así se hizo, teniendo como primer referente la Fundación Universidad-Empresa, que nace en 1973, y tendió un puente impagable entre los dos tipos de entidades que le daban nombre, distanciadas por el océano, bajo el amparo de la Cámara de Comercio de Madrid, y que comienza a contactar con las diferentes universidades, primero madrileñas y luego del resto de España, creando otras fundaciones en diferentes ubicaciones [18]. Las universidades, que observaron el éxito de la iniciativa, copiaron el modelo [19], sorteando los naturales inconvenientes de la iniciativa, pero obteniendo unas ventajas que en otro lugar intenté contar [20].

[17] Las fundaciones en el ámbito universitario. Autonomies. Revista Española de Derecho Público. Especial Universidades. 23 de junio de 1998. Generalitat de Catalunya. Escola d'Administració Pública de Catalunya. Institut d'Estudies Autonomics. Pág. 42.

[18] Más completo relato en La Investigación universitaria en la Empresa. A propósito del Artículo 11 de la LRU, resultado del Seminario celebrado en Segovia los días 21 y 22 de junio de 1994, y al texto de tal denominación. Forum universidad-empresa. 1995.

[19] Así, el Acuerdo de la Junta de Gobierno de la Universidad Politécnica de Madrid de 5 de junio de 1981 decide crear la Fundación General de la Universidad Politécnica de Madrid, haciéndolo

4. LLEGÓ EL DÍA EN QUE ALCANCÉ LA AUTONOMÍA

Ya he dejado alguna pista de que más valen las ganas de aplicar alguna norma que no ha regulado lo que nos interesa, pero sí algo parecido, que un mandato constitucional o Ley pretenciosa sin tracción humana. Si a ello le sumamos un principio jurídico que imante a los demás, podremos tener la mochila de LABORDETA para un camino gozoso. La LO 11/1983, de 25 de agosto (BOE del 1 de septiembre), de Reforma Universitaria (en adelante, LRU), declara la autonomía de las universidades (art. 2) sin ponerle muchas más letras de lo que aconteciera en la LGE, que lastró su declaración con la coordinación del Ministerio de Educación y Ciencia (art. 64), lo que era anulado ahora mediante un respaldo constitucional (art. 27.10), con un cierto pedigrí ("se reconoce"), y, sobre todo, con un catálogo de competencias (art. 2.2), que va a correr suerte dispar según quien le ponga las ruedas. Por ejemplo, si a la administración del estado le corresponde sentar las bases, según le convenga, o lo regula todo, para la selección del personal docente

---

efectivo el 21 de abril de 1982; por Acuerdo de la Junta de Gobierno de la Universidad de Barcelona de 10 de mayo de 1983 se crea la Fundación Bosch i Gimpera, y el 29 de junio de 1984 la Fundación General de la Universidad Complutense de Madrid, así como tantas otras a las que se refiere Francisca DE CASTRO PINEL, en Recuerdos del futuro, trabajo integrado en el más genérico denominado Universidad y sociedad: las entidades universitarias instrumentales, coordinado por quien suscribe y por GÓMEZ OTERO, C.A. para el IV Seminario sobre Aspectos Jurídicos de la Gestión Universitaria, celebrado en la Universitat de Girona del 17 al 19 de mayo de 2000, y que obra en el texto de este último título, al tomo II. Págs 487 y ss. Por Orden de 19 de septiembre de 1988 (BOE del 13 de octubre) se reconoce, clasifica e inscribe en el pertinente registro una Fundación para la Promoción del Diseño de la Comunidad de Madrid (FUNDISMA); por Orden de 27 de septiembre de 1991 (BOE del 14 de noviembre) la Fundación General de la Universidad Autónoma de Madrid; por Orden de 27 de julio de 1992 (BOE del 2 de octubre), la Fundación Ingeniería y Sociedad; por Resolución de 7 de enero de 1997 (BOE del 7 de febrero), la Fundación Rogelio Segovia para el Desarrollo de las Telecomunicaciones; por Orden de 3 de diciembre de 1999 (BOE del 31) la Fundación Mediterránea de la Universidad de Almería; por Orden de 30 de diciembre de 1999 (BOE del 1 de febrero de 2000) la Fundación Univespaña, que reúne a las Universidades de Alcalá, Alicante, Cádiz, Castilla-La Mancha, Córdoba, Jaén, Zaragoza, León, Lleida, Salamanca, Santiago de Compostela, Sevilla y Valladolid; por Orden de 8 de marzo de 2001 (BOE del 3 de abril) la Fundación Cátedra Iberoamericana a la Universitat de les Illes Balears; por Orden ECI/1514/2006, de 19 de abril (BOE del 18 de mayo) la Fundación de la Universidad de Cantabria; por Orden de 24 de abril de 2001 (BOE del 30 de mayo) la Fundación Fernando de Quiñones con participación de la Universidad de Cádiz; por Resolución de 21 de marzo de 2007 (BOE del 9 de mayo) la Fundación de Investigación de la Universidad de Sevilla; por Orden ECI/3244/2007, de 9 de octubre (BOE del 8 de noviembre) la Fundación para Estudios sobre la Energía participada por la Universidad Politécnica de Madrid, otros responsables energéticos y alguna de sus Fundaciones satélite; y por Orden ESD/2470/2008, de 24 de julio (BOE del 21 de agosto) la Fundación General de la Universidad Pontificia de Salamanca, por sólo hacer referencia a alguna de las múltiples fundaciones universitarias.

[20] Las fundaciones universitarias I y II LA LEY. Números 4945 y 4946. 9 y 10 de diciembre de 1999.

e investigador [art. 3.2.e), RD 1888/1984, de 26 de septiembre (BOE del 26 de octubre)], o extiende un tupido velo de silencio, como aconteció hasta hace poco tiempo con el personal investigador, que durante largo tiempo apenas alcanzó la antesala de becario [21], vulgo precario.

En cambio, con parecidos mimbres, y contando con la función de apoyar científica y técnicamente el desarrollo cultural, social y económico nacional y de las comunidades autonómas [art. 1.2.c) de la LRU], con la competencia de crear estructuras de apoyo a la docencia e investigación [art. 3.2.g) de la LRU] y con el instrumento operativo, que lo fue el art. 11 de la LRU, que permitía realizar –contratar, dijo– trabajos de carácter científico, técnico y artístico para todo tipo de entidades en las condiciones establecidas en los estatutos universitarios [22], la cosa fue otro cantar, llegando a configurar una "*unidad multifuncional en la que conviven elementos muy dispares*", en palabras de SOSA WAGNER [23], pues ya se dio por entendido que, en su condición de dinamizadora social, este tipo de actividades podrían ser gestionadas, contratadas y facturadas por personas jurídicas diferenciadas de la universidad, y no siempre con un vínculo jurídico explícito o suficiente, a pesar de que el personal que las hacía efectivas mantuviera una única vinculación jurídica de personal con la universidad. Y para ir andado el camino se comenzó a utilizar a las fundaciones universitarias, alguna en las cuales ya llevaba un cierto camino paralegal andado, a cuya rodada se apuntaron las restantes, pues en la universidad se inventa con gloria, pero se copia sin empacho[24]. A la vez que el primer plan nacional de la ciencia y la investigación, nacido de la Ley 13/1986, de 14 de abril (BOE del 18), de Fomento y Coordinación General de la Investigación

---

[21] A uno y otro lado de la frontera el RD 63/2006, de 27 de enero (BOE del 3 de febero), que establece el Estatuto del Personal Investigador en Formación, que le hace comenzar como becario, para terminar por ser personal laboral más temporal que fijo. Sobre este asunto, MORENO GENÉ, J., La actividad investigadora, la contratación laboral: una constante relación de desencuentros. Tirant lo Blanch monografías, num. 396, 2005; La contratación del personal investigador en formación: contrato en prácticas versus contrato de obra o servicio determinado. Revista de Trabajo y Seguridad Social. CEF. Num. 262, 2005; La inclusión debilitada de los becarios de investigación en el Régimen General de la Seguridad Social. Aranzadi Social. Num. 17. 2006; El personal investigador en formación: ¿becarios o trabajadores?. Temas Laborales. Num. 78. 2005; El personal becario e investigador: evolución, situación actual, problemas cruciales. En la obra colectiva El Personal Docente Investigador (PDI) laboral de centros universitarios, coordinado por SEMPERE NAVARRO, A.V. Ediciones Laborum. 2006. Pág. 21 y ss.

[22] Con los límites para la concesión de compatibilidad que establecía su art. 4, y para su retribución, en su art. 5, en cómputo anual o por cada uno de los contratos, según el RD 1930/1984, de 10 de octubre (BOE del 5 de noviembre).

[23] "*... como bienes variados y heterogéneos, hospitales, servicios asistenciales, comedores, instalaciones deportivas, personas pertenecientes a distintos grupos profesionales, institutos tecnológicos y centros de auténtica investigación con otros que no pasan de ofrecer una digna cualificación profesional...*". El mito... Cit. Pág. 100.

Científica y Técnica (Ley de la Ciencia, para abreviar), subvencionó la creación de estructuras como las oficinas de transferencia de tecnología (OTT) y las oficinas de transferencias de los resultados de la investigación (OTRI), que a partir de entonces fueron creándose en las universidades, pero que en algún caso se desarrollaron en las fundaciones. Con estas estructuras se fue atendiendo la participación de los profesores universitarios en los diferentes planes de investigación tanto de la administración del estado, y a su través de la comunidad europea, y de las comunidades autónomas, así como, más residualmente, los encargos efectuados desde las empresas.

Cuando algunas investigaciones soportaban el paso a la innovación y al desarrollo de prototipos, así como a tener ciertas expectativas de comercialización que no vinieran de la mano de alguna empresa implantada en la actividad, empezó a plantearse la posibilidad de creación de empresas universitarias, que tomaron el nombre de las spin-off y spin-out [25] norteamericanas, con olor mítico a Silicon Valley y al padrinazgo de las Universidades de Stanford y Berkeley, que, posteriormente, la LO 6/2001, de 21 de diciembre (BOE del 24), de Universidades (en adelante, LOU) rebautizó como empresas de base tecnológica, que, no obstante la mejor de las intenciones, no dejaban solventados los problemas propios de la legislación de incompatibilidades del sector público [26], que en alguna medida se han visto aminorados ma non troppo con la modificación de esta Ley producida por la LO 7/2007, de 12 de abril (BOE del 13) (a la que con más afecto que picardía llamaremos ReLOU), que ha liberado sólo algunos aspectos de los muchos más que afectaban y problematizaban la colaboración de los profesores universitarios en ellas. Pues si bien permite cierta participación en el capital y en puestos directivos de entidades privadas [art. 12.1.b) y d) de la Ley 53/1984, de 26 de noviembre (BOE de 4 de enero de 1985)] resultantes de la investigación universitaria y da pie a una excedencia temporal para participar en las mismas, va a seguir requiriendo en demasía de la voluntad y de los aciertos no sólo de los estatutos universitarios que dicten en su marco, sino también de la varita mágica que convierta a los universitarios en hombres de empresa. Y eso es harina de otro costal, que es el que me toca cargar ahora.

---

[24] *"...en muchos casos la autonomía (universitaria) ha fomentado la 'imitación', ya que cada universidad pretende estar tan bien provista como las demás..."* VEDEL, G. La experiencia...Cit. Pág. 44.

[25] Hacia una universidad más útil: las spin-off universitarias, problemas y soluciones. DEL VALLE PASCUAL, J.M. Actualidad Administrativa. Num. 7, 11 al 17 de febrero de 2002.

[26] Y nos dio para una visión global en universidades sociedad...Cit. In totum.

5. LAS EMPRESAS FUNCIONARIALES

Empresario y funcionario, menuda dicotomía mediante la que un ser se divide en partes antónimas. Me explico, dícese del funcionario que busca la seguridad en el empleo y en su retribución, en tanto el empresario está hecho a la disciplina de la inestabilidad para conseguir el mayor beneficio de su iniciativa, soportando para ello turbulencias varias, que al funcionario enloquecen. Y además, la antítesis de las conductas-tipo: el profesor universitario despeja dudas tras su atenta observación, hasta llegar a la tesis, moldeando después el producto de su actividad hasta presentarlo en una sociedad compuesta por científicos que entienden su idioma ininteligible y comparten con él un código ético, fruto exótico para el ciudadano de a pie. El empresario, en cambio, sustituye la duda por la intuición, el estudio por la mercadotecnia, la tesis por el plan de empresa y la remodelación del producto por su comercialización. Y ya en el empeño, el investigador trata cada logro como a un hijo, porque obra suya es, y escribe sobre él en revistas, habla de él en congresos, debate a sus resultas con devoción y antes muere que dejarlo morir. Mientras, el empresario no puede permitirse tener lujos, pues si el producto no se comercializa en términos económicos y temporales razonables, o abandona la iniciativa, aun sin recuperar la inversión o lo vende en mercadillos a precio de ganga, antes de irse al fondo del mar con el producto que el mercado no quiere. Difícil combinación entre Jekill y Hyde que, no obstante, ha encontrado fortuna en ocasiones, con la exaltación de la figura del emprendedor, quien por el aprecio de la propia obra es capaz de soportar vendavales de incomprensión, para sacarla adelante, porque antes que el beneficio económico persigue el moral del reconocimiento social o de sus compañeros de actividad investigadora. Lobo hombre en París. De nuevo SOSA WAGNER nos dice que "*cuanto menos se vea involucrado éste (el científico) en aspectos de la gestión –autónoma– del lugar donde desarrolla su trabajo, más fructífero será este probablemente*" [27]. Si en estas empresas universitarias usamos los mimbres de la autonomía y la participación generales, según el modelo universitario, no habremos salido de donde estábamos.

Pero hoy son objeto de esta contemplación, más que las diferencias entre el investigador y el empresario de la actividad productiva, que dan para escribir un libro, las existentes entre los gestores de una actividad pública y los de otra privada, que también merecen literatura. Cuando la universidad decide actuar en holding de grupo, esto es, con entidad dominante, o multigrupo, sin dependencia entre ellas, y aun asociadas, en que alguna/s tiene/n una influencia notable, mezclando actividades sujetas a derecho público con otras sometidas a derecho privado, se está liberando de unas trabas, para tomar otras, entre las que destaca la cruel

---

[27] El mito... Cit. Pág. 144.

cuenta de pérdidas y ganancias, además de que está multiplicando su trabajo por dos, y a veces también las trabas.

Si sigue los rectos caminos del art. 83 de la LOU, la canalización de iniciativas investigadoras y la transferencia de los resultados de la investigación gestionada por fundaciones o estructuras organizativas similares o pone a trabajar a la OTRI y a la fundación de la universidad, siendo que la universidad pública está sometida de plano a la Ley 30/2007, de 30 de octubre (BOE del 31), de Contratos del Sector Público, y su fundación también como poder adjudicador, se plantea el problema de abrir la licitación a terceros o de ver si resulta admisible la contratación in house[28], a la vez que los problemas de compatibilidad de los profesores universitarios, que antes de deshojar la margarita de si se acogen a la excedencia temporal de la ReLOU (art. 83.3) o a las licencias por investigación obrantes en algunos estatutos universitarios y todavía en el art. 8 del RD 898/1985, de 30 de abril (BOE del 19 de junio), hasta que se apruebe el anunciado estatuto que le sustituya, las situaciones administrativas alcanzan a los gestores universitarios, para impulsar la obsesiva búsqueda de la declaración de servicios especiales que les garantice el retorno al hogar en el tiempo del frío.

Y aquí no acaban los problemas, sino que se extienden a la posibilidad de que la entidad filial sea medio propio de la matriz, esto es que hagan lo que le correspondería hacer a aquélla, porque la mayor parte de su paquete de actividades corresponda a la universidad; problemas que alcanzan a la necesaria mentalización de trabajar en grupos de empresas, con la dificultad de hacerlo a la vez con el derecho público y el privado, no siempre en razón del sujeto concernido, ocupándose del señalamiento de precios, el control por accionistas y por el mercado, con sus despidos, justificación de resultados y establecimiento de estrategias empresariales para todo ello, sin vísceras y con cabeza [29]. No sin antes haber logrado determinar en virtud de criterios empresariales si la iniciativa que decía apoyar la universidad es la que tiene más horizontes comerciales, más actividad innovativa o más expectativas de mercado, sin dejarse turbar por los

---

[28] Y aquí mi presentación de las estrellas de la velada, autores de ¿Pueden los contratos quedar en casa? (La polémica europea sobre la contratación in house, SOSA WAGNER, F. y FUERTES LÓPEZ, M. LA LEY núm. 6715, 17 de mayo de 2007. XXI Premio LA LEY. Trabajo de análisis de la STJ de Luxemburgo. C-295/05, de 19 de abril de 2007, sobre la legalidad de la actuación de la empresa pública TRAGSA, en concurrencia de mercado con otras privadas. También, De la libertad, para configurar empresas públicas (A propósito de la sentencia del Tribunal Supremo de 30 de enero de 2008). REDA Civitas núm. 138. Abril-junio, 2008.

[29] Y siguiendo con los valores de mis compañeros de mesa, Grupos públicos de sociedades. FUERTES LÓPEZ, M. Editorial Marcial Pons, 2007. Organización y control del sector empresarial público en España. Madrid, 1971. SOSA WAGNER, F.

sargazos de la prestancia representativa (léase votos) que en los órganos de gobierno representación universitarios tenga su promotor, la facultad, escuela o departamento o la escuela científica que le apoye.

Siempre cabe la posibilidad de encontrar una santa alianza entre los investigadores académicos y los empresarios conocedores del mercado, que tienen que superar, en primer lugar, la barrera del idioma, pues el empresario se le aparece al investigador como el Tío Gilito, con los símbolos del dólar en los ojos, en tanto que el investigador es visto por el empresario como el de los inventos del TBO, o aun peor, como Albert Einstein sacándole la lengua, mientras manifiesta lo que para él son parecidas manías a una diva del bel canto que sobrevalora lo accesorio y exige orquídeas para el camerino, o no canta. Superado este encuentro en la primera fase y hallado el valor de la complementariedad que tiene que ver con la funcionalidad de lo descubierto, el tiempo razonable de la producción y el precio del producto a comercializar, pueden empezar a publicarse las amonestaciones de tan singular matrimonio –o equivalente, que no quiero entrar en política–, de cuyo desarrollo en España no me es dado mayor pronunciamiento, y quiero pensar que es por la ausencia de patologías, propias de mi profesión, antes que por ausencia de casos en los que la experiencia haya navegado en condiciones satisfactorias. Otra posibilidad está en que la universidad licencie este tipo de actividad a una empresa en exclusiva, ¿previo concurso? ¿aun siendo un know how? reservándose ciertos posicionamientos, a través de un comité científico dentro de ella, con un reparto razonable del capital.

Este amor apasionado que anda todo alborotado entre la universidad y la empresa, o la sana intención de que el roce lleve al cariño han hecho potenciar los parques científicos y tecnológicos, que, en palabras de Bob HODGSON, parten desde un proyecto inmobiliario y conllevan beneficios a nivel de imagen, que pasa a ser una comunidad de negocios de tecnología y a convertirse en un nodo de una red internacional que identifica a una comunidad internacional aún más amplia de intereses en el negocio de comercialización de tecnología, convirtiéndose en un imán de las inversiones fuertes en tecnología, un puente que estimula el tránsito de nuevas ideas desde la comunidad de I+D hacia el campo comercial, convirtiéndose también en incubadora de actividades basadas en tecnología que permite a los investigadores iniciar un negocio utilizando sus ideas innovadoras[30], que podríamos definir como un enclave físico, conformado por entidades en él instaladas, cuyo objetivo básico es favorecer la generación de conocimiento tecnológico en distintas áreas, a partir de la integración de intereses científicos,

---

[30] Factores de éxito en los parques científicos. Los parques científicos principales experiencias internacionales. Coordinación y edición María Antonia SCHEIFLER. Biblioteca Civitas Economía y Empresa. Colección Economía. Estudios y monografías. 1ª edición. 1994. Pág. 44 y ss.

técnicos y tecnológicos, así como promover la transferencia de tecnología y que está gestionado, preferentemente, por una persona jurídica de la que depende un equipo humano y de un plan de viabilidad y gestión al efecto, lo que se entenderá como entidad promotora [31], algunas de las cuales se agrupan en la Asociación de Parques Científicos y Tecnológicos de España (APTE), y que cuenta con un buen número de miembros. Pero, la verdad, ésta es la definición menos ambiciosa dentro de las posibles. A ver si cuando se ande más el camino…

Los parques tecnológicos han precisado de ayuda económica oficial, cuya práctica y ejecución no ha gozado siempre de la mejor fortuna. La Orden de 5 de diciembre de 2000 (BOE del 8), novedosa iniciativa del ejercicio de la acción administrativa de fomento, o de potenciación de las fuerzas sociales por los poderes públicos, hecha pública el día de la Concepción – qué mejor augurio-, pues nada, que fue calificada como el parquetazo, porque sólo dio siete días naturales para presentar solicitudes de ayuda (apdo. décimo), para actividades en su casi totalidad realizadas retroactivamente a lo largo de ese año ya casi vencido (apdo. séptimo) dando como ayuda préstamos sin interés en concepto de anticipos reembolsables (apdo. quinto), merece el chiste fácil de ser una convocatoria virulé, esto es estropeada, torcida o en mal estado, para el diccionario de la RAE, y no sólo por deberse a la autoría política de la ministra BIRULÉS I BERTRÁN, sino porque el que no estuviera al loro apenas la vio pasar, como al bienvenido Mr. Marshall, pero de ella no pudo gozar. Algo menor desatino se produjo con la convocatoria efectuada por la ECI/1385/2005, de 9 de mayo (BOE del 18), de la que saqué la definición de parque tecnológico antes referida, porque exigió que los solicitantes de ayudas no podían ser personas públicas, como son las universidades de este tipo (art. 2.5.b), con lo que forzó a que las universidades que quisieran ser beneficiarias de estas ayudas se buscaran un testaferro privado, tarea que cumplieron sus fundaciones, pero que ha dado lugar a un difícil laberinto jurídico para la gestión de estas actividades [32].

---

[31] Extraigo esta definición del art. 1.2 de la Orden ECI/1385/2005, de 9 de mayo (BOE del 18), mero acto administrativo de convocatoria de ayudas económicas a este tipo de iniciativas.

[32] Contaba este asunto con mayor extensión y detalle en la ponencia presentada en el Simposium sobre gestión y fiscalización de la investigación en el ámbito universitario, celebrado en la Universidad de Oviedo los días 21 y 22 de noviembre de 2005, que publiqué bajo el título Investigar por derecho, en la Revista Actualidad Administrativa. Segunda quincena. Marzo de 2006. Núm. 6. Pág. 644 a 659.

6. LLAMAN A LA PUERTA.

Muchas más aventuras ha pasado la investigación universitaria española para llegar al lugar en donde se encuentra, venciendo una gran cantidad de impedimentos con un cierto grado de fortuna, con la que ha habido la obligación de inventar cómo inventar, es decir, de vencer un ambiente circundante más indiferente que hostil, más inapropiado que proclive, o, cuando menos, poco eficiente. Y esto sólo es el comienzo de la carrera por la innovación. El actual estado de la cuestión nos pone en el zaguán de un statu quo diferente por la pasividad social del empresariado español ante lo novedoso, el de la universidad como algo más que una persona jurídica, como la cabecera de un grupo de entidades, pues no sé de universidades que carezcan de su fundación o fundaciones de apoyo y huída de lo público, que no haya promovido unas cuantas empresas de base tecnológica ante la falta de demanda empresarial y que no anden elucubrando sobre cómo introducir la innovación en un mercado demasiado indiferente a ella. Desengáñate, lector, no hemos pasado de la épica a la lírica, ni al revés, sino, como casi todo en la vida, de un tipo de problemas a otros, pero también de algún tipo de recompensas a otras, porque el trabajo de autor noblemente realizado apenas hace crecer premiosamente las cuentas bancarias – el top manta de la vida-, y esperemos que no las cuentas de pasivo exigible sobre las de activo, pero nos ensancha el pecho y endulza la memoria de una forma de la que no nos es dado prescindir fácilmente. Y es que donde hay vocación, hay vicio.

VII
Del árbol de la sabiduría a la selva de instituciones.

(Sobre la problemática de las Universidades, sus fundaciones y otras empresas de base tecnológica como grupo de empresa)

Francisco Sosa Wagner y Mercedes Fuertes López
Catedráticos de Derecho Administrativo
Universidad de León

I

Mis primeras palabras han de mostrar mi agradecimiento hacia Juan Manuel del Valle, responsable de que disfrute hoy con Vds. de estas sesiones. Su generosa invitación para intervenir y, sobre todo, su inestimable ayuda a la hora de facilitarme una voluminosa información sobre las pasadas reuniones promovidas por la Asociación para el estudio del Derecho universitario, han constituido un auxilio indispensable para lo que aquí se me pide, a saber, que formule mi opinión sobre algunos problemas que suscitan las complejas tendencias de organización de las Universidades.

Y es que no es lo mismo contemplar el paisaje de las Universidades españolas, que pretender entrar y conocer el mismo. Permítanme una imagen. Algunas Universidades tienen como emblema el árbol de la sabiduría. Pues bien, alrededor de ese ejemplar tan singular advertimos que han crecido otros nuevos especímenes y su desarrollo ha sido bien portentoso. Algunos sí parecen propios del espacio y clima universitario, otros me resultan exóticos, quizá -me permito sospechar- fruto de la ingeniería genética... En fin, que al buscar el cobijo en ese atractivo árbol de la sabiduría nos encontramos con un denso bosque, cuando no una selva.

¿Ejemplos? Vds. los conocen mejor que yo, pero recuerdo algunos datos que he extraído de la navegación a través de Internet.

Hay alrededor de cincuenta Universidades públicas en España, prácticamente todas han creado una “fundación general” con la finalidad de promover más cursos de formación, mejorar la gestión de proyectos de investigación, facilitar la colaboración con empresas privadas, administrar parques científicos e, incluso, adquirir acciones de algunas empresas... En ocasiones, el impulso de un parque científico ha generado la creación de una nueva entidad, con la participación de otras Administraciones o asociaciones de empresarios. El objeto de esa nueva sociedad mixta es la promoción del parque, así como su futura gestión. Por ejemplo, la Universidad de Alcalá de Henares es accionista junto con el Instituto de Desarrollo de la Comunidad Autónoma de Madrid, con el Ayuntamiento de Alcalá de Henares y con la asociación de empresarios del Henares, de la mercantil “Parque científico tecnológico de la Universidad de Alcalá, S.A.”, una peculiar empresa mixta de gestión de un polígono industrial. También la Universidad de Córdoba es titular de más de un veinticuatro por ciento de las acciones de la mercantil "Parque científico-tecnológico de Córdoba", sociedad en la que también participan el Ayuntamiento, la Diputación, la Junta de Andalucía, cajas de ahorro y algunos grupos de empresarios privados.

Es también conocido que el empuje de la investigación aplicada ha estimulado la aparición como personificaciones societarias de las llamadas "empresas de base tecnológica" o, por economía lingüística, "spin-off". Son muchas las sociedades así creadas por las Universidades. Con mayor presencia en Internet he encontrado las siguientes: la citada Universidad de Alcalá tiene tres empresas, dedicadas a los estudios inmunológicos, la telefonía o la programación industrial; la Universidad Miguel Hernández tiene cuatro empresas de base tecnológica (sobre investigación neurológica, estudios hidrológicos, recuperación de suelos contaminados, etc.); la Universidad de Cádiz cuenta con cinco spin-off con forma de sociedades de responsabilidad limitada (de robótica, química verde, estudios acústicos, etc.); en la Universidad de Almería hay ocho empresas (dedicadas a las microalgas, a la tecnología de los cultivos, al software, a los residuos de los plaguicidas, al diseño de mobiliario urbano, etc.); también tiene ocho la Universidad de Granada (tecnológicas, de análisis genómico, de estudios sobre la cristalización de proteínas...); nueve empresas tiene la Universidad de Girona (sobre moldes de fibra de carbono, generadores eléctricos, técnicas de inteligencia artificial, análisis microbiológicos...); trece he contado dependientes de la Universidad de Sevilla (para el estudio de los micro y nano fluidos, la transformación de productos biológicos, servicios de telecomunicaciones e informática, etc.); dieciséis tiene la Universidad Politécnica de Madrid (dedicadas al hardware, a la robótica, a la ingeniería acústica, telecomunicaciones, ingeniería naval; el comercio en Internet) en fin, veinte spin-off presenta la Universidad de Málaga (donde junto al análisis de gases industriales o mantenimiento de productos químicos, hay varias empresas de tecnología y de consultoría, de diseño industrial y también la comercialización de conservas). Sin duda existirán más, pero creo suficientemente ilustrativa esta muestra.

Pero en este momento, yo les quiero llamar la atención sobre lo siguiente. Junto a la aparición de estas nuevas sociedades que pueden servir para satisfacer el objetivo de facilitar la transferencia de la investigación científica y tecnológica, en algunas Universidades se ha multiplicado la personificación de dependencias y servicios. No les abrumo con ejemplos. Déjenme sólo que les recuerde que la Universidad Autónoma de Barcelona, además de sus veintiséis spin-off, tiene una fundación general que ha creado varias escuelas, gestiona otras fundaciones y también administra las sociedades dedicadas a la prestación de servicios de restauración, de promoción de actividades y congresos, un hotel... Y la Universidad de Córdoba, a través de la sociedad anónima "Corporación empresarial de la Universidad de Córdoba, S.A." gestiona numerosas empresas, muchas con la forma de sociedades de responsabilidad limitada y muy diversos objetos sociales:

el estudio de lenguas modernas y la traducción, el título propio de piloto de aviación, el uso de las instalaciones deportivas de la Universidad, la gestión del hospital clínico veterinario, una tienda, un parque solar, además de una sociedad anónima para la adquisición, administración y venta de fincas rústicas y pecuarias y de sus productos.

En fin, unos auténticos bosques de personificaciones, cuando no selvas.

Permítanme que siga con la imagen y me presente aquí como una especie de crítica del arte pictórico sobre estos paisajes universitarios para darles mi modesta opinión. Con una actitud crítica que parte, lógicamente, de unos parámetros previos. También los críticos artísticos, por su concepción del arte y por sus gustos, establecen unas previas clasificaciones de los movimientos y tendencias artísticas. Con ello consiguen desechar los camelos. Aclaro que no me preocupa la riqueza o el exotismo de los paisajes. Admiro y disfruto tanto con los jardines de Santiago Rusiñol, como con los paisajes coloristas de Claude Monet o Paul Gauguin, o con la visión expresionista de George Brake. Pero ¡no existen paisajes abstractos!

Esa misma falta de prejuicios iniciales la traslado al bosque de personificaciones universitarias, en otras palabras, admito que cada Universidad pueda organizarse con mayor o menor complejidad. Muchas son las opciones y el muestrario de las personificaciones. Pero toda la estructura debe ser comprensibles y transitables. Deben ser fruto de una voluntad consciente de sus rectores. Qué es lo que quieren pintar, qué paisaje universitario quieren dibujar. Reclamo responsabilidad a la hora de procrear una nueva personificación, para que no surja como un mero comportamiento inconsciente o impostado de imitar otras actitudes, confundiendo cantidad y calidad. Ni por supuesto admito un cúmulo de abstractos entes. Eso es lo que me preocupa. Pido que las decisiones sean responsables. Máxime cuando hay tantos fondos y recursos públicos destinados a las Universidades. Máxime, cuando están afectados servicios públicos tan importantes para una sociedad como son la enseñanza y la investigación.

Pero es más, a los efectos que aquí interesan mi atención y mi preocupación se centran en el régimen de estas densas organizaciones. Porque me pregunto ¿son conscientes los responsables universitarios de las consecuencias que origina la creación de nuevas personificaciones y la existencia de un grupo de sociedades?

II

Es importante recordar que el tradicional Derecho aplicable a los organismos y sociedades puede verse alterado si se encuentran en la órbita de un "grupo de sociedades", concepto muy distinto al de mero "holding de empresas" o sociedades vinculadas, participadas o asociadas. Cuando un entramado de personificaciones tiene el carácter de "grupo", el régimen jurídico es verdaderamente peculiar. De ahí que sea indispensable precisar cuándo deben calificarse estas sociedades como "entes vinculados" y cuando como "integrantes de un grupo".

En mi libro "Grupos públicos de sociedades" he partido de la definición que es mayoritariamente aceptada por la doctrina mercantilista, a la que lógicamente he añadido nuevas notas que derivan de las peculiaridades del Derecho público. Entiendo como grupo el conjunto integrado por una pluralidad de entidades, organismos o sociedades, con personalidad jurídica propia, que están sometidas a una dirección unitaria. La dirección unitaria es el elemento substancial que singulariza y delimita los grupos de sociedades mercantiles frente a otras situaciones, en las que se advierten provechosas relaciones empresariales, pero sin que en las mismas los acuerdos y vínculos societarios conduzcan a aunar una dirección y sus intereses en otro superior. La unidad de dirección es el elemento trascendental de los grupos. Supone una consciente voluntad de guiar de manera positiva, continua y eficaz la actividad del conjunto. Lo contrario a las situaciones en que hay pasividad y un "dejar hacer" a los propios administradores de cada sociedad, para que sean éstos los que dispongan y decidan sobre el negocio. Voluntad distinta también a la que se manifiesta con los vetos para determinadas actuaciones sociales, o la que deriva de una influencia ocasional para adoptar algunas inversiones. La dirección unitaria es la voluntad firme y, sobre todo, continua de mantener la gestión empresarial de todo el conjunto y se mueve por el espíritu de beneficiar a la unión, porque realmente existe un "interés del grupo" superior al que persiguen de manera individual cada una de las sociedades agrupadas.

Ese elemento fija de manera adecuada el concepto de un grupo societario. Rechazo con ello la consideración de un grupo de entidades cuando hay un mero control de una dominante sobre otras. A mi entender, las presunciones de control en las que descansan muchas definiciones legales (caso ahora del Código de comercio español) no resultan del todo idóneas, porque la existencia de control ni es suficiente ni tampoco indispensable para reconocer a un grupo de sociedades. De manera breve apunto mis argumentos para defender esta idea: a) hay posiciones dominantes en sociedades que, por no incidir de manera positiva y eficaz en la actuación, no pueden encuadrarse en los grupos, sino en las meras intenciones de inversión a través de significativas participaciones sociales; b) por el contrario, la práctica mercantil ofrece situaciones sin aparente control donde sí existe un grupo por la eficaz influencia dominante que se ejerce desde una sociedad o desde un concierto societario y c)en los grupos concertados, aquellos que surgen por el acuerdo de varias entidades y organizaciones para vincular sus estructuras, no se dan manifestaciones de control.

Estos argumentos justifican de manera sobrada la conveniencia de separar, por un lado, las situaciones de control y, por otro, la existencia de un grupo. Realidades -control y grupo- que pueden coincidir en la práctica mercantil, pero que no están inescindiblemente vinculadas ni se presentan siempre juntas. Pues bien, si esto se advierte en las sociedades privadas, esta distinción resulta más necesaria en el ámbito público. No hacerlo nos llevaría a la estéril idea de que toda fundación, sociedad u organismo dependiente de una Universidad integraría siempre su grupo societario.

Insisto en esta idea. El control por la Universidad, su inserción en la estructura institucional y presupuestaria, el hecho de satisfacer unos intereses públicos, son notas que, acríticamente consideradas, conducirían a la automática calificación de todas las fundaciones y sociedades como integrantes de un grupo. Sin embargo, conviene no precipitarse y analizar con cautela esas situaciones porque la calificación de grupo, en este caso de un gran grupo público, originaría singulares efectos que, en muchos casos, no resultarían indiferentes a las Universidades, sino que podrían derivar en perniciosas consecuencias, en situaciones no queridas e, incluso, contrarias precisamente a lo perseguido con la creación de esas sociedades.

Hay que saber que cuando hay un grupo de sociedades se pueden exigir responsabilidades a su cabecera. En el ámbito que ahora nos interesa, el de las Universidades y sus personificaciones, la existencia de un grupo implicaría la posibilidad de trasladar al patrimonio general las consecuencias de las actuaciones de esas otras sociedades. Se originarían, por ejemplo, efectos probablemente indeseados en el ámbito de las relaciones laborales, porque los trabajadores de una sociedad podrían exigir su incorporación a la Universidad... Los acreedores de una sociedad podrían dirigirse también al patrimonio universitario. Y así otras disfunciones de este peculiar régimen que no fueron advertidos al multiplicarse las personificaciones.

Estas y otras consideraciones llevarían a preguntar al rector responsable: ¿para qué, entonces, se han creado esas sociedades? ¿para qué se han personificado los servicios y actividades, si luego invocando el derecho de grupos se vuelve a reunir todo en la misma casa de la Universidad y en la misma caja del patrimonio universitario, con unas consecuencias más nocivas porque los órganos rectores de la Universidad no han participado ni conocido las decisiones societarias? Resulta, por ello, indispensable ser consciente de las consecuencias de procrear nuevas personificaciones públicas porque en ocasiones esta multiplicación puede generar un grupo.

¿Cuándo surgirá un grupo universitario? Es preciso fijar con prudencia las específicas notas que lo delimitan. Ya he adelantado que el control no debe presentarse como la cualidad determinante. El control es el elemento que define a una sociedad, a un organismo como público, pero no debe a la vez definir también el grupo de sociedades. El control o la influencia dominante no delimitan el grupo público. El grupo aparecerá cuando exista otra nota, a saber, una auténtica dirección unitaria, la voluntad activa de encauzar de manera continua y eficaz la gestión de las sociedades.

La determinación de esa característica tan relevante, la "dirección unitaria", sobre varios organismos y sociedades públicas no resulta una tarea sencilla. El acuerdo de una Universidad de acotar una específica función o servicio y reconocer una personalidad propia, revela la voluntad de singularizar esa actuación, de separar su administración. Por tanto, en principio, esa decisión podría interpretarse como el propósito de diferenciar una gestión. Pero hay que saber si esa separación significa también emancipación, en términos más comunes, una gestión autónoma, o no.

Si a pesar de la creación de una nueva personificación, la gestión por los órganos societarios no es totalmente autónoma, sino que siguen las instrucciones y directrices de algún órgano rector de la Universidad, han de cumplir unos planes y proyectos, han de perseguir unos objetivos marcados, en ese caso debe reconocerse la "dirección unitaria" y, en consecuencia, la existencia de un grupo público. Por supuesto, si en estas sociedades los órganos de administración se integran por cargos del Rectorado, de tal modo que se advierte con claridad la afinidad familiar (en las sociedades de habla de sociedades gemelas y trillizas), también hay grupo.

En consecuencia, a mi entender, algunos de los ejemplos que antes cité de complejas estructuras organizativas en las Universidades han de considerarse como auténticos grupos públicos. Sin duda en relación con las Fundaciones universitarias que, por un lado, insisten en potenciar los fines docentes e investigadores de las Universidades, pero, sobre todo, porque se advierte esa "dirección unitaria" a través de los acuerdos de sus patronatos, en los que se integran los órganos rectores de la Universidad. También algunas sociedades universitarias, que gestionan las tiendas, hoteles, servicios de restauración, giran alrededor de los dictados del correspondiente rectorado. Lo mismo me atrevo a defender con relación a las sociedades mercantiles unipersonales que gestionan los parques tecnológicos. Con relación a aquellos donde participan en el capital otras Administraciones y también empresarios privados, será conveniente analizar en cada caso si la Universidad ejerce o no una influencia determinante en la gestión del parque.

Requerirá del mismo modo una atención específica la calificación de las múltiples sociedades spin-off. Como es sabido, pueden poseer participaciones significativas los profesores e investigadores, pues para estos casos no rige el tradicional límite de incompatibilidad para poseer acciones que superen el diez por ciento del capital social. Esto supone que, junto a la participación pública de la Universidad hay participación privada, aunque sean profesores e investigadores de la propia Universidad, porque asumen a título privado la adquisición de esas acciones. En estos casos será determinante considerar la participación concreta de los investigadores y si su influencia en el órgano de administración es relevante. Como he defendido supra, el porcentaje de participación no es el dato definitivo para advertir la existencia de un grupo. Determina el control patrimonial de la sociedad, pero no quién ejerce la dirección de actuación. Con un número de acciones "significativo" se puede gobernar la sociedad e imponer la estrategia. Por tanto, habrá que analizar en cada caso si son los profesores o investigadores los que dirigen e imponen la estrategia de actuación societaria. No me refiero al avance de sus investigaciones que pueden verse potenciadas desde la sociedad. Me refiero a la concreta gestión patrimonial de la persona jurídica, a la decisión sobre la distribución del presupuesto, de los acuerdos de suscribir otros contratos... Si es el investigador quien fija según su criterio los acuerdos societarios, a mi entender, no quedan incorporadas estas sociedades en la órbita del grupo universitario. Una cosa es que estén vinculadas a la Universidad, que la Universidad controle la sociedad y otra, distinta, que pertenezcan a su grupo.

Con estos mimbres se entreteje el cesto que contiene las fundaciones y sociedades que integran el grupo de entidades de una Universidad. Quedan fuera las sociedades mixtas, ya porque participen otras Administraciones o mixtas privadas por la participación de empresarios o investigadores a título individual, y en las que la Universidad no ejerce una clara influencia dominante. Las diferencias en el régimen jurídico aplicable a una sociedad cuando está en el cesto y cuando no, cuando se integra en el grupo universitario o cuando sólo es una sociedad vinculada o asociada, son notorias. Detengámonos en algunas.

III

Las reglas singulares sobre los grupos de sociedades surgieron de manera especial en dos ámbitos jurídicos. Por un lado, en el Derecho tributario, a la hora de presentar cuentas y establecer la consolidación de beneficios, y en el Derecho mercantil, preocupado por la protección de los accionistas minoritarios de las sociedades integradas en el grupo, pues pueden verse perjudicados por las decisiones que se adopten en la sociedad matriz. Pero en otras muchas ramas jurídicas se analizan también las diferencias. En el ámbito penal afecta la existencia de un grupo a los delitos de apropiación indebida, administración desleal y otros de naturaleza patrimonial. Los Tribunales sociales de manera abrumadora resuelven conflictos con el ánimo siempre tuitivo de proteger a los trabajadores. Se ha tratado de evitar que sus derechos laborales, individuales y colectivos, quedaran afectados por esta singular estructura organizativa. La compleja organización puede incidir en su movilidad, en el cambio de prestaciones, en la sucesión de contratos temporales, en la negociación colectiva, en el número de representantes, etc. En fin, como acertó a expresar el prof. Wiedemann "en el grupo todo es diferente".

Entre tantos aspectos quisiera apuntar en este momento solo tres que tienen más relación con el ámbito de la contratación y del derecho de la competencia. Empiezo con las consecuencias de los contratos que han suscrito entidades o sociedades del grupo y formulo la siguiente pregunta: ¿qué responsabilidad contractual tendría la Universidad con relación a los compromisos y deudas que generan las entidades y sociedades del grupo? La respuesta dada desde el régimen general predicaría que son las sociedades las que han de responder de manera personal de sus obligaciones sin que fuera posible trasladar las mismas a la Universidad. Pero, hay que conocer que, a la hora de construir el Derecho de grupos, una preocupación destacada ha sido la de determinar la protección de los acreedores de las distintas sociedades. Muchas decisiones de las sociedades universitarias pueden comprometer su patrimonio, porque asumen grandes obligaciones, constituyen operaciones arriesgadas, firman grandes compromisos de inversiones... Decisiones que comprometen su patrimonio y han sido impuestas por los órganos rectores de la Universidad. Esa consideración permite preguntarse si, ante el incumplimiento de las obligaciones por una sociedad, pueden los acreedores dirigirse a la Universidad para que satisfaga la correspondiente deuda. No será extraño que aleguen que han contratado confiados en la apariencia de que la actividad económica estaba respaldada por el presupuesto universitario.

Las soluciones ofrecidas en otros ordenamientos son diversas: mientras en Alemania la sociedad dominante asume las deudas de las sociedades dependientes, los Códigos portugués e italianos establecen sistemas mixtos en los debe analizarse la concreta gestión social y empresarial de los administradores y los beneficios de la sociedad dominante. La propuesta de Código de sociedades que se redactó en

España hace años admitía la responsabilidad subsidiaria de la sociedad dominante, cuando se hubiera hecho constar en las relaciones negociales la pertenencia a un grupo o se dedujera de otros hechos, caso de la publicidad existente. Pero, aún no existe en el derecho español vigente una regulación sistemática de los grupos y, con relación a este determinado aspecto, sólo cabe citar dos preceptos de los que extraer alguna idea para afirmar la posible responsabilidad del grupo. Uno, el derogado artículo 8 de la Ley de defensa de la competencia, que establecía la corresponsabilidad de la sociedad dominante con relación a las conductas prohibidas que realizaban por indicación las sociedades del grupo. Dos, la posible aplicación analógica del régimen aplicado a la sociedad que devenía unipersonal: si trascurridos seis meses no se había inscrito esta circunstancia en el registro mercantil, se imponía la responsabilidad personal, ilimitada y solidaria de ese único socio ante las deudas contraídas con posterioridad a ese prudencial plazo (art. 129 LSRL).

La insuficiencia de una sistemática regulación ha sido salvada por los Tribunales, que han precisado algunos criterios porque varias son las sentencias que admiten sin gran dificultad esa transmisión de responsabilidad en los grupos de sociedades. La "confusión de personalidades" (STS de 16 de octubre de 1989, RJ 6925) o la existencia de una auténtica "comunidad de gestión, intereses y beneficios" entre las sociedades (STS de 13 de diciembre de 1996, RJ 9016) han sido argumentos esgrimidos por los Tribunales que, sin mayores reparos, acuden con frecuencia a la teoría del levantamiento del velo para trasladar la responsabilidad de una sociedad al grupo o exigir la responsabilidad solidaria a todas las empresas porque "pueda entenderse que ha existido una vinculación más o menos explícita de la misma como garante, o bien cuando con sus propios actos ha creado una apariencia generadora de confianza para los terceros que contratan con las sociedades filiales" (como recuerda la STS de 4 de junio de 2002, RJ 6754, al analizar la intromisión ilegítima de varias empresas de comunicación pertenecientes al mismo grupo ante una demanda en defensa del honor). Entre las últimas sentencias que confirman este criterio puede leerse la del Supremo de 25 de mayo de 2005 (RJ 5703), que condena de manera solidaria a varias sociedades al pago de material informático adquirido por otra.

Es cierto que, frente a esa asequible técnica, la doctrina discute y critica lo que se está convirtiendo en la práctica como un "ilimitado derecho de recuperar los créditos", pero los problemas que se plantean en los grupos de sociedades privadas, donde hay muchos accionistas, no son los que ahora aquí interesan con los grupos que dependen de las Universidades.

El principal argumento, a mi juicio, para mantener esa transferencia de responsabilidad es que la Universidad genera una confianza en el tráfico jurídico en las relaciones que los acreedores traban con las sociedades dependientes.

El segundo aspecto que quiero mencionar se refiere a los matices introducidos en el Derecho de la competencia cuando los organismos y sociedades se integran en un grupo. Y es que la pertenencia a un grupo conduce a que no puedan conceptuarse como abusivos ni desleales los acuerdos y conductas que se adopten en su seno. No supone una vulneración a las reglas de la competencia el hecho de que las sociedades del grupo se ofrezcan entre sí condiciones comerciales muy distintas a las que presentan a otros terceros clientes. Este es el denominado en la práctica mercantil: "privilegio del grupo". Deriva de la idea de la existencia de un ahorro de costes en las relaciones internas, pero, además, en la admisión a una específica política empresarial fijada por la dirección.

Y esto conecta con la tercera precisión que quería recordarles, porque las relaciones entre las sociedades del grupo público requieren una atención y análisis propio y diferente al que ocupa con fruto a la doctrina privada respecto a los contratos entre sociedades.

En los grupos de sociedades privados preocupan los perjuicios que pueden causar los negocios internos. El hecho de que dos sociedades del grupo contraten entre sí tiene una fácil justificación: lo impone una "economía de costes". Resultaría un derroche de dinero, de energías y de tiempo que alguna sociedad del grupo obtuviera fuera del mismo los servicios o bienes que generan otras sociedades, que pertenecen también al mismo grupo. Además, lo que supondría sobre todo esa conducta sería una incoherencia, cuando no deslealtad, entre las sociedades hermanas. El hecho de que la expansión de una empresa haya dado lugar a una organización compleja, procreando distintas sociedades, no supone ningún obstáculo para que, lo que antes eran relaciones entre distintos departamentos, se formalicen y vistan ahora como contratos, debido a la existencia instrumental de dos personificaciones.

Junto a estos argumentos tan evidentes a favor de los negocios internos entre las sociedades del mismo grupo, no hay que ignorar que esas relaciones pueden ser también objeto de una abusiva y perjudicial utilización: los negocios simulados o ficticios; los contratos que generan injustificados enriquecimientos o los que originan graves perjuicios para accionistas o terceros; los que ocultan un abuso del derecho o disfrazan un fraude de ley; o, en fin, las complejas operaciones que bajo el rutilante título de "ingeniería societaria" encubren también beneficios y perjuicios no confesables. Estos riesgos son los que han preocupado, con razón, a la doctrina privada y su análisis y solución se han encarrilado a través del régimen y los límites de la autocontratación. Es fácil advertir que la dirección unitaria que implica el grupo y que permite incidir en las decisiones de distintas sociedades, supone una voluntad similar a la de una persona que puede aunar dos voluntades, la de quien representa o la de una sociedad unipersonal propia. Y hoy encuentran un cierto marco regulador en el artículo 128 de la LSRL que atiende a los contratos entre el socio único y su sociedad unipersonal.

En los grupos públicos estos riesgos y problemas deberían tener menor relevancia. Los motivos que originan esos fraudes y perjuicios en el ámbito privado esconden sus raíces en una avaricia abonada de ánimo de lucro. Son significativos ejemplos las sucesivas transmisiones de bienes generando plusvalías o descapitalizando otras sociedades... Ese animus no debería informar las actuaciones universitarias. No caigo en la ingenuidad de pensar que no existan. La naturaleza humana (que comparten los administradores de las sociedades privadas y públicas) contiene esos ingredientes. Pero parto de que, en principio, lo normal y adecuado es que la actitud de los administradores públicos sea responsable y que no esté especialmente aquejada de esa contagiosa patología.

Otros son, pues, los aspectos que reclaman la atención en las relaciones entre las sociedades del grupo. El carácter "público" de estas sociedades atrae la aplicación de la normativa de contratación pública que se dirige a satisfacer, entre otros fines, la concurrencia competitiva y la no discriminación de empresarios domiciliados en los países de la Unión europea. Ante esta normativa comunitaria, que contiene rigurosas precisiones sobre los procedimientos, formas, anuncios y plazos para suscribir contratos, hay que preguntarse si en los grupos universitarios pueden negociar las sociedades entre sí o deben promover procesos en concurrencia para competir con ofertas de otras empresas extrañas al grupo.

No reitero en este momento las críticas que ya he formulado en otras ocasiones a la imprecisa regulación de la Directiva comunitaria, porque, como es sabido, el texto eludió aclarar el régimen de las relaciones internas entre los organismos y sociedades públicas. Y lo que la Directiva no ha solucionado se pretende paliar con las sucesivas precisiones que realiza conflicto a conflicto, sentencia a sentencia, el Tribunal de Justicia. Utilizando la cuña que suponen los contratos domésticos, in house, puede romperse la monolítica interpretación que impone la rigurosa aplicación de las Directivas de contratación. Atendiendo a si el contrato se integra en los negocios internos que la Administración realiza con sus sociedades instrumentales o los contratos en las sociedades del mismo grupo público, podrá excluirse el cumplimiento de los procedimientos que garantizan la publicidad y competencia concurrente entre los empresarios.

Son varias las sentencias que han ayudado a perfilar la doctrina de los contratos domésticos y cuyos trazos resumo en las siguientes afirmaciones:

1°.- Nunca será admisible esta doctrina en los contratos que suscriba un organismo público con una sociedad en la que participe la inversión privada. Con las empresas de economía mixta no caben los contratos domésticos. En este sentido pueden son suficientemente claras las sentencias del Tribunal de Justicia comunitario de 11 de enero de 2005 (asunto Halle), de 10 de noviembre de 2005 (asunto Mödling) o 17 de enero de 2007 (asunto Roanne). A los efectos que aquí interesan, una

Universidad deberá convocar con carácter general un concurso público y no podrá suscribir contratos administrativos de manera directa con las sociedades mixtas en las que participe.

2º.- Para que se admita la calificación de un negocio como doméstico y, en consecuencia, pueda la Universidad o alguna de sus fundaciones, organismos o sociedades excluir la aplicación del régimen de pública competencia para adjudicar un contrato a otro organismo o sociedad del grupo universitario, han de concurrir dos requisitos: primero, que la Universidad ejerza un control similar al que ejerce sobre sus órganos; y, segundo, que analizado el volumen de negocio se acredite que se trata de un organismo o ente que realmente depende económicamente de los encargos de la propia Universidad.

Varias sentencias del Tribunal de Justicia de la Comunidad Europea han profundizado sobre estos dos presupuestos que permiten calificar un negocio como “doméstico”. Y, así, con relación a la exigencia de que el control sea “análogo” al que se ejerce sobre los propios servicios, varias sentencias han aludido a la conveniencia de analizar los estatutos de la sociedad filial para determinar el grado de autonomía en la gestión del objeto social. El reconocimiento de una gran autonomía para administrar la sociedad pública, sin especiales instrucciones o directrices de la matriz, niega el carácter doméstico del contrato.

Muy interesantes han sido los criterios establecidos en la sentencia del Tribunal comunitario de 19 de abril de 2007, que marcó las pautas para que el Tribunal Supremo español resolviera el conflicto entre la asociación de empresarios forestales y la empresa pública Tragsa. En dicha sentencia, el Tribunal de Luxemburgo admitió que los encargos de la Administración estatal y de las autonómicas con Tragsa podían calificarse como domésticos. No era un obstáculo a esta calificación que las Administraciones autonómicas no alcanzaran una participación del uno por ciento de las acciones que representan el capital social de la mercantil. La declaración legal de que Tragsa se consideraba un “medio propio e instrumental” de la Administración era un elemento bien relevante a tener en cuenta. Pero, sobre todo, el Tribunal argumento que el “control” de esas Administraciones sobre Tragsa se manifestaba porque esta sociedad estaba obligada a cumplir los encargos en los términos fijados por la Administración y a los precios previamente fijados. Esta estrecha vinculación, sin un margen especial de negociación de las prestaciones propio de toda libertad contractual, es lo que justificó que se calificara el control sobre Tragsa como “análogo al ejercicio sobre los propios servicios”.

Estos criterios han sido reiterados en otra reciente sentencia del Tribunal comunitario. Me refiero a la de 13 de noviembre de 2008 (asunto Coditel), en la que se insiste que la incorporación de un Ayuntamiento a una cooperativa de municipios y la asignación por el Ayuntamiento a la cooperativa de la concesión de servicios de telecomunicaciones es una relación doméstica.

Es decir, a nuestros efectos, las Universidades y sus Fundaciones podrán encargar, en principio, prestaciones a las organizaciones y sociedades siempre que, por un lado, tengan tal carácter de medios propios e instrumentales, al ejercer un control similar al de los propios servicios, y cumplan con el segundo requisito, que su volumen de negocio dependa de la Universidad.

En este último sentido es importante recordar otra sentencia del Tribunal europeo que también ha tenido como protagonista una sociedad pública española, a saber, Correos. La sentencia de 18 de diciembre de 2007 resolvió las cuestiones prejudiciales que se habían elevado por el Tribunal español. El conflicto derivaba del recurso presentado por la asociación de empresas de mensajería contra la Administración española y correos, al entender que los convenios de servicios que suscribían entre sí violaban el Derecho comunitario, en concreto, la Directiva de contratación pública. Al analizar si la empresa pública cumple los dos requisitos exigidos de estar sometida a un claro control de la Administración y depender económicamente por el volumen de negocio contratado con la Administración, el Tribunal advierte que no se da este segundo requisito. El negocio entre la Administración del Estado y correos no le suministra la mayoría de los recursos económicos a esta sociedad pública. Es con el negocio de mensajería que contratamos particulares y empresas privadas donde está el volumen mayoritario de la actividad. De ahí que los Tribunales hayan concluido declarando esos convenios contrarios a la normativa de contratación pública.

Este criterio debe ser tenido en cuenta de manera especial en las relaciones que trabe la Universidad o su Fundación con las empresas tecnológicas, con las spin-off. Si estas empresas suscriben contratos con otros empresarios privados y tienen, por tanto, una fuente de financiación importante, mayor a la que procede de la Universidad, en ese caso, no concurrirá el segundo requisito que exige la doctrina de los contratos domésticos y, en consecuencia, la Universidad o la Fundación deberán aplicar la normativa de contratación pública para suscribir negocios con las spin-off. La lógica de la doctrina de los contratos domésticos es simple: sólo se pueden encargar de manera directa prestaciones a quien está inserto en la estructura y depende de la entidad, no a los organismos y sociedades que han salido de la casa y actúan públicamente en las plazas y mercados.

IV

Unas últimas consideraciones quisiera realizar tras haberme introducido en la actual organización de muchas Universidades españolas con motivo de este trabajo. Quisiera manifestar mi juicio crítico, algo negativo con relación a este denso bosque de personificaciones instrumentales.

Es cierto que, en ocasiones, pueden existir justificadas razones para que surjan nuevas sociedades, caso de muchas tecnológicas donde puede rentabilizarse una patente. Pero la generalización de esta tendencia, por qué no decirlo, su abuso en otros ámbitos universitarios resulta perturbadora y presenta graves riesgos. Es fácil advertir el incremento de los costes burocráticos cada vez que se crea un nuevo instituto de investigación, un nuevo organismo o sociedad universitaria, en un país que, precisamente, anda algo sobrado de estructuras administrativas y en una situación Universitaria que debe atender a no despilfarrar el gasto público. Resulta preocupante además la falta de profesionalización cuando se multiplican cargos directivos, así como los abusos del clientelismo ante la maleable contratación o la libre designación de nuevos cargos y complementos retributivos. Además, junto a esos vicios, la multiplicación de personificaciones hace que se compliquen también las actuaciones, los procedimientos y las relaciones dentro de una organización tan hipertrofiada.

Muchos son, pues, los problemas que derivan de esa tendencia procreadora que Vds. como asesores deberán atender. Pero imagino que, como especialistas en las Universidades españolas, no les haya sorprendido que de lo que debería ser un sólo árbol de la sabiduría se haya convertido en un bosque de organismos y en una selva de sociedades. No es extraño. No es nada extraño porque siempre se ha dicho que quienes estamos vinculados a la Universidad somos una "fauna de raras especies", un "bestiario" singular que ha podido generar su ambiente para vivir en una auténtica selva. Muchas gracias.

F. Gil Martínez, "*Bestiario de la Universidad española. Fauna de raras especies universitarias con claves dicotómicas para su mejor clasificación*", Universidad de Sevilla, 1999.

S. Sánchez Lorenzo, "*De Bestiis Universitatis (esos tipos universitarios)*", Dykinson, 2003.

F. Sosa Wagner, "*El mito de la autonomía universitaria*", Civitas, 2007.

VIII
El sistema de incompatibilidades en el *holding* universitario

Joaquín Meseguer Yebra*

I. INTRODUCCIÓN: LA RIGIDEZ DEL RÉGIMEN DE INCOMPATIBILIDADES Y LAS ESPECIALIDADES EN EL ÁMBITO UNIVERSITARIO.

Todos conocemos suficientemente los rigores de la Ley 53/1984, de 26 de diciembre, de Incompatibilidades del Personal al Servicio de las Administraciones Públicas (LI), entre otras razones, por ser una de las normas más longevas dentro del régimen jurídico del empleo público español, excepción hecha de los «restos» de la Ley de Funcionarios Civiles del Estado y la Ley 30/1984, de 2 de agosto, de medidas para la Reforma de la Función Pública (LMRFP). Esta circunstancia provoca inevitablemente, entre otros efectos no menos importantes, una extraordinaria rigidez en el régimen de incompatibilidades. De la lectura de la ley resulta evidente la distancia abismal que se extiende en ocasiones entre la realidad actual de nuestra función pública y el ejercicio de las actividades profesionales y mercantiles en el ámbito privado, por un lado, y la regulación insuficiente, y en algunos aspectos obsoleta, contenida en la Ley.

Los excepcionales trabajos doctrinales sobre la creación de las llamadas EBTs (empresas de base tecnológica), de inspiración –digamos- «pro-universitaria» o académica, son mucho más amables cuando de la participación del personal académico en aquéllas se trata, que los análisis abordados desde la estricta óptica de las incompatibilidades. En este trabajo se desarrollan los fundamentos de esta última perspectiva, dejando aparte los aspectos jurídicos relativos a la constitución de este tipo de empresas, un tema sobre el que, como hemos afirmado, se ha escrito abundantemente y muy bien por quienes ejercen el asesoramiento jurídico en las Universidades, para pasar a centrarnos en el régimen de incompatibilidades del profesorado que decide participar en ellas. En este punto, puedo casi anticipar mi escepticismo sobre la solución dada por la Ley orgánica 6/2001, de 21 de diciembre, de Universidades (LOU) y su modificación de 2007 (Ley orgánica 4/2007, de 12 de abril, en adelante LOMLOU), excepto en lo que toca a la nueva excedencia recogida en el artículo 83.3.

Como hemos dicho, sabida es la «estrechez» extrema de nuestro régimen de incompatibilidades a la hora de prever las actividades públicas secundarias que podrán ser realizadas al margen del puesto público principal, lo que no es sino reflejo del principio ya clásico en esta materia en los países de nuestro entorno,

---

* Jefe del Servicio de Informes. Dirección General de Organización y Régimen Jurídico. Área de Gobierno de Hacienda y Administración Pública. Ayuntamiento de Madrid

de la incompatibilidad absoluta. Criterio distinto es el que la Ley toma como punto de partida cuando se trata del reconocimiento de actividades privadas. Frente al criterio general de incompatibilidad para la realización de actividades privadas que regía en la mayoría de los países de parecida tradición en el momento de aprobarse la LI, con excepciones bien tratadas y limitadas, en nuestro ordenamiento se mantiene una especie de principio general de compatibilidad, detallando la Ley sólo aquellas que singularmente no lo son. De esta idea se hace eco la STS de 12 de junio de 2001 cuando clasifica las actividades privadas en dos tipos:

a) Por un lado, aquellas para las que no se puede reconocer la compatibilidad porque su desempeño puede entrañar, con carácter general, alguna colisión con el puesto público, con independencia de que éste se produzca en cada caso concreto. Son las actividades relacionadas en los artículos 11 y 12, para las que nunca se puede reconocer la compatibilidad sin necesidad de acudir a otra valoración por parte del órgano que resuelve.

b) Por otro lado, aquellas otras no incluidas en estos preceptos y para las que en principio sí se puede reconocer la compatibilidad, pero condicionada al resto de los requisitos establecidos en la misma que serán analizados por el órgano competente.

En términos generales, sin embargo, la doctrina considera a grandes rasgos que el tratamiento legal de las incompatibilidades en cuanto a las actividades privadas es, más bien, benévolo e indulgente. Hasta tal punto que CUESTA DE LA HOZ considera que nos hallamos ante un régimen de incompatibilidades tan permisivo que las únicas prohibiciones legales rozan casi el ilícito penal [1]. No es caprichosa la afirmación que hace la Comisión para el estudio y preparación del Estatuto Básico del Empleado Público (EBEP), en su informe aprobado el 25 de abril de 2005, de que la perspectiva de un sistema que contempla nuevas modalidades de empleo público a tiempo parcial, a domicilio o a distancia, y la eventualidad de una reducción paulatina de la jornada laboral ordinaria, hace bastante lógico que muchos empleados deseen asumir nuevas actividades remuneradas en el ámbito privado en sus horas libres y que puedan hacerlo.

Las actividades docentes y sanitarias han tenido tradicionalmente un tratamiento especial desde el punto de vista de las incompatibilidades, en atención al interés para el servicio público que encarnan, tal como se quiso aclarar durante la tramitación parlamentaria de la Ley [2]. Al Grupo Parlamentario Socialista le parecía que, sin algunas previsiones específicas, la enseñanza universitaria quedaría

---

[1] CUESTA DE LA HOZ, Alvarina, "Incompatibilidades de los funcionarios (mayo-1984)", *Cuadernos de Documentación*, INAP, 1984, pág. 55.

gravemente afectada, así como el sector sanitario, muy especialmente en el ámbito rural, donde las funciones de asistencia pública venían siendo desempeñadas en muchas ocasiones por un único titular.

Así, por ejemplo, podemos encontrar las siguientes referencias en la Ley de incompatibilidades a los profesores universitarios:

- Compatibilidad entre la actividad de profesor universitario emérito y la percepción de pensión de jubilación o retiro por derechos pasivos o por cualquier régimen de Seguridad Social público y obligatorio (artículo 3.2 LI, de conformidad con la disposición adicional novena).
- Compatibilidad para el desempeño de un puesto de trabajo en la esfera docente como profesor universitario asociado en régimen de dedicación no superior a la de tiempo parcial y con duración determinada (artículo 4.1 LI).
- Compatibilidad para catedráticos y profesores titulares de universidad y escuelas universitarias (también, los de escuelas universitarias de enfermería) para el desempeño de un segundo puesto de trabajo en el sector público sanitario o de carácter exclusivamente investigador en centros públicos de investigación, dentro del área de especialidad de su departamento universitario, siempre que los dos puestos sean a tiempo parcial (artículos 4.2 LI y 68.1 LOU).
- Compatibilidad "ex lege" del profesorado universitario para, sin perjuicio de su dedicación, realizar los trabajos a que se refiere el artículo 83.1 LOU [3], a los que nos referiremos más adelante (artículo 4.3 LI).
- Incompatibilidad para el ejercicio de actividades públicas y privadas para el profesorado universitario con dedicación a tiempo completo, salvo aquellas que estén exceptuadas del régimen de incompatibilidades o sean compatibles "ex lege" (artículo 16.2 y 3 LI).
- Excepción de compatibilidad para la producción y creación científica, así como las publicaciones derivadas de aquéllas, siempre que no se originen como consecuencia de una relación de empleo o de prestación de servicios [artículo 19 f) LI].
- Régimen de catedráticos y profesores con plaza vinculada al amparo de los conciertos suscritos entre universidades e instituciones sanitarias (disposición transitoria cuarta y Real Decreto 1558/1986, de 28 de junio, por el que se establecen las bases generales del régimen de conciertos entre las universidades y las instituciones sanitarias).

---

[2] El Grupo Popular afirmaba que justamente en los sectores docente y sanitario es donde se podría, teóricamente, adquirir un mayor bagaje de puestos libres como consecuencia de la aplicación de la normativa de incompatibilidades, criticando al Gobierno que mantuviera la posibilidad de jornadas reducidas o a tiempo parcial para poder autorizar un segundo puesto en el sector público.

[3] La LI se refiere expresamente al artículo 11 de la Ley Orgánica 11/1983, de 25 de agosto, de Reforma Universitaria, derogada por la actual LOU.

II. LAS MODIFICACIONES DE 2007: CONSAGRACIÓN DEL HOLDING UNIVERSITARIO.

En el año 2007 se aprueban dos normas, una de ellas tan decisiva en el ámbito universitario como la LOMLOU, y la segunda, el EBEP [4]; ambas revisan o enmiendan puntualmente algunos aspectos del régimen de incompatibilidades de los empleados públicos, aplicables a ciertas categorías de los docentes universitarios. Así, el EBEP retoca el ámbito de aplicación de esta normativa con el fin de alcanzar a las agencias estatales como nueva especie dentro de la tipología de órganos, organismos o entes públicos y modifica los supuestos en los que no podrá reconocerse el ejercicio de actividades privadas por razón de la percepción del complemento específico o concepto equiparable cuando éste incluya el factor de incompatibilidad, extendiendo esta prohibición a nuevos colectivos a los que antes no les afectaba una prohibición absoluta para el ejercicio de otras actividades, como es el caso del personal directivo.

Por lo que toca a la modificación de la LOU, se realiza un pequeño retoque en el dictado del artículo 53 que, al introducir el término «académico» en su enunciado, permite ahora la compatibilidad para la actividad de profesor universitario asociado a especialistas de reconocida competencia que acrediten ejercer su actividad profesional fuera del ámbito académico universitario, esto es, por ejemplo, al personal de administración y servicios de universidades públicas [5]. Más importante, sin embargo, al hilo del tema que nos ocupa es el dictado del artículo 83.3 acerca de la participación del profesorado en empresas de base tecnológica[6], las llamadas spin off o spin out, pudiendo acogerse aquél a una nueva excedencia que permite soslayar la aplicación de la normativa de régimen de incompatibilidades. Además, la disposición adicional vigésimo cuarta LOMLOU excluye la aplicación del artículo 12.1 b) y d) LI a los profesores funcionarios de los cuerpos docentes universitarios cuando participen en empresas de base tecnológica en determinadas condiciones que más adelante veremos [7].

---

[4] Ley 7/2007, de 12 de abril.

[5] Sobre este particular es indispensable la lectura del magnífico artículo escrito por José Ignacio Rico Gómez: «¿Resulta posible contratar como profesor asociado a un miembro del personal de administración y servicios? Crónica de una anunciada interpretación judicial desafortunada», *Revista Jurídica de Castilla y León*, septiembre de 2004, núm. 4, pp. 147 a 169.

[6] Empresas creadas para la elaboración de productos o prestación de servicios valiéndose de tecnologías o conocimientos desarrollados a partir de la actividad investigadora.

[7] Estas modificaciones vienen impulsadas, entre otras causas, por la Proposición no de Ley relativa a la supresión de incompatibilidades para el personal docente universitario, en el ejercicio de actividades privadas de investigación, presentada por el Grupo Parlamentario Catalán (Convergència i Unió), cuyo texto es el siguiente:
«El Congreso de los Diputados insta al Gobierno a estudiar y promover los cambios legislativos

De esta forma, si la Ley orgánica 11/1983, de 25 de agosto, de Reforma Universitaria (LRU) con apoyo en la LI, consagraba la labor investigadora en el ámbito universitario, más allá de la tradicional función docente que corresponde a las universidades, la modificación de la LOU en el 2007 confirma el salto de la universidad al mundo empresarial como cauce privilegiado para lograr la transferencia del conocimiento al ámbito económico y profesional, el salto del «producto» al «negocio» como algunos han dado en llamar [8]. Irrumpe así la universidad en un entorno que, aun no siéndole totalmente ajeno hasta la fecha, tampoco es el suyo propio. A esta idea aludimos cuando nos referimos al holding universitario, de acuerdo con las ideas y propuestas surgidas del informe BRICALL [9], holding conformado, además, por fundaciones, organismos de investigación propios o mixtos, etc.

---

necesarios, a los efectos de favorecer la explotación de los resultados de la investigación desarrollada en universidades y organismos públicos de investigación, para avanzar en el desarrollo de la sociedad del conocimiento, la mejora de la competitividad económica y la creación de empleos de calidad, con el objetivo de:

1. Establecer un régimen que permita a los investigadores, personal docente y otro personal vinculado a actividades de investigación, la compatibilidad necesaria para la participación en actividades privadas de investigación que sean fruto de la actividad investigadora en la que hayan intervenido.

2. Ampliar el límite para la participación de funcionarios y empleados públicos en el capital social de empresas que se creen a partir de los resultados generados como consecuencia de su actividad investigadora».

BOCG Congreso de los Diputados VIII Legislatura Serie D: General, núm. 128, de 23 de diciembre de 2004.

[8] "Marco jurídico para la creación de empresas de base tecnológica desde las universidades." Capítulo a cargo de GÓMEZ OTERO, Carlos A., dentro de *NEBTS. Guía para emprendedores de base tecnológica. Emprender desde la investigación y el desarrollo tecnológico*. Consejería de Educación. Comunidad de Madrid, 2007.

[9] Informe Universidad 2000. Josep M. Bricall. Barcelona, marzo de 2000.

Juan Manuel DEL VALLE PASCUAL, en un ingenioso símil, asemeja la expresión «holding universitario» a la elaboración de un suculento plato: «Tómense las fundaciones de la Ley General de Educación (LGE), añadiéndole un proyecto de investigación que dio lugar a generar la Ley de Reforma Universitaria (LRU), macerándolo en las ayudas y subvenciones de los programas y planes de investigación europeos, estatales de la Ley de la Ciencia (LC) y de las comunidades autónomas, a lo que hay que añadir una cucharadita de contratos con el sector privado de alguna aplicación. Sofríase todo ello en la artesa que faciliten los Consejos Sociales, hasta que esté bien dorado. Apártense los emprendedores universitarios -profesores, becarios y personal de administración y servicios- y póngaselos en una incubadora de empresas, donde se especiará con el esmerado apoyo de la Oficina de Transferencia de los Resultados de la Investigación (OTRIs), añadiendo más subvenciones y ayudas públicas, hasta que formen cuerpo.

Volcar todo ello en un parque tecnológico, al fuego cruzado de elaboración de un prototipo mezclando los emprendedores con los futuribles fabricantes y comercializadores del producto, tras alguna sesión de demostración, seguida de cuantos contactos informales resulten precisos, hasta que se advierta que el guiso está a punto de compactar. Apártese entonces el preparado de la llama de la incubadora universitaria, introduciéndolo en el horno de los colaboradores

Con todas estas adaptaciones que alberga la normativa sectorial universitaria se crea un elenco de especialidades tal, un auténtico "corpus jurídico", que resulta imposible ya hace tiempo sostener el planteamiento uniforme que para todas las Administraciones públicas y colectivos pretendía la LI, y que, no obstante, ya estaba en gran medida exceptuado para la enseñanza universitaria, como he tenido ocasión de exponer brevemente. La norma se pliega así, en este caso, no sólo a la necesidad de impulsar la actividad investigadora y a la transferencia de sus resultados al ámbito empresarial, sino también a las reivindicaciones de la academia, generando lo que en algunos casos se ha dado en llamar una «horma de compatibilidad» [10] y no una norma de compatibilidad, en clara alusión a la situación generada durante las décadas de los años 50 y 60, cuando prácticamente cada Cuerpo contaba con su propia reglamentación de incompatibilidades, creando desigualdades difícilmente soportables [11]. Las normas carecían de toda objetividad, adaptándose a las conveniencias e intereses de los altos Cuerpos o, simplemente, de quienes se hallaban en el poder.

---

financieros, que se habrá encendido unos minutos antes, para dejarlo en el grill el tiempo imprescindible para que haga una leve costra, retirándolo a continuación.
Se deja enfriar en un plato en el que previamente estará una licencia exclusiva de producción y unos estatutos de empresa mixta con consejo de administración minoritariamente universitario, hasta advertir que ha alcanzado la prestancia de una empresa universitaria de base tecnológica, de la Ley Orgánica de Universidades (LOU). Se adorna con un proceso optimizado de producción y unas dosis de mercadotecnia, al gusto de los consumidores, y estará listo para servir. Si se repite la operación -mejor hacerlas simultáneamente- con diferentes proyectos, ya estará dispuesto el holding universitario». «Empresas universitarias de base tecnológica». IV Encuentros de estío. Gestión universitaria: nuevos retos ante el cambio. Universidad de Valladolid (septiembre de 2002).

[10] *La reforma de la Administración. Una asignatura pendiente, Balance Sindical de la Gestión del Gobierno (1982-1986)*, CC.OO., pág. 79.

[11] A esta idea hacía referencia NIETO GARCÍA cuando manifestaba que la abundancia de normas en materia de incompatibilidades en el pasado siglo, verdaderamente abrumadora, no revelaba sino una situación patológica en el seno de la Administración española.
«La retribución de los funcionarios en España. Historia y actualidad», *Revista de Occidente*, Madrid, 1967, pág. 348.
En parecidos términos Sabino ÁLVAREZ-GENDÍN, «El problema de las incompatibilidades de los funcionarios públicos», *Revista de Administración Pública*, núm. 39 (septiembre/diciembre de 1962), pág. 110.
Hasta tal punto esa multiplicación de estatutos era exagerada que sólo en los años 1954 a 1956 se aprobó normativa específica y diversa sobre régimen de incompatibilidades, entre otros, para los Agentes Judiciales, Jueces y Fiscales Municipales, Comarcales y de Paz, para el Servicio especial de Vigilancia Fiscal, personal de Prisiones, Policías que ostentasen la condición de Letrados, personal de la Escuela Diplomática, Letrados del Ministerio de Justicia, Inspectores Técnicos del Timbre, Liquidadores del impuesto sobre espectáculos públicos, personal del Cuerpo de Ingenieros de Radiodifusión, personal del Instituto Nacional de Previsión, de la Dirección General de Correos y Telecomunicación, Cuerpo Técnico de Inspección de Seguros y Ahorro, Técnicos y Administrativos de Aduanas, Inspectores de Enseñanza Media e Ingenieros y Ayudantes del Ministerio de Industria.

III. PARTICIPACIÓN DEL PROFESORADO EN LAS EBTs TRAS LA LOMLOU

Nos centramos ya, de lleno, en lo que atañe al objeto de esta ponencia, esto es, el régimen de incompatibilidades aplicable a los profesores universitarios que decidan participar en una EBT, sin aludir, insisto, a otros aspectos tangenciales o relativos al régimen de creación o funcionamiento de estas entidades.

Como bien sabemos, ya en la LRU, en su artículo 11, se recogía la posibilidad de celebrar contratos con personas, universidades o entidades públicas y privadas para la realización de trabajos de carácter científico, técnico o artístico, así como para el desarrollo de enseñanzas de especialización o actividades específicas de formación, los llamados -tras la aprobación de la LOU- «artículos 83». La compatibilidad para realizar esta actividad deriva "ex lege" de la LI[12] con la limitación establecida desde el punto de vista retributivo por el artículo 5 del Real Decreto 1930/1984, de 10 de octubre, una doble fórmula compleja que pocas veces se observa con absoluto rigor y que requiere, además, una concreción en los estatutos universitarios que no siempre se ha efectuado con el detalle mínimo que permita su aplicación [13]. La LOU obliga, sin embargo, a que los estatutos, en el marco de las normas básicas dictadas por el Gobierno, establezcan los procedimientos de autorización de estos trabajos, de celebración de los contratos, así como los criterios para fijar el destino de los bienes y recursos que con ellos se obtengan.

Por otra parte, el artículo 41.2 g) LOU, tras la LOMLOU, pretende estimular la vinculación entre la investigación universitaria y el sistema productivo, como vía

---

[12] El borrador de Estatuto del Personal Docente e Investigador de las Universidades Españolas (noviembre 2008) dice en su art. 14.1 que el régimen de dedicación no será obstáculo para la realización de trabajos científicos, técnicos o artísticos a los que se refiere el artículo 83.

[13] 1. La remuneración que podrán percibir los Profesores por las actividades desarrolladas en ejercicio de las compatibilidades a las que se refiere el presente Real Decreto se ajustará a los siguientes límites:
a) Cuando la cantidad contratada, una vez deducidos los gastos materiales y personales que la realización del proyecto curso de especialización supongan para la universidad, sea inferior al quíntuplo de los haberes brutos mensuales mínimos de un Catedrático de Universidad en régimen de dedicación a tiempo completo, el Profesor podrá percibir un porcentaje que será establecido en los Estatutos de la Universidad, y que no podrá ser superior al 90 por 100 de la misma. Cuando esta cantidad exceda del expresado quíntuplo, el Profesor podrá percibir, además, un porcentaje, que será asimismo establecido en los Estatutos de la Universidad, y que no podrá ser superior al 75 por 100 del exceso.
b) La cantidad percibida anualmente por un Profesor universitario con cargo a los contratos a que se refiere el presente Real Decreto no podrá exceder del resultado de incrementar en el 50 por 100 la retribución anual que pudiera corresponder a la máxima categoría docente académica en régimen de dedicación a tiempo completo por todos los conceptos retributivos previstos en el Real Decreto 1086/1989, de 28 de agosto, sobre retribuciones del Profesorado universitario.

para la transferencia de los conocimientos generados y garantía de la presencia de la universidad en el proceso de innovación del sistema productivo y de las empresas, a través de la creación de las EBTs, en cuyas actividades podrá participar el personal docente e investigador de las universidades conforme al régimen previsto en el artículo 83.3 [14].

a) Excedencia temporal del artículo 83.3 LOU.

Este apartado dispone que, siempre que una empresa de base tecnológica sea creada o desarrollada a partir de patentes o de resultados generados por proyectos de investigación financiados total o parcialmente con fondos públicos y realizados en universidades [15], el profesorado funcionario de los cuerpos docentes universitarios y el contratado con vinculación permanente a la universidad que fundamente su participación en los mencionados proyectos podrán solicitar la autorización para incorporarse a dicha empresa, mediante una excedencia temporal.

Esta «excedencia por cuidado de EBT»[16] trata de estimular el salto de los profesores universitarios a la carrera empresarial creando una nueva excedencia voluntaria, que precisa de una norma reglamentaria de desarrollo [17], de duración máxima de 5 años y con algunas ventajas significativas sobre las modalidades más comunes

---

[14] En el anexo "Principios y exigencias generales aplicables a los investigadores", de la Recomendación 2005/251/CE, de 11 de marzo, de la Comisión Europea, relativa a la Carta Europea del Investigador y Código de Conducta para la contratación de investigadores, alude expresamente al valor de la movilidad manifestando que "los empleadores y/o financiadores deben reconocer el valor de la movilidad geográfica, intersectorial, interdisciplinaria y virtual (...) así como de la movilidad entre los sectores público y privado como un potente medio para reforzar los conocimientos científicos y el desarrollo profesional en cualquier etapa de la carrera de un investigador (...)".

[15] Esto excluiría a otras entidades investigadoras como el CSIC, CIEMAT, o el INIA, entre otros. En este punto, AMORÓS RIBERA y MAESTRO CANO se plantean qué ocurre con el conocimiento generado e Institutos mixtos de investigación adscritos a una universidad. Según las autoras habrá que estar a lo establecido en el convenio y comprobar si los resultados son titularidad de la universidad, en cuyo caso parece que sería razonable entender aplicable el régimen que estamos analizando. Véase *Bases jurídicas para la gestión universitaria*. Capítulo titulado "Nuevo régimen de incompatibilidades para el profesorado que participe en una empresa de base tecnológica". Editorial Club Universitario.1ª edición, 2008. Tomo I, pág. 335.

[16] "Participación del personal en empresas de base tecnológica: la "excedencia por cuidado de EBT "y otros sistemas de participación". Artículo de Carlos A. GÓMEZ OTERO, dentro de la obra *Bases jurídicas para la gestión universitaria Tomo I. VIII Seminario sobre aspectos jurídicos de la gestión universitaria*. Editorial Club Universitario. San Vicente (Alicante), 2008, pp. 387-398.

[17] Previsto en los artículos 18.5 y 23 del borrador de Estatuto del Personal Docente e Investigador de las Universidades Españolas. Además de los aspectos legales, se pretende que esta excedencia:

- compute a efectos de la concesión de retribuciones ligadas a méritos individuales por el ejercicio de las siguientes funciones: investigación, desarrollo tecnológico, transferencia de

de esta situación administrativa [18] (no requiere periodo mínimo de prestación de servicios previos antes de solicitar el pase a la situación, hay reserva del puesto de trabajo durante la duración de la excedencia y se computa el tiempo de disfrute de ésta a efectos de antigüedad).

En concreto, la reserva del puesto de trabajo evita –y esto no es en absoluto poco importante en cualquier ámbito administrativo y, mucho más aún, por razones de todos conocidas, en el universitario- tener que acudir a los procedimientos para el reingreso al servicio activo de los funcionarios excedentes, mediante la participación en los concursos de acceso o la adscripción provisional, ambas reguladas en el artículo 67 LOU [19].

---

conocimiento y gestión.

- entre el fin del disfrute de una excedencia de este tipo y el comienzo de la siguiente, por parte de un mismo profesor, deberá transcurrir un período mínimo de 2 años.

[18] Excedencia voluntaria por interés particular, por agrupación familiar, por cuidado de familiares o por razón de violencia de género (artículo 89 del EBEP). La llamada excedencia voluntaria por desempeño de otro puesto de trabajo en el sector público, también denominada por incompatibilidad, a la que hace referencia el artículo 29.3 a) de la Ley 30/1984, de 2 de agosto y el artículo 10 de la LI, no tiene una regulación expresa en el EBEP, salvo por lo que pudiera deducirse de la referencia genérica que efectúa el artículo 85.2: «Las Leyes de Función Pública que se dicten en desarrollo de este Estatuto podrán regular otras situaciones administrativas de los funcionarios de carrera, en los supuestos, en las condiciones y con los efectos que en las mismas se determinen, cuando los funcionarios accedan, bien por promoción interna o por otros sistemas de acceso, a otros cuerpos o escalas y no les corresponda quedar en alguna de las situaciones previstas en este Estatuto, y cuando pasen a prestar servicios en organismos o entidades del sector público en régimen distinto al de funcionario de carrera».

Esto obligó a que la Instrucción dictada por la entonces Secretaría General para la Administración Pública el 25 de mayo de 2007 manifestara, seguramente más allá del ámbito material que le está reservado, que seguían vigentes las situaciones administrativas reguladas en la Ley 30/1984, de 2 de agosto, y en concreto, la excedencia voluntaria por prestación de servicios en el sector público tal como está regulada en el Real Decreto 365/1995, de 10 de marzo, por el que se aprueba el Reglamento de Situaciones Administrativas de los Funcionarios Civiles de la Administración General del Estado, modificado por Real Decreto 255/2006, de 3 de marzo, hasta que se promulgue la Ley de Función Pública de la Administración General del Estado.

[19] El reingreso al servicio activo de los funcionarios y funcionarias de cuerpos docentes universitarios en situación de excedencia voluntaria se efectuará mediante la obtención de una plaza en los concursos de acceso a los cuerpos docentes universitarios que cualquier universidad convoque, de acuerdo con lo establecido en el artículo 62.

El reingreso podrá efectuarse, asimismo, en la Universidad a la que perteneciera el centro universitario de procedencia con anterioridad a la excedencia, solicitando del Rector la adscripción provisional a una plaza de la misma, con la obligación de participar en cuantos concursos de acceso se convoquen por dicha Universidad para cubrir plazas en su cuerpo y área de conocimiento, perdiendo la adscripción provisional caso de no hacerlo. La adscripción provisional se hará en la forma y con los efectos que, respetando los principios reconocidos por la legislación

Si con anterioridad a la finalización del período por el que se hubiera concedido la excedencia el profesor no solicitara el reingreso al servicio activo, será declarado de oficio en situación de excedencia voluntaria por interés particular.

Esta alternativa de incorporación a las EBTs no debería plantear conflictos en cuanto al régimen de incompatibilidades por la sencilla razón de que la situación administrativa de excedencia permite eludirlos [20]. No obstante, parte de la doctrina considera que esta opción seguramente va a tener poco éxito: «decidir cambiar la situación funcionarial o laboral fija por un proyecto incierto, con una reserva del puesto limitada en el tiempo y teniendo en cuenta la dificultad de regresar en las mismas condiciones (proyectos de investigación, dirección de equipos de investigación, etc.) va a hacer que muy pocos sean los profesores que dejen su proyecto vital junto a las aulas y laboratorios por uno nuevo de carácter marcadamente comercial» [21].

b) Solicitud de compatibilidad y aplicación de la disposición adicional vigésimo cuarta LOMLOU.

La simultaneidad de la actividad académica con la desarrollada en la EBT sin echar mano de esta excedencia, sólo puede plantearse mediante el cambio de dedicación de tiempo completo a tiempo parcial, a la vista de la incompatibilidad absoluta que se desprende de lo dispuesto en el artículo 16.2 LI [22], excepción hecha de las actividades enumeradas en los artículos 4.3 y 19 de la misma Ley [23]. Una vez obtenido el cambio de dirección se requiere, como es criterio general en materia de incompatibilidades, la previa solicitud de compatibilidad y resolución de reconocimiento o autorización, con observancia de los requisitos de horario y retributivos.

---

general de funcionarios en el caso del reingreso al servicio activo, determinen los Estatutos. No obstante, el reingreso será automático y definitivo, a solicitud del interesado dirigida a la Universidad de origen, siempre que hubieren transcurrido, al menos, dos años en situación de excedencia, y que no excedieren de cinco, y si existe plaza vacante del mismo cuerpo y área de conocimiento.

[20] Aunque se podría plantear alguna suspicacia respecto de la prohibición prevista en el artículo 12.1 a) LI: «El desempeño de actividades privadas, incluidas las de carácter profesional, sea por cuenta propia o bajo la dependencia o al servicio de entidades o particulares, en los asuntos en que este interviniendo, haya intervenido en los dos últimos años o tenga que intervenir por razón del puesto público».

[21] GÓMEZ OTERO, Carlos A. *Bases jurídicas para la gestión universitaria*. Capítulo titulado "Participación del personal en empresas de base tecnológica: la "excedencia por cuidado de EBT" y otros sistemas de participación". Editorial Club Universitario.1ª edición, 2008. Tomo I, pág. 396.

[22] A efectos de lo dispuesto en el presente artículo, la dedicación del profesorado universitario a tiempo completo tiene la consideración de especial dedicación.

[23] La enmienda núm. 317 del Grupo Parlamentario Catalán en el Senado -Convergència i Unió (GPCIU)- proponía una modificación del apartado 1 del artículo 68 en los siguientes términos: «El profesorado de las universidades públicas ejercerá sus funciones preferentemente en régimen

Dependiendo del porcentaje de participación pública en la EBT, la actividad a realizar en ella podrá calificarse como pública o privada [24]. Tal calificación marcará el régimen de incompatibilidades aplicable, ya que no es idéntico en ambos casos. La calificación carece de trascendencia para el supuesto de que la opción ejercida por el profesor sea la de acogerse a la excedencia que acabamos de ver. En otro caso, será preciso, en primer lugar, resolver el régimen aplicable derivado de aquella calificación.

Para que pueda autorizarse la compatibilidad para segunda actividad pública es preciso que la Ley prevea el supuesto concreto. En cambio, si se trata de una actividad privada, basta con que la Ley no lo prohíba y se cumplan el resto de prescripciones legales. Así, la previsión contenida en la disposición vigésimo cuarta LOMLOU, que exceptúa la aplicación del artículo 12.1 b) y c) Li, sólo se aplicaría cuando la actividad a realizar en la EBT tuviera carácter privado (el artículo 12 LI se ubica en el capítulo relativo a las actividades privadas).

Como supuesto de actividad pública, la compatibilidad para participar en una EBT no aparece prevista expresamente ni en la LOU o LOMLOU ni en la LI. En esta última, aparte de los supuestos exceptuados del artículo 19 y de la mención del artículo 4.3 a la que ya nos hemos referido, hay dos supuestos más de actividades públicas relacionadas con la investigación:

a) Desempeño de un segundo puesto de trabajo de carácter exclusivamente investigador en centros públicos de investigación, dentro del área de especialidad del departamento universitario y siempre que los dos puestos vengan reglamentariamente autorizados como de prestación a tiempo parcial. Aplicable a catedráticos y profesores titulares de universidad y a los catedráticos de escuelas universitarias (artículo 4.2).

---

de dedicación a tiempo completo, o bien a tiempo parcial. La dedicación será, en todo caso, compatible con la realización de trabajos científicos, técnicos o artísticos a que se refiere el artículo 83, así como con la participación en actividades privadas de investigación que sean fruto de la actividad investigadora en la que haya intervenido y con la participación en el capital social de empresas de base tecnológica que se creen a partir de los resultados generados como consecuencia de su actividad investigadora, en los términos que se determinen reglamentariamente». BOCG Senado VIII Legislatura Serie II: Proyectos de Ley, núm. 83 (d), 19 de febrero de 2007. De haberse aceptado esta enmienda habría sido posible que el profesorado compatibilizara a priori la participación profesional como investigador o como accionista sin reducir la dedicación a tiempo completo en la universidad.

[24] El artículo 1.1 LI dice que a efectos de incompatibilidades se considerará actividad en el sector público la desarrollada en las empresas dependientes de las Administraciones públicas. El artículo 2.1 h) LI manifiesta que la Ley será de aplicación al personal que preste servicios en empresas en que la participación del capital, directa o indirectamente, de las Administraciones Públicas sea superior al 50 por 100.

b) Ejercicio de actividades de investigación, de carácter no permanente, o de asesoramiento en supuestos concretos, que no correspondan a las funciones del personal adscrito a las respectivas Administraciones Públicas, y que sean asignadas en concurso público o por requerir especiales cualificaciones (artículo 6).

Parece que ninguno de estos dos supuestos tiene nada que ver con la actividad en una EBT: no se trata de un centro público de investigación propiamente, no es una actividad puntual para un proyecto concreto, etc.

Como supuesto de actividad privada, la normativa en materia de incompatibilidades exige cumplir con dos tipos de requisitos: de carácter funcional y de carácter económico o de jornada. En cualquier caso, volvemos a recordarlo, no será necesario analizar ni uno ni otros para el supuesto de que la dedicación del profesor sea a tiempo completo, ya que el artículo 16.2 considera que en este supuesto la dedicación a la Universidad es especial, comportando una incompatibilidad absoluta para actividades públicas y privadas.

Desde mi punto de vista los requisitos funcionales son los realmente importantes, los que permiten apreciar la existencia o no de un posible conflicto de intereses y el riesgo que éste puede suponer para la integridad de los valores que trata de proteger todo sistema de incompatibilidades: imparcialidad, objetividad, independencia, eficacia y fiel desempeño de las funciones públicas encomendadas. Son también estos aspectos –los funcionales- los que resultan más difíciles de apreciar y valorar, ya que juegan un papel decisivo criterios de muy diferente naturaleza: jurídicos, éticos, sociológicos, económicos, etc.

De momento, la disposición adicional vigésimo cuarta LOMLOU [25] –ya lo hemos visto- ha decidido no aplicar dos prohibiciones de naturaleza funcional que recoge la LI en su artículo 12.1 b) y d), pero únicamente para los profesores funcionarios

---

[25] Esta disposición adicional se incorpora a la LOMLOU en el trámite parlamentario en el Senado mediante enmienda presentada por el Grupo Parlamentario Catalán en el Senado -Convergència i Unió (GPCIU). La senadora ALEIXANDRE I CERAROLS efectúa la defensa de esta enmienda en los términos que siguen: « La 328, se refiere a los desarrollos de las actividades investigadoras y su relación con las empresas de base tecnológica creadas a partir de sus investigaciones como instrumento para impulsar la transferencia de conocimiento desde la universidad a la actividad productiva, siempre previamente pactado con la propia universidad, de forma que esta participe en sus beneficios. Señorías, es ridículo que en estas empresas de base tecnológica creadas a partir de las propias investigaciones y del propio esfuerzo de estos profesores universitarios, ellos solamente puedan participar en un 10 por ciento y sin ninguna posibilidad de pertenecer al consejo de administración, porque es así el estímulo para crear estas empresas es totalmente nulo, y lo que conseguimos es que este profesor universitario o se vaya a otra parte a investigar o sencillamente se limite a investigar cómo es la hoja verde que salta del árbol el día 7 de di-

de los cuerpos docentes universitarios, con lo cual puede darse la paradoja de que un profesor contratado doctor, con plena capacidad docente e investigadora, creador de una patente, no pueda beneficiarse de esta disposición, sino únicamente acogerse a la excedencia que ya hemos visto [26].

De esta manera puede plantearse la participación del profesor funcionario de cuerpo docente universitario como accionista. Al amparo de la disposición adicional vigésimo cuarta LOMLOU ha dejado de ser decisivo el que la participación del profesor exceda o no del 10 por ciento en el capital social de la EBT. Recordemos que el artículo 12.1 d) LI prohíbe participar en más de un 10 por ciento en el capital de las empresas o sociedades concesionarias, contratistas de obras, servicios o suministros, arrendatarias o administradoras de monopolios, o con participación o aval del sector público, cualquiera que sea su configuración jurídica.

La LOMLOU declara no aplicable la limitación establecida en el artículo 12.1 d) LI para los profesores funcionarios de cuerpos docentes universitarios cuando participen en una EBT promovida por su universidad y participada por ésta o por alguno de los entes previstos en el artículo 84 LOU, creadas a partir de patentes o de resultados generados por proyectos de investigación realizados en universidades, siempre que exista un acuerdo explícito del Consejo de Gobierno de la Universidad, previo informe del Consejo Social, que permita la creación de dicha empresa [27].

---

ciembre. Esta no es la opinión de esta humilde senadora, que tiene por suerte o por desgracia un pequeño conocimiento sobre el tema, sino que viene rubricado por expertos universitarios responsables de políticas de investigación en nuestro país, que la tuvieron en otros, o que la siguen teniendo en la Unión Europea; estoy hablando de profesores como el doctor Mas Cullel, el doctor Nombella o el doctor Muñoz, que han explicado en esta misma sede en forma de jornadas o comparecencias su opinión sobre el tema. Creemos que este puede ser el paso más importante que puede dar esta ley en el Senado. Espero que todos los grupos apoyen esta enmienda o una transaccional a partir de ella.»
DS Senado VIII Legislatura Comisiones (Educación y Ciencia) núm. 436, celebrada el 12 de marzo de 2007.

[26] Véase AMORÓS RIBERA, Ana y MAESTRO CANO, Almudena. *Bases jurídicas para la gestión universitaria*. Capítulo titulado "Nuevo régimen de incompatibilidades para el profesorado que participe en una empresa de base tecnológica". Editorial Club Universitario.1ª edición, 2008. Tomo I, pág. 334.

[27] En este acuerdo se debe certificar la naturaleza de base tecnológica de la empresa, y las contraprestaciones adecuadas a favor de la universidad. El Gobierno regulará las condiciones para la determinación de la naturaleza de base tecnológica de las empresas a las que se refiere el párrafo anterior.

Sin esta previsión, habría sido casi imposible defender la compatibilidad, ya que incluso la excepción recogida en el artículo 19 a) LI (administración del patrimonio personal o familiar) [28], lo es sin perjuicio de lo dispuesto en el artículo 12, cuyo párrafo d) ahora se exceptúa de aplicación de acuerdo con lo ya expuesto[29].

Esta misma disposición adicional, con iguales requisitos, permite también ahora que pueda pertenecerse a Consejos de Administración u órganos rectores de las EBTs, aunque su actividad esté directamente relacionada con las que gestione la Universidad [artículo 12.1 b)].

De la disposición adicional, además, se deduce la desaparición en estos dos supuestos de la prohibición para contratar con la Universidad, tal como contempla con carácter general el artículo 49 f) de la Ley 30/2007, de 30 de octubre, de Contratos del Sector Público [30] [antes, artículo 20 e) del Real Decreto legislativo 2/2000, de 16 de junio).

---

[28] Véase el criterio de aplicación 13/I.87, de la Inspección General de Servicios del Ministerio de Administraciones Públicas sobre la extensión de esta actividad exceptuada.

[29] Esta reforma se inspira en la Ley francesa 99-587, de 12 de julio de 1999, sobre innovación e investigación, que establece las condiciones en las que se puede autorizar a los funcionarios civiles, entre los que se incluye el profesorado universitario, a participar a título personal, en calidad de socio o directivo, en la creación de empresas cuyo objeto sea asegurar, en ejecución de un contrato suscrito con una persona pública o una empresa pública, la valoración de los trabajos de investigación realizados en el ejercicio de sus funciones. La autorización debe solicitarse previamente a la negociación del contrato citado y antes de la inscripción de la empresa en el registro correspondiente. El funcionario en cuestión no podrá actuar como representante de la persona o empresa pública en la negociación previa que se realice. La autorización, que se otorga por un periodo de dos años, renovable por dos veces, podrá denegarse en determinados casos: si perjudica el funcionamiento normal del servicio público o si se atentan intereses materiales o morales del servicio público de investigación. Durante el tiempo que dura la autorización, el funcionario cesa en sus actividades correspondientes al servicio público, aunque se le reconoce la posibilidad de ejercer actividades de docencia. Finalizada la autorización, el funcionario podrá reincorporarse a su Cuerpo de origen; en este caso, se pondrá fin a su colaboración profesional con la empresa en el periodo de un año y no podrá conservar directa o indirectamente ninguna participación en la empresa, aunque se reconoce la posibilidad de ser autorizado a conservar una participación en su capital social hasta un límite del 15 % o a ser miembro de su consejo de administración.
Véase SÁNCHEZ NAVARRO, Álvaro. «El fomento de nuevas iniciativas relacionadas con la investigación universitaria». *II Seminario sobre Gestión de la Innovación en las Universidades*. Junio de 2002. Fundación General de la Universidad de Salamanca.

[30] No podrán contratar con el sector público las personas en quienes concurra alguna de las circunstancias siguientes: Estar incursa la persona física o los administradores de la persona jurídica en alguno de los supuestos de la Ley 5/2006, de 10 de abril, de regulación de los conflictos de intereses de los miembros del Gobierno y de los altos cargos de la Administración General del Estado, de la Ley 53/1984, de 26 de diciembre, de incompatibilidades del personal al servicio de las Administraciones públicas o tratarse de cualquiera de los cargos electivos regulados en

c) Otros requisitos para el reconocimiento de compatibilidad.
Es importante dejar constancia que la LOMLOU sólo habla de exceptuar las limitaciones recogidas en el artículo 12.1 b) y d) LI, pero no cualquier otra ni de los requisitos aplicables para el reconocimiento de actividades privadas, a las que ya nos hemos referido, de no coincidencia horaria, límites de jornada y retributivos. Esto puede que haga en muchos casos difícil el reconocimiento de compatibilidad si nos atenemos a la literalidad de la Ley.

Desde mi punto de vista, para remover todos los obstáculos de la normativa de incompatibilidades que dificultan la participación del profesorado universitario en las EBTs lo propio es que la LOU hubiera exceptuado la aplicación de todo el artículo 12.1 LI -no sólo los párrafos o letras b) y d)-, y se hubiera dispensado del requisito de la percepción de complementos específicos de cierta cuantía, a que alude el artículo 16.4 LI.

Como dice la letra a) del artículo 12.1, no podrán realizarse actividades privadas, incluidas las de carácter profesional, sea por cuenta propia o bajo la dependencia o al servicio de entidades o particulares, en los asuntos en que se esté interviniendo, se haya intervenido en los dos últimos años o se tenga que intervenir por razón del puesto público. Dice Juan Manuel del VALLE que esta prohibición impediría al profesor la realización de actividad investigadora que tuviera como punto de partida el "know how" generado por él en la universidad durante ese periodo de tiempo [31]. Por el contrario José Ramón CHAVES descarta esta interpretación, considerando aquí «asunto» como equivalente a expediente administrativo [32].

La profesora PETIT LAVALL recuerda, además, que sigue vigente la prohibición de que los funcionarios puedan desempeñar, por sí o por persona interpuesta,

---

la Ley Orgánica 5/1985, de 19 de junio, del Régimen Electoral General, en los términos establecidos en la misma.
La prohibición alcanzará a las personas jurídicas en cuyo capital participen, en los términos y cuantías establecidas en la legislación citada, el personal y los altos cargos de cualquier Administración Pública, así como los cargos electos al servicio de las mismas.
La prohibición se extiende igualmente, en ambos casos, a los cónyuges, personas vinculadas con análoga relación de convivencia afectiva y descendientes de las personas a que se refieren los párrafos anteriores, siempre que, respecto de los últimos, dichas personas ostenten su representación legal.
Véase PETIT LAVALL, Mª Victoria. « Algunas cuestiones en torno a las spin-off's y la participación de la universidad en su capital". Comisión sectorial de Secretarios Generales de la CRUE. Universidad de Murcia (noviembre de 2007).

[31] «Empresas universitarias de base tecnológica». *IV Encuentros de estío. Gestión universitaria: nuevos retos ante el cambio*. Universidad de Valladolid (septiembre de 2002).

[32] I Congreso de creación de empresas de innovación y base tecnológica. Universidad de Valladolid (4 y 5 de mayo de 2004).

cargos de todo orden en empresas o sociedades concesionarias, contratistas de obras, servicios o suministros, arrendatarias o administradoras de monopolios, o con participación o aval del sector público, cualquiera que sea la configuración jurídica de aquellas [artículo 12.1 c) LI] [33].

Junto a los aspectos funcionales, existen otros de orden económico o retributivo, de jornada y horario que son relevantes a la hora de poder reconocer el desempeño de un puesto o el ejercicio de una actividad privada en una EBT. Comenzando por el último, el artículo 12.2 LI, en una redacción enrevesada y casi ininteligible, viene a decir, en principio, que no habrá limitación horaria en la dedicación a la actividad privada cuando la actividad en el sector público sea a tiempo parcial. A efectos de la normativa de incompatibilidades se entiende por tal aquella que no supere 30 horas semanales –se incluyen las no presenciales- (artículo 14 del Real Decreto 598/1985, de 30 de abril, sobre Incompatibilidades del Personal al servicio de la Administración del Estado, de la Seguridad Social y de los Entes, Organismos y Empresas dependientes). Parece que este requisito no será inconveniente siempre que partamos de la dedicación a tiempo parcial del profesor, presupuesto indispensable si queremos que exista alguna posibilidad de reconocimiento.

Por lo que respecta al requisito económico, la reducción de la dedicación que remueve el obstáculo a que hace referencia el artículo 16.2 LI, no excluye ni impide la aplicación del apartado 4° del mismo artículo, esto es: no puede reconocerse compatibilidad para el ejercicio de actividades al personal que desempeñe puestos de trabajo que comporten la percepción de complementos específicos o concepto equiparable -o concepto retributivo que lo sustituya cuando entre en vigor lo dispuesto en el artículo 24. b) EBEP-, cuya cuantía supere el 30 por ciento de su retribución básica, excluidos los conceptos que tengan su origen en la antigüedad. Esta es la interpretación que sigue el Ministerio de Presidencia (a través de la Oficina de Conflictos de Intereses) y que se deriva de la literalidad de la Ley, que habla de la incompatibilidad absoluta cuando exista dedicación a tiempo completo, pero no dispensa de la aplicación del apartado 4° del artículo 16 cuando la dedicación se haya reducido.

La consecuencia de esta interpretación es que el resultado del cálculo determinará casi con toda probabilidad la incompatibilidad, ya que los complementos retributivos no sólo se han ido incrementado en importe con el paso del tienpo, sino que han ido surgiendo otros nuevos que, por su naturaleza y los factores que remuneran, pueden considerarse específicos. Démonos cuenta de que la LI no sólo habla de

---

[33] Véase PETIT LAVALL, Mª Victoria. « Algunas cuestiones en torno a las spin-off's y la participación de la universidad en su capital". Comisión sectorial de Secretarios Generales de la CRUE. Universidad de Murcia (noviembre de 2007).

complementos específicos, sino también de conceptos equiparables. En la nómina de un profesor funcionario de cuerpo docente universitario tienen esta naturaleza el componente general del complemento específico, el componente singular por el desempeño de algún cargo académico [34], el complemento por méritos docentes [35] y otros complementos autonómicos que van dirigidos a incrementar el componente general del complemento específico por méritos evaluables de carácter individual, para incentivar la actividad investigadora y la mejora de la calidad del sistema universitario [36].

IV. OTRAS FÓRMULAS DE PARTICIPACIÓN DEL PROFESORADO EN LAS EBTs.

Además de las alternativas ya expuestas para facilitar la participación del profesorado en las EBTs financiadas total o parcialmente por la Universidad, podrían plantearse otras posibles vías. La primera de ellas se refiere a la designación de profesores por la Universidad para pertenecer en representación suya como miembros del Consejo de Administración u órgano de Gobierno de la empresa (artículo 8 LI). En este caso, el profesor sólo podría percibir las dietas o indemnizaciones que correspondieran por su asistencia a los mismos, ajustándose en su cuantía al régimen general previsto para las Administraciones Públicas. Las cantidades devengadas por cualquier otro concepto serían ingresadas directamente por la empresa en la tesorería de la Universidad que corresponda.

Algunos opinan que para que pueda aplicarse este supuesto es preciso que la totalidad del capital de la EBT o el 51 por ciento, haya sido desembolsado por la Universidad, ya sea ella sola o conjuntamente con otras entidades públicas, por la razón de que esta compatibilidad se haya regulada en la LI en el capítulo dedicado a las actividades públicas. Pero lo cierto es que si echamos una mirada

---

[34] Complemento específico de Cargo en la denominación empleada por el borrador de Estatuto del Personal Docente e Investigador de las Universidades Españolas.

[35] Véase la Resolución de 2 de enero de 2009, de la Secretaría de Estado de Hacienda y Presupuestos, por la que se dictan instrucciones en relación con las nóminas de los funcionarios incluidos en el ámbito de aplicación de la Ley 30/1984, de 2 de agosto en los términos de la disposición final cuarta de la Ley 7/2007, de 12 de abril, del Estatuto Básico del Empleado Público, y se actualizan para el año 2009 las cuantías de las retribuciones del personal a que se refieren los correspondientes artículos de la Ley de Presupuestos Generales del Estado para dicho ejercicio (BOE núm. 3, de 3 de enero).

[36] Para el caso de las universidades públicas de la Comunidad de Madrid, véase el Acuerdo para la mejora retributiva del personal docente e investigador de 9 de septiembre de 2004 (BOCM núm. 219, de 14 de septiembre).
Estos complementos, de acuerdo con el borrador de Estatuto del Personal Docente e Investigador de las Universidades Españolas integrarían el complemento de productividad, pero no el específico (artículo 17).

al artículo 8 LI, el carácter público de la actividad viene dado por actuar quien haya sido designado, en representación de la Administración, con independencia de la naturaleza, pública o privada, de la entidad o empresa en cuyo consejo de administración u órgano de gobierno se participe.

Buena parte de la doctrina sugiere también la participación en la EBT haciendo uso de las licencias o permisos regulados en el Real Decreto 898/1985, de 30 de abril, sobre régimen del profesorado universitario [37]:

a) Licencias por estudios para realizar actividades docentes o investigadoras vinculadas a una universidad, institución o centro, nacional o extranjero, de acuerdo con los requisitos y con la duración establecidos en los estatutos universitarios, en el marco de las disponibilidades presupuestarias (artículo 8).

b) Exención parcial o total por parte de los departamentos de las obligaciones docentes por un tiempo máximo de un año en atención a las necesidades de investigación (artículo 9.7).

Desde la perspectiva de la normativa de las incompatibilidades, ambas vías –para el caso de que pueda subsumirse en ellas el supuesto de participación en una EBT, cuestión esta que sólo «a calzador» puede conseguirse en algunos casos[38]- plantean importantes problemas. Estas licencias, con independencia de que sean o no retribuidas, suponen el mantenimiento de la situación administrativa de «servicio activo» para el profesor funcionario, lo que implica que la normativa de incompatibilidades se debe seguir aplicando con igual intensidad que en cualquier otro caso, analizándose no sólo los aspectos funcionales sino los económicos que ya hemos expuesto. Ni la LOU ni la LOMLOU, que sólo hacen una mención genérica a estas licencias para su desarrollo reglamentario posterior, han manifestado en ningún caso que su concesión excluya la aplicación del régimen de incompatibilidades, expresión esta que sí es explícita para los supuestos de la disposición adicional vigésimo cuarta LOMLOU.

Digamos que, sólo las excedencias y la suspensión firme –aunque, incluso, no en todos sus aspectos- son las únicas situaciones administrativas que permiten eludir los rigores de la normativa de incompatibilidades.

---

[37] El fundamento legal último de esta norma está en el artículo 40.4 LOU: «Las Universidades fomentarán la movilidad de su personal docente e investigador, con el fin de mejorar su formación y actividad investigadora, a través de la concesión de los oportunos permisos y licencias, en el marco de la legislación estatal y autonómica aplicable y de acuerdo con las previsiones estatutarias consignadas al efecto».

[38] Y ello, con independencia de que algunos acuerdos de consejos de gobierno de universidades hayan aprobado previsiones en este sentido: se suelen citar las universidades Complutense de Madrid, Huelva y Zaragoza. Estos acuerdos pueden plantear serias dudas de su legalidad desde el punto de vista de la normativa de incompatibilidades, que recordemos es competencia exclusiva del Estado.

Manifestación de estas previsiones es el artículo 56 de la Ley 1/2003, de 19 de febrero, de universidades de Cataluña, que regula un sistema de licencias y excedencias para el fomento de la investigación y la colaboración interuniversitaria a favor de los profesores contratados permanentes, los profesores colaboradores temporales con título de doctor y los profesores lectores (categorías propias). Este sistema se articula para que, entre otras acciones, se puedan crear empresas directamente relacionadas con la actividad científica y técnica que desarrolla la universidad.

La licencia comporta reserva del puesto de trabajo y puede otorgarse por un período máximo de dos años. Corresponde a la universidad determinar las retribuciones que, en su caso, pueda percibir el profesor mientras goce de la licencia. La excedencia se otorga por un período no superior a cuatro años, no será retribuida e implica la suspensión automática del contrato. El reingreso se producirá de forma automática y definitiva, a solicitud de la persona interesada, en un puesto de trabajo de la misma categoría y en el mismo departamento o centro de investigación de origen.

Por su parte, la disposición adicional séptima de la Ley 3/2003, de 28 de marzo, de Universidades de Castilla y León, autoriza a que las Universidades públicas, al amparo de los artículos 40.4, 41 g) y 69.3 LOU, puedan, a propuesta del Consejo de Gobierno de cada una de ellas, conceder licencias para estancias de investigación en organismos o empresas de base tecnológica y retribuidas por dichas empresas u organismos. La autorización, que tendrá una duración máxima de dos años, será singular e individual, ligada a méritos que revelen una trayectoria investigadora solvente y orientada a la vinculación con el sistema productivo, en las condiciones que se determinen reglamentariamente. En todo caso, para su concesión será preceptivo el informe favorable de la Agencia para la Calidad del Sistema Universitario de Castilla y León.

La vía utilizada por el artículo decimonoveno (creación o participación en sociedades mercantiles) de la Ley 13/1986, de 14 de abril de 1986, de Fomento y Coordinación General de la Investigación Científica y Técnica, en la redacción dada por la Ley 24/2001, de 27 de diciembre, de Medidas Fiscales, Administrativas y del Orden Social, es un modelo alternativo mucho más claro y transparente. El rango y la procedencia estatal de la norma, salva algunos de los inconvenientes advertidos en el Real Decreto 898/1985, de 30 de abril y las normas autonómicas.
Este artículo prevé que el Gobierno pueda autorizar a los organismos públicos de investigación a crear o participar en el capital de sociedades mercantiles cuyo objeto sea la realización de alguna de las siguientes actividades:

a) La investigación científica, el desarrollo o la innovación tecnológica.

b) La explotación de patentes de invención y, en general, la cesión y explotación de los derechos de la propiedad industrial e intelectual.

c) El uso y el aprovechamiento, industrial o comercial, de las innovaciones, de los conocimientos científicos y de los resultados obtenidos y desarrollados por el organismo.

d) La prestación de servicios técnicos relacionados con los fines propios del organismo.

Los funcionarios de dichos organismos que pasen a prestar servicios en las citadas sociedades mercantiles podrán solicitar la concesión de licencias para desarrollar tareas directamente relacionadas con la actividad científica o técnica que realicen en el Organismo. Dichas licencias se concederán sin retribución alguna, por un plazo máximo de 4 años y con derecho a conservar el puesto de trabajo. La concesión de estas licencias se subordinará a las necesidades del servicio, al interés para el organismo de los trabajos científicos y técnicos a desarrollar y se ajustará al procedimiento, condiciones y requisitos que se establezcan mediante Orden del Ministerio de Ciencia y Tecnología[39], previo informe favorable del Ministerio de Administraciones Públicas [40].

V. ALGUNAS PROPUESTAS.

Con esta breve exposición, hemos querido dejar constancia no tanto del régimen actualmente aplicable, sino de los obstáculos menos evidentes que aún siguen estando presentes para alcanzar esa participación efectiva y transparente del profesorado universitario en las actividades investigadoras en el mundo empresarial.

En el aspecto económico, el que la reducción de la dedicación, conllevara la pérdida de los conceptos retributivos calificados como específicos [41], con la integridad de las restantes, sería una alternativa. Al fin y al cabo esta solución no repugna al Derecho por cuanto el complemento llamado hasta ahora específico, retribuía y seguirá retribuyendo la dedicación [artículos 23.3 b) LMRFP y 24 b) EBEP]. El borrador de Estatuto del Personal Docente e Investigador de las Universidades

---

[39] Actualmente, Ministerio de Ciencia e Innovación.

[40] Orden CTE/3630/2003, de 16 de diciembre, por la que se regula la concesión de licencia para el personal funcionario de los organismos públicos de investigación para el desarrollo de actividades en empresas de base tecnológica.
En el artículo octavo de la Orden se establece que «Durante el tiempo que dure la licencia, el funcionario continuará sujeto al régimen de incompatibilidades establecido en la Ley 53/1984, de 26 de diciembre, de incompatibilidades del personal al servicio de las Administraciones Públicas, y en la normativa de desarrollo, en las mismas condiciones que las existentes antes de la concesión de la citada licencia».

[41] Si no total, sí al menos hasta el límite preciso para remover la prohibición legal del artículo 16.4 LI

Españolas, cuando habla de la reducción de la dedicación en un 80 por ciento, sí dice que se reducirán proporcionalmente las cuantías de su retribución en igual porcentaje de todos los conceptos que le correspondan. Sin embargo al abordar la reducción en el 50 por ciento utiliza otra fórmula: «reducción proporcional de las cantidades que le correspondan», sin concretar que será con cargo a todos los conceptos retributivos.

La renuncia al complemento específico también podría apreciarse como una vía excepcional a los efectos que se pretenden, ya empleada para poder reconocer a los facultativos sanitarios del antiguo INSALUD el ejercicio privado de la medicina, mediante la renuncia al complemento de exclusividad (y que aún se sigue empleando en algunas Comunidades Autónomas tras la transferencia de competencias). En alguna Comunidad Autónoma (Galicia) se ha previsto además este mismo dudoso sistema con carácter general aplicable a todos los empleados públicos [42].

Cuando la EBT sea de participación pública en más del 50 por ciento, se considera una actividad en el sector público, y por tanto podría ser declarada compatible como actividad pública secundaria siempre que se apreciase que existe un interés público que satisfacer, sin que sea obstáculo la percepción de complementos específicos. En este caso, los requisitos que se exigen es que la actividad se preste en régimen laboral, a tiempo parcial y con duración determinada (artículo 3.1 LI). Para ello, sería preciso, además, que el Consejo de Ministros o los órganos de gobierno autonómicos así lo decidieran [43]. De todas maneras, en este caso no podemos tampoco olvidar los topes retributivos que fija el artículo 7 LI cuando se trata del desempeño de dos actividades públicas.

---

[42] Decreto 165/1989, de 27 de julio, de aplicación de la Ley de incompatibilidades al personal de la Administración de la Comunidad Autónoma de Galicia que perciba complemento específico y autorizaciones de compatibilidad. Su artículo 3 dispone: «El personal que en lo sucesivo solicite autorización de compatibilidad deberá acompañar a su petición declaración de que, caso de que le sea concedida, renuncia a la percepción del complemento específico ante el órgano competente de su Consellería».

[43] Hay numerosos muestras en la legislación estatal y autonómica relativas a actividades públicas distintas de la investigadora. En ese ámbito, existe algún ejemplo de dudosa corrección, por haberse utilizado "intuitu personae" y siendo cuestionable la existencia del interés público que exige la LI (Decreto 197/1999, de 2 de julio, por el que se declara de interés público la compatibilidad para el ejercicio de actividades docentes con las propias de Jefe de Servicio de Vigilancia Radiológica de la Consellería de Justicia, Interior y Relaciones Laborales).
También el legislador ha ejercitado en ocasiones esta opción, precisamente en el ámbito docente, como lo pone de manifiesto la Ley orgánica 5/2002, de 19 de junio, de las Cualificaciones y de la Formación Profesional. La disposición adicional primera autoriza a los funcionarios de los Cuerpos de Profesores de Enseñanza Secundaria y de Profesores Técnicos de Formación Profesional, sin perjuicio de seguir desempeñando sus funciones en la formación profesional específica, de acuerdo con lo establecido en la disposición adicional décima apartado 1 de la Ley orgánica 1/1990, de 3 de octubre, de Ordenación General del Sistema Educativo (LOGSE),

Finalmente, también podría adoptarse –y algún autor sugiere una alternativa parecida- un sistema similar al dispuesto en el Real Decreto 1558/1986, de 28 de junio, por el que se establecen las bases generales del régimen de conciertos entre las universidades y las instituciones sanitarias, según el cual el profesor repartiría su actividad investigadora y docente en ambas instituciones (Universidad y EBT). El problema es que en este supuesto hablamos, en ambos casos, de actividades públicas desarrolladas en entidades de esta misma naturaleza (la EBT no tiene por qué serlo necesariamente –a efectos de la normativa de incompatibilidades, dependerá del porcentaje de financiación pública-).

---

y de conformidad con lo que establezcan las normas básicas que determinan la atribución de la competencia docente a los profesores de dichos Cuerpos, a que desempeñen funciones en los demás ámbitos de la formación profesional regulada en esa Ley orgánica, de conformidad con su perfil académico y profesional y con lo que al efecto determinen las Administraciones competentes. A los efectos previstos en el artículo 3 LI, la impartición de la formación, en sus distintos ámbitos, tendrá la consideración de interés público.
El mismo dictado sigue el artículo 13.3 de la Ley gallega 7/2002, de 27 de diciembre, de Medidas Fiscales y de Régimen Administrativo.

IX
Gobernanza, organización pública y gerencia en lo Público.

Juan B. Lorenzo de Membiela.
Doctor por la Universidad de Valencia.

I. GOBERNANZA ANTE UNA SOCIEDAD ESCÉPTICA.

Podría coincidir con Habermas que en la sociedad occidental concurre hoy un Estado administrativo que garantiza la libertad y garantiza el poder de organización a través de cauces políticos [1]. Y sin embargo discrepo de ello por varios motivos, uno de ellos, y sobre el cual no quiero detenerme, trata de las consecuencias de la Revolución Francesa. Idolatrada y erosionadas sus aristas por el paso del tiempo, no supuso un orden diferente al que defenestró, sino que disfrazó antiguos privilegios estamentales por otros semejantes si bien justificados bajo la oportunidad política o el bien general; conceptos abstractos que hoy son superados restando legitimidad a todo el aparataje institucional creado.

Otros diferentes, la Shoah del nacionalsocialismo, el totalitarismo del marxismo y la decadencia de la Europa de las metrópolis, han generado dos consecuencias: primera, sensibilidad ante la violación de la integridad moral y corporal. Segunda, indiferenciación de los conceptos « vencedor» y « vencido»; « dominante» y « dominado», la ambivalencia de un ser y un estar en la vida a causa de imputs generadores de incertidumbre.

Alejándonos de cadenas que se arrastran por los pecados de un ayer, y de un hoy próximo, se superan los límites de lo físico ponderando lo intangible. Son los tiempos del fondo que no de las formas. Es el éxodo hacia el hombre multidimensional cuando las colectividades quiebran por no satisfacer conciencias. Ante este vacío, de una magnitud asfixiante, surgen iniciativas de unos pocos; proyectos, regeneracionistas todos, dirigidos a la sociedad, a la política y a la economía. Se quiere y se necesita superar un relativismo convertido en valor, implantado en una sociedad que adopta, narcotizada, una cultura sin Dios, lo que significa una sociedad sin verdades. Se prescinde por ello de la equivalencia entre ser –verdadero-bueno-bello, como expone Gallego con remisión a Ruiz Retegui [2] ya que no se plantea si lo bello (que atrae) es verdad y bien.

---

[1] Habermas, J., *El occidente escindido. Pequeños escritos políticos*, Trotta, Madrid, 2006, pp.51-2.

[2] Gallego, J.A., *El siglo XX como Revolución mental*, en « Historia del mundo contemporáneo. De la revolución a la globalización », dir. Martínez Roda, F., Tirant Lo Blanch, Valencia, 2008, p. 898.

Ello no sólo se limita a la ciencia política y sociológica, también a la jurídica, porque supone una erosión profunda de los principios sobre los que se construye el Derecho. Principios empleados en la resolución de conflictos - interpretación jurídica- que de modo transversal supone una fuente indirecta del ordenamiento jurídico. Principios fraguados en el tiempo sobre ideas cristianas en donde hay un bien y hay un mal cierto, y en donde la dignidad de la persona, la misma que ha permitido la racionalidad laica, protege a un hombre libre en su decisión personal, sin los miedos a las tiranías excluyentes, a sus insolencias, contumelias y oprobios.

De entre varias iniciativas quiero centrarme en una, de carácter poliédrico, de carácter expansivo, aglutinador de distintas sensibilidades sobre el cambio en la acción de gobierno a través de la organización pública y sobre el cambio en la sociedad europea en su conjunto. Pero también del cambio en la percepción de la representatividad que supera los ya férreos límites de una democracia decimonónica anquilosada. Que se muestra ineficaz para gestionar corrientes de opinión de distinto signo aún los avances tecnológicos: en la actualidad se habla de la gobernanza en red o a través de internet - Bygrave - como cauce instantáneo de interactuación sociedad-gobierno [3].

El Libro Blanco persigue instaurar una conexión entre la Comisión y la sociedad civil que organizada supondría una alternativa a una democracia parlamentaria superada por nuevas tecnologías de comunicación y por una consciencia del ciudadano titular de obligaciones que lo legitiman para ser escuchado y saciado en sus carestías. Este fenómeno cuestionaría la función del Parlamento y generaría modelos políticos fundamentados en la interactuación Gobierno, titular de Poder legitimado, y Sociedad civil, titular de Poder de legitimación.

Mediante la gobernanz se pretende, además de recuperar un protagonismo de los ciudadanos, hoy mínimo por una creciente desconfianza hacia el poder en sus diversas manifestaciones [4], legitimar y liderar la decisión gubernativa.

---

[3] Bygrave, L.A., *Internet Governance*, Oxford University Press, Oxford, 2009.

[4] Vid. http://ecodiario.eleconomista.es
Diario « El Economista» , 14 de marzo de 2008, declara:
« El 70,6 por ciento de los españoles afirma que esté quien esté en el poder, "siempre buscan sus intereses personales", percepción que casa con el hecho de que el sentimiento de desconfianza sea el que inspira a un mayor número de ciudadanos la actividad política, según revela el barómetro de enero del Centro de Investigaciones Sociológicas (CIS)» .
Junto a esta constatación otra declaración no menos importante:
« Para el 62,8 % el voto es la única forma en que la gente corriente puede influir en lo que hace el Gobierno, y el 53,5 % considera que es mejor no meterse en política».

La gobernación como tesis se originó hace 30 años por una ilusionante vitalidad de dogmáticos sobre la Unión Europea (CEE) motivada por la concurrencia de unos mismos valores en distintos países. Por una común decadencia y por una misma actitud reflexiva hacia sí mismas, abandonando el eurocentrismo – Habermas- y abriéndose, reflexiva pero decididamente, a horizontes externos. Una primera aproximación a la gobernanza sea la acción de gobierno en un escenario de política exterior, la participación y contribución de la llamada gobernanza mundial. En esta tesis el § 3.3° del Libro Blanco sobre la Gobernanza Europea de 22 de junio de 2001, afirma:

> «Los objetivos de paz, crecimiento, empleo y justicia social perseguidos por la Unión también deben promoverse en el exterior para que puedan efectivamente alcanzarse tanto a nivel europeo como a escala mundial. Esto responde a las expectativas de los ciudadanos de una Unión capaz de mostrar su fuerza en la escena mundial. El éxito de la acción internacional de la Unión refuerza la identidad europea y la importancia de sus valores comunes.
> Al aplicar los principios de la buena gobernanza a sus responsabilidades mundiales, la Unión debería practicar una mayor apertura ante los agentes gubernamentales y no gubernamentales de otras partes del mundo. Este enfoque ya inspira su estrategia de desarrollo sostenible, pero debe aplicarse paralelamente al compromiso de dichos agentes en cuanto a su representatividad y su intención de asumir sus propias responsabilidades frente a los desafíos mundiales. La Unión debe tener en cuenta la dimensión mundial evaluando la incidencia de sus políticas, definiendo directrices para utilizar el conocimiento de los expertos y adoptando un enfoque más activo en el marco de las redes internacionales [...] ».

Y prevé como acciones:

1. Mejorar el diálogo con los agentes gubernamentales y no gubernamentales de los terceros países en el marco de la elaboración de propuestas políticas que revistan una dimensión internacional.

2. Fomentar la utilización de nuevos instrumentos a escala mundial como complemento al Derecho internacional vinculante.

3. Promover un debate sobre la manera en que la Unión puede contribuir a una reforma con detenimiento de las organizaciones multilaterales, y mejorar la cooperación entre las organizaciones internacionales y su transparencia.

4. Proponer una revisión de la representación internacional de la Unión en el marco de los Tratados vigentes que le permita hablar más a menudo con una sola voz.

5. Proponer una serie de cambios en el contexto de la próxima Conferencia Intergubernamental.

El Dictamen de 27 de mayo de 2002 del Comité Económico y Social (CES) sobre el Libro Blanco de la Gobernanza de 2001, enfatiza esa proyección externa de un conjunto de principios exportables pero limitados por el respeto a otras culturas. Ello indica el carácter no invasivo de una voluntad institucional y la versatilidad de esos valores que pierden, de este modo, un rigor operativo convincente, § 2.2°:

> « [...] Los europeos desean una Europa segura, estable, social, económicamente fuerte, respetuosa del medioambiente, que cree condiciones de vida y trabajo saludables, y que garantice la disponibilidad de servicios y bienes básicos para todos a un precio justo. Estos objetivos globales, que incluyen el respeto de las culturas de los Estados miembros, deben ser reconocidos como valores comunes, definidos (y, en caso necesario, ampliados) y perseguidos en cuanto tales. Sólo en ese caso podrán los ciudadanos reconocer los beneficios de una identidad europea común y declararse a favor de ella. El Comité redoblará sus esfuerzos -sobre todo a la luz de la ampliación y la mundialización- para aumentar el grado de concienciación de la opinión pública respecto a la importancia de la Unión Europea como comunidad de valores.

El éxito de la acción internacional de la UE, según Roldán Barbero, refuerza la identidad europea y la importancia de sus valores comunes, contrastando que el magnetismo que ejerce en terceros países disiente de un pendular euroescepticismo interno [5].

Para Fernández Sola, la gobernanza europea persigue, estratégicamente, adaptar las instituciones de la Unión y reforzar la coherencia de sus políticas potenciando la visión de su acción y de los principios que la inspiran [6].

Para Rosenau y Czempiel, la gobernanza internacional opera como acción del poder público sin ostentar su condición de institución; implica el proceso de adopción de decisiones sin gobiernos en un sentido formal [7] pero sí con otros actores que interactúan con aquél y que participan de su acción, lo sea formalmente, lo sea de hecho ,a través de asociaciones y organizaciones no gubernamentales.

Ante ello cabe distinguir dos finalidades y una característica procedimental en la acción exterior de la UE:

---

[5] Roldán Barbero, J., *La interacción entre las normas internas e internacionales en el acervo jurídico europeo*, Revista de Administración Pública, 2002, 13, p. 678.

[6] Fernández Sola, N., *La subjetividad internacional de la Unión Europea*, Revista de Administración Pública, 2002,11, p. 110.

[7] Kooiman, J., *Governing as Govenance*, Londres, Sage, 2003 y Rosenau, J. N., y Czempiel, E. O. (eds.), *Govemance without Government*, Cambridge, Cambridge University Press, 1992.

-Como finalidades:

a) Fomentar la cohesión intracomunitaria, impulsando una voluntad social de unidad política.

b) Contribuir a la gobernanza mundial adoptándola en sus transacciones internacionales.

-Como característica procedimental:

a) La adopción de decisiones sin gobiernos en un sentido formal.

Mediante la interactuación UE - países extracomunitarios, se persigue una traslación de los valores de la UE. Voluntad corroborada, en un primer momento, en el art. 1-3,4 del Proyecto del Tratado Constitucional:

« [...] La Unión ha de esforzarse, con carácter general, en mejorar la gobernanza mundial, las normas y principios de Derecho internacional [...] ».

Lo que implica asumir la obligación recogida en el art. 28 de la Declaración Universal de los Derechos del Hombre [8] de 1948:

«Toda persona tiene derecho a que se establezca un orden social e internacional en el que los derechos y libertades proclamados en esta Declaración se hagan plenamente efectivos».

En la « non nata» Constitución para Europa de 29 de octubre de 2004, art. 1.3, 4, declaraba:

«En sus relaciones con el resto del mundo, la Unión afirmará y promoverá sus valores e intereses.

Contribuirá a la paz, la seguridad, el desarrollo sostenible del planeta, la solidaridad y el respeto mutuo entre los pueblos, el comercio libre y justo, la erradicación de la pobreza y la protección de los derechos humanos, especialmente los derechos del niño, así como al estricto respeto y al desarrollo del Derecho internacional, en particular el respeto de los principios de la Carta de las Naciones Unidas».

Hoy, el Tratado de Lisboa de 13 de diciembre de 2007, por el que se modifican el Tratado de la Unión Europea y el Tratado Constitutivo de la Comunidad Europea (llamado Tratado de Funcionamiento de la Unión Europea), aprueba, entre otras medidas, la Carta de Derechos Fundamentales de 7 de diciembre de 2000, lo que equivale a adherirse al art. 28 Declaración Universal de los Derechos del Hombre de 1948. El Tratado de Lisboa es ratificado por España mediante LO 1/2008.

---

[8] Román Barbero, *La carta de derechos fundamentales de la UE: su estatuto constitucional*, Revista de Derecho Comunitario Europeo, 2003, 16, p. 983.

La acción exterior más destacable de la gobernanza es la lucha contra la corrupción[9]. Hecho éste que siempre ha preocupado a los gobernados pero en el cual incurren los gobernantes .Conectamos aquí con la antropología bodiniana con resonancias de Maquiavelo para quien en el hombre hay una tendencia natural hacia la corrupción. Si admitimos este imperativo temporal, habrá que asumir que el hombre que ostente poder es corrupto por naturaleza en atención a las obras cometidas para alcanzarlo. Y no me refiero a lo excéntrico, a la corrupción grotesca con fines políticos o a la corrupción grosera-monetaria, de carácter delictual. Existen otras esferas de actuación personal, de corrupción más sutil, más elaborada. La del titular del órgano gestor, la del órgano operativo, la del poder en suma, en donde la toma de decisiones no son consecuencia de una aplicación estricta del Derecho. Y ello porque se persigue satisfacer, desde posiciones de preeminencia, fines no previstos por el ordenamiento jurídico pero cercanos al interés de la autoridad.

Otra hipótesis seria la corrupción en beneficio de la sociedad ¿cabria justificar actos de poder estrictamente definidos como corruptos que redunden en beneficios tangibles hacia la sociedad de modo más eficiente que los estrictamente ajustados a la legalidad del momento? Peligrosa respuesta que nos llevaría a ponderar los derechos y principios en juego. Se trataría de la corrupción positiva o productiva. Y en esta tesitura el síndrome de la corrupción conecta con el hecho ético individual y quizás con un hecho ético social. En favor de esta postura la volubilidad de una legislación que no responde a valores difinitivos sino a un relativismo oportunista, electoralmente rentable.

La Conferencia Mundial de los Derechos Humanos en Viena, de junio de 1993, insiste en que el desarrollo propicia el disfrute de todos los derechos humanos. Sobre este propósito cabrá aceptar que en tanto las relaciones externas de la UE contribuyan al desarrollo de terceros países, favorecerá, por este hecho, una implantación de los Derechos Humanos y, con ello, los valores sobre los cuales se cimienta la UE.

Sin perjuicio de la incidencia de la gobernanza europea en países extranjeros a través de capilaridad o concomitancia vía Tratados Internacionales. Cabe, además, recoger la política comercial de la UE de concesión de preferencias arancelarias generalizadas subordinada a la erradicación de la pobreza y al fomento del desarrollo sostenible y de la gobernanza, recogido en el Reglamento 2005/980/CE. Aplicación de un sistema de preferencias arancelarias generalizadas. Ajustado a los requisitos

---

[9] Vid. García Mexía, P., Ética y Gobernanza. Estado y sociedad ante el abuso del poder, Tirant Lo Blanch, Valencia, 2008.

de la OMC y, en particular, a la cláusula de habilitación del GATT contenida en su Decisión de 28 de noviembre de 1979 (L/4903) sobre «Trato diferenciado y más favorable, reciprocidad y mayor participación de los países en desarrollo», en relación con la comunicación de la Comisión al Consejo, al Parlamento Europeo y al Comité Económico y Social Europeo de 7 de julio de 2004 titulada: Países en desarrollo, comercio internacional y desarrollo sostenible: la función del sistema de preferencias generalizadas (SPG) de la Comunidad para el decenio 2006/2015, se detallan las directrices del sistema de preferencias arancelarias para el periodo 2006-2015.

El Régimen especial de estímulo del desarrollo sostenible y la gobernanza, se basa en el concepto integral de desarrollo sostenible reconocido en los convenios e instrumentos internacionales: Declaración de las Naciones Unidas sobre el Derecho al Desarrollo de 1986, la Declaración de Río sobre el Medio Ambiente y el Desarrollo de 1992, la Declaración de la OIT relativa a los Principios y derechos fundamentales en el trabajo de 1998, la Declaración del Milenio de las Naciones Unidas de 2000 y la Declaración de Johannesburgo sobre el Desarrollo Sostenible de 2002.

Plasmación de esta política, la Decisión 2006/978/CE, de 19 diciembre, Concesión del régimen especial de estímulo del desarrollo sostenible y la gobernanza más allá del 1-1-2007 a El Salvador.

También en el Tratado de Lisboa por el que se modifican el Tratado de la UE y el Tratado Constitutivo de la Comunidad Europea de 17 de diciembre de 2007, declara en el § 24 de introducción al art. 10 A:

« 2. La Unión definirá y ejecutará políticas comunes y acciones y se esforzará por lograr un alto grado de cooperación en todos los ámbitos de las relaciones internacionales con el fin de:

a) defender sus valores, intereses fundamentales, seguridad, independencia e integridad;

b) consolidar y respaldar la democracia, el Estado de derecho, los derechos humanos y los principios del Derecho internacional;

c) mantener la paz, prevenir los conflictos y fortalecer la seguridad internacional, conforme a los propósitos y principios de la Carta de las Naciones Unidas, así como a los principios del Acta Final de Helsinki y a los objetivos de la Carta de París, incluidos los relacionados con las fronteras exteriores;

d) apoyar el desarrollo sostenible en los planos económico, social y medioambiental de los países en desarrollo, con el objetivo fundamental de erradicar la pobreza;

e) fomentar la integración de todos los países en la economía mundial, entre otras cosas mediante la supresión progresiva de los obstáculos al comercio internacional;

f) contribuir a elaborar medidas internacionales de protección y mejora de la calidad del medioambiente y de la gestión sostenible de los recursos naturales mundiales, para lograr el desarrollo sostenible;
g) ayudar a las poblaciones, países y regiones que se enfrenten a catástrofes naturales o de origen humano; y
h) promover un sistema internacional basado en una cooperación multilateral sólida y en una buena gobernanza mundial » .

El § 28 que inserta el art. 16 A) con el texto del artículo 255, modificado del siguiente modo:

«1. A fin de fomentar una buena gobernanza y de garantizar la participación de la sociedad civil, las instituciones, órganos y organismos de la Unión actuarán con el mayor respeto posible al principio de apertura [...] ».

II. GOBERNANZA Y CRISIS DEL CONCEPTO ESTADO.

Otro significado, menos instrumental, más esencial, es el referido al concepto de Estado y la trascendencia de los ciudadanos en la decisión gubernativa. Penetramos en los ámbitos político, económico y administrativo. Más trascendental, tocante a la propia existencia y efectividad del gobierno como institución investida de *auctoritas*. Ello constituye el objeto de árduas polémicas doctrinales. Entre muchas, la expuesta por Mayntz, de calado político, que constata una ruptura entre la teoría de la democracia y la teoría de la gobernanza política [10]. Otra, la expuesta por Aguilar Villanueva, desde una perspectiva gerencial, para quien la gobernanza es un cauce para instaurar racionalidad y eficacia en el poder público para la conducción de la sociedad [11]. Un instrumento para superar las incapacidades gestoras que han ocasionado daños a la sociedad, sin mayor responsabilidad, y truncado, es lo importante, oportunidades futuras y progresos lineales en la organización en provecho de todos. Aunque no resulta razonable, apunta Prats, identificar la acción administrativa de autoridad -que es acción gubernativa- como « gerencia» o « management público» intentando aplicar los criterios convencionales de eficacia y de eficiencia [12].

---

[10] Mayntz, R., *New challenges to governance theory*, European University Institute, Robert Schuman Centre - Jean Monet Chair Papers, núm. 50, Florence.

[11] Aguilar Villanueva, L.F., *Gobernanza y gestión pública*, Fondo de Cultura Económica, Mexico, 2006, p. 37.

[12] Prats Catalá, J., *De la burocracia al management, del management a la gobernanza*, INAP –IIG, Madrid, 2005, p. 121.

Desde una óptica gestora , la gobernanza conecta con el significado que le atribuye el Dictamen de 10 de julio de 2001 del Comité Económico y Social: La sociedad civil organizada y la gobernanza europea -Contribución del Comité a la elaboración del Libro Blanco, § 2.1.1: « el conjunto de normas, procesos y comportamientos que afectan a la calidad del ejercicio de los poderes a nivel europeo, en particular, la responsabilidad, la legibilidad, la transparencia, la coherencia, la eficiencia y la eficacia » .

Pero también, respecto al gobierno y su sistema burocrático de gestión operativo sobre una jerarquía institucional y una política de normas y reglamentos. La gobernanza es una forma de gobierno en la que grupos o personas de diferentes instituciones, organizaciones, empresas y niveles trabajan en redes y en asociaciones públicas y privadas. Sobre la base del diálogo, de discusiones y de procedimientos de negociación, elaboran acuerdos y crean un mecanismo para una futura toma de decisiones, Resolución de 26 de junio de 2002, Gobernanza y responsabilidad social de las empresas en un mundo globalizado. Autores holandeses como Klijin, Kickert y Kooiman argumentan el vacío de legitimidad, la complejidad de los procesos políticos y las numerosas instituciones implicadas en la toma de decisiones que reducen al gobierno a un actor entre muchos [13].

Nacimiento de una «conciencia democrática» y de «exigencia ética», apunta la Comunicación 5 de junio de 2002: Gobernanza europea para legislar mejor. Y para consolidar la aplicación de los principios de responsabilidad y proporcionalidad junto a la transparencia, claridad y aceptación de la crítica. Principios extensibles a las organizaciones empresariales con la finalidad de aumentar la eficiencia y proteger los derechos de los accionistas y de terceras partes, Decisión 2004/706/CE, de 15 de octubre, que Crea un Foro europeo sobre la gobernanza empresarial.

Se quiera evitar la ingobernabilidad, definida como una discrasia entre el flujo de las demandas políticas y el de las respuestas institucionales [14] que abocaría a un régimen autocrático[15]. Se trataría de una crisis fiscal del Estado desbordado por exigencias prestacionales, según este esquema:

---

[13] Klijn, E.-H. (1997), *Policy networks: an overview*, en Kickert, W.J.M., Klijn, E.-H. y Koppenjan, J. F. M. , (eds.), *Managing complex networks: strategies for the public sector*, Sage London, 1997.

[14] Cazzola, F., *Política, intereses y reducción de los recursos: Consideraciones sobre el caso italiano*, Revista de Estudios Políticos, 1984, 40, p. 30.

[15] Rubio Carracedo, J., *Democracia mínima. El paradigma democrático*, Revista de Estudios Políticos, 1995, 89, p. 168.

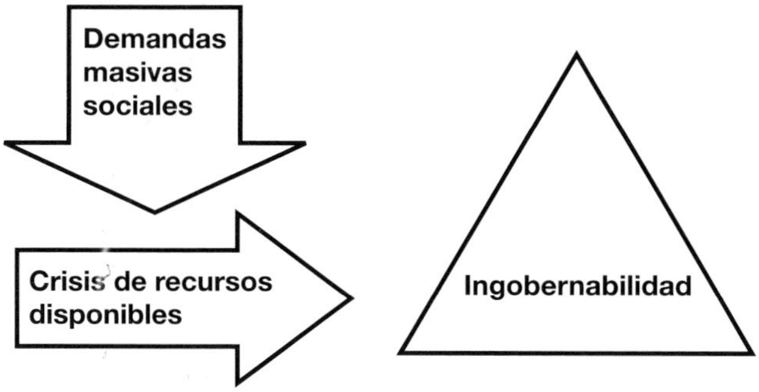

La ingobernabilidad es caracterizada por una creciente desigualdad social, por una desestructuración de valores, intereses y poder; por la dificultad de llegar a consensos, por la interdependencia de los procesos de decisión político-estatales con intereses socioeconómicos particulares, por exigencias cambiantes y conflictivas que surgen al Gobierno; por protestas políticas e iniciativas cívicas discrepantes con políticas gubernamentales, por el descontento y escepticismo hacia los partidos políticos, por mayorías parlamentarias inestables, por el aumento de la burocracia, por la crisis financiera que succiona al Estado. Todo ello junto a la reducción de la seguridad jurídica de las instituciones públicas, elementos, todos ellos , soportados por la sociedad [16] y que propicia una atmosfera de inseguridad impredecible en sus consecuencias.

Vallés ha hablado de los problemas reales de la democracia como consecuencia de la insatisfacción por su rendimiento, acotando, como problemas esenciales: la democratización de los partidos (con eventuales elecciones primarias y riguroso control de la financiación), más democracia directa, más descentralización política territorial, más transparencia administrativa, más controles parlamentarios y más eficacia judicial [17]. Hoy no testimoniales sino inexistentes por la disciplina de partido, lo que aboca a modificar el término democracia parlamentaria por la de democracia de partidos .

A ello se une el oscurantismo del poder, destacado por autores, pero característico de los sistemas burocráticos, sin mayor relevancia científica que la propia burocracia en sí misma considerada.

En esta acepción, la gobernanza se centraría en crear un cauce de participación de la sociedad civil en los procesos de gobierno. Cooperación entre el poder

---

[16] Hilmann, K.H., *Sociología*, Herder, Barcelona, 2005, p. 389.

[17] Vallés, J.M., *Ciencia política: una introducción*, Ariel, Barcelona, 2000.
Aguilera de Prat, C., *Recensión a la obra Ciencia política: una introducción*, de Valles, J., Revista Española de Estudios Sociológicos, 2001, 93.

legitimado y sociedad civil de la que emana esa legitimidad para alcanzar una mayor aceptación de la acción pública unionista [18]. El Dictamen de 27 de mayo de 2002 del Comité Económico y Social centra el objeto de la gobernanza en superar el escepticismo del ciudadano europeo causado por percepciones erróneas, mala comunicación, participación inadecuada, falta de conocimiento e intangibilidad en la acción europea. Hecho que justifica la teoría de la «Media malaise» dentro de las teorías de la desmotivación política y ,concretamente, la paradoja de Ronald Inglehart: *Los públicos de las sociedades industriales avanzadas democráticas, estables y prósperas, no muestran niveles más altos de satisfacción con sus sistemas políticos que los públicos de los sistemas autoritarios y pobres; muy al contrario, por asombroso que parezca, muestran significativamente menos confianza en sus líderes e instituciones políticas que sus iguales en los países en vías de desarrollo* [19].

Junto a estas causas concurren la tensión política Comisión-Parlamento, la exacerbación burocrática y la endogamia política que impide un regeneracionismo acorde con una frustración creciente hacia lo público.

Ello prueba que el concepto europeo se encuentra en crisis, pero también que la gobernanza es una respuesta a esa situación es un gesto significativo de que perduran los principios de la Unión para conservarla unida y mantenerla. La introspección crítica es, en ocasiones, la única vía plausible para preservar cualquier organización. Ejemplo de ello se encuentra en el § 2.2.2 Libro Blanco sobre la Gobernanza Europea de 25 de julio de 2001:

> « El escepticismo ciudadano también es achacable a las carencias de los objetivos y medidas políticos de la UE. La Unión debería evitar suscitar expectativas demasiado grandes que luego no pueda cumplir, ya que ello genera desconfianza y daña su credibilidad. No habrá identidad europea a menos que los valores comunes compartidos por los ciudadanos se traduzcan en políticas comunitarias reales y en beneficios generales tangibles. El euro lo ilustra perfectamente; es interesante observar el entusiasmo de los ciudadanos al adoptar la nueva moneda y participar activamente en el éxito de su introducción [...] ».

En ejecución de este Libro Blanco sobre la Gobernanza Europea se han dictado diversas propuestas, a titulo expositivo: La Comunicación de la Comisión de 11 de diciembre de 2002, «Un marco para los contratos y convenios tripartitos por

---

[18] Vid. Peters, B. Guy, La política de la burocracia, Fondo de Cultura Económico, México, 1999, p. 360 y p. 362.

[19] Inglehart, R., Modernización y posmodernización, Centro de Investigaciones Sociológicas, Madrid, 1998, p. 386.

objetivos entre la Comunidad, los Estados y las autoridades regionales y locales», COM (2002) 709 final, y la Comunicación de la Comisión «Hacia una cultura reforzada de consulta y diálogo» , de 11 de diciembre de 2002, COM (2002) 704 final, entre otras. Lo que importa constatar es que, como estrategia, la gobernanza sigue desplegando su interés.

III. LIBRO BLANCO SOBRE LA GOBERNANZA EUROPEA: PRINCIPIOS.

El Libro Blanco sobre la Gobernanza Europea fue una iniciativa de la Comisión asumiendo un compromiso unilateral con los ciudadanos para optimizar el desempeño del poder atribuido por los Tratados [20].

El Libro Blanco concreta en cinco los principios sobre los cuales se fundamenta esta estrategia institucional:

1. Apertura. Las Instituciones deberían trabajar de una forma más abierta. Junto con los Estados miembros, deberían desarrollar una comunicación más activa sobre la labor de la UE y sobre las decisiones que ésta adopta. Deberían asimismo utilizar un lenguaje que resultara accesible para el público en general. Este aspecto reviste una especial importancia si se quiere fomentar la confianza en unas instituciones de por sí complejas.

2. Participación. La calidad, la pertinencia y la eficacia de las políticas de la Unión implican una amplia participación de los ciudadanos en todas y cada una de las distintas fases del proceso, desde la concepción hasta la aplicación de las políticas. Una participación reforzada debería generar una mayor confianza en los resultados finales y en las Instituciones de las que emanan las políticas. La participación depende esencialmente de la adopción de un enfoque integrador de este tipo por parte de las Administraciones centrales en la concepción y aplicación de las políticas de la UE.

3. Responsabilidad. Es preciso clarificar el papel de cada uno en los procesos legislativo y ejecutivo. Cada una de las Instituciones de la UE debe explicar su acción en Europa y asumir la responsabilidad que le incumba. Pero también se precisa una mayor claridad y una mayor responsabilidad de los Estados miembros y de todos los agentes que participan en el desarrollo y aplicación de las políticas de la UE en los distintos niveles.

---

[20] Moreiro González, C.J., *¿El ocaso de la «Comitología»?*, Revista de Administración Pública, 2002,13, p. 917.

4. Eficacia. Las medidas deben ser eficaces y oportunas, y producir los resultados buscados sobre la base de unos objetivos claros, de una evaluación de su futuro impacto y, en su caso, de la experiencia acumulada. La eficacia requiere también que la aplicación de las políticas de la UE sea proporcionada y que las decisiones se tomen al nivel más apropiado.

5. Coherencia. Las políticas desarrolladas y las acciones emprendidas deben ser coherentes y fácilmente comprensibles. La necesidad de coherencia de la Unión es cada vez mayor: tareas más complejas favorecidas por la ampliación de la Unión. Desafíos tales como el del cambio climático o una mayor sensibilidad hacia temas ambientales, la evolución demográfica rebasan las fronteras de las políticas sectoriales que cimentó la construcción de la Unión; las autoridades regionales y locales están cada vez más implicadas en las políticas comunitarias. La coherencia requiere un liderazgo político y un firme compromiso por parte de las Instituciones con vistas a garantizar un enfoque coherente dentro de un sistema complejo.

Sintéticamente cabe exponer los siguientes fines:

A. Un mayor grado de participación y apertura

Que implica:

Proceso más transparente y fácil de seguir y entender

Mejores políticas, mejores normativas y mejores resultados (optimizar la eficiencia).

Interacción con organismos regionales y locales y la sociedad civil.

Y ello lo intentará la Comisión a través de los siguientes procedimientos:

Facilitar una información actualizada y en línea sobre la elaboración de las políticas en todas las etapas del proceso de decisión.

Emplear asociaciones nacionales y europeas, establecer un diálogo más sistemático con los representantes de los organismos regionales y locales en una fase precoz de la elaboración de las políticas.

Introducir una mayor flexibilidad en los métodos de aplicación de la legislación Comunitaria que permita tener en cuenta las peculiaridades regionales y locales.

Publicar un conjunto de normas mínimas de consulta sobre la política de la Unión Europea.

Establecer acuerdos de asociación que vayan más allá de las normas mínimas en determinados ámbitos y comprometan a la Comisión a un mayor nivel de consulta, cambio de mayores garantías de transparencia y representatividad por parte de las organizaciones consultadas.

B. Mejores políticas, mejores normativas y mejores resultados

La UE adopta el criterio de la calidad gestora que deberá incorporarla a su gestión.

En la función legisladora se deberá encontrar la fórmula para acelerar el proceso legislativo ponderando la aplicación de la norma estricta junto a la flexibilidad de su aplicación para promover la credibilidad de la UE y sus instituciones.

La Comisión deberá:

Fomentar un mayor uso de los distintos instrumentos de acción pública (reglamentos, directivas marco, mecanismos de corregulación).

Simplificar ulteriormente el Derecho comunitario existente y animar a los Estados miembros a simplificar las reglamentaciones nacionales de aplicación de las disposiciones comunitarias.

Publicar directrices sobre la obtención y utilización de la opinión de los expertos, de manera que quede claro cuál es el dictamen emitido, de dónde procede, cómo se utiliza y qué otras opiniones alternativas existen.

Crear agencias reguladoras con ámbitos competenciales definidos.

C. Centrar las Instituciones

Que persigue que las distintas instituciones comunitarias sean coherentes y sistemáticas con los propósitos comunitarios por un lado y entre ellas. Se pretende que el Consejo adopte criterios generales superando los sectoriales. Para ello la comisión deberá:

Intensificar los esfuerzos tendentes a garantizar la coherencia de las políticas e identificar objetivos a largo plazo.

Implantar la responsabilidad ejecutiva de la Comisión.

Junto a los cinco principios, el Libro Blanco sobre la Gobernanza Europea apela a los principios de proporcionalidad y subsidiariedad y consecuencia de éste el más moderno principio de responsabilidad compartida, de carácter instrumental y más operativo que el anterior. El art. 5 (antiguo artículo 3 B TCE del Tratado de Maastricht) del Tratado Constitutivo de la Comunidad Europea, versión consolidada tras las modificaciones del Tratado de Ámsterdam de 2 octubre 1997 y de Niza, de 26 febrero 2001, dice:

> «La Comunidad actuará dentro de los límites de las competencias que le atribuye el presente Tratado y de los objetivos que éste le asigna.
>
> En los ámbitos que no sean de su competencia exclusiva, la Comunidad intervendrá, conforme al principio de subsidiariedad, sólo en la medida en que los objetivos de la acción pretendida no puedan ser alcanzados de manera suficiente por los Estados miembros, y, por consiguiente, puedan lograrse mejor, debido a la dimensión o a los efectos de la acción contemplada, a nivel comunitario.
>
> Ninguna acción de la Comunidad excederá de lo necesario para alcanzar los objetivos del presente Tratado».

En concordancia con el Protocolo sobre la aplicación de los principios de subsidiariedad y proporcionalidad, adoptado en 1997 en Ámsterdam. También la Declaración 43, adjunta al Acta final del Tratado de Ámsterdam.

Mediante el principio de subsidiariedad las decisiones en materias en donde la competencia es compartida deben tomarse al nivel más descentralizado posible. Ello justifica que sólo se emprenderán acciones a nivel comunitario si con ello se consigue actuar más eficientemente. Como apunta Montalvo Santamaría, el problema no es tanto a qué nivel se adopten las decisiones, sino el grado de legitimidad que los gobiernos y los ciudadanos otorgan a ese nivel de decisión [21]. Complementado con el principio de responsabilidad compartida a causa del fracaso de las políticas medioambientales de la UE. Ello significa una intervención mixta de actores e instrumentos adecuados de adopción de decisiones, sin cuestionarse la división de competencias entre la UE, los Estados miembros, las autoridades regionales y locales, los agentes económicos y los sociales [22].

---

[21] Montalvo Santamaría, A., *La estrategia de Lisboa: de la política económica a la economía política*, en « 75 años de política económica española » , ICE, 2005, 826, p. 505.

[22] Navarro Gómez, C., *La caracterización de las políticas ambientales de la Unión Europea*, Gestión y Análisis de Políticas Públicas, 1999, 15, p. 104.

La subsidiariedad no se aplica, pues, en ámbitos como la política agraria común, pesca, política comercial frente a terceros países o control de ayudas. Aquí sólo es posible invocar el principio de proporcionalidad [23]. Éste es uno de los ejemplos emergentes del Derecho de la UE , que tras ser recepcionado por la jurisprudencia del TJCE se positivizó en la Directiva de la Comisión 70/50, de 1969 , en el párrafo 3° del art. 5 (antiguo artículo 3 B) del Tratado de Ámsterdam. El principio de proporcionalidad se compone de dos aspectos [24]:

A) El primero consiste en que la actuación debe ser necesaria para conseguir el objetivo que se persigue, lo que significa que debe ser adecuada e indispensable. Es lo que se ha denominado comprobación de la adecuación y la comprobación de la necesidad, es decir: adecuación e indispensabilidad.

B) El segundo elemento consiste en la indispensabilidad. Implica la inexistencia de una alternativa igualmente eficaz pero con efectos menos restrictivos sobre los derechos reconocidos por la legislación de la UE.

El principio de proporcionalidad regula el cómo ha de ser practicada la competencia o potestad que se ha reconocido.

Bar Cendón estima que los cinco principios de la Gobernanza vienen a reforzar los principios de subsidiariedad y proporcionalidad [25]. Aunque dado su carácter constitucional estos principios de la gobernanza pueden considerarse emanación de aquéllos.

Una importante contribución es la contenida en el informe llamado: « Invirtiendo en el desarrollo: un plan práctico para conseguir los Objetivos de Desarrollo del Milenio », realizado por la United Nations Millenium Project [26]. Recoge como una de las contribuciones que puede realizar el sector privado en los ODM (Objetivos del Milenio) es la contribución a la Gobernanza y a la ciudadanía corporativa responsable, además de [27]:

---

[23] Barnes, J., *La distribución de competencias entre la Unión Europea y los Estados*, Cuadernos de derecho Público, 2001, 13, p. 55.

[24] De la Quadra-Salcedo Janini, T., *El Derecho constitucional comunitario in the age of balancing. Control de constitucionalidad y principio de proporcionalidad*, Cuadernos de derecho Público, 2003,18, p. 216.

[25] Bar Cendón, A., *El Libro Blanco «La Gobernanza Europea» y la reforma de la Unión*, Gestión y Análisis de Políticas Públicas, 2001, 22, p.9.

[26] Informe « Business action for the MDGs »publicado por el Banco Mundial en 2005, http://siteresources. worldbank.org/CGCSRLP/Resources/business_mdgs.pdf.

[27] Olcese, Aldo, *La Responsabilidad Social de la Empresa. Propuesta para una nueva economía de la empresa responsable y sostenible*, Real Academia de Ciencias Económicas y Financieras, Madrid, 2007, p. 663.

- Aumento de la productividad y creación de empleo.
- Suministro de servicios mediante asociaciones público-privadas.
- Contribución a la elaboración de políticas.
- Promoción de los ODM.
- Filantropía corporativa.

Igualmente, la Nueva estrategia de Lisboa de 2000 enfatizó la Gobernanza como una de sus tres finalidades más destacadas.

IV. GOBERNANZA Y NUEVA GERENCIA PÚBLICA (NGP).

La aplicación de la gobernanza en la gestión pública se ha denominado *Nueva Gerencia Pública* [28]. La caracteriza la vocación de asimilar la gerencia privada a la pública con todo lo que ello ocasiona en materia de competencias administrativas moduladoras de la jerarquía. Supone una renuncia del control del Gobierno sobre su actividad al dejar a los directivos gestionar, apuntan Peters y Pierre. Pero esta afirmación, si bien necesaria, en la práctica sólo se materializa en la teoría. Concurre el principio de coordinación y jerarquía en el art. 3.1° Ley 30/1992 de RJAPPAC, lo que impide improvisaciones gestoras, unificando una acción genérica cuando concurren provincias, en el supuesto de la Administración periférica, que por sus especialidades es necesaria una gestión diferenciada. Valga este retazo realista como muestra de lo complejo que resulta permitir a los gestores dirigir con eficiencia.

Cabe encontrar otra justificación teórica que fundamentaría esa gestión particularizada, atendiendo al concepto de empresa dado por la Teoría de sistemas: La organización como sistema abierto, no abstracto, integrado por subsistemas compuestos por personas que persiguen objetivos específicos, creando y manteniendo relaciones, formales e informales, dentro y fuera de su estructura, que busca sinergias que logren eficiencia en los objetivos que persiguen. Además, eventos internos y externos (inputs y outputs) condicionan y modalizan el factor

---

[28] Peters, G. y Pierre, J., *¿Por qué ahora el interés de la gobernanza?*, en « La Gobernanza hoy: 10 textos de referencia», dir. Cerrillo i Martínez, A., INAP-IGG, Madrid, 2005, pp. 50 y ss..

[29] Piñuel Zabala, I., en sus obras: *Neomanagement ,jefes tóxicos y sus víctimas*, Aguilar, Madrid, 2004 y *Mi feje es un psicópata: Por qué la gente normal se vuelve perversa al alcanzar el poder*, Alienta, Barcelona, 2008.

humano de cualquier organización. Ello implica asumir el problema de los jefes tóxicos en el modo definido por el profesor Piñuel y Zabala [29].
En atención a estas premisas que particularizan cada unidad de gestión, es más comprensible la necesidad de reconocer independencia al gerente. Deseo que muchos comprenderán pero pocos lo participarán por razones justificadas en algunos de mis estudios que no hacen sino describir lo obvio.

La gestión conecta con la gobernanza, con la buena gobernanza, como apunta Cendón, como medio de crear administraciones eficaces, democráticas, respetuosas con los derechos humanos, con un desarrollo sostenible y una gestión eficiente [30]. Ello queda recogido en los diversos informes de NU (PNUD), y el Banco Mundial. El concepto "Gobernanza" no queda constreñido a una estrategia para aglutinar actores de la sociedad civil y alcanzar consensos, sino que articula dos conceptos. Por un lado, conjunto de ideas que pondera la dignidad del hombre dentro de la organización, el factor humano, como expondría Reinhard Mohn, con las consecuencias de toda índole que ello genera y obliga a adoptar. Por otro lado, modula la burocracia, haciéndola más transparente, garante del Estado de derecho y promoviendo estabilidad institucional y responsabilidades en la gestión.

Ello no es sino aplicación directa de los 5 principios de la Gobernanza:

1. Apertura.
2. Participación.
3. Responsabilidad.
4. Eficacia.
5. Coherencia.

Complementado con la lucha contra la corrupción y la publicación de los códigos éticos, de carácter meramente instrumental, para luchar contra aquélla. Inoperativos en la práctica -aunque siempre dependiendo de los sujetos, hechos y causa- merecen el honor de haber sido publicados en periódicos oficiales como exponente de la cultura de la relatividad, de la cultura de las sombras con contenidos vácuos y perfiles insanos.

Gobernanza y NGP concurren en un mismo plano axiológico: el cambio y transformación del Gobierno en su dimensión gestora. Pero divergen en sus resultados: la NGP se centra en la evaluación y en el rendimiento, mientras que la Gobernanza se concreta en la interactuación de la Administración con sociedad civil. Mientras la NGP es un programa intraorganizacional, la Gobernanza opera en

---

[30] Bar Cendón, A., *El Libro Blanco «La Gobernanza Europea» y la reforma de la Unión*, Gestión y Análisis de Políticas Públicas, 2001, 22, p. 7.

una dimensión interorganizacional.

La NGP es definida como una teoría positiva sobre instituciones y procesos políticos. Su objeto es la elección en las decisiones sociales. Como el Estado es el principal agente que toma estas decisiones, la elección pública (The Public Choice) es considerada su núcleo fundamental . Se analizan las siguientes materias:

1. Teoría del Estado.
2. Reglas de votación.
3. Burocracia.
4. Conductas que impliquen una decisión entre varias concurrentes [31].

Pero ello excluye a la fuente del espíritu innovador que no es otra que la aplicación y creación de marcos de gestión de corporaciones privadas. Lo que motiva que teóricos y prácticos de la NGP introduzcan técnicas gestoras distintas de la pública. Al fin y al cabo, las organizaciones son entes vivos que se manifiestan con propio modo indistintamente de su naturaleza o sector de aplicación. Ello es así porque la interactuación humana responde a semejantes estímulos.

La NGP se alza sobre la idea defendida por Metcalfe y Richars [32] que aúnan la modernización administrativa y la sustitución de prácticas anticuadas de la Administración pública (aunque moldeadas por la costumbre administrativa en cada tímelo, añado) por métodos actualizados de gestión de empresas privadas. No implica la adopción de un ideario o una fundamentación y metodología científica pero ello se debe a la propia expansión de la estrategia innovadora de la propia NGP.

Dos premisas definen la modernización de la Administración Pública por la NGP:

A) Aproximación a las formas de gestión de la empresa privada.

B) El cuestionamiento de la burocracia como modelo eficiente de organización en la Administración.

Y ello como resultado de dos premisas:

A) Control del gasto público, evitando el déficit fiscal.

B) Una renovada esperanza en las formas gestoras de las empresas privadas.

En definitiva, esa *renovatio* ideológica se ha traducido en dos cuestiones que han sido asumidas por la práctica totalidad de países desarrollados:

---

[31] Tema éste que deriva hacía los estudios de Herbert A. Simon así como a la Teoría de Juegos.

[32] Metcalfe, L y Richars S., *La modernización de la gestión pública*, INAP, 1987.

1. La consideración del administrado como cliente, superando una preocupación secular por la eficiencia en el sentido estrictamente económico de reducción de gasto.
2. La introducción de la calidad en la gestión.

Pero la NGP va más allá, Olías de Lima declara su amplitud, tan extensa como su aplicación [33]. Hughes detecta las siguientes perspectivas:
1. Es un modelo que pondera los resultados obtenidos.
2. Atribuye responsabilidad a los gestores causando una desconcentración de poder.
3. Manifiesta su interés por lograr y funcionar con recursos humanos, organizaciones y condiciones contractuales flexibles.
4. Los objetivos a alcanzar y los recursos humanos deben establecerse con precisión y claridad para cuantificar su rendimiento a través de indicadores.
5. El personal con cargos de responsabilidad está compro¬metido con el gobierno, lo que es lógico en tanto se supone una comunión en los objetivos fijados, evitando flaquezas políticas, se supone, o intereses particulares simulados bajo ideología.
6. Las funciones gubernamentales estarían más sometidas a condicionantes del mercado (contracting out).
7. Aboca a la reducción del número de funciones gubernamentales a través de la privatización o mediante el auxilio de empresas privadas (outsourcing). Dando lugar a lo que Milward y Provan califican como « Estado vacío » [34].

Es considerada la NGP como elemento emergente de la Gobernanza, apunta Aucoin [35]. Incluso se afirma que la Gobernanza surgió como consecuencia de la filosofía de la NGP. Ello es razonable pero aún sin serlo estaría justificado, dado que el Estado ya no conserva el monopolio sobre la experiencia, recursos económicos o institucionales para gobernar [36]. Esa crisis no sólo fundamenta la implantación de la Gobernanza sino que, a nivel operativo, provoca un énfasis en el elemento humano sobre las siguientes notas:
1. Minimización de la autoridad a favor de técnicas de consenso.
2. Negociación.
3. Participación de los funcionarios en la gestión.

---

[33] Olías de Lima, B., *La Nueva Gestión Pública*, Prentice Hall, Madrid, 2001.

[34] Milward, H.B., y Provan, K.G., *Gobernando un Estado vacío*, en « Estrategias para un gobierno eficaz », dirs. Cabrillo, Fitzpatrick y Gómez-Pomar, Lid, Madrid, 2008, pp. 277 y ss..

[35] Aucoin, P., *The New Public Management*; *Canada in Comparative Perspective*, Institute for Research on Public Policy, Montreal, 1996.

[36] Peters, B. Guy y Pierre, J., *¿Por qué ahora el interés por la Gobernanza?*, en « La Gobernanza hoy: 10 textos de referencia », dir. Cerrillo i Martínez, A., INAP-IIG, Madrid, 2005, p. 53.

4. Implantación, reconocimiento y promoción de los papeles de emprendedor, facilitador, mediador y dirimidor de conflictos.

La Gobernanza en general, como acción de Estado y la NGP en particular, como acción gestora, contribuyen a un desarrollo sostenible de las Administraciones porque es fundamental crear o mejorar una estructura jurídica de instituciones transparentes, democráticas y responsables. Respaldar medidas para promocionar y defender los derechos humanos, apoyar a una sociedad organizada y combatir la corrupción. Para ello, se debe diseñar un plan concreto de acción que asegure no sólo la participación de los grupos sociales en la gestión de competencias atribuidas por la ley. También transmitir confianza en la gestión, erradicando cualquier sospecha de gestión vacía o gestión indolente, que quiebre la reputación de la organización, que hoy por hoy, todavía, mantiene un cierto valor que condiciona e impone conductas dentro de unos límites brocados por la dignidad del hombre, fundamento de la democracia y los derechos humanos.

X
El acoso laboral en el mundo académico

Antonio Jiménez-Blanco Carrillo de Albornoz
Catedrático de Derecho Administrativo
Universidad de Jaén

I

La intervención de Cristóbal Molina, rica en información y en matices, ha servido para introducir muy bien este tema tan necesitado de atención. El acoso laboral es algo existente (e inevitable: la naturaleza humana es como es, porque quien tenía razón era HOBBES, como antes SAN AGUSTÍN, y no ROUSSEAU), pero indeseable y hasta donde sea posible con los siempre limitados instrumentos del derecho, debe ser perseguido.

Todos sabemos que esa labor no resulta fácil. Para empezar porque, como acaba de indicar el propio Cristóbal Molina, los conceptos de base (acoso laboral, acoso moral en el trabajo, acoso sexual pero valiéndose de una situación de primacía laboral, ...) tienen contornos resbaladizos. Pero además sucede que lo patológico tiene que diferenciarse de otras cosas que no sólo sí son lícitas sino que además resultan indispensables para la buena marcha (e incluso la mera existencia) de cualquier organización, pública o privada. Cosas tales como las siguientes:

1) En lo vertical, está la facultad de dirección, de la que forman parte las posibilidades de exigir y controlar, que es algo que nunca gusta al de abajo. Pero que se practica –se tiene que practicar- de manera cotidiana y que en la inmensa mayoría de los casos constituye una manifestación de lo que el gran MAX WEBER llamaría "Herrschaft", y no "Macht": aunque sólo sea porque la frecuencia estadística así lo indica, es un poder que tiene unas expectativas reales de verse secundado, lo que significa que el de abajo parte de reconocerle algún grado de legitimidad.

2) En lo horizontal, o sea, en las relaciones competitivas entre unos empleados y otros, porque en las correspondientes pugnas –dos personas peleando por ascender y ocupar una silla que es una- también pueden darse situaciones en las que la tensión vaya más allá de lo debido.

II

Pero aquí nos interesa sólo la proyección de esos fenómenos en un planeta tan peculiar como el académico, sobre lo cual ya contamos con bastante jurisprudencia y sobre todo con varios estudios que la sistematizan, tales como los dos siguientes:

* Juan Manuel del Valle Pascual y otros, “El fin del mobbing”, VI Seminario sobre aspectos jurídicos de la gestión universitaria, Málaga, 2004.

* Más recientemente, Ana Isabel Caro Muñoz y María Isabel Bonachera Ledro, “Un análisis práctico sobre el fenómeno del mobbing en la Universidad”, Bases Jurídicas para la Gestión Universitaria, Elche, 2008.

Se da la feliz circunstancia de que la propia Ana Isabel Caro Muñoz está con nosotros en esta Mesa y va a intervenir de inmediato.

Sinceramente recomiendo a todos los presentes que, si no han podido leer ambos trabajos, lo hagan. Vale la pena.

Así las cosas, tengo la impresión, que creo que es compartida por mucha gente, de que, según las estadísticas, en el mundo universitario esta patología se encuentra, por desdicha, particularmente extendida. Y estoy sobre todo pensando en el mundo, que es el mayoritario, de las Universidades públicas. Dando por cierto que esa impresión se corresponda con la realidad, la pregunta es una: ¿dónde está la razón? Descartemos una especial perversidad de la tribu universitaria o un mayor grado de ocio. Intentaré esbozar una respuesta, que, por supuesto, tiene mucho de meramente conjetural.

Me olvidaré de los alumnos y también del PAS. Debo centrarme en el profesorado, y, en especial, en quienes han accedido a la condición de funcionarios, o sea, Catedráticos y Profesores Titulares.

Sabemos que estamos, sí, ante funcionarios, pero cuyo sistema de acceso, al menos hasta la importantísima reforma de 2007, con sus famosas “acreditaciones”, ha sido muy peculiar, y ello desde varias perspectivas, empezando por la puramente cronológica. Desde que un Licenciado se incorpora a un Departamento bajo la tutela de un maestro hasta que se deviene funcionario pasan de ordinario muchos años: muchos más de los que suele durar la preparación de una oposición, aun de las más complicadas. Pero es que además ocurre otra cosa: aunque en teoría los órganos de selección, empezando por el Tribunal que juzga la Tesis Doctoral, sean del todo externos e imparciales, bien sabemos que su composición depende de la –libérrima- voluntad de una persona determinada: el antes citado maestro, con el que se ha convivido antes y con el que (en la mayoría de las ocasiones, y más ahora, cuando la movilidad interuniversitaria es tan escasa) se va a continuar conviviendo después.

Ese modelo tiene mucho de inevitable, porque no se le conocen alternativas ni en la geografía ni en la historia, y además, si le quitásemos la imposibilidad –sobrevenida- de desplazamientos geográficos, puede verse como sustancialmente bueno. Pero, como siempre sucede en la vida, las sombras vienen junto con las luces.

Todos conocemos muchos ejemplos de Departamentos en los que uno o varios discípulos han llegado a ser tan Catedráticos que como el que años atrás fue el maestro, y que entre tanto continúa allí. También tenemos en la memoria supuestos en los que un antiguo alumno de un Titular ha tenido una carrera más rápida y, mientras el que fue profesor continúa en su lugar, el antiguo estudiante se ha convertido en Catedrático. Y eso sin contar con los casos de discípulos con más éxito que sus maestros, o, a la inversa, de maestros que consideran que, pasados los años, sus pupilos, así sean sus títulos unos u otros en lo formal, siguen siendo rematadamente incapaces de haber asimilado nada.

Fenómenos análogos pueden suceder en otros muchos campos de actividad –y con repercusiones con mayor abanico en la escala retributiva, además-, con las tensiones psicológicas que de ahí se desprenden. Pero en la Universidad ese tipo de problemas alcanzan a veces un dramatismo especial, seguramente, y ahí es donde quería llegar, por el hecho mismo de la convivencia: todas las personas concernidas se encuentran –quieran o no- a diario, porque su hábitat vital es sólo de unos pocos metros cuadrados.

He hablado de tensiones psicológicas, que es algo mucho más amplio e impreciso que acoso moral, o laboral. No necesariamente se tiene que llegar a esto último. Pero sí me parece que la situación que se ha descrito puede constituir un caldo de cultivo que puede ser muy propicio para que las cosas –lo irrespirable de determinados ambientes- vayan a más. A peor.

Es, para entendernos, como una familia en la que cohabitaran varias generaciones, junto con sus correspondientes cónyuges (y además en una casa muy pequeña), y en la que, para más escarnio, no pudiese jamás llegar el oxígeno del divorcio. No podemos ni imaginar los odios que se podrían llegar a generar.

XI
El acoso moral en las organizaciones: diferenciando lo verdadero de lo falso

Cristóbal Molina Navarrete
Catedrático de Derecho del Trabajo y de la Seguridad Social
Universidad de Jaén
Director del Laboratorio-Observatorio de Riesgos Psicosociales de Andalucía
Instituto Andaluz de Prevención de Riesgos Laborales

"homo homini lupus"

1. INTRODUCCIÓN

En pocas otras ramas del Ordenamiento Jurídico la vertiente o componente humanitaria del Derecho –hominum causa omne ius constitutum est (Digesto 1, 5, 2)- aparece tan "a flor de piel" como en el Derecho del Trabajo. A este respecto, al margen de la clásica, y a menudo olvidada por los defensores, a menudo ingenuos, de la "Escuela Romántica", configuración de este Derecho como un instrumento para integrar a una clase social –la trabajadora- en un sistema de economía que se basa en su sometimiento a los dictados de otra –quien tiene la libertad de empresa-, nadie puede negar con sensatez mínima que carecería de su último sentido una rama especial del Derecho si en ella no encontrasen una protección adecuada los valores de la persona cuando ésta se halla situada en un ámbito de dirección y organización de otras, pero para las cuáles no hay más razón o ley que la económica, la del rendimiento. En los orígenes, otrora, esta protección se orientó hacia la dimensión más existencial de esas personas, lo que en tiempos se conoció como el "cuerpo", y que hoy no son sino la garantía de un "trabajo decente", esto es, en condiciones de empleo, prestación y protección adecuadas –salarios, tiempos de descanso…-.

Pero si esta es la versión antañona del Derecho del Trabajo, pese a que hoy mantiene toda su actualidad –o incluso la refuerza-, no puede tampoco cegarse al Derecho del Trabajo otra vía de evolución que también estuvo en el origen de su ser, pero que quedó algo más relegada. Me refiero a sus razones de tutela de la persona misma, a su efecto civilizador en sentido estricto, a su fin de convertirse no sólo en un "ordenamiento del existir" sino también aspirar a ser un "ordenamiento del ser". O si se quiere, en otros términos, y a riesgo de ser algo "pedante", aunque recuerde mucho a la clásica diferenciación humana de la filosofía que todos aprendimos en el Colegio, la evolución del Derecho del Trabajo iría en la dirección de convertirse en un "Derecho tuitivo del alma". En fin, si al principio está el "primum vivere" –lucha contra las condiciones más indecentes de explotación humana: el hombre es un lobo para el hombre-, luego debe seguirle, antes o después, debe llegar el "Deinde Philosofare" –la lucha contra las condiciones más sutiles de atentado a la dignidad e integridad de las personas-.

Pues bien, a mi juicio, es en esa evolución dónde ha de entenderse la lucha del Derecho del Trabajo, fundamentalmente a través de la vía judicial, esto es, tópica, y no legislativa, contra una forma tan antigua como el hombre pero de expansión y difusión recientes, de atentado a la integridad personal, su núcleo más irreductible de valores: el acoso moral. Sin duda ha existido desde el principio de los tiempos, porque las conductas que reproduce, aunque a veces puedan resultar muy sutiles, tiene raíces atávicas... Pero hoy ya no se considera tolerable lo que quizás ayer si lo era... De ahí, la necesidad de hacer frente a esta lacra organizativa, auténtico mal de la gestión organizativa, sea en el empleo privado sea en el público.

Ahora bien, por la más que evidente gravedad de estas conductas y por la reacción contundente, eficaz y temporánea, que hay que pedirle al Derecho y a sus instituciones, es también oportuno que se diferencie lo que es realmente acoso de lo que, incluso, podría parecerlo, pero que no lo es... En ocasiones, se tratan de conductas próximas, concurrentes, de difícil diferenciación, y que requieren de una actitud crítica y reactiva del ordenamiento jurídico... En otras, se trata de conductas deliberadamente realizadas para perjudicar a ciertas personas, trabajadores o altos cargos de la organización... Aunque yo estoy convencido de que existen más situaciones de las primeras –confusión- que de las segundas –falsos acosos, falsas denuncias-, también tienen que tener su adecuado tratamiento, como recientemente pone de relieve el Acuerdo Europeo sobre gestión del Acoso y la Violencia en el Trabajo, firmado en 2007, el 26 de abril, y transpuesto a nuestro Derecho en 2009.

De ahí, pues, la necesidad y utilidad de diferenciar el auténtico acoso de lo que no lo es.

2. QUÉ ES EL ACOSO MORAL EN LAS ORGANIZACIONES "PRODUCTIVAS" –O NO-

Esta cuestión ha de afrontarse desde un doble punto de vista. Por un lado, el relativo a la CLASIFICACIÓN DE LAS MODALIDADES DE ACOSO MORAL, que hoy encontramos.

A tal fin, datos relevantes que evidencian esta necesidad los podemos encontrar en un doble ámbito regulador. Por un lado, el del EBEP, que diferencia, entiendo que sin mucha, o nula, precisión entre "acoso moral" en el trabajo y "acoso laboral", así como entre acoso moral y acoso por razón de sexo. ¿Hay diferencias entre ellos?... ¿ Podemos utilizar los instrumentos que se prevén en la lucha contra ciertas modalidades, o subespecies, para la lucha contra el acoso moral como género de conducta lesiva de derechos fundamentales y como riesgo profesional?

Como puede entenderse perfectamente no se trata de cuestiones útiles sólo en el plano teórico sino también en el práctico. Así, junto al evidenciado y más claro de los instrumentos de lucha contra este fenómeno, se suscita también el relativo a los Códigos de Conducta y Protocolos de Actuación, por cuanto debe abrirse el debate de si han de incluirse todas las modalidades de forma o modo unitarios o ha de dárseles tratamientos diferenciados, con la complejidad y, cómo no, los costes que ello genera de modo adicional.

Por otro lado, se suscita la cuestión de la delimitación de la conducta ilícita del acoso moral en las organizaciones, que pasa por identificar los siguientes elementos:

A) OBJETIVOS RELATIVOS A LA CONDUCTA

• COMPLEJIDAD DE LA CONDUCTA

El acoso moral va más allá de la esfera profesional para adentrarse en la esfera personal del empleado, de modo que las condiciones de trabajo son el instrumento para intentar afectar a la integridad personal del trabajador. No hay un catálogo que nos permita tipificar el conjunto de conductas que pueden ser consideradas como elementos, aspectos o indicios de una situación de acoso, de modo que aparece abierto. Más de 65 conductas se han concretado en algunos estudios al respecto… Ahora bien, lo que sí debe resultar claro, es que no se trata sólo de una degradación de condiciones de trabajo, ni tan siquiera de un trato vejatorio, sino que afecta a lo más profundo de la persona.

• EL CARÁCTER DURADERO

Un solo acto intimidatorio o humillante, por intenso que sea, no genera una situación de acoso, ni tampoco de maltrato, aunque sí puede ser una conducta vejatoria lesiva de derechos fundamentales e incluso delictiva ex artículo 173 CP. Pero no por ello ha de establecerse una periodicidad o frecuencia concretas en las conductas –concepto estadístico-. En todo caso, debe quedar claro que estamos ante UN PROCESO a través del cual se produce una degradación progresiva de las condiciones de trabajo, a fin de provocar, o de producir, un ambiente intimidatorio u ofensivo, susceptible de lesionar la integridad personal

• EL RESULTADO LESIVO: el riesgo o peligro de vulnerar la integridad personal, haya o no lesión a la salud del trabajador

El disvalor del acoso está en la conducta, pero es evidente que su plus de ilicitud está en la susceptibilidad de afectar a un derecho fundamental…. No obstante, el acoso moral no puede identificarse con un daño concreto, porque de lo contrario se confundiría el tipo con la sanción y, sobre todo, se impediría la posibilidad de una política preventiva en sentido estricto, de modo que sólo cabría la reacción, sea o no en fechas tempranas.

B) EL ENTORNO Y SUS SUJETOS –EL IMAGINARIO COLECTIVO-

• SIN AMBIENTE INTIMIDATORIO U HOSTIL NO HAY ACOSO

A mi juicio, la dimensión ambiental del acoso es inherente a la modalidad de acoso moral. A diferencia de lo que puede suceder respecto del acoso sexual, que puede ser "acoso-chantaje", entiendo que el acoso moral es siempre del entorno, que aísla o deja en indefensión a la víctima o víctimas

• SIN COMPLICIDAD, SIQUIERA SILENTE, DEL COLECTIVO NO PUEDE HABER AUTÉNTICO ACOSO

C) SUBJETIVOS:

• LA AUTOEXCLUSIÓN COMO MOTIVOS DEL ACOSADOR. IRRELEVANCIA. Aunque a menudo se utiliza el motivo buscado por el acosador, casi siempre identificado con la autoexclusión –colocar a la víctima en tal posición que decida, por sí misma, abandonar la organización, con el rastro de humillación, silencio y ahorro de costes en indemnizaciones que ello conlleva-, debe recordarse que en Derecho los motivos de los sujetos, salvo en el ámbito penal, son irrelevantes. Lo que perseguimos deben ser conductas

• LA PREMEDITACIÓN DE LA CONDUCTA: EL ACOSO MORAL ¿UNA CONDUCTA NECESARIAMENTE DOLOSA?

En el plano teleológico, mayor insistencia se ha puesto en el elemento finalista, esto es, en el dato según el cual, al margen de cuál sea el motivo concreto perseguido, lo que sí es cierto es que se debe QUERER acosar, de modo que no se acosaría por "casualidad", o como resultado de una situación de conflicto descontrolada, sino como una resultante del PLAN ORQUESTADO a tal fin

3. QUÉ NO ES EL ACOSO EN LOS LUGARES DE TRABAJO

A menudo las personas creen sufrir una situación de acoso, y como tal demandan a su organización. Sin embargo, en un número importante de situaciones no se trata de auténticos acosos, aunque puede tratarse de situaciones que no deben merecer el amparo del Derecho, pero la respuesta debe orientarse por otra vía. En particular, la experiencia enseña que

A) EL ACOSO MORAL NO ES UN CONFLICTO "AL USO", PERO ¿CÓMO DIFERENCIARLO?

B) ... NO ES TAMPOCO SÓLO UNA SITUACIÓN DE **ABUSO – O DESVIACIÓN- DE PODER** MÁS, PERO ¿CÓMO DETERMINAR EL PLUS DE ILEGITIMIDAD?

C) NO ES SÓLO UNA **SITUACIÓN ESTRESANTE,** PERO ¿CÓMO ANTICIPARSE AL PROCESO DE ACOSO?

4. LA SANCIÓN DE LAS DENUNCIAS FALSAS DE ACOSO

Junto a las situaciones arriba mencionadas que evidencian una confusión no imputable necesariamente a quien la experimenta, de modo que creído o convencido de que sufre acoso demanda como tal, nos encontramos, sin duda, con aquellas otras situaciones en las que se busca deliberadamente, por la posible víctima, obtener un beneficio ilícito, o, incluso, convertir esa denuncia por acoso como una auténtica situación persecutoria contra el denunciado como acosador... En estos casos se podría producir un acoso a la inversa, esto es, la persona que dice sentirse víctima en realidad no hace sino iniciar un proceso de denigración contra su eventual acosador, a fin de que sea éste el que termina experimentando los efectos del acoso, y en especial el "castigo" de la organización o su expulsión, cuando no su salida.

No debe haber ningún prejuicio a la hora de reconocer esta realidad, y de ahí la necesidad de prever adecuados instrumentos para sancionar tales conductas, para reprobarlas y para disuadir de las mismas. En esta dirección encontramos ya ciertas sentencias, que multan al trabajador denunciante por temeridad manifiesta en la denuncia, o que establecen responsabilidades civiles para el autor –y para los medios de comunicación que vociferan y amplían esa denuncia para que llegue al conjunto de la sociedad de referencia-... Y también lo constatan así, y tratan de hacerle frente, ciertos convenios colectivos. Es el caso del CC del Banco de España, cuyo artículo 19 tipifica como falta muy grave las denuncias falsas y malintencionadas de mobbing o acoso laboral. O el CC Fábrica Nacional de Moneda y Timbre-Real Casa de la Moneda –BOE 28.7.2006-

Es evidente, que existan o no esos instrumentos convencionales, siempre cabe acudir al poder disciplinario, en la medida en que se atenta contra derechos fundamentales de las personas, y, por tanto, cabría llegar incluso al despido, también por clara vulneración de la buena fe ex artículo 54.2 LET. A este respecto, conviene poner de relieve que existe una amplia doctrina jurisprudencial que viene entendiendo justificado el despido por esta causa en supuestos varios en que se produce una falsificación de hechos por parte del trabajador.

5. EL ACOSO MORAL ¿ES UN RIESGO LABORAL A PREVENIR EN EL MARCO DE LA LPRL?

Una cuestión clave para poder afrontar el problema del acoso, que existe, aunque no sepamos bien sus dimensiones, es determinar el ámbito desde el que se debe combatir. A estos efectos hay una posición polémica. A saber:

Para unos, no es un riesgo profesional, de modo que no puede intervenirse desde la LPRL, esto es, desde las Evaluaciones sistemáticas de riesgos, que, por lo tanto, además de costosas, resultarían inútiles a tales fines preventivos. En esta línea se ha venido moviendo tanto la ITSS –CT 34/2003-, como, más recientemente, la doctrina judicial –STS, 4ª, 15 de diciembre de 2008-. E incluso podría decirse lo mismo de la reciente Ley de Igualdad, en relación al acoso moral y al acoso sexista –artículo 48 LOIS-, y también del EBEP, que contempla desde un plano estrictamente disciplinario las diferentes modalidades de acoso moral en el trabajo.

Para otros, en cambio, sí que se trata de un riesgo profesional, a afrontar desde la perspectiva de la LPRL. Esta es la posición recientemente mantenida por el CT 69/2009 de la ITSS, y en gran medida este es el presupuesto del Acuerdo Comunitario de violencia y acoso en el trabajo, ya transpuesto a Derecho español mediante el ANC 2008 –BOE 14.1.2008-.

6.REFLEXIÓN FINAL: LA TUTELA FRENTE AL ACOSO ENTRE LA INCREDULIDAD Y LA TRIVIALIDAD

A menudo las reacciones contra el acoso van desde posiciones extremas. O desde el alarmismo practicado desde diferentes entidades y sujetos, con frecuencia con una intención deliberada de articular su propia carrera y notoriedad sobre estos fenómenos, o, al contrario, desde la mayor de las incredulidades, hasta llegar a su trivialización… En este sector militan muchos jueces, y muy especialmente en el orden contencioso, que apenas puede aceptar que este tipo de comportamientos se produzca en las AAPP, pese a que fue la primera jurisdicción que se pronunció en nuestro país en contra desde lo más alto de esa jurisdicción, el TS.

Ni que decir tiene que no comparto ni la una ni la otra… Pero entiendo que su defensa no puede venir desde posiciones de fe, de convicción o no, de "sensibilidad" o no, como ahora gusta decirse… Debe venir de tomarse en serio el problema y promover el mayor conocimiento posible, tanto en el ámbito científico como en el organizativo… Y, para eso, la mejor medicina es la aplicación de políticas preventivas….

XII
Protocolos de actuación frente al acoso en el ámbito del empleo universitario

Ana I. Caro Muñoz
Directora de Estudios y Régimen Jurídico
Departamento de Educación, Universidades e Investigación
Gobierno Vasco

"El respeto mutuo por la dignidad de los demás a todos los niveles dentro del lugar de trabajo es una de las características dominantes de las organizaciones con éxito. Por eso el acoso y la violencia son inaceptables."

Introducción del Acuerdo Marco Europeo sobre acoso y violencia en el lugar de trabajo, 26 de abril de 2007.

I. PREÁMBULO: RECOMENDACIONES Y BUENAS PRÁCTICAS

Quizás sea necesario, como objeto de mero encuadramiento, reflexionar, iniciariamente, sobre el propio concepto de acoso moral o "mobbing", entendiendo que podría definirse como aquellas situaciones que atentan contra la dignidad y la integridad física, psíquica y moral del trabajador/empleado público por parte de su empresario (o superior inmediato)/gestor público, de sus representantes o de compañeros que ocupan una posición, superior, bien sea jerárquica o de hecho, o en el mismo plano, respecto de la víctima. Pero ahondando en estos elementos, llegamos a deducir que esta situación, para poderla tildar de acoso, se ve prolongada en el tiempo, y la finalidad del acosador no es otra que la destrucción de las redes de comunicación de la víctima y la perturbación real en su trabajo diario, consiguiendo, en la mayor parte de las ocasiones, que el empleado tenga que abandonar su puesto.

Del mismo modo debemos establecer que se hace necesario que al hablar de acoso psicológico en el trabajo, este concepto siempre se vea unido a la normativa de prevención de riesgos laborales. Sin embargo, dada la complejidad del problema y la no existencia de regulación legal específica, son diferentes áreas de trabajo las que pueden intervenir, desde la inspección de trabajo, la psiquiatría, la psicología o el orden jurídico. No obstante, tal vez sea desde la prevención de riesgos laborales desde donde se puede realizar una intervención más directa y correcta, contribuyendo a la no aparición, entre otros riesgos psicosociales, del acoso. En tal sentido, la propia Ley 31/1995, de 8 de noviembre, de Prevención de Riesgos Laborales pone de manifiesto su importancia en los riesgos psicosociales en general y en el acoso psicológico en particular. En su artículo 4 se define riesgo laboral, como la posibilidad de que un trabajador sufra determinado daño derivado del trabajo, y define daño derivado del trabajo como las enfermedades, patologías o lesiones sufridas como motivo u ocasión del trabajo; siendo, el acoso psicológico, como cualquier otro riesgo, no precisando de su materialización (accidente o enfermedad) para que entre en juego la normativa de prevención, sino que basta con la exposición potencial al riesgo.

Se evidencia, por tanto, que hay que promover y proteger eficazmente la salud de los trabajadores en todos los aspectos relacionados con el trabajo, y ello a través de la promoción de conductas saludables en las empresas/administraciones públicas, tanto para trabajadores/empleados públicos, como para directivos, empresarios y gestores públicos. Se deberá tender a proteger, de formar eficaz, lo cual habrá de conllevar que si se produce un daño para la salud, las medidas preventivas habrán fallado y por lo tanto deberemos buscar otras. Ahora bien, se constata que la psicosociología es la especialidad preventiva que menor atención ha recibido, a pesar que ha quedado constatado que algunas de las enfermedades generadas en los empleados, como por ejemplo las cardiovasculares, se deben al estrés relacionado con el trabajo.

Por todo ello, la primera consecuencia que deberemos extraer de la constatación de estos referentes, es que se hace necesario el establecimiento de unas buenas prácticas, entendidas éstas, en el ámbito de las Administraciones Públicas, como el resultado del cumplimiento de la normativa, conllevando que el gestor público mejora las condiciones de trabajo y consigue que descienda la siniestrabilidad dentro del sector público correspondiente. Estas buenas prácticas deberán permitir, a quienes las utilizan, cumplir los requisitos de los procesos normativos correspondientes, incluidas directrices y recomendaciones, aunque no sean vinculantes; a través de ellas se abordará un problema reconocido por la autoridad competente en materia de seguridad y salud en el trabajo; deberán indicarse las medidas y métodos que pueden adoptarse a nivel del gestor público para mejorar las condiciones de trabajo, y se indicarán las medidas y métodos que deban adaptarse a la estructura de la Universidad para mejorar las condiciones de trabajo y reducir los riesgos; y deberán ser, en todo caso, eficaces y éticamente aceptables.

Esta instauración de buenas prácticas se asocia a la prevención directa, observada ésta desde la consideración de prevención primaria, secundaria y terciaria. La prevención primaria se entiende como la intervención que se efectúa antes de la aparición del riesgo. También se le llama promoción de la salud y sería el objetivo prioritario. Así, en el ámbito del acoso psicológico, podemos decir que conociendo aquellas conductas que suelen tener los acosadores con sus víctimas (aislamiento, incomunicación, sobrecarga e infracarga de trabajo, comunicación hostil...), deberíamos tomar una serie de acciones en las Universidades para evitar que se produzcan estas acciones:

- Diseñar o rediseñar los puestos de trabajo de forma que se eviten aislamientos

innecesarios
• Establecer unos canales claros de comunicación. El empleado público debe saber a quien dirigirse en caso de conflictos, problemas con la actividad, etc.
• Formar a los gestores públicos en habilidades sociales, asertividad y liderazgo
• Favorecer la participación de los empleados públicos: buzones de sugerencias y quejas...
• Informar a los empleados públicos de los sistemas de apoyo que tiene la empresa en este campo: servicio de prevención y de vigilancia de la salud.
• Incorporar programas de acogida a empleados públicos.
• Clarificar y delimitar las funciones y tareas de todos los puestos de trabajo de la Universidad.

Si abordamos la prevención secundaria, debemos indicar que se orienta a la parada del avance del riesgo una vez que éste ha aparecido, esto es, si en una Universidad se detectase, a través de la evaluación psicosocial, la existencia de un conflicto, siendo predecible su desenlace, debieran adoptarse todas las medidas necesarias para solucionarlo. Esta detección precoz, y la parada del avance del problema, se podrá hacer a través de una "buena" evaluación de riesgos psicosociales, y para ello deberá tener unos objetivos claros: prevenir cualquier trastorno psicológico y por lo tanto ir a la búsqueda de aquellas condiciones que en su desvío podrían ser perjudiciales para los empleados públicos. En este sentido, la realización de una buena evaluación psicosocial va a implicar la participación activa de empleados, gestores públicos y técnicos de prevención.

Por último indicar que la prevención terciaria estará orientada a la reducción de los efectos y/o consecuencias derivadas del riesgo. El objetivo básico será evitar complicaciones, y por ello la evaluación e intervención se realizan a quienes ya tienen el trastorno, intentando obtener la rehabilitación, a lo que deberán sumarse las medidas organizativas y disciplinarias que correspondan.

II. EL FOMENTO DE UNA POLÍTICA PARA IMPEDIR EL ACOSO

Interconexionado con lo deducido en el Apartado anterior, las buenas prácticas, como es obvio, han de venir propiciadas por la instauración de una verdadera política para impedir el acoso, no sólo desde la esfera del cumplimiento efectivo de la normativa de aplicación, sino concebida como una línea de actuación real de concienciación más allá de la concepción de estar ante un mero "cumplimiento de expediente"; para ello será necesario:

* La elaboración y publicación de una política que condene explícitamente la violencia en la Universidad, acompañada de medidas disciplinarias en el caso de infracción, que sean conocidas por los empleados públicos (Art. 95.2 de la Ley 7/2007, de 12 de abril, del Estatuto Básico del Empleado Público, EBEP). Esta actuación pública conllevará que los acosadores queden disuadidos, al menos en parte, y que las víctimas tengan un referente normalizado al que acudir.

* Como ya referíamos en el Apartado anterior, se deberán realizar estudios de campo que conlleven la identificación y evaluación de los factores de riesgo de violencia; el gestor público deberá deducir las estrategias que considere más adecuadas teniendo en consideración el ambiente real de la Universidad, evaluando la verdadera, y real, calidad de trabajo de todos los ámbitos: aulas, Áreas, Departamentos, Centros, y resto de Órganos de Gobierno, lugares todos ellos de convivencia e interrelación de empleados públicos.

* Constatada la "foto fija" de la realidad universitaria en el ámbito de los riesgos psicosociales en general, y del acoso en particular, se deberá establecer una propuesta real de medidas preventivas, las cuales deberán ser adecuadas, y tener en consideración que esa "foto fija" irá evolucionando hacia nuevas realidades que también deberán tener una presencia efectiva en las medidas establecidas.

* Del análisis valorativo de las condiciones del ámbito del empleo en la Universidad, podrán deducirse realidades organizativas, de gestión y planificación que no sean adecuadas y que influyan en la pérdida de calidad en el ambiente donde discurre el trabajo del empleado público, lo cual habrá de conllevar que el gestor público deba adoptar las medidas necesarias para conseguir que en el lugar de trabajo se reduzca el riesgo de violencia o la misma violencia, si la hubiera.

* Como ya hemos referido, la realidad ambiental de los puestos de trabajo no es una "foto fija", y por ello será necesario e imprescindible que tengan lugar revisiones regulares y ordenadas de los procedimientos de trabajo, conllevando, en su caso, la modificación de éstos con el fin de reducir los riesgos.

* Dentro de las actuaciones que el gestor público ha de realizar, no puede olvidarse la formación. A estos efectos, se deberá dotar a los empleados públicos, y a los distintos gestores intervinientes en el desarrollo efectivo de los procedimientos de trabajo, de la formación necesaria para detectar el aumento de la tensión y el conflicto, y ello con el fin de que puedan ser abordarlos con métodos estructurados y eficaces. La formación y educación sobre los riesgos psicosociales deberá abordar, al menos: las causas de su aparición, las consecuencias y las técnicas de afrontamiento.

* Por último, las Universidades deberán contar con programas de asistencia a los empleados públicos en situaciones de crisis, debiendo estar prevista la asistencia de profesionales que pueda proporcionarles el asesoramiento que en cada situación sea necesario.

III. ELEMENTOS DEL PROCEDIMIENTO A SEGUIR

Previo a la determinación de cuales serían, a nuestro entender, los elementos principales, incluso básicos, de cualquier procedimiento y/o protocolo que se implemente en una Universidad, con la tarea de solventar los problemas de acoso, deberemos determinar, con carácter enunciativo, la descripción de lo que pueden ser las fases de una evaluación psicosocial. Así, y como ya hemos referidos en los Apartados anteriores, detectada la problemática los procedimientos de resolución pueden establecerse con mayor rigor.

En tal sentido, podemos establecer que las fases de una adecuada evaluación psicosocial del ámbito del empleo universitario serían las siguientes:

1. Se deberá realizar una recogida de información objetiva. Información recogida por el técnico a través de datos administrativos y de la observación directa del trabajo que se realiza.

2. En las plantillas de recogida de información deberá constar una descripción del grupo o plantilla a evaluar: tareas, ubicación, características del colectivo, relación con otros grupos o colectivos de trabajo.

3. Los técnicos deberán escoger un instrumento adecuado de evaluación de acuerdo a las características del colectivo, debiendo justificar la elección realizada.

4. Se tendrá que administrar el instrumento de forma adecuada; a tal efecto, durante el reparto de cuestionarios a los empleados públicos, se les referirá una explicación mínima de los objetivos y de los contenidos de las pruebas, para conseguir dos objetivos: un primer conocimiento del proceso de detección de las causas que propician el acoso, y la implicación de los empleados públicos en el procedimiento, siendo sus respuestas un reflejo fiel del verdadero estado de la cuestión.

5. De las pruebas realizadas se extraerán datos cualitativos y cuantitativos.

6. Por último, valorados los resultados, se propondrán medidas preventivas. Las medidas a proponer deben ser factibles, reales y claras.

Una vez observado el lugar del trabajo, y puestas en funcionamiento las medidas que técnicamente se han considerado oportunas, no debe olvidarse una segunda parte: generar un Procedimiento y/o Protocolo de Actuación. Ahora bien, ese procedimiento puede ser implementado paralelamente al desarrollo de la evaluación, como un elemento más de la política activa a la que nos referíamos con anterioridad, o bien, vistos los resultados de la evaluación, determinando cuál sería el protocolo más adecuado a la propia Universidad y a sus necesidades reales.

Sea cual sea la decisión, los elementos que han de tenerse en cuenta en la configuración del protocolo y en su implementación serán los siguientes:

* Interesa a todas las partes proceder con la discreción necesaria para proteger la dignidad y la confidencialidad de todos.

* No se debe divulgar ninguna información a partes no implicadas en el caso.

* Las quejas deben ser investigadas y tratadas sin demoras indebidas, se aplicará la celeridad necesaria, superando las dilaciones de otros procedimientos administrativos.

* Todas las partes implicadas deben conseguir una audiencia imparcial y un tratamiento justo.

* Las quejas deben estar apoyadas por información detallada y exhaustiva.

* Las acusaciones falsas no deben ser toleradas y pueden, y deben, dar lugar a acciones disciplinarias.

* La ayuda externa puede resultar de utilidad.

* Si se comprueba que ha ocurrido acoso y violencia, se tomarán medidas apropiadas con relación a los autores. Esto puede significar acciones disciplinarias, incluso llegar al despido: Art. 95.2, b) y o) EBEP: se considera falta disciplinaria muy grave el acoso moral, sexual y por razón de sexo, y el acoso laboral; Art. 96 EBEP: por razón de las faltas disciplinarias cometidas podrán imponerse distintas sanciones, entre otras, por la comisión de faltas muy graves, la separación del servicio de los funcionarios, y el despido disciplinario del personal laboral.

* Las víctimas recibirán apoyo y en caso de necesidad ayuda para su reintegración.

* Los empleadores/gestores públicos, consultando con los trabajadores/ empleados públicos y/o sus representantes, establecerán, repasarán y supervisarán estos procedimientos para asegurarse que son eficaces, tanto en la prevención de problemas, como en tratarlos cuando se presenten.

* Cuando proceda, las previsiones de estos procedimientos se pueden aplicar para tratar de casos de violencia externa, por ejemplo, cuando un progenitor, o un ciudadano, actúa ante los empleados públicos universitarios, docentes y/o de administración y servicios, con violencia.

IV. PROTOCOLOS DE ACTUACIÓN EN EL ÁMBITO UNIVERSITARIO: UN MODELO

En algunos trabajos [1] ya hemos puesto de manifiesto que la Universidad puede ser catalogada como uno de los ámbitos de trabajo más nocivos [2], habiéndose constatado esta afirmación con estudios de campos realizados en varias universidades [3]. Es por ello que, evidenciamos, una vez más, que es necesaria una política universitaria activa para abordar esta problemática, siendo una parte fundamental, como se ha referido a largo del presente trabajo, la confección de un Protocolo de actuación.

---

[1] Actas del VIII Seminario sobre aspectos jurídicos de la Gestión Universitaria, CARO MUÑOZ, A. y BONACHERA LEDRO, M., Comunicación "Análisis Jurisprudencial del Acoso Moral en el ámbito universitario" en VVAA, Bases Jurídicas de la Gestión Universitaria, Editorial Club Universitario, Alicante, 2008.

[2] "Las universidades españolas son contextos laborales nocivos" El País, 21 de noviembre de 2006, "La Universidad sigue siendo uno de los entornos laborales más 'tóxicos' de España" El Faro de Murcia, 23 de noviembre de 2006; "Endogamia en la Universidad", El Jueves, 26 de octubre de 2006, en el chiste gráfico que acompaña el titular se refiere que: "El II Congreso de Corrupción Universitaria (en este país no nos privamos de ningún tipo de corrupción), celebrado en Madrid, ha criticado la oscura forma de cubrir las plazas en la universidad española. Y es que, por lo visto, en muchas convocatorias sólo falta poner en las bases que "esta plaza sale para Alfonso, que mide 1,83, tiene ojos verdes, barba y un lunar en la frente, y vive en la calle tal número cual de la ciudad equis". Si hubiera unos Juegos Olímpicos de la corrupción, nos llevábamos el oro en todas las especialidades"

[3] La primera vez, Iñaki Piñuel y Zabala, profesor de Organización y Recursos Humanos de la Universidad de Alcalá, reveló que un 51,67% de los profesores funcionarios de esta institución había sido víctimas de acoso moral en el trabajo durante los seis meses anteriores a la realización de la encuesta (noviembre de 2002).

Por esas mismas fechas, el equipo de Fernando Justicia Justicia, Catedrático de Psicología Evolutiva y de la Educación, cifró a las víctimas de la Universidad de Granada en un 24,08% del personal docente y administrativo encuestado. Además, un 54,92% reconoció haber presenciado

Pero si la necesidad de actuar ha quedado más que evidenciada, también hemos podido corroborar que entre los gestores universitarios aún no se ha generalizado la puesta en práctica de políticas activas de prevención. Del mismo modo, no ha podido constatarse la evaluación real del estado de la salud laboral universitaria en el ámbito de los riesgos psicosociales, y, por último, podemos afirmar que son escasos los supuestos de Universidades que han dictado Protocolos de actuación frente al acoso.

---

alguna vez este tipo de conductas, aunque no las padeciera. Finalmente, sólo un 21% negaba la existencia de acoso en las dependencias de la Universidad.

Un año después, en noviembre de 2003, se anunciaron los resultados de una investigación aún más ambiciosa. José Buendía, profesor de Psicopatología de la Universidad de Murcia, aplicó el Barómetro Cisneros (el cuestionario ideado y registrado por Piñuel para sondear el mobbing) no sólo a los docentes, sino también al Personal de Administración y Servicios (PAS). En esta ocasión, un 44,36% del personal se declaró acosado y un 83,6% asumió estar bajo los efectos del burn out o síndrome del profesional quemado.

Ese mismo año 2003, la Santiago de Compostela en Lugo consiguió impulsó un tercer estudio sobre la prevalencia del mobbing, esta vez entre el personal de las tres universidades gallegas. Para ello se contó con Mª Ángeles López Cabarcos, profesora Titular del departamento de Organización de Empresas y Comercialización de la Universidad de Santiago de Compostela. En su estudio no utilizó el barómetro Cisneros y partió de definiciones diferentes sobre lo que debe considerarse una situación de mobbing pero, de nuevo, las encuestas dieron positivo. En A Coruña era hostigado psicológicamente un 23% del personal docente e investigador (PDI) y un 7% del PAS. En Santiago, un 11 y 10%, respectivamente, y en Vigo, un 17 y 10%.

Del mismo modo, y sobre el síndrome de Burnout (o "síndrome de estar quemado", "síndrome de quemarse por el trabajo", "síndrome de la quemazón", "síndrome del estrés laboral asistencial", que es una respuesta al estrés laboral crónico que se produce principalmente en el marco laboral de las profesiones que se centran en la prestación de servicios), también se han realizado algunos estudios en el ámbito de la prestación del servicio de la educación superior, aunque menos que en el supuesto del mobbing. Daremos algunos ejemplos:

Utilizando el MBI Galindo, Ramos y Cols. (2000) han encontrado que el 87,3 % del profesorado a tiempo completo de la Universidad de Salamanca sufre en mayor o menor grado el SB. De estos, el 18.4% lo padece en su grado máximo y el 68.9 % lo presenta en alguna de sus fases.

Por categorías los que se encuentran menos agotados emocionalmente son los Catedráticos de Universidad, después les siguen los Titulares de Universidad y los Catedráticos de las Escuelas Universitarias. El grupo de los más agotados, como era de esperar, lo forman los Ayudantes y Asociados.

Para la realización de este estudio se distribuyeron 1700 encuestas, de las que se devolvieron 762 (lo que supone un 45% de participación). No obstante en contraposición a los datos anteriores hay que precisar que el número de bajas laborales de los profesores durante el curso 1999/2000 ha sido muy bajo.

En la Universidad de Extremadura Guerrero (1999) encuentra que el 19% de los profesores alcanzan el nivel de Sindrome de Burnout "bastante elevado" y el 22% en el nivel "intenso". Al igual que en la Universidad de Salamanca Los datos de las bajas laborales también son poco relevantes y escasamente significativos.

En concreto, a requerimiento efectuado en el mes de abril de 2009 a todos los servicios jurídicos universitarios, el resultado de la realidad universitaria respecto del desarrollo de Protocolos, ha sido el siguiente:

- A propuesta del Responsable del Servicio de Prevención de Riesgos Laborales, el Comité de Seguridad y Salud de la Universidad de Sevilla aprobó su Protocolo. (2007)
- Universidad de Jaén, Aprobado en Consejo de Gobierno de fecha 23 de septiembre de 2004.
- Universidad de Santiago de Compostela. Aprobado polo Consello de Goberno da USC o 20 de decembro de 2004.
- Universidad Autónoma de Madrid, Acuerdo adoptado por el Consejo de Gobierno en su sesión de fecha 22 de abril de 2005, "Protocolo de actuación sobre prevención y solución de quejas en materia de riesgos psicosociales de los trabajadores". En la actualidad, el Consejo de Gobierno ha abordado su modificación y actualización.
- Universidad Nacional de Educación a Distancia, firmado el 29 de septiembre de 2006 por el Rector de la Universidad Nacional de Educación a Distancia y las Secciones Sindicales en la UNED de CCOO, UGT, USIF-CSIF.
- Universitat de les Illes Balears, El Consell de Direcció, a la sessió ordinària del dia 26 de febrero de 2008 ha aprovat el pla d'actuació de risc psicosocial.
- Acuerdo entre la UPV/EHU y las organizaciones sindicales representativas en la UPV/EHU sobre prevención y solución de quejas en materia de acoso, 2009.
- "Procedimiento para la resolución de situaciones de riesgo psicosocial" aprobado en la Universidad de Alicante en fecha 18 de marzo de 2008, con aportaciones de todo el Comité de Seguridad y Salud.
- En fase de elaboración: "Protocolo de actuación para la prevención y solución de quejas en materia de acoso", de la Universidad de Alcalá; trabajando en un Proyecto relativo al procedimiento de solución de conflictos de acoso, liderando el grupo de trabajo el Catedrático de Trabajo Don Elías Gónzalez-Posadas, en la Universidad de Valladolid; proceso incipiente para intentar establecer un Protocolo, Universidad Politécnica de Valencia.

De los ejemplos que hemos podido analizar, así como de la evaluación de Protocolos utilizados en otros ámbitos del empleo público, distintos del de la educación superior, podemos inferir que los ítems más comunes, utilizados en la mayor parte de ellos, son los siguientes:

- Inicio del procedimiento. Determinación de las posibles formas de constatación de hechos que pudieran ser calificados de acoso en el empleo. Entre otras: como resultado de la propia evaluación de la calidad del ambiente laboral, la denuncia de la víctima o, de forma colateral, la corroboración de existencia de acoso deducido de otro proceso administrativo, de gestión y/o organización.

• Ante la posible existencia de un supuesto de acoso, en todos los procedimientos se establece la necesidad de intentar llegar a la resolución extraoficial de los incidentes. Para ello son varias las posibilidades utilizadas, por separado, en interrelación, o de forma conjunta: diálogo e intervención de superiores jerárquicos, Defensor Universitario, Jefe de Prevención, representación sindical, Vicerrector de Profesorado, Gerente y/o Vicegerente de RRHH.

• De las actuaciones llevadas a cabo, por algunos o todos de los intervientes relacionados con anterioridad, se genera la denominada Propuesta de Solución, en un intento de concluir el procedimiento por los cauces del diálogo, la organización institucional, y el uso de actuaciones y actividades de mera gestión, planificación y reordenación.

• Si la Propuesta de Solución no es aceptada el procedimiento podrá sustanciarse ante lo que se ha dado en llamar Comisión/Comité Arbitral. Órgano colegiado que puede estar integrado por miembros de la Universidad (gestores y representantes de los empleados), por profesionales especialistas externos a la Universidad, o tener una conformación mixta (miembros de la comunidad y externos); siendo de interés contar con juristas y psicólogos que formen parte de este instrumento.

De los resultados prácticos obtenidos de la puesta en funcionamiento de alguno de estos órganos, se evidencia que cuanto mayor es la neutralidad de sus integrantes, por no pertenecer al ámbito de la Universidad, mayores garantías de éxito en su labor, y mayor la confianza de los empleados públicos intervinientes –víctimas, acosadores y testigos-, en la labor realizada.

• Fases del Procedimiento ante el Comité:

+ Se dará audiencia a todos los posibles intervinientes: víctima/as, acosador/es, y terceros, pudiendo ser o no testigos, de las presuntas actuaciones de acoso.

+ Se contará con informes técnicos, del carácter y la entidad que el Comité entienda como necesarios. Como ya se ha referido, si entre los miembros del Comité no se encontraran psicólogos, sería necesario un estudio del comportamiento de los intervinientes por parte de estos profesionales.

+ Se hace necesario la fijación de una vista oral en aras de la constatación y contraste de los datos de averiguación obtenidos desde el inicio del proceso.

+ En su caso, y para centrar y valorar con rigor las situaciones acaecidas, se puede hacer necesario el requerimiento de documentación, bien de índole administrativa, organizativa, de planificación, o de cualquier otro carácter que pudiera dar lugar al esclarecimiento de los factores que han dado lugar a la presunta situación de acoso, descartando, en la medida de lo posible, aquellos elementos de conflicto que no sean estrictamente supuestos de acoso.

+ Del análisis llevado a cabo pueden observarse, como se ha referido a lo largo de ese trabajo, la existencia de hechos que pudieran se calificados desde la óptica del régimen disciplinario. Es por ello obligación del Comité la notificación de posibles comisiones de faltas disciplinarias o infracciones penales ante el órgano competente: Rector.

+ En el mismo sentido, de la evolución del estudio y valoración de los hechos acaecidos, los datos que se vayan obteniendo de la labor gestionada por el Comité Arbitral, podrán dar lugar a la necesidad de la adopción de medidas transitorias, con el fin de evitar otro tipo de problemas o el agravamiento de la situación iniciaria. Al efecto, el Comité requerirá la interactuación de los gestores públicos no implicados en el supuesto evaluado, solicitando que se lleven a cabo actuaciones tales como: movilidad de los empleados públicos implicados, reorganización del trabajo, reestructuración provisional, o, incluso, de haberse deducido posibles hechos constitutivos de faltas disciplinarias, la adopción de medidas provisionales en el ámbito del régimen disciplinario, Art. 98 EBEP, asegurando, de esta forma, la eficacia de la resolución final que pudiera recaer.

+ Terminada la labor por parte del órgano arbitral, éste emitirá el correspondiente Informe, en el que, una vez detallados los hechos averiguados y constatados, así como hecha una descripción de todos los ítems que hubieran tenido lugar a lo largo del procedimiento, el Comité explicará las acciones que considera deben tener lugar. Ese documento se enviará al Rector y al Servicio de Prevención.

+ La ejecución efectiva de las recomendaciones establecidas por el Comité Arbitral, así como la posibilidad de tener que incoar procedimientos de régimen disciplinario, corresponderá al órgano universitario competente, el Rector, el cual deberá dictar las instrucciones necesarias para ello, así como los actos administrativos que considere pertinentes, haciendo un seguimiento de los procesos que se inicien, con el fin de obtener resultados óptimos, para la organización universitaria y para todos los intervinientes.

V. PENÚLTIMA REFLEXIÓN

Quizás sea necesario referir, a modo de pensamiento de cierre, que no cerrado, que, observado el debate que se suscitó en el foro del X Curso de Régimen Jurídico de Universidades, así como las reflexiones y valoraciones de los Srs. Jiménez y Molina, estamos ante una realidad innegable, sobre la que es necesario, de inicio, afrontarlo, extraerlo del ámbito de lo particular, y hacerlo extensible al conocimiento de todos los sectores que conforman la Administración Pública, y, en concreto, y por el espacio de trabajo que nos ha ocupado en estas páginas, a la Universidad Pública.

Es conveniente dar respuesta a ciertas preguntas, constando, o descartando, si la universidad corre el riesgo de poseer una estructura jerárquica arcaica y tendente a la clasificación y distinción excesivamente formal entre sus empleados públicos; si los distingos que encontramos en ella son meramente formales, o pueden, como en algunos casos hemos constatado, llegar a ser un campo de cultivo que genere abusos y acosos de unos empleados a otros, sobre la base de dignidades mal entendidas, y desechar, en la medida de lo posible, que aún la comunidad universitaria se comporta como una Institución del medioevo. Es imprescindible buscar conclusiones válidas y útiles, y encontrar pautas nuevas de comportamiento, líneas de actuación, mecanismos y protocolos que implementar, para que todas estas fallas que encontramos en la comunidad universitaria sean cerradas.

Fruto de la búsqueda y hallazgo de respuestas, deberemos utilizarlas para prevenir. Aplicar, eficazmente, políticas de prevención, estableciendo apartados específicos, sobre acoso en el trabajo, el síndrome del acoso institucional, y el síndrome del Burnout, dentro de los Planes de Prevención, debiendo implicar, de forma eficaz, al Servicio de Prevención de Riesgos Laborales y Gestión Ambiental de cada Universidad, no sólo desde el punto de vista de la prevención, sino también desde el punto de vista de la formación.

Pero si el ejercicio reflexivo y de implementación de políticas activas no conlleva una puesta en funcionamiento real, en la que también se visualice el castigo ante comportamientos de violencia y acoso, y ante las falsas denuncias de tales hechos, habremos dejado pasar la oportunidad de atajar, en su mayor parte, el problema. Por ello, y como ya hemos visto a lo largo de este trabajo, se hace necesario aprobar e implementar Protocolos de actuación: las Universidades, como uno más de sus reglamentos internos, deben normalizar los procesos que orden estas situaciones, y aprobar los instrumentos que consideren necesarios. Todo ello sin olvidar el compromiso que deben adquirir las gerencias y los equipos de gobierno universitarios, no sólo de aprobación de estos instrumentos, sino de aplicación, hasta sus últimas consecuencias, de las normas sobre régimen disciplinario, en virtud de las responsabilidades que pudieran quedar probadas tras la consecución de los procedimientos incoados.

Por último inferir que he querido evidenciar, con el título de este último Apartado del trabajo, que en la cuestión de la violencia y el acoso en el empleo público en general, y en el universitario en particular, aún restan muchos pasos que dar, políticas de actuación que implantar, y la extensión activa en la concienciación de esta problemática creciente; es por ello que estamos aún en mitad de la vereda y no debemos olvidar seguir caminando, hasta que consigamos que se convierta en realidad la reflexión de Eduardo Chillida, "**Un hombre tiene que tener el nivel de la dignidad por encima del nivel del miedo**"[4].

---

[4] Eduardo Chillida, 1924-2002, escultor español.

BLIOGRAFÍA RECOMENDADA

BARTOMEUS PLANA, D.: *La protección judicial frente a las distintas modalidades de acoso en el trabajo*, Temas Laborales, núm. 92, 2007, pp. 151-175.

BOSQUED, LORENTE, M.: *Mobbing, cómo prevenir y superar el acoso psicológico*, Editorial Paidós, Barcelona, 2005.

CARMONA SALGADO, C.: *Tutela jurídica del acoso laboral en el ámbito de las empresas y de las Administraciones públicas. Su disfuncional regulación en el proyecto de reforma del CP de 15 de enero de 2007*, Revista Penal, La Ley, núm. 21, 2008.

CONDE COLMENERO, P.: *Tutela judicial y administrativa de los supuestos de acoso moral en el trabajo. La actuación de la Inspección de Trabajo y la singularidad del procedimiento de oficio regulado en el Art. 149.2 LPL*, comentario a la STSJ del País Vasco de 16 de mayo de 2006, Aranzadi Social, núm. 9, 2007.

CORDERO SAAVEDRA, L.: *La delimitación jurídica entre el acoso moral y las tensiones laborales. Comentario a la Sentencia del Juzgado de lo Social núm. 7 de Murcia*, de 7 de marzo de 2003, Aranzadi Social, núm. 6, 2003.

DEL VALLE PASCUAL, JM., GÓMEZ-PANTOJA CUMPLIDO, J., NIETO NEIRA, S., y LLANOS ORTIZ ESPADA, M.: *El fin del mobbing*, en VVAA, VI Seminario sobre aspectos jurídicos de la gestión universitaria, Universidad de Málaga, 205, pp. 775-807.

ESCUDERO MORATALLA, JF. y POYATOS MATAS, G.: *Acoso laboral: diversas posibilidades procesales para ejercitar la acción,* Sentencias de TSJ y AP y otros Tribunales (Comentario) Editorial Aranzadi, núm. 22, 2003.

FUERTES ROCAÑIN, JC. *Acoso laboral. Psicoterrorismo en el trabajo,* Editorial ARAN SL, Madrid, 2004.

GALÁN VELA, MJ.: *Acoso moral: mobbing horizontal*, Aranzadi Social, núm. 117, 2005.

GARCÍA TRASCASAS, A.: *Vulneración del derecho a la integridad física y moral por acoso psicológico descendiente e indemnización por daños materiales y morales*, Sentencia STSJ de Madrid de 20 de febrero de 2006, Aranzadi Social, núm. 9, 2006, pp. 31-40.

GRAU PINEDA, C.: *El acoso moral en el trabajo como riesgo profesional de nueva generación: el empresario como principal deudor de seguridad*, Actualidad Laboral, núm. 4- 2ª quincena de febrero de 2007.

KAHALE CARRILLO, DT.: *Acoso moral en el trabajo (mobbing): diferencias con las actitudes arbitrarias del empleador*, comentario a la STSJ de Castilla y León, Burgos, Sala de lo Social, de 19 de septiembre de 2006, Revista de Trabajo y Seguridad Social, Comentarios, Casos Prácticos, núm. 290, 2007, pp. 195-204.

LAFONT NICUESA, L.: *El acoso funcionarial y contractual en el nuevo proyecto de ley de reforma del Código Penal*, Actualidad Jurídica Aranzadi, núm. 741, 2007.

LORENZO MEMBIELA, JB: *Acoso moral, Entidades Públicas y derechos de los trabajadores*, Aranzadi Social, núm. 81, 2005.

LORENZO MEMBIELA, JB.: *Notas sobre el nuevo Régimen disciplinario de los empleados públicos en la Ley 7/2007.EBEP*, Actualidad Jurídica Aranzadi, núm. 745, 2008.

LUELMO MILLÁN, MA.: *La normativa que viene sobre el acoso moral y sexual y las aportaciones doctrinales y jurisprudenciales más recientes a su tratamiento jurídico*, Aranzadi Social, núm. 12, 2006.

MARTÍN VALVERDE, A.: *La protección jurídica contra el acoso en el trabajo: panorama general*, Temas Laborales, núm. 92, 2007, pp. 11-30.

MARTÍNEZ ABASCAL, VA.: *La protección extrajudicial frente al acoso moral en el trabajo*, Temas Laborales, núm. 92, 2007, pp. 31-118.

MAZUELOS FERNANDEZ-FIGUEROA, M.: *Supuestos de acoso laboral o "Mobbing" y el procedimiento especial laboral de protección de derechos fundamentales, Sentencias de TSJ y AP y otros Tribunales*, Editorial Aranzadi, núm. 18, 2002.

MOLINA NAVARRETE, C.: *Una "nueva" patología de gestión en el empleo público: el acoso institucional (mobbing), Reflexiones a propósito de la sentencia del Tribunal Supremo, Sala 3. ª, Sección 6. ª de 23 de julio de 2001, ASACAMT* (Asociación Andaluza contra el acoso moral en el trabajo), consultado en http://es.geocities.com, 6 de abril de 2009.

MOLINA NAVARRETE, C.: *La compatibilidad de indemnizaciones por "acoso moral" cuando el trabajador resuelve su contrato: una cuestión aún pendiente de unificación de doctrina*, Revista de Derecho Social, Nº 26, 2004, pp. 139-164.

MOLINA NAVARRETE, C.: *La tutela judicial frente al acoso moral en el trabajo: de las normas a las prácticas forenses*, Editorial Bomarzo, Albacete, 2007.

MONJAS BARRENA, M.: *Extinción causal por incumplimiento empresarial del deber de protección de la salud del trabajador: del estrés laboral al trastorno ansioso depresivo moderado*, Sentencia del Juzgado de lo Social núm. 32 de Madrid, de 14 de enero de 2005, Aranzadi Social, núm. 7, 2005.

MONTOYA MELGAR, A.: *El acoso en el trabajo y su encuadramiento jurídico*, Revista Española de Derecho del Trabajo, núm. 140, 2008.

MUÑOZ ARRIBAS, J.: *La responsabilidad del empresario en relación con el acoso moral, también conocido como mobbing*, Boletín de Legislación, núm. 335, 2004.

OLARTE ENCABO, S.: *Acoso moral y enfermedades psicolaborales: un riesgo laboral calificable de accidente de trabajo. Progresos y dificultades*, Temas Laborales, núm. 80, 2005, pp. 65-94.

PEÑASCO VELASCO, R.: *Mobbing en la Universidad, tesis, birretes, togas... ¿Y cum laude en acoso?*, Editorial Adhara, Madrid, 2005.

PÉREZ-BUSTAMANTE MOURIER, JP., CUBO MAYO, A., y GALINDO SÁNCHEZ, J.: *Acoso moral, riesgos psicosociales, estudio jurídico y actuación inspectora*, Social Mes a Mes, núm. 114, enero 2006.

PÉREZ DEL RÍO, T.: *La violencia de género en el trabajo: el acoso sexual y el acoso moral por razón de género,* Temas Laborales, núm. 91, 2007, pp. 175-2003.

QUESADA SEGURA, R.: *La protección extrajudicial frente al acoso sexual en el trabajo*, Temas Laborales, núm. 92, 2007, pp. 119-149.

ROJO, JV. y CERVERA, AM.: *El mobbing o acoso laboral*, Editorial Tébar, Madrid, 2005.

RUBIO DE MEDINA, MD.: *Extinción del contrato laboral por acoso moral-mobbing*, Editorial Bosch, Barcelona, 2002.

SAN MARTÍN MAZZUCCONI, C.: *Un nuevo caso de extinción causal del contrato de trabajo por acoso moral (con algunas peculiaridades)*. Comentario a la Sentencia del Tribunal Superior de Justicia de Andalucía, de 19 de abril de 2004, Aranzadi Social, núm. 12, 2004.

SOBRINO CABRA, O., GARCÍA BLANCO, C., SALA CASSOLA, R., GÓMEZ MACÍAS, V., DE COS MILAS, A. y GARCÍA SÁNCHEZ, F.: *Acoso laboral (mobbing). Repercusiones psíquicas,* consultado en http://www.pisiquiatria.com en fecha 6 de abril de 2009.

URRUTIKOETXEA BARRUTIA, M.: *Reflexiones en torno a la prevención de los riesgos psicosociales*, Revista de Derecho Social, núm. 39, 2007, pp. 73-100.

VELÁZQUE FERNÁNDEZ, M.: *La respuesta jurídico legal ante el acoso moral en el trabajo o "mobbing"*, Revista del Instituto Nacional de Seguridad e Higiene en el trabajo, núm. 17, 2002, pp. 27-38.

VELÁZQUEZ FERNÁNDEZ, M.: *El tratamiento legal de los riesgos psicosociales, Conferencia de Rectores de Universidades Españolas*, Seminario Permanente del Grupo de Trabajo sobre Calidad ambiental y desarrollo sostenible, Universidad de Málaga, 2006.

VVAA, *Acoso moral en el trabajo, concepto, prevención, tutela procesal y reparación de daños*, (Coord. CORREA CARRASCO, M.) Editorial Thomson, Aranzadi, Cizur Menor, 2006.

VVAA *La tutela frente al Acoso Moral: Laboral, Escolar, Familiar e Inmobiliario*. Del silencio a la Palabra de Ley Penal (Coord. MARTOS GONZALEZ, JI.), Editorial Thomson, Aranzadi, Cizur Menor, 2006.

VVAA, *El mobbing en las Administraciones Públicas: cómo prevenirlo y sancionarlo*, (Coord. MARCOS GONZÁLEZ, JI. y MOLINA NAVARRETE, C.) Editorial Thomson, Aranzadi, Cizur Menor, 2007.

VVAA *Bases jurídicas para la gestión universitaria*, Editorial Club Universitario, Alicante, 2008, Tomo II, pp. 93-220.

VVAA *Las enfermedades del trabajo: nuevos riesgos psicosociales y su valoración en el derecho de la protección social*, (Responsable, BARREIRO GONZÁLEZ, G.), Conclusiones de la Investigación Científica realizada para la Seguridad Social, 2006, consultado en http://www.seg-social.es/Internet_1/Estadistica/Documentacion/FondodeInvestigacio48073/Estudios/index.htm, 6 de abril de 2009.

VVAA, *Bases Jurídicas de la Gestión Universitaria*, Editorial Club Universitario, Alicante, 2008.

"La Violencia laboral como riesgo profesional: prevención y erradicación" El observatorio de riesgos psicosociales. Revista Científico-Técnica, núm. 0/2009.

"Panoramas de la investigación científica sobre riesgos psicosociales" El observatorio de riesgos psicosociales. Revista Científico-Técnica, núm. 1/2009.

DOCUMENTOS DE INTERÉS

Directiva 89/391/CEE del Consejo, de 12 de junio de 1989, relativa a la aplicación de medidas para promover la mejora de la seguridad y de la salud de los trabajadores en el trabajo.

Convenio Colectivo sobre prevención y solución de reclamaciones en materia de acoso entre la Oficina Internacional del Trabajo y el Sindicato de la OIT, Ginebra, 26 de febrero de 2001.

Informe sobre el acoso moral en el lugar de trabajo (2001/2339/INI), Parlamento Europeo, Comisión de Empleo y Asuntos Sociales, 16 de julio de 2001.

Resolución del Parlamento Europeo sobre el acoso moral en el lugar de trabajo (2001/2339/INI)

Directiva Europea 2002/73/CE de 23 de septiembre sobre el principio de igualdad entre hombres y mujeres, adoptada sobre la base del artículo 13 del Tratado de la Unión Europea, que diferencia entre el "acoso" relacionado con el sexo y el "acoso sexual".

Comunicación de la Comisión de las Comunidades Europeas, Como adaptarse a los cambios en la sociedad y en el mundo del trabajo: una nueva estrategia comunitaria de salud y seguridad (2002-2006) (COM 2002, 118 final)

Criterio Técnico 34/2003, de la Inspección de Trabajo, sobre "mobbing" (acoso psicológico o moral)

Repertorio de recomendaciones prácticas sobre la violencia en el lugar de trabajo en el sector de los servicios y medidas para combatirla. Organización Internacional del Trabajo. Ginebra, octubre 2003.

Comunicación de la Comisión al Consejo y al Parlamento Europeo por la que se transmite el Acuerdo Marco Europeo sobre el acoso y la violencia en el trabajo, (COM, 2007, 686 final), 8 de noviembre de 2007.

Resolución de 21 de diciembre de 2007, de la Dirección General de Trabajo, por la que se registra y publica el Acta de prórroga para el año 2008, del Acuerdo Interconfederal para la negociación colectiva 2007 y sus Anexos. (BOE de 14 de enero de 2008), Anexo IV, “Acuerdo marco europeo sobre acoso y violencia en el lugar de trabajo”, 26 de abril de 2007, (traducción no oficial).

Guía sobre la violencia psicológica en el trabajo, Observatorio Permanente de Riesgos Psicosociales, UGT. Consultado en http://extranet.ugt.org/saludlaboral/OPRP/Publicaciones/Guas, el 6 de abril de 2009.

XIII
Las responsabilidades de los universitarios en las actividades de innovación

Francisco López Menudo
Catedrático de Derecho Administrativo
Universidad de Sevilla

I. CONSIDERACIONES GENERALES.

Antes de entrar en materia es muy pertinente en este caso hacer un par de puntualizaciones previas sobre el tema propuesto. La primera, sobre el propio título de la Ponencia. Este alude a las responsabilidades de los "universitarios" que realizan actividades de innovación. Se apunta, pues, a la persona, al sujeto físico, a quien esta incrustado en la organización universitaria en virtud de algún título que le permita realizar estas actividades. Pues bien, aunque habremos de referirnos, desde luego, a esas posibles responsabilidades "de los universitarios", es obligado seguir la metodología que más se ajuste a lo dispuesto por las leyes, lo que en este caso exige traer a primer plano la responsabilidad de la Universidad misma como persona moral con entidad propia y abstracción hecha de las personas que se integran en ella, por los daños que le sean imputables, derivados de las actividades de innovación que se generan en su seno. Ya dentro de este marco habrá que ver en qué supuestos y circunstancias la responsabilidad podrá ser imputada a tales universitarios y en qué medida.

Una segunda observación recae sobre la sustancia del tema mismo. Es difícil no estar de acuerdo en que este es importante; se percibe como un tema relevante y efectivamente lo es en el plano teórico. Pero también hay que decir que, hoy por hoy, tiene escasa o nula presencia en el "escenario jurisdiccional": no hay conflictividad significativa; al menos esto es lo que nos dicen los repertorios jurisprudenciales al uso. No contamos, pues, para elaborar estas reflexiones, con el respaldo de un fondo de pronunciamientos judiciales sobre la materia, siempre tan confortable a la hora de montar cualquier disertación jurídica.

Una última consideración preliminar, ésta referida al Derecho de daños aplicable a la actividad de Innovación. La Universidad es una especie de microcosmos jurídico, lo que permite hablar de un "Derecho Universitario", como se puede hablar de un Derecho Ambiental, de un Derecho Aeronáutico o de un Derecho de la Circulación Vial; es decir, de regulaciones legales que versan sobre realidades diferenciables, con características propias. Pero por esta misma razón no cabe hablar, de un Derecho de la responsabilidad patrimonial propio del ámbito universitario, ni en la materia especifica de la Innovación, porque los problemas de responsabilidad que se producen en el ámbito universitario, aun siendo numerosos y variados, no tienen especificidades jurídicas propias, debiendo ser resueltos con la regulación general aplicable a todas las Administraciones Públicas. En efecto, las dificultades especiales que podemos encontrar en la esfera universitaria no derivan precisamente del régimen jurídico de la responsabilidad misma, sino del peculiar modo de ser de la organización universitaria, de su particular entramado orgánico y, en suma, de su normativa singular, caracterizada por una cierta huida del leguaje que es propio del derecho general de la organización. Las normas universitarias parecen querer transmitir siempre un mensaje humanizante y fácilmente entendible, tendiendo por ello a huir de los conceptos fríos y del lenguaje técnico jurídico, tan necesarios la mayoría de las veces para llamar a las cosas por su nombre y resolver mejor los problemas. Pero no es necesario ahora ocuparse de estas cuestiones laterales, siendo oportuno abordar ya el núcleo del tema propuesto.

II. CONSIDERACIONES SOBRE LA NATURALEZA JURIDICA DE LA "INNOVACIÓN" EN EL ÁMBITO UNIVERSITARIO.

El análisis de la responsabilidad que nos ocupa, ceñido a la Innovación, obliga a excluir precisamente las áreas conflictivas típicas de los daños relacionados con la Universidad, que son más o menos, por este orden: los daños derivados de oposiciones, concursos y contratación del profesorado; en un nivel similar se encuentran los daños sufridos por defectos de las instalaciones universitarias, o de su debida vigilancia (incendios, derrumbes, caídas, hurtos, etc.) e incluso los derivados de las propias actividades docentes[1]. Le siguen en número, aunque ya a cierta distancia, los relacionados con la admisión de alumnos a centros de la Universidad y los relativos a la convalidación y homologación de títulos académicos. Por su parte, los supuestos de responsabilidad contractual son relativamente escasos, al menos por lo que resulta de los conflictos formalizados ante los Tribunales.

Como es sabido, investigación e innovación son dos conceptos distintos; dos actividades diferentes y sucesivas en el tiempo. La innovación supone un producto o resultado añadido y, por tanto, un plus respecto de la actividad investigadora. Son dos secuencias de un proceso, perfectamente diferenciables.

Es lógico que sea la actividad de Innovación, es decir, la actividad de "fabricación o producción" -en el lenguaje de la Ley General para la Defensa de los Consumidores y Usuarios-la más susceptible de producir daños a terceros, dado que viene a ser la materialización práctica del proceso antes referido. Pero la Investigación no siempre es un simple *prius* de la Innovación, no es sólo un mero tránsito o paso

---

[1] Sobre este tipo de daños, aunque referidos a los Centros escolares, el libro de GARCIA MANGAS, Fco. J. *Responsabilidad patrimonial de la Administración en el ámbito educativo*, Atelier Administrativo, Barcelona, 2003.

previo, sino que puede ser también fuente autónoma de daños. Pues bien, aunque el tema que hemos de tratar es el de la Innovación y habría que descartar por ello, en puridad, los daños derivados directamente de la Investigación, incluiremos aquí ambas partes del proceso creativo.

¿Cual es la naturaleza jurídica de la actividad de innovación? ¿Es un servicio público? La Ley Orgánica de Universidades sólo califica como servicio público "la educación superior"; así lo dice el art. 1.1:

> *"La Universidad realiza el servicio público de la educación superior mediante la investigación, la docencia y el estudio."*

Por el contrario, el apartado 2 del mismo artículo [2] define como "funciones" una serie de cometidos o fines entre los que sí se encuentran *"la valorización y la transferencia del conocimiento... al servicio del desarrollo económico".*

Caben dos interpretaciones: a) Considerar que los apartados 1 y 2 hablan de cosas diferentes, el servicio público por un lado y los fines por otro; b) Estimar que el servicio público de la educación superior es un supraconcepto en el que quedan comprendidas las funciones referidas. Esta última puede ser la interpretación más correcta y acorde con las exigencias del sistema. En efecto, reúne la triple condición de tratarse de una noción de servicio público en sentido amplio [3], no identificable necesariamente con la Universidad Pública, ni con el concepto clásico de "servicio público". Por tanto, la interpretación alcanza igualmente a la actividad realizable también y con carácter originario por las Universidades privadas e incluso por "otros centros docentes de educación superior de titularidad pública o privada", no integrados ni adscritos a la Universidad [4].

---

[2] Art. 1.2.: "Son funciones de la Universidad al servicio de la sociedad: a) La creación, desarrollo, transmisión y crítica de la ciencia, de la técnica y de la cultura; b) La preparación para el ejercicio de actividades profesionales que exijan la aplicación de conocimientos y métodos científicos y para la creación artística; c) La difusión, la valorización y la transferencia del conocimiento al servicio de la cultura, de la calidad de la vida, y del desarrollo económico; d) La difusión del conocimiento y la cultura a través de la extensión universitaria y la formación a lo largo de toda la vida".

[3] No, por tanto, en el sentido estricto de prestación regular y continua de titularidad precisamente administrativa (concepto clásico), sino –como dice SOUVIRON MORENILLA- se trata de una noción que opera como "titulo finalista y abstracto de cobertura" de un régimen jurídico peculiar que halla sus claves fundamentales en los tres siguientes elementos: A) Reserva legal de la institucionalización de las Universidades; B) Reserva estatal de la homologación de los estudios y títulos; C) Las formas de provisión de la educación superior. *La nueva regulación de las Universidades. Comentarios y análisis sistemático de la Ley Orgánica 6/2001 de 21 de diciembre, de Universidades*. Edit. Comares, Granada, 2002, pág. 39.

[4] Señala SOUVIRON que hay así un ámbito de la educación superior libre, no intervenido, para el que resulta irrelevante el régimen –público o privado- de la Universidad o centro que la imparta.

Pero amén de la interpretación referida hay que añadir un argumento tan contundente o más que el anterior, y es que al tratarse de la responsabilidad patrimonial de la Administración es obligado manejar un concepto amplio de servicio público por lo cual es incuestionable a estos efectos la consideración de la Innovación realizada o promovida por la Universidad como un servicio público; o sea, que el concepto entra de lleno en la garantía constitucional: "*Los particulares... tendrán derecho a ser indemnizados por toda lesión que sufran en cualquiera de sus bienes y derechos, salvo en los casos de fuerza mayor, siempre que la lesión sea consecuencia del funcionamiento de los servicios públicos*" (art. 106.2 CE)

Salvo alguna Sentencia aislada, señaladamente del orden civil, los Tribunales jamás han manejado, en el ámbito de la responsabilidad, un concepto de servicio público en un sentido estricto, técnico o tradicional, como "prestación regular y continua". Ciertamente, en la jurisprudencia se aprecia la utilización de un concepto muy amplio de servicio público: "un área de atención pública cuyo buen o mal funcionamiento depende de algún modo de la Administración depositaria de esa responsabilidad". Puede citarse como paradigmática por su expresividad la STS de 28 enero 2003: "*No es necesario que se trate de la existencia de un servicio público entendido en sentido estricto, como una prestación ofrecida al público de forma regular y continua, bastando que se trate de una actividad pública, con lo que viene a acogerse la acepción más general del concepto de servicio público... [Es] toda actuación, gestión o actividad propias de la función administrativa...*"

Ocioso es decir que cuanto más quede ensanchada la noción de servicio público, más irán aumentando las posibilidades de imputar a la Administración hechos dañosos; mayor será el ámbito a cubrir por su deber de diligencia. Se agrandará así la posibilidad de que incurra en culpa *in vigilando* y de que pueda responder por "caso fortuito", en el sentido que esta figura recibe en el ámbito del Derecho administrativo, es decir, como supuesto generador de responsabilidades y, por tanto, distinto e incluso opuesto al de "fuerza mayor". Esto es verdad. Pero también hay que decir que los Tribunales no aplican a rajatabla la figura del caso fortuito -de lo contrario la Administración respondería prácticamente por todo suceso ocurrido en la esfera interna del servicio-, sino que manejan con toda frecuencia el criterio de la *anormalidad*: si la Administración actuó bien no responderá y si actuó mal responderá. En suma, soluciones de inspiración culpabilística y no de responsabilidad objetiva.

Ahora bien, para que esos "centros docentes de educación superior" adquieran el carácter de "centros universitarios" deberán formar parte de una Universidad Pública, estar integrados en una Universidad privada como centros propios de la misma, o estar adscritos a una Universidad Pública (art. 5.4 LOU); ello como exigencia para que tales centros puedan impartir estudios conducentes a la obtención de títulos de carácter oficial y validez en todo el territorio nacional (art. 11 y 35.4 LOU). *La nueva regulación*... cit., pág. 38.

Pero incluso con las restricciones antes señaladas, el concepto de servicio público sigue siendo amplio y esto quiere decir que habrá que extender la responsabilidad objetiva de la Universidad allí donde exista un trozo, una brizna de actividad universitaria de Innovación; es decir, aunque ésta sea prestada por organismos o empresas dependientes de la Universidad que funcionen con arreglo al derecho privado. En suma, la fuerza de este amplio concepto de servicio público obligará a levantar el velo de la personalidad para que resplandezca la garantía y esta no se vea menoscabada por las barreras formales y por el artificio de la personalidad jurídica.

La apertura a la flexibilidad en el ámbito organizatorio, representada en este caso por la amplia potestad que la LOU concede a las Universidades para que estas puedan crear entes instrumentales, no puede eclipsar el hecho de que la Ley vincula la investigación e innovación a la Universidad misma. Estas son funciones esenciales *de la Universidad* (art. 1. LOU); a la Universidad corresponde desarrollar una gestión eficaz de la transferencia del conocimiento y la tecnología (art. 41) y el fomento de la vinculación entre la investigación universitaria y el sistema productivo (art. 41.2.g). En suma, la transferencia del conocimiento es una función de las Universidades (art. 41.3).

En este punto es oportuno recordar el papel que desempeñan los entes instrumentales en ese proceso. Valga hacerlo con las propias palabras del Tribunal Constitucional: "*La instrumentalidad de los entes que se personifiquen o que funcionen de acuerdo al derecho privado, remiten su titularidad final a una instancia inequívocamente pública, como público es también el ámbito interno de las relaciones que conexionan dichos entes con la Administración de la que dependen, tratándose, en definitiva de la utilización por la Administración de técnicas ofrecidas por el Derecho privado, como un medio práctico de ampliar su acción social y económica*" (SSTC 14/1986 y 62/1994)

La Universidad como institución se erige así en el gran centro de imputación de la actividad innovadora. Y no es óbice para ello que el investigador actúe bajo el principio de libertad de investigación y que la Universidad carezca de un poder de dirección, de un *ius vigilandi* sobre lo investigado y, por tanto, de un control previo de los riesgos. Se trata a nuestro juicio –no ignoramos la posible conflictividad de esta afirmación- de una carga a asumir por la Universidad que está implícita en su propia autonomía, en su propio modo de ser. La Universidad no es una realidad diferenciable de los sujetos que la integran. Su personal investigador es la Universidad misma. Es una unidad hipostática indisoluble, salvo en el ámbito penal (art. 121 CP). Creemos que este es el punto de partida válido, sin perjuicio de las modulaciones que deban hacerse en función de las situaciones concretas, como veremos.

III. EL REPARTO DE RESPONSABILIDADES EN EL ÁMBITO EXTRACONTRACTUAL.

A. La responsabilidad administrativa no contractual: rasgos generales.

Ciertamente, como acabamos de indicar, hay que excluir de estas reflexiones la vertiente penal, referible sólo a los individuos y que es objeto de estudio específico en otra parte de esta obra. Nos centraremos aquí en la responsabilidad civil de carácter no contractual, de cuyo régimen quizás conviene recordar sus rasgos generales.

Como es consabido, según el art. 139 de la Ley 30/1992 de 26 de noviembre (LPAC), la Administración responde por el funcionamiento normal o anormal de los servicios públicos; se trata de una responsabilidad objetiva. Por ello, desde el punto de vista teórico, la Administración no ha de quedar exonerada necesariamente de responsabilidad aunque cumpla con la legalidad vigente, aunque actúe de manera exquisita y ejemplar. Obvio es decir que esta posible responsabilidad por funcionamiento *normal* constituye la gran seña de identidad del sistema, la que lo distingue de otros regímenes, que operan en torno a la culpa o funcionamientos anormales. Pueden verse en la jurisprudencia estas resoluciones que imputan responsabilidad a la Administración aun habiendo actuado ésta correctamente, siempre inspiradas dichas resoluciones en altos principios, tales como los de solidaridad social, igualdad ante las cargas públicas, buena fe o confianza legítima.

Pero hay que decir resueltamente, con toda claridad, que esos casos son rigurosamente excepcionales y que los Tribunales, cada vez con más frecuencia, operan con la idea de la anormalidad, es decir, condenan a la Administración sólo en el caso de que hubiera actuado culpablemente. Este es un fenómeno que, quizás desde siempre, se ha venido produciendo de una forma un tanto velada, es decir, inconfesada (por inconfesable); sin embargo los Tribunales lo reconocen y aplican ya sin disimulo, quizás desde la tranquilidad de conciencia de que el sistema objetivo puro llevaría al Estado a la bancarrota y porque su aplicación a ultranza es técnicamente imposible en algunos campos de la actividad administrativa.

Señaladamente, hay tres vertientes de la actividad administrativa por donde el sistema objetivo se esfuma y se convierte en culpabilístico. Bastará aquí señalarlos:
1º. En el mundo de la medicina y la atención hospitalaria, la responsabilidad jamás se anuda al funcionamiento *normal* de los facultativos, sino a la transgresión de la *lex artis* [5], es decir, a la infracción del estándar de la actuación correcta (por tanto, sistema culpabilístico). Lo exigible en este ámbito es la buena puesta a

disposición de medios personales y materiales, no la garantía de un buen resultado. **2º.** Una segunda vía por donde el sistema se escapa y se transforma es la de los daños producidos no por actos o actuaciones positivas de la Administración, sino precisamente por las omisiones [6], (ausencia de actuación, retraso en tomar medidas, insuficiencia de las medidas adoptadas...); en estos casos, sólo cuando hubo funcionamiento anormal (culpa) se reconoce la existencia de relación de causalidad. Y no se reconocerá tal nexo causal si el servicio funcionó razonablemente bien. **3º.** Una tercera vía por donde el sistema objetivo se fuga, es por la llamada doctrina del "margen de tolerancia"; o sea el margen de error que se concede a la Administración en la interpretación de situaciones jurídicas difíciles (expedientes muy complicados, interpretación de preceptos especialmente oscuros), errores que, desde luego, pueden producir daños pero que no revelan un funcionamiento "anormal" del servicio.

En conclusión, estamos ante un sistema legalmente objetivo, teóricamente objetivo. Y hay un deber legal de razonar en términos objetivos, y no culpabilísticos; pero en la práctica las cosas se producen de otro modo, quizás porque sea imposible desterrar el concepto de culpa, seguramente porque éste se encuentra enraizado en el modo humano de valorar las cosas.

Pues bien, la aplicación del régimen de la responsabilidad objetiva –con las quiebras indicadas-, ha de producirse, por imperativo del art. 144 de la LPAC, incluso cuando las relaciones de la Administración son de derecho privado, lo que significa una suerte de consagración de la doctrina del levantamiento del velo, realizada *ope legis* con carácter general. Y por esta misma razón habrá que extender el régimen de la responsabilidad objetiva no sólo cuando la actividad del sujeto público es de derecho privado, sino cuando también es privada la forma jurídica del sujeto que produce el daño (Fundación, Sociedad mercantil, etc.), dado que la garantía que el sistema objetivo de la responsabilidad administrativa representa no puede quedar a expensas de las formas organizativas que se adopten.

Pues bien, esta responsabilidad extracontractual no solamente es objetiva sino además directa, por lo que la Administración deberá hacer frente a las

---

[5] Es decir: 1) la utilización de cuantos elementos conozca la ciencia médica de acuerdo con las circunstancias crónicas y tópicas en relación con un paciente concreto; 2) la información, en cuanto sea posible, al paciente, o, en su caso, a los familiares del mismo, del diagnóstico, pronóstico, tratamiento y riesgos, muy especialmente en el supuesto de intervenciones quirúrgicas, cuyo deber, en las afecciones crónicas, con posibles recaídas, degeneraciones o evolutivas, se extiende a los medios que comporta el control de la enfermedad; 3) la continuidad del tratamiento hasta el alta.

[6] Vid. especialmente STS de 26-9-1998, Ar. 6836.

indemnizaciones que procedan. Ello, obviamente, sin perjuicio de la posible cobertura de la responsabilidad en virtud de contrato concertado con entidad aseguradora, cuyo régimen y problemas escapan del objeto de este discurso [7]. En otras palabras, los actos realizados por las personas que se integran en la estructura organizativa de la Administración como persona jurídica se consideran siempre como actos propios de la Administración. Pero claro es, no por ello deviene irresponsable en todo caso el personal al servicio de la Administración, ya que la Ley, imperativamente, obliga a poner en marcha la vía de regreso si dicho personal hubiera incurrido en dolo, o culpa o negligencia graves. En este punto, hay que estar a lo dispuesto por el artículo 145.2 de la LPAC: a la hora de determinar la responsabilidad por vía de regreso se ponderará, entre otros criterios, el resultado dañoso producido, la existencia o no de intencionalidad, la responsabilidad profesional del personal y su relación con la producción del resultado dañoso.

B. Un excursus: la actividad de innovación como paradigma de los "riesgos del desarrollo"

Si una particularidad tiene la actividad de Innovación es la de ser una fuente de riesgos muy acusada. Innovación significa novedad y, por tanto, posibilidad de poner en circulación riesgos conocidos y también desconocidos. En síntesis, la cuestión consiste en si la Administración debe responder o no de lo desconocido. El tema es de una envergadura inmensa y sólo cabe aquí resumir el estado de la cuestión en lo más esencial. Es obligado recordar el tenor literal del artículo 141 de la LPAC: "*Sólo serán indemnizables las lesiones producidas al particular provenientes de daños que este no tenga el deber jurídico de soportar de acuerdo con la Ley. No serán indemnizables los daños que se deriven de hechos o circunstancias que no se hubiesen podido prever o evitar según el estado de los conocimientos de la ciencia o de la técnica existentes en el momento de producción de aquéllos, todo ello sin perjuicio de las prestaciones asistenciales o económicas que las leyes puedan establecer para estos casos*"

La aparición del artículo 141, con su nueva redacción dada por la Ley 4/1999 de 13 de enero, modificatoria de la LPAC, tuvo mucho que ver con las numerosas reclamaciones de responsabilidad que se hallaban planteadas por causa de infecciones por transfusiones sanguíneas en hospitales públicos -Virus SIDA y

---

[7] Sobre este aspecto vid. el excelente análisis de BONACHERA LEDRO, Mª Isabel y BARRERO CASTRO, M. "El aseguramiento contractual externo de la responsabilidad patrimonial de la Administración universitaria" en *VII Seminario sobre aspectos jurídicos de la gestión universitaria*, Servicio de Publicaciones, Universidad de Burgos, págs. 161 y ss. Un planteamiento general en MONTORO CHINER M.J. y HILL PRADOS, Mª C. *Responsabilidad patrimonial de la Administración y contrato de seguro*, Atelier Administrativo, Barcelona, 2002.

Hepatitis C- cuando no se sabía de la existencia de estos virus. A la sazón, el caos en la jurisprudencia era absoluto: tres órdenes jurisdiccionales –civil, social y contencioso administrativo- conociendo de estos litigios y dictando sentencias muy dispares.

El advenimiento del precepto en 1999 provocó un fuerte revuelo en la doctrina y la jurisprudencia en orden a dos cuestiones: a) la calificación jurídica de la figura; b) La determinación de qué ha de entenderse por "estado de los conocimientos", y fijar el concreto momento temporal en que "lo desconocido" deja de ser tal.

a) En cuanto a la calificación jurídica –omitiendo aquí las polémicas doctrinales y las fluctuaciones de los Tribunales al respecto [8]- puede afirmarse que se ha asentado la tesis de que se trata de un supuesto de no antijuridicidad. Así lo señaló la –pionera- STS de 31 mayo 1999 (Sala de lo contencioso), y así lo han seguido afirmando casi invariablemente otras muchas posteriores del mismo orden jurisdiccional [9]. Por tanto, la Administración puede quedar exonerada de responsabilidad si prueba que el daño era desconocido e inevitable según el estado de los conocimientos de la ciencia. Los damnificados tienen el deber jurídico de soportar esos daños. Esto salvo que se trate de medicamentos, alimentos o productos alimentarios destinados al consumo humano (art. 140.1 e) de la Ley para la Defensa de los

---

[8] Del impacto del artículo 141 LPAC en la doctrina y la jurisprudencia dimos cuenta en nuestro estudio "Responsabilidad Administrativa y exclusión de los riegos del progreso. Un paso adelante en la definición del sistema", en *Revista Andaluza de Administración Pública*, núm. 36, Octubre-Dicbre 2000, págs. 11 y ss. Posteriormente, ESTEVE PARDO, J. formuló una crítica frontal contra el precepto que en algunos puntos no compartimos "La protección de la ignorancia. Exclusión de la responsabilidad por los riesgos desconocidos" en *RAP* núm. 161 mayo-agosto 2003, págs. 53 y ss. Del mismo autor hay otras obras importantes sobre el tema: *Técnica, riesgo y Derecho. Tratamiento del riesgo tecnológico en el Derecho ambiental*, Ariel Derecho, Barcelona, 1999; en especial págs. 209 y ss. Y más recientemente, *El desconcierto del Leviatan. Política y Derecho ante las incertidumbres de la ciencia*. Edit. Marcial Pons, Barcelona, 2009. Vid. asimismo DOMENECH PASCUAL, Gabriel. *Derechos fundamentales y riesgos tecnológicos. El derecho del ciudadano a ser protegido por los poderes públicos*, Centro de Estudios Políticos y Constitucionales, Madrid, 2006. CIERCO SIERRA, Cesar "El Principio de precaución: reflexiones sobre su contenido y alcance en los derechos comunitario y español", *RAP* núm. 163, enero-abril 2004, pags. 73 y ss. Es de obligada cita la reciente tesis doctoral, aún inédita, de EMBID TELLO, Antonio Eduardo, "Retos jurídicos de la radiación no ionizante", dirig. PAREJO ALFONSO, L., leída en la Universidad Carlos III de Madrid el 3 de junio de 2009.

[9] SSTS. 19 de junio de 2001, Ar. 10059; 20 de septiembre de 2001, Ar. 8038; 6 de octubre de 2001, Ar. 10071; 25 de octubre de 2001, Ar. 9206; 1 de noviembre de 2001, Ar. 10098; 6 de noviembre de 2001, Ar. 10102; 19 de diciembre de 2001, Ar. 10143; 23 de septiembre de 2002, Ar. 8671; 7 de octubre de 2002, Ar. 8733; 10 de octubre de 2002, Ar. 9805; 21 de octubre de 2002, Ar. 1113; 9 de enero de 2003, Ar. 1977; 27 de enero de 203, Ar. 971; STS de 17 de octubre de 2001, Ar. 10136; 29 de noviembre de 2002, Ar. 283; 25 de enero de 2003, Ar. 941 y otras posteriores.

Consumidores y Usuarios (RD Legislativo 1/2007 de 16 de noviembre)[10] y en el ámbito de la responsabilidad medioambiental (Art. 14.2. b) de la Ley 26/2007 de 23 de octubre de responsabilidad medioambiental) [11].

b) Problema capital es el del momento de fijación del "estado de los conocimientos", esto es, cuándo ha de entenderse que el riesgo derivado de un producto ha dejado de ser desconocido. Cabe considerar varios momentos, según el orden cronológico de las secuencias: 1°. Momento en el que se sospecha de la nocividad del producto, o sea, el de las primeras noticias científicas acerca de la existencia del elemento nocivo. (virus, radiación, etc.) [12]; 2°. Momento de la identificación y aislamiento del elemento nocivo; 3°. Momento del desarrollo experimental de las primeras técnicas de detección (indicadores, vacunas, etc.)[13]. 4°. Comercialización en cualquier parte del mundo de indicadores, antídotos, etc.[14] 5°. Momento que el legislador interno impone el deber de aplicar el test de detección del producto peligroso . 6°. Comercialización o aplicación efectiva de las pruebas de detección a nivel interno.

---

[10] Artículo 140. Causas de exoneración de la responsabilidad. 1. El productor no será responsable si prueba: a) Que no había puesto en circulación el producto. b) Que, dadas las circunstancias del caso, es posible presumir que el defecto no existía en el momento en que se puso en circulación el producto. c) Que el producto no había sido fabricado para la venta o cualquier otra forma de distribución con finalidad económica, ni fabricado, importado, suministrado o distribuido en el marco de una actividad profesional o empresarial. d) Que el defecto se debió a que el producto fue elaborado conforme a normas imperativas existentes. **e) Que el estado de los conocimientos científicos y técnicos existentes en el momento de la puesta en circulación no permitía apreciar la existencia del defecto**. 2. El productor de una parte integrante de un producto terminado no será responsable si prueba que el defecto es imputable a la concepción del producto al que ha sido incorporado o a las instrucciones dadas por el fabricante de ese producto. 3. En el caso de medicamentos, alimentos o productos alimentarios destinados al consumo humano, los sujetos responsables, de acuerdo con este capítulo, no podrán invocar la causa de exoneración del apartado 1, letra e).

[11] 2. El operador no estará obligado a sufragar el coste imputable a las medidas reparadoras cuando demuestre que no ha incurrido en culpa, dolo o negligencia y que concurre alguna de las siguientes circunstancias: b) Que el operador pruebe que el daño medioambiental fue causado por una actividad, una emisión, o la utilización de un producto que, en el momento de realizarse o utilizarse, no eran considerados como potencialmente perjudiciales para el medio ambiente con arreglo al estado de los conocimientos científicos y técnicos existentes en aquel momento.

[12] Este es el momento preconizado por las Conclusiones del Abogado General Sr. Giuseppe Tesauro presentadas el 23 de enero de 1997 en las CCEE: "Desde el momento en que, en el panorama científico contemporáneo exista una sola voz aislada que haya señalado el potencial carácter defectuoso y/o peligroso del producto, su fabricante ya no está ante un riesgo imprevisible".

[13] Este ha sido el momento escogido por el TS en numerosos casos (p. ejem., SS 25 novbre. 2000, 50/2001 y 19 abril 2001, 2896/2001) aunque ha habido fluctuaciones al respecto.

[14] Las SS 5-octubre-2000 (8621) y 19 octubre 2000 (8637) desechan expresamente este criterio. "Estado de los conocimientos de la ciencia no es sinónimo de estado de la legislación". (Aunque

Como queda indicado, el "estado del conocimiento" queda fijado al menos en el 4º escalón de la serie anteriormente descrita, nunca en un escalón superior. Por consiguiente, estamos ante un supuesto de exclusión de la responsabilidad patrimonial rigurosamente excepcional que remite a un estándar de diligencia muy elevado. Debe repararse en esto. No se trata de exculpar de responsabilidad a la Administración ante la creación de riesgos inciertos, es decir, aquellos de los que se tiene una sospecha seria y, por tanto, suponen una afrenta al principio de precaución; el precepto no habla de riesgos inciertos, sino de riesgos desconocidos, es decir, sencillamente lo ignoto, aquello de lo que no se tiene la menor sospecha ni noticia fundada, lo cual debe contrapesar la crítica acerada que el precepto ha venido recibiendo desde su aparición, en buena parte por una lectura escorada del mismo.

Hay que insistir en que la causa de exclusión referida está pensada sólo para casos límite, aunque hay que reconocer que el TS ha hecho en algunos casos contados un uso de la figura no ajustado a su verdadera razón de ser [15].

C. Los órganos y sujetos protagonistas de la actividad de innovación en la universidad.

Sentado lo anterior, puede decirse que las actividades investigadoras y de innovación pueden realizarse a través de lo que podemos denominar fórmulas puras, esto es, actuaciones que se realizan por los investigadores, órganos y demás entidades propias bajo la plena dependencia de la Universidad; o bien mediante fórmulas mixtas, es decir, consorciadas y cooperativas con otros entes públicos o privados (adscripciones, convenios de colaboración, empresas mixtas, etc.), lo que, lógicamente, abre un amplísimo abanico de variantes y de situaciones jurídicas diversas que han de tenerse muy en cuenta a efectos de imputación de responsabilidades. Sentada esta división, nos referiremos seguidamente a las situaciones puras o elementales, para luego considerar las complejas.

---

este estándar de diligencia sí puede ser válido para apreciar la responsabilidad penal, por exigencias del principio de tipicidad de las conductas; Por tanto un "deber de cuidado" de inferior nivel que el exigido en la vertiente patrimonial (caso de la sentencia de los petardos). Matiz este de suma importancia a tener en cuenta para el caso de que se hayan seguido actuaciones penales contra las personas físicas de la Universidad que hayan puesto en circulación el producto dañoso como fruto de la actividad de Innovación.

[15] Así, Sentencias que aplican la figura a "casos corrientes" que a nuestro juicio tendrían que haber sido resueltos con el instrumental jurídico ordinario. Por ejemplo, STS de 14 de octubre de 2002, Ar. 359: intervención de cirugía cardiovascular. STS de 6 de marzo de 2000, Ar. 2600, intervención quirúrgica de cataratas con resultado de pérdida de visión. STS de 22 de diciembre de 2001, Ar. 1817.

1. Las fórmulas puras.

Con arreglo al régimen de la responsabilidad contemplado en los artículos 139 y ss. de la LPAC, la Universidad será responsable directamente frente a terceros por los daños derivados de las siguientes situaciones (puras):

a) Daños derivados de la investigación –más bien de su difusión y publicación- realizada por las personas y órganos ordinarios a los que se refiere la LOU (art. 40.2)

A estos medios ordinarios se refiere la LOU (art. 40.2) al decir que

> "La investigación, sin perjuicio de la libre creación y organización por las Universidades de las estructuras que, para su desarrollo, las mismas determinen y de la libre investigación individual, se llevará a cabo, principalmente, en Grupos de investigación, Departamentos e Institutos Universitarios de Investigación.

- Investigadores individuales. Se trata del llamado Personal Docente e Investigador (PDI), tanto los de estatuto funcionarial como contractual (profesores Ayudantes doctores y profesores Contratados doctores, (art. 52 LOU), si bien la plena capacidad investigadora sólo la tiene el profesorado funcionario con título de doctor. Pueden distinguirse tres situaciones típicas:

1ª) Una investigación "propia" o "básica" que el profesorado realiza en ejercicio de su libertad (de su derecho-deber académico), sin financiación específica, situación en la que el investigador actúa plenamente incrustado en la organización universitaria, podríamos decir "clásica", gozando de un grado de autonomía prácticamente pleno en cuanto al objeto de su investigación, así como el método a seguir o la presentación de sus resultados.

2ª) Una situación distinta es la del profesor que contrata con su propia Universidad, -vía art. 83 LOU- su colaboración con una "empresa de base tecnológica" (ETB), es decir, para "dar el salto" desde el campo de la investigación al de la innovación. También podría incorporarse a la EBT de un modo más pleno, quedando en situación de excedencia especial de carácter temporal –no más de 5 años- en su puesto funcionarial de origen, con reserva de puesto y computando antigüedad [16]. Como ha señalado DEL VALLE PASCUAL, dicho personal, por una decisión voluntaria suya, entra a formar parte de una relación

---

[16] Un estudio de esta situación en GÓMEZ OTERO, Carlos A. "Participación del personal en empresas de base tecnológica: la excedencia por cuidado de EBT y otros sistemas de participación" en *Bases jurídicas para la Gestión Universitaria, Tomo I, VIII Seminario sobre aspectos jurídicos de la Gestión Universitaria*, Universidad Miguel Hernández de Elche, pág. 391 y ss.

[17] "El concepto de empresa de base tecnológica" en *Bases jurídicas para la Gestión Universitaria*... citado en nota anterior. pág. 315.

orgánica distinta a la originaria; pero "es la Universidad misma, a través de sus profesores, la que se integra en la EBT" [17].

3ª) Por otra parte, el personal investigador puede celebrar un contrato de trabajo con una Universidad para obra o servicio determinado, para la ejecución de proyectos concretos de investigación (art. 47 LOU) [18].

Resulta oportuno advertir que hay que excluir de este capítulo la "investigación contratada" con sujetos ajenos a la Universidad, contratos que también pueden celebrar los Grupos de Investigación, los Departamentos y los Institutos de Investigación. (art. 83 LOU). Este supuesto será analizado más abajo en su capítulo correspondiente.

- *Becarios de Investigación*. Son los que gozan de una beca de formación de investigadores en los Departamentos y los Centros de investigación de la Universidad. A los efectos de lo que estamos considerando hay que resaltar que entre las obligaciones del organismo receptor está la de "designar un tutor con título de doctor, en su caso, para la coordinación y orientación de su actividad" (art. 7º.B, RD 63/2006 de 27 enero por el que se aprueba el Estatuto del personal investigador en formación.) [19], lo que patentiza la vinculación entre el becario y la Universidad a la que se adscribe.

- *Grupos de Investigación*. No son partes de la estructura orgánica de la Universidad, pero sí unidades eventuales, de conformación y funcionamiento flexibles para encauzar la labor investigadora. En cualquier caso, se han convertido en plataformas fundamentales de la investigación y en antesala de la innovación misma, vía art. 68 LOU.

- *Departamentos*. "Son órganos encargados de apoyar las actividades e iniciativas docentes e investigadoras del profesorado" (art. 9.1). Se trata efectivamente de *órganos* de la Universidad, como dice expresamente el precepto en cuestión, a diferencia de los Grupos de Investigación antes referidos.

- *Institutos Universitarios de Investigación*. La LOU no define jurídicamente estos Institutos, limitándose a decir que son "Centros" "dedicados a la investigación científica y técnica o a la creación artística" (art. 10.1). Su cometido específico es la investigación, salvo la impartición de enseñanzas de postgrado o las relacionadas con los campos que cultive el Instituto, acreditables con diplomas.

---

[18] Vid. asimismo, art. 63.2. Ley 15/2003 de 22 dicbre. de Universidades de Andalucía.

[19] Vid. también art. 64.1 de la LAU andaluza, que dice que "Dicha formación deberá realizarse bajo un sistema de vinculación".

Pueden ser de varias clases: *propios*, pertenecientes a una sola universidad; *conjuntos*, mediante convenios u otras formas de cooperación con otra universidad o universidades (públicas o privadas); *adscritos*, ya que pueden adscribirse a las Universidades públicas –como Institutos Universitarios de Investigación-, mediante convenio, Centros de investigación de carácter público o privado (art. 10.4 LOU). Para la creación y supresión de Institutos es necesaria la autorización de la Comunidad Autónoma correspondiente.

Esta diversidad de fórmulas conjuntas o consorciadas quizás explique que la LOU haya evitado definir unívocamente los Institutos como "órganos" propios de la Universidad. Ciertamente cada una de estas fórmulas puede dar lugar a figuras jurídicas distintas. Pero a efectos de responsabilidad patrimonial de la Administración la cuestión se simplifica notablemente, como veremos. Así, en este capítulo donde estamos integrando las que pueden denominarse como situaciones puras –cuyo común denominador es que la Universidad misma se erige como centro de imputación directa de la responsabilidad- deben insertarse solamente los Institutos Universitarios de Investigación propios, o sea, los pertenecientes a una sola Universidad.

b) Daños derivados de la actividad de innovación realizada por entes creados ad hoc por la Universidad.

La LOU reconoce formalmente lo que venía siendo una realidad más o menos firme: la posibilidad de que las Universidades puedan crear entidades instrumentales "*para la promoción y desarrollo de sus fines*", aunque, sin duda, es la transferencia de los resultados de la investigación el *leif motiv* de la creación de estos entes universitarios (art. 41.2.g)

> *"Artículo 84. Creación de fundaciones u otras personas jurídicas. Para la promoción y desarrollo de sus fines, las Universidades, con la aprobación del Consejo Social, podrán crear, por sí solas o en colaboración con otras entidades públicas o privadas, empresas, fundaciones u otras personas jurídicas de acuerdo con la legislación general aplicable"*

Se trata, por tanto, de entes instrumentales, ligados a la Administración por una relación de dependencia. Son dos las figuras típicas:

a) *Fundaciones*. Se trata de una figura muy extendida en el mundo universitario. Actúan como intermediarias, ora tramitado contratos de "investigación contratada", ora gestionando los resultados de la investigación, o sea, que explotan y comercializan lo ya investigado mediante la obtención de patentes y modelos de utilidad. Se rigen por la Ley 50/2002 de 26 de diciembre, de Fundaciones, siendo sus notas características el cumplimiento de los fines propios de la Universidad que las crea, su incapacidad para ejercer potestades públicas y ausencia de ánimo de lucro. Pueden existir Fundaciones constituidas por un solo ente público fundador (puras) y fundaciones de carácter mixto creadas por varias personas públicas [20].

b) *Empresas de base tecnológica* [21]. Empresas creadas *ad hoc* por la Universidad, o por sus entes instrumentales, a partir de patentes o de resultados generados por proyectos de investigación para que participe en ellas su personal docente e investigador (art. 41.2 g). Ya señalamos más arriba las dos formas de esa participación: por contrato o por inserción plena del investigador excedente de su puesto de origen. Desde la perspectiva del control de la Universidad sobre las EBT, cabe que éstas sean de capital exclusivo o mayoritario de la Universidad en cuyo caso el control es claro; pero también se admite que el capital no sea mayoritario y no obstante la Universidad autorice EBT promovidas y participadas por profesores, y también por la propia Universidad o sus entes filiales, a partir de patentes resultantes de proyectos de investigación [22].

Pues bien, dentro de este capítulo de la responsabilidad que estamos considerando –situaciones *puras*- hay que encuadrar los supuestos de daños por la actividad de Innovación realizada por: a) las Fundaciones con patronazgo exclusivo de la Universidad, en el caso que exploten o comercialicen lo ya investigado; b) las empresas tecnológicas de capital exclusivo universitario.

En estos supuestos, dado que existen personas jurídicas interpuestas (Fundaciones y EBT, o cualquiera otra que hubiere) se plantea la cuestión de si éstas serían las directamente imputables o si lo sería la Universidad misma. El tema es controvertido y se conciben fórmulas diversas. En efecto, cabe especular con distintas soluciones en cuanto a la posición jurídica que ocuparía la Universidad en el plano de la imputación de responsabilidad por los daños ocasionados por sus entes instrumentales. Puede postularse la tesis de la responsabilidad *exclusiva*,

---

[20] Vid. in extenso sobre esta figura GÓMEZ OTERO Carlos A., "La Universidad como *Holding*: sus personas jurídicas filiales: Fundaciones y "*Spin off*", en *VI Curso sobre régimen de las Universidades públicas*, edit. Universidad de Almería, págs. 386 y ss.

[21] Art. 42.2.g) "Dicha vinculación [entre la investigación universitaria y el sistema productivo] podrá, en su caso, llevarse a cabo a través de la creación de empresas de base tecnológica a partir de la actividad universitaria, en cuyas actividades podrá participar el personal docente e investigador de las universidades conforme al régimen previsto en el artículo 83".

[22] Vid. JIMENO SANZ DE GALDEANO, Lucía, "Tipos de participación de la Universidad en las EEBT. Sistemas de contraprestación a favor de las Universidades" en *Bases jurídicas para la gestión universitaria*, cit., págs. 349 y ss. Asimismo, en la misma obra, COGOLLOS GARCIA, Jesús F., "Las sociedades mercantiles de responsabilidad limitada y la Empresa de base tecnológica. Participación societaria del personal universitario. Acuerdo entre socios", págs. 369 y ss.

o bien *solidaria* [23], o incluso *subsidiaria* de la Universidad respecto de la entidad filial. Creemos que esta última es la solución más defendible, es decir, la de imputar la responsabilidad directamente al ente filial, por ejemplo una Empresa de base tecnológica. Y no debe oponerse a ello el hecho de que se trate de entes instrumentales "de segundo grado", dado el hecho de la centralidad que en estos casos ostenta la Universidad, aunque esta sea un ente institucional y no una Administración territorial; se quiere decir que la condición de una EBT, desde el punto de vista teórico o formal, como una entidad instrumental "de segundo grado" resulta totalmente engañosa desde la perspectiva del esquema orgánico concreto de una Universidad. Por ello, cabe sostener que la responsabilidad de la Universidad debe ser subsidiaria [24]. Nos parece que es la solución más equilibrada puesto que concilia el sentido de la descentralización funcional y el atributo de la personalidad jurídica (la del ente instrumental) con la garantía de la indemnidad del perjudicado, puesto que la Universidad juega a la postre como ente de cobertura en caso de insolvencia de su entidad filial. Ahora bien, siendo realistas no parece que un órgano judicial rechazara una reclamación que se planteara directamente contra la Universidad. Pero, sea como fuere, ello no alteraría la situación jurídica de los investigadores universitarios como personas físicas autoras materiales del daño, que podrían ser responsabilizadas sólo en vía de regreso.

2. Las fórmulas mixtas.

Una vez resueltas las situaciones jurídicas puras, pasemos a considerar las mixtas o complejas. Básicamente, estas últimas pueden ser de dos tipos: a) Situaciones en que la Universidad o sus órganos actúan en común con otras entidades y órganos, sean públicos o privados (sin crear una persona jurídica nueva). b) Situaciones en que se crea una nueva persona jurídica, integrada por dos o más miembros, públicos o privados.

---

[23] Esta es la solución que propugna AHUMADA RAMOS, F.J., quien viene a concluir que "siempre que se produzca un daño imputable a un ente público instrumental habrá lugar para declarar la responsabilidad solidaria de la Administración matriz", solución que según dice viene exigida por la posición estructural que mantienen los entes públicos instrumentales respecto de la Administración matriz de la que dependen. *La responsabilidad patrimonial de las Administraciones Públicas*, edit. Thomson-Aranzadi, Navarra, 2004, pág. 413.

[24] No es esta la postura que sostiene MUÑOZ MACHADO, S. para quien estas entidades instrumentales de "segundo grado" (empresas mercantiles que gestionan servicios concretos) para las que postula el criterio de la responsabilidad del ente matriz, basado en el argumento del posible uso de la personalidad para "huir fraudulentamente de concretas regulaciones, para obtener posiciones de ventaja con abuso, para excluir imputaciones de responsabilidad o aminorarla, etc. "*La responsabilidad civil concurrente de las Administraciones Públicas*", 2ª edic. edit. Cívitas, Madrid 1998, pág. 167. Creemos que en estos casos de fraude como en cualquier otros donde el ente instrumental actúe gestionando un servicio público, cabe imputar la responsabilidad directamente al ente instrumental, si bien sometido al mismo régimen jurídico y garantías que son aplicables al ente matriz.

a) La responsabilidad concurrente.

Este primer tipo de situaciones nos lleva a hablar de supuestos tales como: a) Institutos Universitarios de Investigación conjuntos (mediante convenios con otras Universidades públicas.); b) Centros de investigación de carácter público, adscritos a la Universidad como Institutos Universitarios de Investigación, mediante convenio. (art. 10.4.LOU); c) En general, desarrollo conjunto de programas y proyectos entre Universidades y con otros entes públicos. Los instrumentos jurídicos típicos para viabilizar estas fórmulas de colaboración o cooperación, son los convenios, encomiendas de gestión y los planes conjuntos.

En cuanto a la responsabilidad concurrente hay que entender por tal aquella derivada de supuestos en que dos o más Administraciones, conjuntamente, resultan ser co-rresponsables del daño, bien con carácter solidario o mancomunado. Este es el concepto de concurrencia en sentido estricto o propio, del que están excluidos los supuestos en que en la producción del daño, o sea, en la relación causal, interviene la propia víctima con actuación culposa e incluso un tercero de carácter privado. Puede darse dos tipos de concurrencia:

- La concurrencia *inorganizada*, puramente fáctica[25], en que distintas Administraciones aparecen involucradas en un suceso. Jurídicamente nada estaba previsto, todo hay que resolverlo a partir del suceso mismo. Es el tipo de concurrencia más frecuente en la práctica; sin embargo, no es el más afín a la actividad de Innovación, aunque sí puede darse normalmente en otros sucesos en los que puede verse involucrada la Universidad. La experiencia demuestra que ante un determinado suceso, trocear la responsabilidad en cuotas partes suele ser muy difícil, con lo cual la regla general del precepto tiene escasa virtualidad. En la mayoría de los casos el TS declara que uno de los sujetos absorbe la responsabilidad en exclusiva [26]; en otros casos -no los mayoritarios- se admite una verdadera responsabilidad concurrente e imputación solidaria real; por tanto, con derecho

[25] Art. 140.2 LPAC: "En otros supuestos de concurrencia de varias Administraciones en la producción del daño, la responsabilidad se fijará para cada Administración atendiendo a los criterios de competencia, interés público tutelado e intensidad de la intervención. La responsabilidad será solidaria cuando no sea posible dicha determinación".

[26] Puede considerarse como un leading case la SSTS 23-11-1999, sobre deslindes en unos tramos de costa. Con todo acierto observa REYNÈS VIVES, J., que en la jurisprudencia no existe abundancia de casos en que el Tribunal Supremo afronte directamente los problemas de responsabilidad concurrente entre Administraciones públicas; suele simplificarse el problema eligiéndose a una Administración responsable. Y cita como ejemplo de Sentencia que se ocupa de determinar las cuotas de responsabilidad la STS de 21 enero 2003 (2478/2003, Ponente: González Navarro). "El objeto de la responsabilidad en la Administración Universitaria", en *VII Seminario sobre aspectos jurídicos de la gestión universitaria*, Serv. Pub. Universidad de Burgos, pág. 144.

de la entidad que hubiere sido elegida para sufragar la indemnización a utilizar la vía de regreso; en suma, concurrencia y solidaridad perfectas. Por lo demás son poquísimas las Sentencias que aplican la responsabilidad mancomunada, como establece el precepto en calidad de regla general.

- La concurrencia "organizada" a la que se refiere el apartado 1 del art. 140 de la LPAC; se trata de supuestos en que dos o más Administraciones actúan conjuntamente y son corresponsables del daño, pudiendo tener previsto cómo han de repartirse la carga indemnizatoria.

> "1. Cuando de la gestión dimanante de fórmulas conjuntas de actuación entre varias Administraciones Públicas se derive responsabilidad en los términos previstos en la presente Ley, las Administraciones intervinientes responderán de forma solidaria. El instrumento jurídico regulador de la actuación conjunta podrá determinar la distribución de la responsabilidad entre las diferentes Administraciones Públicas".

Las notas sustanciales de esta figura son las siguientes: a) Es requisito *sine qua non* la suscripción de un "instrumento jurídico", que es el documento "organizador *ex ante* de los vínculos que contraen las partes intervinientes; b) éstas habrán tenido la oportunidad de definir su respectiva cuota parte de responsabilidad en el instrumento regulador; c) la Ley, imperativamente, establece la solidaridad en todo caso frente a las reclamaciones de los afectados. Es imperativa la solidaridad, esto es, no puede pactarse lo contrario por los sujetos concurrentes. Aunque la solidaridad siempre ha de ser objeto de un tratamiento restrictivo y, por tanto, no debe presumirse (art. 1137 CC) la Ley ha establecido la solidaridad en todo caso, ello tanto en beneficio del damnificado como por el hecho de que las Administraciones que se conciertan saben con antelación a lo que se exponen (a responder solidariamente) y por ello tienen en su mano la posibilidad de definir su cuota parte de responsabilidad y que esta quede reflejada en el convenio o instrumento en cuestión [27].

Pues bien, las consecuencias para el personal universitario involucrado en estas fórmulas conjuntas es sustancialmente la misma que en las situaciones puras. Podrán ser objeto, en su caso, de la vía de regreso por la cuota parte que en definitiva hubiere correspondido a la Universidad a la que pertenecen.

Es importante resaltar que la LPAC nada regula sobre la concurrencia que puede darse entre la Administración y sujetos privados, supuesto del que nos ofrece algunos ejemplos el Derecho universitario; así el caso de los Institutos Universitarios de Investigación conjuntos con Universidades privadas, o el supuesto de adscripción

---

[27] Un caso paradigmático de esta figura es el tratado por la STS. 26-6-2004 (Ar. 5597)

a la Universidad de Centros de Investigación privados. Parece lógico afirmar que estos casos atípicos conducen al campo contractual, concretamente al de los contratos administrativos en cuyo marco han de resolverse las responsabilidades en esta materia.

b) Creación de personas jurídicas de composición mixta.
El segundo tipo de situaciones mixtas es aquel en que se crea una nueva persona jurídica, integrada por partícipes, públicos o privados. Son ejemplos de estas situaciones mixtas personalizadas las Fundaciones con participación de la Universidad no exclusiva; o sea con participación mayoritaria, minoritaria o puramente testimonial. Y otro ejemplo relevante son las EBT con accionariado mixto, ya que se admite en la actualidad, como dijimos *supra*, que el capital no sea mayoritario de la Universidad.

Parece correcto sostener que frente a terceros la garantía no puede quedar menoscabada en estos casos por el hecho de que se constituya una nueva personalidad. Por ello no parece que deba seguirse el régimen de la responsabilidad de contratistas y concesionarios de servicios públicos contemplado en la Ley de contratos del sector público, aunque se trate de gestión a través de una sociedad mixta. Por consiguiente, los damnificados habrán de reclamar ante el ente constituido que será el responsable directo, sin perjuicio de la posición subsidiaria en que se sitúa el ente matriz. Y dicho filial responderá –salvo cuando actúen competencias delegadas del ente matriz- en todo caso con arreglo al sistema objetivo de la LPAC, tanto por tratarse de un servicio público como por expreso mandato del art. 144 de la propia Ley. Ya en sede del reparto interno, habrá aplicar una fórmula análoga a la de la responsabilidad concurrente ex art. 140.1., o la prevista en el art. 105 TRRL, que es análoga a la que contempla la Ley de Fundaciones:

> *"En las sociedades mercantiles o cooperativas... la responsabilidad de la entidad local se limitará a lo que expresamente conste en la escritura de constitución, sin que, en ningún caso, sea inferior al valor de los bienes o derechos aportados por aquélla"* [28].

En cuanto al personal de estas entidades de naturaleza privada, habrá que estar a lo que restablece la legislación general. Por lo que respecta a los funcionarios y empleados de la Administración que estuviesen destinados en la empresa mixta, procederá la vía de regreso, en su caso, por la cantidad que a la Administración partícipe en la empresa le hubiera correspondido abonar como indemnización, ello en virtud de la expresa remisión que hace el artículo 144 de la LPAC ("relaciones de derecho privado") al resto de los artículos de la propia Ley.

---

[28] En el mismo sentido, el art. 110 del RSCL: "La responsabilidad económica de las Corporaciones Locales se limitará a su aportación a la sociedad"

IV. LA RESPONSABILIDAD CONTRACTUAL

Hay que considerar ahora la responsabilidad que la Universidad o sus investigadores pueden contraer con el sujeto externo que contrata el resultado de la Investigación; es decir, la responsabilidad contractual que se traba con la parte que en virtud de un contrato adquiere la "invención" con la finalidad de convertirla en un producto útil; o sea, el contratante que luego realizará la actividad de innovación.

A. EL CAUCE CONTRACTUAL TÍPICO. NATURALEZA.

El contrato por antonomasia en esta materia es el regulado en los artículos 68-83 LOU (el llamado "contrato de investigación") [29]. Podríamos decir de este contrato que es una figura polivalente y además bicéfala. Polivalente porque puede cumplir distintas funciones; y bicéfala (dual, o bifronte) porque puede tratarse de un contrato administrativo o de un contrato privado.

En efecto, es un contrato administrativo, cuando: a) La parte contratante que adquiere el producto investigado en la Universidad es una Administración Pública u otra Universidad. En este caso es la parte ajena a la Universidad la que tiñe el contrato de administrativo. En suma, el contrato ex art. 83.1 LOU estaría haciendo las veces de un contrato de servicios "de investigación y desarrollo" (art. 10 y Anexo II, punto 8 de la LCSP); b) Tendrá igualmente la consideración de contrato administrativo en el supuesto de incorporación de investigadores a las empresas de base tecnológica [30]. Hay que entender que al tratarse de un contrato administrativo debe suscribirlo la Universidad y no la EBT, pues aunque las empresas públicas con forma privada pueden ser "poder adjudicador", ello es cuando satisfagan necesidades de interés general que no tengan carácter industrial o mercantil (art. 3.3 b) LCSP) y este no es el caso de las EBT.

---

[29] Art. 83.1: "Los grupos de investigación reconocidos por la Universidad, los Departamentos y los Institutos Universitarios de Investigación, y su profesorado a través de los mismos o de los órganos, centros, fundaciones o estructuras organizativas similares de la Universidad dedicados a la canalización de las iniciativas investigadoras del profesorado y a la transferencia de los resultados de la investigación, podrán celebrar contratos con personas, Universidades o entidades públicas y privadas para la realización de trabajos de carácter científico, técnico o artístico, así como para el desarrollo de enseñanzas de especialización o actividades específicas de formación.

2. Los Estatutos, en el marco de las normas básicas que dicte el Gobierno, establecerán los procedimientos de autorización de los trabajos y de celebración de los contratos previstos en el apartado anterior, así como los criterios para fijar el destino de los bienes y recursos que con ellos se obtengan".

[30] No parece que sea aplicable a esta situación, la consideración como contrato o negocio excluido de la LCSP (art. 4.1.a) porque esa relación transitoria que se crea entre el funcionario y la empresa de base tecnológica no es equiparable a la "relación de servicios de los funcionarios públicos" de la que habla dicho precepto.

Son contratos privados, puramente civiles, cuando la investigación es contratada y adquirida por personas privadas. En estos casos se trata de contratos privados puros, incluso excluidos de la LCSP (art. 4.1. m) [31]. Por consiguiente, rige aquí una gran libertad para fijar las cláusulas del contrato. Ocioso es advertir que en este contexto la "parte universitaria" (investigadores, Grupos de investigación, Institutos, la Universidad misma) que investiga y transfiere la investigación es aquí la contratista, no la parte contratante principal. Por ello la Universidad carece en estos casos de las clásicas potestades unilaterales o privilegios, en orden a la ejecución del contrato. En conclusión, en los contratos del art. 83 LOU, la parte Universitaria que realiza la prestación siempre es la contratista, con independencia de que el contrato sea administrativo o privado. En cuanto a los daños que puedan sufrir los terceros, en principio éstos corren a cargo del adquirente de la investigación, es decir, a cargo de quien introduce en el mercado el producto dañoso. Ciertamente, este sería el responsable a título extracontractual, ello sin perjuicio de la responsabilidad que en su caso pudiera éste exigir al "productor" universitario de la idea o invención, en tanto ésta pudiera conectarse causalmente de manera necesaria con los daños producidos.

B. EL SUJETO TITULAR DEL CONTRATO.

Una cuestión crucial es la de quién ostenta en estos casos la condición de "contratista" por la parte universitaria, pregunta fundamental en orden a determinar las responsabilidades que puedan derivarse de estos contratos. Veámoslo a continuación.

La LOU admite que puedan "celebrar contratos" tanto personas físicas ("profesores") como órganos diversos. Pueden celebrarlos, concretamente, los Grupos de Investigación, Departamentos, Institutos Universitarios, Profesores; éstos últimos a través de los órganos anteriores, más los "órganos, Centros, Fundaciones y otras estructuras similares". Por otra parte, la propia LOU remite a los Estatutos para que "*en el marco de las normas básicas que dicte el Gobierno" establezcan los procedimientos de autorización de los trabajos y de celebración de los contratos*".

Así, del propio precepto resulta que la autorización *ex ante* es un requisito obligatorio[32]. Mas cabe plantearse la duda de si tal autorización es un requisito necesario para la perfección del contrato (requisito para su validez) o si se trata de

---

[31] "Los contratos por los que un ente, organismo o entidad de derecho público se obligue a entregar bienes o derechos o prestar algún servicio, sin perjuicio de que el adquirente de los bienes o el receptor de los servicios, si es una entidad del sector público sujeta a esta Ley, deba ajustarse a sus prescripciones"

[32] En el Reglamento aprobado por la Universidad de Burgos, año 2002, se establece que a partir de 30.000 euros los contratos han de ser firmados por el Rector, llevando ello consigo la autorización a efecto de compatibilidad.

una medida de carácter interno que no incide sobre la validez del contrato. Sin duda, es importante despejar esta cuestión para valorar los niveles de responsabilidad que correspondan a la Universidad y a los suscriptores del contrato. Pues bien, todo conduce a afirmar que se trata de un acto interno de control; de un acto que levanta la prohibición derivada de la Ley de Incompatibilidades; así se desprendía del Real Decreto 1930/1984 de 10 de octubre (art. 2) [33]

Si convenimos que sólo es un acto de control interno es obligado admitir que la LOU ha dotado de capacidad para contratar (una especie de cuasi personalidad) a unidades administrativas que carecen de personalidad jurídica (Grupos de Investigación, Departamentos, Institutos), lo cual no es teóricamente imposible, aunque sí excepcional. De no aceptarse esto habría que admitir que en estos casos dichos órganos actúan en nombre y representación de la Universidad misma por directa determinación de la Ley; o sea, como órganos vicariales suyos, como "órganos de contratación" (art. 40 LCSP). Ahora bien, estas unidades universitarias dotadas de cuasipersonalidad, ¿contratan en su propio nombre y por su cuenta y riesgo o en nombre de la Universidad? La respuesta puede ser sencilla en principio: en tanto estas personas u órganos precisen de autorización para celebrar cada contrato (a efecto de la Ley de Incompatibilidades), no parece que actúen en nombre de la Universidad. Pero añadamos algunas precisiones a lo dicho.

C. NORMAS EXONERATORIAS DE RESPONSABILIDAD FAVORABLES A LA UNIVERSIDAD. SUS LÍMITES.

En no pocos Estatutos universitarios figuran cláusulas exoneratorias de responsabilidad favorables a la Universidad y en perjuicio de los propios investigadores ¿Hasta que punto son conformes a Derecho? Veamos algunas muestras. Así, algunas normas universitarias disponen que siempre deberá el Rector firmar el contrato

> *"cuando de su incumplimiento se deriven responsabilidades para la Universidad"*[34]

... además, se dice [35]:

> *"En caso de que el contrato o convenio incluya cláusulas de responsabilidad para la Universidad deberá acompañarse, además de declaración del responsable o responsables científicos de los trabajos, comprometiéndose a aceptar las responsabilidades derivadas del incumplimiento del contrato"*

---

[33] También lo establece así el citado Reglamento de 2002 de la Universidad de Burgos, art. 3

[34] Estatuto de Las Palmas de Gran Canaria, art. 149.2.b); en análogo sentido Estatuto de la Universidad Autónoma de Madrid, art. 112.3.b); y art. 62.4 Estatuto de la Universidad de Sevilla.

[35] Estatuto de la Universidad de Las Palmas de Gran Canaria.

A mucho más lejos llega el Reglamento de la Universidad de Burgos, 2002:

> *"Los contratos requerirán la conformidad del Consejo de Gobierno, cuando: c) Sus cláusulas prevean explícitamente que la Universidad como tal, o el Grupo de Investigación o el Departamento o Instituto Universitario de Investigación, incurre en responsabilidad específica* [36] *en caso de incumplimiento de los términos del contrato"*

Claramente se ve que este último precepto pretende exonerar universalmente a todos los tipos de posibles contratistas, salvo a los profesores que contratan a título individual. ¿Es esto lícito?

También es particularmente discutible lo que señala el Estatuto de la Universidad de Sevilla:

> *"3. Los contratos o convenios suscritos por profesores no podrán imponer a la Universidad de Sevilla obligación ni responsabilidad alguna. Si, por incumplimiento de la normativa aplicable, se generasen responsabilidades frente a terceros, éstas se imputarán exclusivamente a su causante a título personal.*
> *4. El Rector suscribirá los contratos y convenios que incluyan obligaciones o responsabilidades para la Universidad de Sevilla, previo informe favorable del Consejo de Gobierno".*

Es evidente que el precepto incurre en excesos. De entrada, la expresión "terceros" comprende no sólo la otra parte contratante sino terceras personas ajenas al contrato que sufren daños derivados de éste. En este último caso estaríamos ante responsabilidad extracontractual y en este ámbito son nulas las cláusulas de exoneración (en este sentido, por ejemplo, art. 130 LGDCU); la Universidad no puede autoexculparse en este terreno, tendrá la responsabilidad que le corresponda según la Ley, o sea, probablemente tendrá que responder directamente con arreglo a la LPAC, sin perjuicio de que pueda ejercer luego la vía de regreso.

En suma, dejando al margen los matices discutibles de estas normas y sus diferencias entre sí cabe extraer de ellas la idea principal o común: la regla de que los incumplimientos de los contratos no derivan responsabilidad para la Universidad, salvo que sea el Rector quien los firme, o sea, quien los *celebre*. Todo se hace descansar en este dato formal.

---

[36] Realmente el precepto no es nada claro en orden al criterio determinativo de la necesidad de conformidad del Consejo de Gobierno. El criterio de la explicitud o no de las cláusulas de responsabilidad no es indicativo por sí mismo de la envergadura de la responsabilidad que se asume, ni tampoco parece determinante en sentido el carácter "específico" de esa responsabilidad de la que habla el precepto, concepto éste ciertamente oscuro.

Lógicamente, el régimen de la responsabilidad contractual no puede depender del voluntarismo de cada Universidad, de la mayor o menor incisividad de sus Estatutos, o de la existencia o no de normas reglamentarias internas que brinden un posicionamiento general de la institución ante estas cuestiones. Toda esa normatividad universitaria tendrá que desenvolverse en todo caso en los límites de lo posible, debiendo tenerse siempre en cuenta que la regulación de las bases de las obligaciones contractuales es de la exclusiva competencia del Estado (art. 149.1.8° CE). Por todo ello, habrá que ver cuáles son los límites de la eficacia de estos preceptos exoneratorios de responsabilidad.

Sobre la responsabilidad contractual del deudor es obligado recordar lo dispuesto por el artículo 1101 del Código Civil, según el cual "*Quedan sujetos a la indemnización de los daños y perjuicios causados los que en el cumplimiento de sus obligaciones incurrieren en dolo, negligencia o morosidad, y los que de cualquier modo contravinieren el tenor de aquéllas*". Ello, salvo casos de fuerza mayor, como dispone el art. 1105 del propio Código. De estos preceptos se concluye que son supuestos de responsabilidad del deudor: a) el retraso en el cumplimiento de la obligación (*mora debitoris*); b) el cumplimiento defectuoso, o sea, cuando la prestación realizada no se corresponde en todos sus aspectos con la prevista en la obligación (ejemplos: vicios ocultos, cargas ocultas, excesos o defectos de cabida, ruina del edificio…); c) incumplimiento definitivo de la obligación, tal como la imposibilidad de la prestación, la falta de obtención del resultado perseguido o la voluntad de incumplimiento por parte del deudor (dolo).

Se admite –principio de autonomía de la voluntad, art. 1255 CC- aunque no sin recelos, que las partes puedan modificar, por vía contractual, el régimen legal de las responsabilidades del deudor, con las siguientes limitaciones: a) Sería nula una cláusula abusiva que hubiere sido impuesta precisamente por causa de la desigualdad en que se encuentran los contratantes, es decir, en situaciones de falta de reciprocidad (art. 82. c) LGDCU); b) es necesario que las partes pacten con entera libertad esa exoneración del deudor; c) debe quedar muy claro en el contrato que el acreedor conoce la exoneración pactada y que la acepta; d) no cabe la exoneración del deudor por sus incumplimientos dolosos (art. 1102 CC), sino sólo por los culposos, es decir, por las culpas por impericia y las culpas por negligencia; e) en suma, cabe modular la responsabilidad por culpa, reduciéndola o agravándola, pero no se puede eliminar totalmente ya que ello supondría ignorar por completo el régimen legal, amén de dejar prácticamente el cumplimiento de la obligación al arbitrio de una de las partes, lo que no es admisible (art. 1256 CC).

Teniendo en cuenta lo que se acaba de decir, quedan en entredicho algunas de esas previsiones de los Estatutos universitarios, sin duda excesivas; por ejemplo, las que exoneran totalmente a los Grupos de Investigación, Institutos, etc. de las responsabilidades por los contratos que hubieren suscrito. Pero también cabe plantearse hasta qué punto es lícito que la Universidad misma se autoexculpe de toda responsabilidad, ante cualquier contrato celebrado por su personal investigador, si se tiene en cuenta la notable intervención que ejerce la Universidad en el curso de la formación del contrato. En efecto, todos los contratos son sometidos a su autorización y que para obtenerla es necesario acompañar a la solicitud el proyecto de contrato en cuestión, lo que permite a la Universidad conocer la envergadura del contrato y las obligaciones que se contraen [37].

Pueden añadirse otros argumentos adicionales igualmente indicativos de la inmersión de la Universidad en el círculo de las responsabilidades; así, todos los contratos tramitados son objeto de supervisión, o sea, de una valoración de su contenido como paso previo a la autorización misma; tampoco es un hecho baladí la participación económica de la Universidad en parte del precio del contrato y en la explotación de patentes. En fin, a la vista de los rasgos descritos, cabe hablar de la formación de una intensa apariencia, ante la otra parte contratante, de que la "parte universitaria" que suscribe el contrato se encuentra respaldada por la Universidad a la que pertenece. Por ello, dada la importante intervención de la Universidad en la tramitación que conduce a la celebración de todo negocio, resulta bien extraño que ésta pueda quedar absolutamente al margen de toda responsabilidad contractual; es decir, parece discutible que el criterio determinante para que exista o no responsabilidad de la Universidad sea el mero dato formal de la plasmación de la firma del Rector en el contrato. Ciertamente, esta parece una chocante solución, sobre todo si se pone en comparación con el carácter universal de la responsabilidad de la Universidad en el ámbito extracontractual, según quedó razonado *supra*.

A la vista de lo expuesto es evidente que las soluciones posibles a esta cuestión no casan bien con posturas extremas –a favor o en contra de la Universidad o de los universitarios que suscriben los contratos- por lo que deben buscarse salidas más equilibradas. Como punto de partida la solución jurídica a sostener creemos que deber ser la exoneración de la Universidad, pero siempre que se cumplan los siguientes presupuestos:
1º. Hay entender que el investigador universitario que contrata personalmente su investigación con un tercero, actúa privadamente. O sea, que la autorización que la Universidad le otorga para ello es precisamente para que pueda actuar "fuera del servicio". Desde esta premisa es fácil montar la clásica distinción de origen francés entre la "falta personal" y la "falta del servicio". El incumplimiento de estos contratos sería una especie de "falta personal", imputable exclusivamente a su responsable directo.

---

[37] Estatutos de la Universidad Politécnica de Madrid, art. 106; Las Palmas de Gran Canaria, art. 150.1.a); Universidad de Sevilla, art. 62

Pero tal distinción entre "falta del servicio" y "falta personal", fácilmente construible, como decimos, en relación con los investigadores que contratan a título individual, se torna gravemente problemática si se trata de extender a los órganos universitarios (Departamentos, Institutos, Grupos de Investigación...), sencillamente porque aunque estos también vengan obligados a obtener la autorización rectoral para poder celebrar un contrato, en estos casos es imposible sostener que dichos órganos ejerzan una actividad privada al margen de la Universidad o actúen "fuera del servicio". Parece más correcto sostener que los órganos siempre actúan dentro del servicio, aunque puedan ejercer actividades privadas, como de hecho las ejercen las instituciones y Administraciones públicas en general, sin que por ello se produzca desdoblamiento de su personalidad jurídica, que es única en cada caso, como es bien sabido.

Por añadidura, en estos casos, es prácticamente absoluta la apariencia de que quien contrata es la Universidad misma, aunque los contratos no lleven la firma del Rector. Piénsese, en un contrato suscrito por un Departamento o un Instituto de Investigación de la Universidad ¿cómo será posible negar que la otra parte contratante, una empresa privada, por ejemplo, crea de buena fe que está contratando con la Universidad? Por tanto, para que sea válida la exclusión de responsabilidad –sea la del órgano que suscribe el contrato, o de la Universidad misma– ha de constar expresamente en el contrato ya que la exoneración no puede presumirse en estos casos. Ante el hipotético supuesto de que uno de estos órganos universitarios contratistas resultare insolvente para hacer frente a responsabilidades contractuales, creemos que sería muy improbable que la Universidad pudiera quedar indemne amparándose en las previsiones exoneratorias que puedan figurar en sus Estatutos y normas de organización. Es muy dudoso que los Tribunales consintieran esa indemnidad.

2º. No casa bien esa exoneración de responsabilidad tan absoluta por parte de la Universidad con un control exhaustivo del contrato a suscribir por los investigadores y demás órganos universitarios competentes. Es más lógico que no deba pasar de ser un control somero, limitado a fiscalizar aspectos externos o de "orden público" del objeto del contrato (que tenga un nivel digno, que no perjudique la labor docente, que no suponga intrusismo ilegal...), precisamente como prueba visible de que la Universidad no es responsable del buen fin del contrato.

3º. En general, toda clase de exoneración de responsabilidad de la Universidad, en cualquier tipo de contrato, debe constar en el contrato mismo. No parece que tal cláusula de exoneración pueda considerarse como una condición natural o implícita de todo contrato por el hecho de que figure en una norma reglamentaria, sea ésta el Estatuto y cualquier disposición interna creada por la Universidad. Pero además, las exclusiones de responsabilidad no podrán ser absolutas y además tendrán que respetar los límites dimanantes del Código Civil, de la LGDCU y del ordenamiento jurídico general, en cuyo marco han de moverse en todo caso los Estatutos universitarios y sus normas subordinadas.

V. LA RESPONSABILIDAD DISCIPLINARIA.

Con independencia de las responsabilidades penales y civiles en que pueda haber incurrido el personal investigador, obvio es decir que puede quedar incurso en responsabilidad disciplinaria, siempre, claro es, que su conducta se encuentre debidamente tipificada. Hay que estar para ello a lo dispuesto por el Reglamento de Régimen disciplinario (RD 33/1986 de 10 de enero).

A la vista de dicho Reglamento hay que reconocer que para el tipo de conductas que estamos considerando no es muy previsora la tabla de infracciones tipificadas. Una cierta conexión con la actividad de innovación guarda el artículo 7.j) en cuanto puede relacionarse con el tema de la infracción de los "pactos de confidencialidad", tan vinculados al campo de los secretos industriales y comerciales, en cuyo epicentro se halla la actividad de innovación. Dicho precepto enuncia como falta grave: *"no guardar el debido sigilo respecto a los asuntos que se conozcan por razón del cargo, cuando causen perjuicio a la Administración o se utilice en provecho propio".*

Por su parte, el art. 8.d) tipifica entre las infracciones leves, *"el descuido o negligencia en el ejercicio de sus funciones"*, que puede jugar en esta materia como una especie de passe-partout ante la ausencia de tipos de infracción más específicos.

Lógicamente, esta responsabilidad disciplinaria es sin perjuicio de la de carácter penal que pudiera corresponder, vertiente ésta que, como queda advertido, es tratada en otra parte de esta obra.

XIV
Los delitos universitarios

(de la discrecionalidad a la arbitrariedad en la prevaricación; del certificado de complacencia a la falsedad en documento público; y otras patologías)

Esteban Mestre Delgado
Catedrático de Derecho Penal
Universidad de Alcalá

I. UNIVERSIDAD Y DERECHO PENAL

La Universidad no conforma un bien jurídico que tenga una específica protección penal, y tampoco es posible reducir a categorías penales unitarias las infracciones de naturaleza delictiva que pueden presentarse en el desarrollo los múltiples aspectos que ofrece la vida universitaria. Por eso, la categoría de "delitos universitarios" se maneja aquí a los únicos efectos de aglutinar la exposición de las múltiples responsabilidades, de naturaleza penal, en que pueden incurrir los gestores, docentes e investigadores universitarios, y el personal de administración y servicios, en el desempeño de las funciones públicas que les son propias, quedando al margen de este trabajo los delitos que pudieran cometer los mismos de forma no vinculada a este ejercicio de la función pública, así como las responsabilidades penales en que, por tantos motivos, pudieran incurrir los estudiantes.

El enfoque de trabajo es, en consecuencia, el del análisis de la responsabilidad penal de las autoridades y funcionarios públicos, porque, realizando la Universidad "el servicio público de la educación superior mediante la investigación, la docencia y el estudio" (artículo 1 de la Ley Orgánica 6/2001, de 21 de diciembre, de Universidades, inalterado en la Ley Orgánica 4/2007, de 12 de abril), todos quienes intervienen en su prestación (desde cualquier puesto, y con independencia de la naturaleza jurídica de su relación) se convierten, a efectos penales, y por expresa previsión normativa, en autoridades o funcionarios públicos.

En todo caso, el elenco de preceptos del Código Penal, de eventual aplicación a este ámbito, es abundantísimo: artículos 22, 24.2, y todo el Título XIX del Libro II (artículos 404 a 445), para la determinación de las responsabilidades penales de las autoridades y funcionarios públicos; artículos 390 a 398 para la sanción de las falsedades documentales; artículo 172 para la represión de las coacciones; artículo 184 para la punición del acoso sexual; artículos 270 a 276 para la punición de los delitos contra las propiedades intelectual e industrial; sin olvidar la referencia residual a los delitos contra el ejercicio de los derechos cívicos (artículo 542). Por ello a los efectos de una más fácil exposición, resumo y estructuro el extenso contenido de estas figuras penales conforme a los siguientes ámbitos temáticos:

a) La responsabilidad penal en la toma de decisiones (delitos de prevaricación, cohecho, tráfico de influencias, nombramientos ilegales, y revelación de secretos).

b) La responsabilidad penal en la gestión documental (delitos de falsedad documental, e infidelidad en la custodia de documentos).

c) La responsabilidad penal en la gestión económica (delito de malversación de caudales públicos).

d) La responsabilidad penal por uso de vías de hecho (coacciones, acoso sexual, y el proyectado delito de mobbing).

e) La responsabilidad penal en las relaciones con la Administración de Justicia (el delito de desobediencia).

f) Los delitos en el ejercicio de la actividad investigadora (infracciones contra la propiedad intelectual y contra la propiedad industrial).

g) Y los delitos contra el ejercicio de los derechos cívicos.
Igualmente para una mejor comprensión de los problemas que se plantean, estructuro la exposición de cada uno de estos ámbitos temáticos distinguiendo entre la base normativa y su aplicación jurisprudencial.

II. LA DELINCUENCIA ESPECIALIZADA DE LOS FUNCIONARIOS PÚBLICOS

1. La base normativa:

El artículo 24.2 del Código Penal indica que, a efectos penales, se reputa funcionario público a "todo el que por disposición inmediata de la Ley o por elección o por nombramiento de autoridad competente participe en el ejercicio de funciones públicas", considerando, en el apartado 1, autoridad "al que por sí sólo o como miembro de alguna corporación, tribunal u órgano colegiado tenga mando o ejerza jurisdicción propia".

Conviene precisar, por ello, que estos conceptos no tienen en el Derecho Penal el mismo significado que en el ordenamiento administrativo, tanto por la diversa finalidad que persiguen ambos ordenamientos, como por la independencia de su actividad, y que el Tribunal Supremo ha englobado tradicionalmente en la noción de «funcionario público» a todos los empleados públicos, «desde los que figuran en las más altas categorías de la Administración hasta los que ocupan puestos de orden secundario, los que se hallan investidos de autoridad y los que colaboran al servicio de ésta», pero también a los funcionarios de hecho, esto es, las personas que desempeñan funciones públicas sin tener formalmente el cargo o condición funcionarial (bien por participar en el ejercicio de estas funciones en virtud de una relación laboral, bien por ejercer el cargo antes de cumplir los requisitos formales para desempeñarlo, o hacerlo después de extinguida formalmente tal relación). Así, el principio de determinación, a efectos penales, de la condición de autoridad o funcionario público, es la participación concreta y real en el ejercicio de funciones públicas o de administración, y por ello los tipos penales que contemplan esta condición en el sujeto activo de la conducta ilícita se han aplicado, entre otros tantos ejemplos, al Rector de un Seminario Conciliar, Obispos, curas párrocos, médicos (en cuanto expiden certificaciones para los actos inscribibles en el Registro Civil), Notarios, carteros interinos, alcaldes, concejales, y hasta guardas jurados. En todo caso, el art. 24 del Código Penal de 1995, que establece los conceptos penales de funcionario público y de autoridad, garantiza el respeto a los principios de legalidad y seguridad jurídica en la determinación del ámbito subjetivo de aplicación de estos preceptos especiales.

2. La aplicación jurisprudencial:
Las Sentencias del Tribunal Supremo de de 19 de diciembre de 2000 y 22 de enero de 2003, indican que se trata de un concepto "nutrido de ideas funcionales de raíz jurídico-política, acorde con un planteamiento político-criminal que exige, por la lógica de la protección de determinados bienes jurídicos, atribuir la condición de funcionario en atención a las funciones y fines propios del derecho penal y que, sólo eventualmente coincide con los criterios del derecho administrativo".

3. Ejemplos prácticos de la jurisprudencia española:
Sentencia de la Audiencia Provincial de Cádiz de 25 de mayo de 2004.

III. LA RESPONSABILIDAD AGRAVADA DE LOS FUNCIONARIOS PÚBLICOS CUANDO OBRAN EN EL EJERCICIO DE SUS CARGOS. LA AGRAVANTE DE PREVALIMIENTO DEL CARÁCTER PÚBLICO DEL AUTOR DE LOS HECHOS

La condenó a una Profesora Asociada de Universidad por la comisión de un delito de falsedad en documento oficial, por haber manipulado (en beneficio de un alumno, hijo de un ex-Decano de la Facultad) un examen. En el curso de ese debate procesal se planteó el problema de si la Profesora Asociada era o no autoridad o funcionario público, pues de ello dependía la aplicación del precepto especial. Y se resolvió, de manera coherente con la jurisprudencia uniforme del Tribunal Supremo (por ejemplo, en su Sentencia de 21 de enero de 2003), en el sentido de que autoridad o funcionario público, a efectos penales, es, "*por vía de interpretación auténtica, lo que se afirma en el artículo 24 del Código punitivo*", precepto que "*establece que se "considerará" funcionario público, y no se dice quiénes son efectivamente funcionarios públicos*". Se trata "*de un concepto nutrido de ideas funcionales de raíz jurídico-política, acorde con un planteamiento político-criminal, que exigen, por la lógica de la protección de determinados bienes jurídicos, atribuir la condición de funcionario en atención a las funciones y fines propios del Derecho Penal y que, solo eventualmente, coincide con los criterios del Derecho Administrativo*".

1. La base normativa:
El artículo 22 del Código Penal dice:
<<Son circunstancias agravantes(.../...).
7ª) Prevalerse del carácter público que tenga el culpable>>.

2. La aplicación jurisprudencial:
Resulta obvio que las personas que desempeñan cargos en la función pública pueden quedar sujetas a la responsabilidad penal establecida en cualquiera de los tipos penales que figuran en el Código Penal, tan sólo por incurrir en el presupuesto de hecho contemplado en los mismos (tipos comunes) o, por los hechos que realicen con ocasión del ejercicio de la función pública universitaria.

En el mismo sentido, es también indiscutible que no siempre que los funcionarios actúan en el ejercicio de sus cargos cometen un acto penalmente relevante. Y ello porque no cualquier extralimitación en el ámbito administrativo implica una infracción penal.

Asimismo, no todo bien jurídico debía ser protegido penalmente, ni todos los ataques dirigidos contra los bienes jurídicos tutelados por el ordenamiento penal debían determinar la intervención de este Derecho. Ambos postulados fundamentan hoy en día el denominado "principio de intervención mínima", integrado por los principios de "subsidiariedad" y de "carácter fragmentario del Derecho penal".

En virtud del principio de subsidiariedad, el Estado no puede acudir a la respuesta penal cuando la sociedad puede quedar protegida, frente a una determinada agresión, a través de vías menos lesivas para los derechos individuales. El Derecho penal se concibe así como la ultima ratio del ordenamiento, que debe preferir la utilización de medidas no sancionadoras y, en su defecto, de sanciones no penales (fundamentalmente de carácter administrativo), a la más fácil «huida al Derecho penal». Por su parte, el carácter fragmentario de este ordenamiento impide la utilización del Derecho penal para sancionar conductas lesivas de bienes jurídicos que no sean las más peligrosas para éstos, tanto por respeto hacia la libertad del ciudadano como por elementales criterios de política criminal.

Ambos criterios delimitaron al Derecho penal un ámbito de "intervención mínima" que, por un lado, originó un amplio proceso despenalizador y, por otro, propició la asunción de competencias represoras del Estado por las Administraciones públicas.

En este sentido, para entender que un funcionario del ámbito universitario pueda ser sancionado penalmente por la comisión de un delito propio de funcionarios públicos es preciso determinar, primero, que se han vulnerado efectivamente bienes jurídicos dignos de la protección penal y, segundo, que, para ello, el imputado ha actuado con abuso de su cargo. El mero incumplimiento de un deber administrativo de actuación, desligado de la producción de una lesión (o puesta en peligro) de un bien jurídico, no puede ser objeto de la sanción penal (sin que tenga trascendencia, a estos efectos, que el ordenamiento administrativo pueda carecer de mecanismos sancionadores de tales conductas). De otra parte, la puesta en peligro o efectiva vulneración de un bien jurídico, sin prevalimiento del carácter público o sin abuso del cargo o función que ostentare el culpable, excluye la aplicación de las figuras delictivas propias de los funcionarios públicos para su punición, lo que no obsta a que aquella conducta pueda ser sancionada con arreglo a los tipos comunes.

En el Derecho penal español, el hecho de que un funcionario público lleve a cabo una actividad delictiva prevaliéndose de la especial situación de poder que confiere el desempeño de funciones públicas tiene una doble trascendencia. Por un lado, es presupuesto de aplicación de unos tipos penales de específica aplicación a los funcionarios; por otra, constituye una circunstancia agravante de la responsabilidad criminal, recogida en estos mismos términos ("prevalerse del carácter público que tenga el culpable") en el artículo 22.7ª del Código Penal.

La interpretación jurisprudencial de este último precepto conduce a la misma conclusión sostenida hasta ahora: para su estimación es preciso que, siendo el agente funcionario público, "ponga ese carácter público al servicio de sus propósitos criminales", esto es, se sirva del cargo para el más fácil logro de sus propósitos delictivos, para ejecutar el hecho delictivo con mayor facilidad y menor riesgo.

Precisamente, al ser la misma la fundamentación de los tipos penales represores de la delincuencia de funcionarios y la de esta circunstancia agravante, una conducta sancionable por aquéllos no puede ser agravada por ésta, ya que lo contrario supondría vulneración del principio non bis in idem.

Estos argumentos justifican la mayor punición que en nuestro Derecho reciben las conductas delictivas realizadas por funcionarios públicos que las ejecutadas por particulares, pero es discutible que en ellos radique la razón de ser de los delitos propios de funcionarios.

IV. LA RESPONSABILIDAD PENAL EN LA TOMA DE DECISIONES.

A) Prevaricación

1. La base normativa:

El artículo 404 del Código Penal dice:
<<A la autoridad o funcionario público que, a sabiendas de su injusticia, dictare una resolución arbitraria en un asunto administrativo se le castigará con la pena de inhabilitación especial para empleo o cargo público por tiempo de siete a diez años>>.

2. La aplicación jurisprudencial:

El artículo 404 del Código Penal sanciona al funcionario público que, a sabiendas de su injusticia, dictare una resolución arbitraria en asunto administrativo. La jurisprudencia del Tribunal Supremo ha delimitado los requisitos necesarios para la concurrencia de este delito en los siguientes:

a) Que una autoridad o funcionario público dicte en un asunto administrativo una resolución, entendiéndose por tal cualquier acto administrativo que suponga una declaración de voluntad de contenido decisorio que afecte a los derechos de los administrados y a la colectividad, bien sea expresa o tácita, escrita u oral, quedando excluidos cuantos actos no tengan contenido decisorio, como los de mero trámite, los informes, consultas, circulares o dictámenes. La propia redacción del texto legal ("dictare una resolución") parece exigir un comportamiento activo, que debe traducirse en la manifestación positiva de una declaración de voluntad. Sin embargo, la jurisprudencia del Tribunal Supremo está admitiendo la forma omisiva en relación con la elusión de actos administrativos que el sujeto activo está obligado a dictar.

b) Que la resolución sea arbitraria, es decir, no adecuada a la legalidad, de manera flagrante, y con independencia de que se dicte en el ámbito de potestades regladas o discrecionales. Para cumplir con este requisito del tipo, en consecuencia, resulta preciso acreditar una contradicción de la resolución enjuiciada con el ordenamiento jurídico, que sea "tan patente y grosera, esperpéntica se ha dicho en otras ocasiones, que puede ser apreciada por cualquiera, no bastando la mera ilegalidad producto de una interpretación errónea, equivocada o discutible, como tantas veces ocurre en Derecho"

Por el contrario, no integra el tipo de prevaricación administrativa la mera ilegalidad de la resolución, no acompañada de otros indicios de arbitrariedad. En este sentido, encontramos multitud de sentencias absolutorias en la jurisprudencia del Tribunal Supremo por falta de la injusticia o arbitrariedad de la resolución.

Y, en este sentido, tampoco sería delito cuando el funcionario dicta la resolución acogiendo una interpretación de una opinión doctrinal minoritaria pero posible jurídicamente y que no suponga un torcimiento o total infracción del ordenamiento jurídico.

c) Y que la resolución se dicte a sabiendas de su injusticia, esto es, con clara conciencia de la arbitrariedad o ilegalidad de la resolución, lo que constituye el elemento subjetivo del injusto. Este elemento subjetivo supone que el funcionario actúa con plena conciencia de que resuelve un asunto administrativo eludiendo la aplicación de las normas (formales, materiales, o ambas) que debería observar para su resolución conforme a Derecho; e igualmente significa que el sujeto activo conoce y asume que, con tal actuación, y ocasiona un resultado materialmente injusto. Como afirma la Sentencia del Tribunal Supremo de 23 de mayo de 1998, se cumple este requisito cuando "el funcionario, teniendo plena conciencia de que se resuelve al margen del ordenamiento jurídico y de que ocasiona un resultado materialmente injusto, actúa porque quiere este resultado y antepone su voluntad a cualquier otra consideración".

Este delito es, sin duda, uno de los tipos penales más utilizados para la sanción de funcionarios públicos, por la propia amplitud de su contenido.

3. Ejemplos prácticos de la jurisprudencia española.

La Sentencia del Tribunal Supremo de 5 de marzo de 2003 desestimó los recursos de casación presentados por el Ministerio Fiscal y la acusación popular contra una Sentencia del Tribunal Superior de Justicia de Madrid, que absolvió al Rector de una Universidad de los delitos de prevaricación y malversación de caudales, sosteniendo que el delito de prevaricación sanciona "supuestos límite, en los que la actuación administrativa no solo es ilegal, sino además injusta y arbitraria". Se ratifica en esta resolución que la acción delictiva típica "*consiste en dictar una resolución arbitraria en un asunto administrativo*" y que "*ello implica, sin duda, su contradicción con el derecho, que puede manifestarse, según reiterada jurisprudencia, bien porque se haya dictado sin tener la competencia legalmente exigida, bien porque no se hayan respetado las normas esenciales de procedimiento, bien porque el fondo de la misma contravenga lo dispuesto en la legislación vigente o suponga una desviación de poder*". Esta misma Sentencia menciona también, como causas de contradicción con el derecho, "*la total ausencia de fundamento; si se han dictado por órganos incompetentes; si se omiten trámites esenciales del procedimiento; si de forma patente y clamorosa desbordan la legalidad; si existe patente y abierta contradicción con el ordenamiento jurídico y desprecio de los intereses generales*".

Pero esta Sentencia ratifica también que, para la existencia del delito, "no es suficiente la mera ilegalidad, la mera contradicción con el Derecho, pues ello supondría anular en la práctica la intervención de control de los Tribunales del orden contencioso-administrativo, ampliando desmesuradamente el ámbito de actuación del Derecho Penal, que perdería su carácter de última ratio". Por eso, esta Sentencia destaca "*que es preciso distinguir entre las ilegalidades administrativas, aunque sean tan graves como para provocar la nulidad de pleno derecho, y las que, trascendiendo el ámbito administrativo, suponen la comisión de un delito*". En esencia: que "*no puede identificarse simplemente nulidad de pleno derecho y prevaricación*". El plus de reproche que convierte la ilegalidad administrativa en delito de prevaricación es que "*se trate de una resolución injusta y arbitraria, lo que supone "el ejercicio arbitrario del poder", esto es, que la resolución no es efecto de la Constitución y del resto del ordenamiento jurídico, sino, pura y simplemente, producto de la voluntad de la autoridad o funcionario, "convertida irrazonablemente en aparente fuente de normatividad*".

Otras resoluciones relevantes, que han aplicado el tipo de la prevaricación administrativa al ámbito universitario son las Sentencias de 11 de febrero de 2002, de la Audiencia Provincial de Tarragona, de 26 de febrero de 2003, de la Audiencia Provincial de Madrid, y de 4 de diciembre de 2003, de la Audiencia Provincial de Palencia; y los Autos de 22 de julio y 4 de diciembre de 2003, y de 19 de abril de 2006, de la Audiencia Provincial de Madrid.

B) Cohecho

1. La base normativa:

Los artículos 419 a 427 del Código Penal dicen:
<<Artículo 419: <<La autoridad o funcionario público que, en provecho propio o de un tercero, solicitare o recibiere, por sí o por persona interpuesta, dádiva o presente o aceptare ofrecimiento o promesa para realizar en el ejercicio de su cargo una acción u omisión constitutivas de delito, incurrirá en la pena de prisión de dos a seis años, multa del tanto al triplo del valor de la dádiva e inhabilitación especial para empleo o cargo público por tiempo de siete a doce años, sin perjuicio de la pena correspondiente al delito cometido en razón de la dádiva o promesa.

Artículo 420: La autoridad o funcionario público que, en provecho propio o de un tercero, solicite o reciba, por sí o por persona interpuesta, dádiva o promesa por ejecutar acto injusto relativo al ejercicio de su cargo que no constituya delito, y lo ejecute, incurrirá en la pena de prisión de uno a cuatro años e inhabilitación especial para empleo o cargo público por tiempo de seis a nueve años y de prisión de uno a dos años e inhabilitación especial para empleo o cargo público por tiempo de tres a seis años, si no llegara a ejecutarlo. En ambos casos se impondrá, además,

la multa del tanto al triplo del valor de la dádiva.
Artículo 421:Cuando la dádiva solicitada, recibida o prometida tenga por objeto que la autoridad o funcionario público se abstenga de un acto que debiera practicar en el ejercicio de su cargo, las penas serán de multa del tanto al duplo del valor de la dádiva e inhabilitación especial para empleo o cargo público por tiempo de uno a tres años.

Artículo 422: Lo dispuesto en los artículos precedentes será también aplicable a los jurados, árbitros, peritos, o cualesquiera personas que participen en el ejercicio de la función pública.
Artículo 423: 1. Los que con dádivas, presentes, ofrecimientos o promesas corrompieren o intentaren corromper a las autoridades o funcionarios públicos serán castigados con las mismas penas de prisión y multa que éstos.
2. Los que atendieren las solicitudes de las autoridades o funcionarios públicos, serán castigados a la pena inferior en grado a la prevista en el apartado anterior.

Artículo 424: Cuando el soborno mediare en causa criminal en favor del reo por parte de su cónyuge u otra persona a que se halle ligado de forma estable por análoga relación de afectividad, o de algún ascendiente, descendiente o hermano, por naturaleza, por adopción o afines en los mismos grados, se impondrá al sobornador la pena de multa de tres a seis meses.

Artículo 425: 1. La autoridad o funcionario público que solicita dádiva o presente o admitiere ofrecimiento o promesa para realizar un acto propio de su cargo o como recompensa del ya realizado, incurrirá en la pena de multa del tanto al triplo del valor de la dádiva y suspensión de empleo o cargo público por tiempo de seis meses a tres años.
2. En el caso de recompensa por el acto ya realizado si éste fuera constitutivo de delito se impondrá, además, la pena de prisión de uno a tres años, multa de seis a diez meses e inhabilitación especial para empleo o cargo público por tiempo de diez a quince años>>.

Artículo 426:La autoridad o funcionario público que admitiere dádiva o regalo que le fueren ofrecidos en consideración a su función o para la consecución de un acto no prohibido legalmente, incurrirá en la pena de multa de tres a seis meses>>.

Artículo 427: Quedará exento de pena por el delito de cohecho el particular que haya accedido ocasionalmente a la solicitud de dádiva o presente realizada por autoridad o funcionario público y denunciare el hecho a la autoridad que tenga el deber de proceder a su averiguación, antes de la apertura del correspondiente procedimiento, siempre que no hayan transcurrido más de diez días desde la fecha de los hechos>>.

2. La aplicación jurisprudencial:
La regulación legal del cohecho es la más extensa entre las destinadas en el Código Penal a la punición de las conductas delictivas que pueden cometer los funcionarios públicos.

Por su propia naturaleza, el delito de cohecho precisa de dos elementos personales: un funcionario o autoridad, que solicita o acepta el cohecho; y un particular, que recibe la petición (y paga o no lo solicitado), o propone el soborno. La relación entre estos dos elementos personales se valora de distinta manera en nuestro ordenamiento en función de cuál de ellos tome la iniciativa de la corrupción, y así se refleja en el elenco de sanciones previstas para estos delitos. Además, para facilitar su análisis, se suele distinguir entre cohecho activo y pasivo. Se denomina cohecho activo a las conductas vistas desde la perspectiva del particular, con independencia de que sea él quien corrompa, o pretenda corromper, al funcionario o autoridad con "dádivas, presentes, ofrecimientos o promesas" (en la obsoleta expresión del artículo 423.1° del Código), o quien acepte las solicitudes del funcionario o autoridad; y cohecho pasivo a las infracciones tipificadas desde la percepción del funcionario o autoridad, y también al margen de que sean éstos quienes soliciten o reciban esas dádivas o presentes, o acepten los ofrecimientos o promesas del particular.

Como ya se ha adelantado, estos instrumentos de corrupción han de tener contenido económico, aunque no es necesario que consistan en todo caso en diner. Por ello, no tienen la consideración de dádiva o presente, a los efectos de la aplicación de estos tipos penales, los ascensos, las menciones honoríficas o cualesquiera otras ventajas o premios de otro género que, si concurren, debieran calificarse más acertadamente como actos de inducción a la comisión de los actos delictivos o injustos de que se trate.

Por otra parte, como delito de corrupción administrativa que es, el cohecho precisa que el funcionario o autoridad obren con la finalidad de obtener un enriquecimiento personal, propio o de tercero. Por ello, no concurre este delito cuando lo que persigue el sujeto activo son beneficios para el erario público, y no para sí o para un tercero.

En su modalidad pasiva, que es la única que ahora interesa, están tipificadas penalmente como cohecho las conductas de solicitar o recibir el funcionario público dádivas o presentes, así como las de aceptar ofrecimientos o promesas, que tengan como finalidad una de las siguientes:

a) La ejecución de actos relativos al ejercicio de su cargo, que pueden constituir delito (artículo 419), o ser solamente actos injustos no delictivos (art. 420).

b) La abstención de un acto que debiera practicar en el ejercicio de su cargo: artículo 421.

El cohecho se consuma en el momento en que el funcionario solicita la dádiva, siendo irrelevante que llegue o no a percibirla (Sentencias del Tribunal Supremo de 17 de mayo de 1958, 14 de diciembre de 1989, 4 de diciembre de 1990, 17 de marzo de 1992, 18 de enero de 1993 y 8 de mayo de 2001), o con la conformidad o aceptación de la promesa o regalo. Así, en los supuestos en que se solicita del funcionario público la realización de un acto delictivo, no es preciso que se realice el acto ilícito, pero si éste se comete, se derivarían, además, las responsabilidades correspondientes al nuevo delito en razón de la dádiva o promesa.
Al mismo tiempo se castiga también el denominado cohecho impropio, que tiene dos modalidales: a) Solicitar dádiva o presente, o admitir ofrecimiento o promesa para realizar un acto propio del cargo, o como recompensa por el ya realizado: artículo 425; y b) Admitir dádiva o regalo que le fueren presentados en consideración a su función o para la consecución de un acto no prohibido legalmente que no deba ser retribuido (artículo 426).

Los tipos recogidos en los artículos 425 y 426 del Código Penal recogen las modalidades de cohecho que tienen por objeto actos propios del cargo no constitutivos de delito ni injustos. La conducta reprimida en el artículo 425 requiere para su consumación la mera solicitud de la dádiva o la aceptación del ofrecimiento o promesa (Sentencias del Tribunal Supremo de 2 de febrero y 11 de mayo de 1994, 18 de octubre de 1994 y 12 de febrero de 1997), y la establecida en el artículo 426, en un sentido amplio manifestado por la jurisprudencia, exige la expresa aceptación de la solicitud o promesa, con independencia de que ésta signifique una muestra de gratitud por una conducta previa del funcionario o un instrumento para que el funcionario incline su ánimo hacia el donante en el ejercicio futuro de su función.

C) Tráfico de influencias

1. La base normativa:

Los artículos 428 a 431 del Código Penal establecen:
<<Artículo 428: El funcionario público o autoridad que influyere en otro funcionario público o autoridad prevaliéndose del ejercicio de las facultades de su cargo o de cualquier otra situación derivada de su relación personal o jerárquica con éste o con otro funcionario o autoridad para conseguir una resolución que le pueda generar directa o indirectamente un beneficio económico para sí o para un tercero, incurrirá en las penas de prisión de seis meses a un año, multa del tanto al duplo del beneficio perseguido u obtenido, e inhabilitación especial para empleo o cargo público por tiempo de tres a seis años. Si obtuviere el beneficio perseguido se

impondrán las penas en su mitad superior.
Artículo 429: El particular que influyere en un funcionario público o autoridad prevaliéndose de cualquier situación derivada de su relación personal con éste o con otro funcionario público o autoridad para conseguir una resolución que le pueda generar, directa o indirectamente, un beneficio económico para sí o para un tercero, será castigado con las penas de prisión de seis meses a un año, y multa del tanto al duplo del beneficio perseguido u obtenido. Si obtuviere el beneficio perseguido se impondrán las penas en su mitad superior.

Artículo 430: Los que, ofreciéndose a realizar las conductas descritas en los artículos anteriores, solicitaren de terceros dádivas, presentes o cualquier otra remuneración, o aceptaren ofrecimiento o promesa, serán castigados con la pena de prisión de seis meses a un año.
En cualquiera de los supuestos a que se refiere este artículo, la autoridad judicial podrá imponer también la suspensión de las actividades de la sociedad, empresa, organización o despacho y la clausura de sus dependencias abiertas al público por tiempo de seis meses a tres años.

Artículo 431: En todos los casos previstos en este capítulo y en el anterior, las dádivas, presentes o regalos caerán en decomiso>>.

2. La aplicación jurisprudencial:
En estos delitos se penalizan las conductas que tengan por objeto conseguir de una autoridad o funcionario público una resolución que reporte, directa o indirectamente, un beneficio económico para quien realiza el delito o para un tercero, y se estructura, en lo que ahora nos interesa, en dos tipos legales:

a) El primero es el tráfico de influencias propio, previsto en el artículo 428 del Código Penal, que consiste en la influencia de un funcionario público o autoridad sobre otro funcionario público o autoridad, prevaliéndose del ejercicio de las facultades de su cargo o de cualquier otra situación derivada de su relación personal o jerárquica con éste o con otro funcionario.

b) Y el segundo, el ofrecimiento de influencias (que puede hacer un particular o funcionario público que no actúa en el ejercicio de su cargo, es decir, que actuaría como particular) sobre una autoridad o funcionario público con solicitud o aceptación de contraprestación económica de terceros, comportamiento que castiga el artículo 430.

En ambos casos estamos ante delitos de peligro y de mera actividad porque en ninguno de ellos se exige, para su consumación, que se obtenga el beneficio perseguido en cada caso, y ello sin perjuicio de que la obtención final de ese beneficio económico provoque (como supuesto de hecho de un subtipo agravado) un incremento de la pena. En el delito previsto en el artículo 428 basta con el comportamiento de influir sobre otro funcionario, aunque la obtención final del beneficio económico perseguido supone que se incrementen las penas a imponer en su mitad superior. Y en el establecido en el artículo 430 es suficiente para la consumación del tipo el simple ofrecimiento activo de hacer uso de la influencia que tiene una persona sobre un funcionario, y ello al margen que el ofrecimiento encuentre, o no, positiva acogida por parte de su receptor. Este beneficio, además, debe ser interpretado en sentido amplio, comprendiendo por ello tanto el directo como el indirecto, tanto el sentido de ganancia como el de ausencia de pérdidas, como ha determinado la jurisprudencia, y tanto el beneficio propio como de tercero.

Entre los requisitos del delito de tráfico de influencias del art. 428 del Código Penal, la jurisprudencia (SSTS 5 de abril de 2002 y 7 de abril de 2004) ha declarado que, además de la condición de funcionario público del autor y del destinatario de la influencia, y de la finalidad de obtención de ese beneficio económico, ha de concurrir un acto concluyente consistente en que se ejerza predominio o fuerza moral sobre el sujeto pasivo de manera que su resolución o actuación sea debida a la presión ejercida. Por eso, este delito tiene que realizarse de forma activa y mediante una actividad de suficiente entidad, sin que sea bastante la mera sugerencia ni un favorecimiento derivado de la ignorancia o equivocación, es decir, la "influencia" debe estar constituida por una actuación clara y contundente, una verdadera presión psicológica, con la que el sujeto activo, prevaliéndose de su cargo, trate de condicionar la voluntad del sujeto pasivo para obtener una resolución favorable, y no debe confundirse con la mera recomendación, insinuación, o sugerencia sutil o difusa, a la que la propia jurisprudencia ha negado virtualidad para integrar el ilícito penal. El delito de tráfico de influencias, por tanto, no puede cometerse por omisión (comisión por omisión), ni de forma culposa o imprudente.

Sin embargo, el término "influir" resulta excesivamente amplio, por lo que el propio tipo penal lo ha completado con el de "prevalerse", exigiéndose, así, un acto concluyente de prevalimiento para la comisión del tipo. El prevalimiento, por tanto, es empleado como elemento diferenciador de la simple influencia atípica, debiendo darse al mismo una interpretación restrictiva, en cuanto supone un verdadero ataque a la libertad del funcionario o de la autoridad que tiene que adoptar una decisión en el ejercicio de su cargo. Por eso, en ocasiones se ha considerado que no existe delito cuando no está plenamente acreditado ese abuso del cargo.

Como ejemplos de ese prevalimiento pueden citarse el chantaje moral, las relaciones amorosas serias o las perspectivas futuras en la carrera profesional o política (Auto de la Audiencia Provincial de Castellón de 22 de noviembre de 2003).

Desde otra perspectiva, la otra conducta antes mencionada que se enmarcaría dentro de los delitos de tráfico de influencias, el ofrecimiento de influencias previsto y penado en el art. 430 del Código Penal, ha sido considerada como un acto preparatorio elevado por el legislador a la categoría de delito independiente respecto a figuras afines u homogéneas, tales como el cohecho impropio o el tráfico de influencias estrictamente considerado. Y ello porque, como ha considerado la Sentencia del Tribunal Supremo de 19 de julio de 2001 "el fin perseguido por el Legislador es, al igual que en el cohecho, evitar la interferencia de intereses ajenos o contrarios a los públicos, tutelando un bien jurídico tan esencial como la objetividad e imparcialidad de las decisiones de las Autoridades y de los Funcionarios Públicos".

En efecto, tanto en este delito como en el típico de tráfico de influencias, el bien jurídico protegido es la incorruptibilidad funcionarial, exigiéndose, así, como presupuesto de su comisión que el hecho ha de afectar al principio de imparcialidad de la administración pública, siendo los comportamientos que en ellos se sancionan muy afines no sólo con el delito de cohecho al me he referido, sino con el de prevaricación. Así, si la resolución que se pretende que la autoridad o funcionario lleve a cabo es delictiva, o arbitraria, se estará en presencia de un delito de cohecho o, en su caso, de prevaricación, esta última materializada como inducción.

En relación con el aspecto subjetivo, los delitos de tráfico de influencias se sancionan sólo en su modalidad dolosa, siendo imposible la punición de la forma imprudente por la inexistencia de un tipo específico que así lo prevea, conforme a la exigencia del art. 12 del código. además, el tipo previsto en el artículo 428 contiene expresas referencias a las finalidades específicas que se persiguen con la realización de la conducta típica, lo que excluye también la comisión del ilícito con dolo eventual.

D) Nombramientos ilegales

1. La base normativa:

El artículo 405 del Código Penal dice:

<<A la autoridad o funcionario público que en el ejercicio de su competencia y a sabiendas de su ilegalidad, propusiere, nombrare o diere posesión para el ejercicio de un determinado cargo público a cualquier persona sin que concurran los requisitos legalmente establecidos para ello, se le castigará con las penas de multa de tres a ocho meses y suspensión de empleo o cargo público por tiempo de seis meses a dos años>>.

2. La aplicación jurisprudencial:

El artículo 405 del código penal reprocha la conducta del funcionario público o autoridad que, en el ejercicio de las competencias propias del puesto público que ocupa, propone, nombra o da posesión para el ejercicio de un determinado cargo público a una persona, sin que concurran «los requisitos legalmente establecidos para ello», y «a sabiendas de su ilegalidad».

Se trata de una infracción de mera actividad, que admite como formas punibles la tentativa inacabada –aunque es de infrecuente apreciación en la práctica– y la consumación, presentando este tipo, un contenido dual, pues la ilegalidad que constituye su esencia puede consistir tanto en proponer, nombrar o dar posesión a una persona para un cargo público, sin que concurran en ella los requisitos (titulación académica, años de desempeño de un determinado puesto; servicio activo, ausencia de sanciones, o cualesquiera otros semejantes, que deben estar concretados en cada caso) que le habilitarían para el desempeño de un específico puesto de trabajo en el sector público; como en hacer la propuesta, nombramiento o toma de posesión incumpliendo las formalidades legales exigidas en cada caso para la realización de tal trámite, y con independencia por tanto de las condiciones o requisitos de la persona propuesta, nombrada o a la que se da posesión del puesto.

En relación con el aspecto subjetivo, sólo se admite en su modalidad dolosa, sin que exista ámbito punible para la comisión imprudente del hecho, ya que se exige, específicamente, que la conducta se lleve a cabo "a sabiendas de su ilegalidad", como elemento subjetivo del injusto. Por ello, para la aplicación de este delito, debe acreditarse cumplidamente que el funcionario público es consciente, de forma directa, de que la propuesta, nombramiento o toma de posesión se está realizando ilegalmente, por ausencia de los requisitos legalmente exigibles para ello.

Este precepto, cuya práctica inaplicación por los Tribunales muestra significativamente su inefectividad, resulta difícilmente justificable en la medida en que no exige el propósito de producir, con ese nombramento, un daño en el funcionamiento de la Administración pública de que se trate.

Por otro lado, el concepto de ausencia de requisitos legales para el desempeño de un cargo hace referencia a que el sujeto esté incapacitado legalmente para el ejercicio del cargo que se le confiere, pero no se corresponde con el régimen de incompatibilidades en que pudiera estar incurso el mismo.

E) Revelación de secretos

1. La base normativa:

El artículo 417 del Código Penal establece:

<<1. La autoridad o funcionario público que revelare secretos o informaciones de los que tenga conocimiento por razón de su oficio o cargo y que no deban ser

divulgados, incurrirá en la pena de multa de doce a dieciocho meses e inhabilitación especial para empleo o cargo público por tiempo de uno a tres años.
Si de la revelación a que se refiere el párrafo anterior resultara grave daño para la causa pública o para tercero, la pena será de prisión de uno a tres años, e inhabilitación especial para empleo o cargo público por tiempo de tres a cinco años.
2. Si se tratara de secretos de un particular, las penas serán las de prisión de dos a cuatro años, multa de doce a dieciocho meses, y suspensión de empleo o cargo público por tiempo de uno a tres años>>.

2. La aplicación jurisprudencial:
Este delito se regula desde un doble punto de vista (el del funcionario o autoridad que lo revela, y el del particular que se aprovecha de su contenido), de tal manera que, en lo que ahora nos interesa, referido a la conducta que pudieran cometer los funcionarios universitarios, es de destacar el precepto contenido en el artículo 417 del Código, con el que el legislador quiere respaldar el cumplimiento del deber de secreto de los funcionarios y autoridades administrativas, respecto de los hechos, datos y documentos de que conocen en virtud del ejercicio de su oficio o cargo público, y que no deben ser divulgados (ya por interés de la actividad administrativa, ya por la protección de la intimidad de los administrados). Lo revelado, así, pueden ser secretos (oficiales o no, en función de los declarados al amparo de la Ley, y secretos de un particular), o cualquier otra información, que puede tener por objeto datos o hechos relativos a la actividad pública, o a un concreto administrado sean o no de carácter personal.

El bien jurídico protegido por esta figura delictiva es, como afirmaron las Sentencias del Tribunal Supremo de 13 de julio de 1999 y la de la Audiencia Provincial de La Rioja de 24 de junio de 2002, con carácter general, el buen funcionamiento de las Administraciones Públicas y, en definitiva, el bien común como prioritario objetivo a que va dirigido el desempeño de la actividad de los funcionarios que las integran, en tanto que la revelación de los secretos e informaciones no divulgables irrogan un perjuicio de mayor o menor relevancia al servicio que la Administración presta a los ciudadanos. Y en concreto, como expuso la Sentencia de la Audiencia Provincial de Navarra de 27 de julio de 1999, en el caso de los secretos de un particular, el bien jurídico protegido sería la intimidad personal, en cuanto derecho reconocido en el art. 18 de la Constitución, y si lo que se descubre es un secreto o información de carácter oficial, lo que se trata de proteger es la reserva de los mismos, en cuanto que existe o se reconoce un derecho público a la reserva del conocimiento y a la prohibición de difusión de secretos o informaciones sobre cualesquiera materias del conocimiento funcionarial que no esté destinado al público conocimiento. En este supuesto la revelación haría que se viera comprometida la objetividad e imparcialidad con que debe actuar la Administración, dando lugar a que quien

adquiera el conocimiento actúe con ventaja frente a otro u otros.
Expone también la Sala Segunda del Tribunal Supremo, en la referida Sentencia de 13 de julio de 1999, que se trata de un tipo penal abierto por imperativo de la realidad, ya que no resulta posible establecer casuísticamente en la norma los secretos e informaciones concretas cuya revelación integre la conducta típica, de modo que el quebrantamiento del deber de sigilo y discreción que se impone al funcionario público, constituirá una infracción administrativa o un ilícito penal según la relevancia del hecho. Así, cuando la infracción del deber funcionarial ocasione un perjuicio de menor entidad a la causa pública, la conducta permanecerá en el ámbito de la infracción administrativa, siendo objeto, en tal caso, de la potestad sancionadora de la Administración. Pero cuando el daño generado al servicio público -o a un tercero- adquiera una cierta relevancia la conducta del funcionario desbordará el marco de la ilicitud administrativa para integrar un ilícito penal.

La diferencia entre este ilícito y el sancionado en el artículo 197 es que aunque en ambos casos se vulnera un deber funcionarial de secreto, en el supuesto del art. 197 el funcionario, además, infringe otro deber, dado que él se "apodera" ilegalmente, abusando de su posición funcionarial, de datos que no debería conocer por su cargo, mientras que en el supuesto del artículo 417 el autor tiene conocimiento por razón de su cargo de dichos secretos.

V. LA RESPONSABILIDAD PENAL EN LA GESTIÓN DOCUMENTAL

A) Los delitos de falsedad documental.

1. La base normativa:

Los artículos 390 y 391 del Código Penal dicen:
<<Artículo 390: 1. Será castigado con las penas de prisión de tres a seis años, multa de seis a veinticuatro meses e inhabilitación especial por tiempo de dos a seis años, la autoridad o funcionario público que, en el ejercicio de sus funciones, cometa falsedad:

1º) Alterando un documento en alguno de sus elementos o requisitos de carácter esencial.

2º) Simulando un documento en todo o en parte, de manera que induzca a error sobre su autenticidad.

3º) Suponiendo en un acto la intervención de personas que no la han tenido, o atribuyendo a las que han intervenido en él declaraciones o manifestaciones diferentes de las que hubieran hecho.

4º) Faltando a la verdad en la narración de los hechos.

2. Será castigado con las mismas penas a las señaladas en el apartado anterior el responsable de cualquier confesión religiosa que incurra en alguna de las conductas descritas en los números anteriores, respecto de actos y documentos que puedan

producir efecto en el estado de las personas o en el orden civil>>.
Artículo 391: La autoridad o funcionario público que por imprudencia grave incurriere en alguna de las falsedades previstas en el artículo anterior o diere lugar a que otro las cometa, será castigado con la pena de multa de seis a doce meses y suspensión de empleo o cargo público por tiempo de seis meses a un año>>.

Y el artículo 398 del Código Penal establece:
<<La autoridad o funcionario público que librare certificación falsa será castigado con la pena de suspensión de seis meses a dos años>>.

2. La aplicación jurisprudencial:
En la protección penal de la función pública tiene una indiscutible trascendencia la tipificación de las conductas de falsificación de documentos públicos u oficiales, que son aquellos formados, mandados formar, expedidos o mandados expedir por funcionarios públicos competentes en el ejercicio de sus funciones o cargos y con las solemnidades requeridas por la Ley, aunque también pueden producirse falsificaciones en documentos mercantiles cometidas por una autoridad o funcionario público.

Las mutaciones o alteraciones de un documento público, oficial o mercantil que resultan punibles y que se pueden cometer en el ámbito universitario están exhaustiva (y excluyentemente) recogidas en los artículos 390 y 398 del Código Penal.

Esas figuras requieren, para que proceda la punición, el concurso de las siguientes características comunes: primero, en el plano objetivo, la idoneidad de la falsedad para que el documento sea tomado por auténtico, es decir, que la alteración de la verdad recaiga sobre elementos capitales o esenciales del documento y tenga suficiente entidad para afectar a las relaciones jurídicas, con lo que se excluyen de la consideración delictiva los mudamientos de la verdad inocuos o intranscendentes para la finalidad del documento, que no afectan ninguna de las funciones jurídicas (STS 6 de febrero y 26 de diciembre de 2003 y 13 de mayo de 2004; y, segundo, en el ámbito subjetivo, la intención dolosa de faltar a la verdad (SSTS 22 de septiembre de 2003 y 13 de mayo de 2004), siendo también punible la comisión por imprudencia grave de estos delitos, que se tipifica en el artículo 391, dentro de la cual no se engloba las simples inadvertencias o errores del funcionario.

En la medida en que estos tipos penales protegen la fehaciencia del documento público considerada en sí misma, es decir, la fe pública depositada en el valor probatorio de los documentos, conciben la falsedad como delito formal, por lo que resulta indiferente a los efectos de la punición que su autor hubiera alcanzado o no el lucro, beneficio o fin que se hubiera propuesto al delinquir (Sentencia de 22 de marzo de 2004), y que se hubiera causado o no perjuicio a terceros (STS 13 mayo 2004), pues lo único que se exige es la mutación consciente de la verdad.

De esta manera, si se falsifican documentos públicos, oficiales o mercantiles como medio para la comisión de una estafa, una malversación de caudales públicos, una prevaricación o cualquier otro delito, se mantienen independientes ambas figuras, realizándose su punición conforme a las reglas del concurso ideal de delitos a que se refiere el artículo 77 del Código Penal. Es decir, como estableció la Sentencia del Tribunal Supremo de 22 de septiembre de 2003, el funcionario público tiene un deber específico de fidelidad independientemente de que su infracción coopere o no a otro delito.
Otro de los presupuestos de los delitos de falsedad cometidos por los funcionarios públicos es, como exige el propio artículo 390, que el sujeto activo de este delito especial actúe en el ejercicio de sus funciones.

Modalidades comisivas:

a) Alterando un documento en alguno de sus elementos o requisitos de carácter esencial (artículo 390.1.1° del Código Penal), que es un tipo de falsedad material, de modo que, si la falsedad se produce sobre aspectos secundarios o intrascendentes del documento, no constituye delito.
Dentro de este apartado se engloban fingir la letra, firma o rúbrica de otro en un documento, alterar las fechas verdaderas o realizar en documento verdadero cualquier otra alteración o intercalación que variase su sentido.

b) Simulando un documento en todo o en parte, de manera que induzca a error sobre su autenticidad (artículo 390.1.2° del Código Penal), lo que constituye otro tipo de falsedad material. Tres supuestos que afectan a la autenticidad del documento son según la jurisprudencia: a) La formación de un documento que parezca provenir de un autor diferente del efectivo (autenticidad subjetiva o genuinidad); b) la formación de un documento con falsa expresión de la fecha, cuando ésta sea esencialmente relevante; y c) la formación de un documento enteramente falso, que recoja un acto o relación jurídica inexistente; es decir, un documento que no obedezca en verdad al origen objetivo en cuyo seno aparentemente se creó (falta de autenticidad objetiva).

c) Suponiendo en un acto la intervención de personas que no la han tenido, o atribuyendo a las que han intervenido en él declaraciones o manifestaciones diferentes de las que hubieran hecho (art. 390.1.3° del Código Penal). Se trata de una auténtica falsedad ideológica.

En este supuesto se protege la veracidad del documento, por lo que resulta irrelevante que la persona cuya intervención se supone falsamente exista o no en la realidad.

d) Faltando a la verdad en la narración de los hechos (art. 390.1.4° del Código Penal), lo que también constituye una falsedad ideológica. Éste no es un supuesto de inautenticidad, sino de inveracidad, donde siendo el documento en su origen objetivo (en el fondo o respecto del negocio jurídico que refoeja), y subjetivo (en relación con los intervinientes) veraz, únicamente alguna de las manifestaciones en él recogidas son inveraces, por lo que únicamente se falta a la verdad en una estipulación del contenido total del documento público.

Este delito, por tanto, se comete siempre que se narra documentalmente una situación física o jurídica irreal, y ello puede suceder tanto por la declaración inveraz como por el silencio sobre hechos reales, siendo penalmente típica, solamente cuando se cometa por autoridades, funcionarios públicos o asimilados.

Finalmente, el artículo 398 del Código Penal prevé otra modalidad comisiva del delito de falsedad documental que puede ser cometida por autoridad o funcionarios públicos. Se trata del tipo delictivo de libramiento de certificación falsa. El criterio diferenciador con las falsedades en documentos oficiales del artículo 390, no es tajante, como ha manifestado la Sentencia del Tribunal Supremo de 27 de diciembre de 2000, debiendo analizarse si estamos en presencia de uno u otro delito en función de la gravedad y la trascendencia de la alteración del documento.

3. Ejemplos prácticos de la jurisprudencia española:

La Sentencia de la Audiencia Provincial de Granada, de 18 de febrero de 2004, estimó el recurso de apelación interpuesto por el Presidente y Secretario de la Comisión evaluadora de un concurso para la provisión de una plaza de Profesor Titular de Universidad, que habían resultado condenados en la instancia por la comisión de un delito de falsedad en certificado dudando (a la vista de las pruebas propuestas y practicadas) si se faltó o no a la verdad en la redacción del certificado, y dando por ello entrada "*al conocido principio del Derecho Procesal Penal de, en la duda, a favor del reo, es decir, de los acusados*".

Por su parte, la Sentencia de la Audiencia Provincial de Cádiz de 25 de mayo de 2004, condenó, como autora de un delito de falsedad en documento oficial, a la Profesora Asociada que modificó, en beneficio del alumno (hijo de un ex-Decano de la Facultad) un examen, destacando que "*la falsedad afectó a n elemento esencial (rectificación de contestaciones a preguntas, que estaban erradas, por las correctas, propiciando una puntuación, elevada, que hacía superar con creces el examen) y se realizó la mutación con la apariencia suficiente para que pareciera verdadero el documento y surtiera el efecto deseado*".

Y, finalmente, el Auto de la Audiencia Provincial de Madrid, de 4 de diciembre de 2003, desestimó un recurso de apelación interpuesto frente a un Auto de sobreseimiento y archivo, en un caso de supuestos delitos de prevaricación, falsedad documental, y coacciones. En lo referente al delito de falsedad documental (que surgiría de que las Actas de un Consejo de Departamento no reflejarían fielmente los debates y acuerdos adoptados), la Sala estimó que las previsiones del artículo 27 de la Ley 30/1992, de 26 de noviembre, de Régimen Jurídico de las Administraciones Públicas y del Procedimiento Administrativo Común, "*dificulta la comisión de un delito de falsedad documental previamente a la aprobación del Acta, y aparece en las actuaciones que el ahora recurrente impugnó diversas Actas del Consejo de Departamento, y ejercitó su derecho a la transcripción de su intervención o propuesta, apareciendo por tanto ausente cualquier vestigio de responsabilidad penal*".

B) El delito de infidelidad en la custodia de documentos

1. La base normativa:

Los artículos 413 a 415 del Código Penal establecen:

<<Artículo 413: La autoridad o funcionario público que, a sabiendas, sustrajere, destruyere, inutilizare u ocultare, total o parcialmente, documentos cuya custodia le esté encomendada por razón de su cargo, incurrirá en las penas de prisión de uno a cuatro años, multa de siete a veinticuatro meses e inhabilitación especial para empleo o cargo publico por tiempo de tres a seis años.

Artículo 414: 1. A la autoridad o funcionario público que, por razón de su cargo, tenga encomendada la custodia de documentos respecto de los que la autoridad competente haya restringido el acceso, y que a sabiendas destruya o inutilice los medios puestos para impedir ese acceso o consienta su destrucción o inutilización, incurrirá en la pena de prisión de seis meses a un año o multa de seis a veinticuatro meses y, en cualquier caso, inhabilitación especial para empleo o cargo público por tiempo de uno a tres años.

2. El particular que destruyere o inutilizare los medios a que se refiere el apartado anterior, será castigado con la pena de multa de seis a dieciocho meses>>.

Artículo 415: La autoridad o funcionario público no comprendido en el artículo anterior que, a sabiendas y sin la debida autorización, accediere o permitiere acceder a documentos secretos cuya custodia le esté confiada por razón de su cargo, incurrirá en la pena de multa de seis a doce meses, e inhabilitación especial para empleo o cargo público por tiempo de uno a tres años>>.

2. La aplicación jurisprudencial:

El delito de infidelidad en la custodia de documentos, cuyo enjuiciamiento corresponde al Tribunal del Jurado tal y como dispone el art. 1.2 f) de la Ley Orgánica del Tribunal del Jurado, se tipifica de tres maneras alternativas, todas las cuales reflejan un voluntario incumplimiento, por parte del funcionario o autoridad, del deber de custodia de los documentos incorporados a los expedientes administrativos, o propios del uso de la Administración Pública. Cada una de ellas, sin embargo, centra su atención en una determinada expresión del incumplimiento de ese deber, como puede verse en el siguiente desarrollo.

a) Conductas de desaparición física del documento del ámbito material de custodia del funcionario o autoridad.

Se establecen en el artículo 413 del Código Penal, que castiga a la autoridad o funcionario público que sustrajere, destruyere, inutilizare u ocultare, total o parcialmente, documentos cuya custodia le estuviese encomendada por razón de su cargo. Este delito (que mezcla las conductas características de los tipos de hurto y de daños, en una redacción muy semejante a la utilizada en el artículo 465 del Código, respecto de los documentos propios de la Administración de Justicia) es una infracción especial con la que el legislador quiere proteger la integridad de los expedientes administrativos, siendo el bien jurídico protegido el genérico de la causa pública. Se considera, también, por la jurisprudencia (Sentencias del Tribunal Supremo de 18 de enero de 2001 y 5 de marzo de 2003) que en la actualidad, para la consumación de este ilícito, sería necesario, tan sólo, la realización de alguna de las cuatro acciones que, de forma alternativa, se describen en el tipo, sin necesidad de ninguna consecuencia ulterior, lucrativa, perjudicial, etc., de esa conducta.

Además, para integrar el presente delito, el sujeto activo ha de realizar la acción típica "a sabiendas", o como se pronunció la Sentencia del Tribunal Supremo de 21 de febrero de 1995, "sabiendo lo que se quiere y queriendo lo que se sabe", y respecto de documentos sujetos a su propia custodia. De no darse este último requisito, el delito cometido sería un hurto o un daño genéricos.

b) Conductas de inutilización de los mecanismos físicos establecidos para la custodia del documento.

Se integran en el artículo 414 del Código Penal las conductas de neutralización (por destrucción física, o por inutilización de sus sistemas de funcionamiento) de los mecanismos físicos (barreras materiales, alarmas, claves de acceso y demás medios de finalidad semejante) a través de los que se protegen documentos reservados (en los términos legales, "respecto de los que la autoridad competente haya restringido el acceso"), de tal modo que tales documentos quedan accesibles a terceros no autorizados para su conocimiento, se produzca o no efectivamente este acceso.

La conducta típica, respecto del funcionario o autoridad, puede ser activa (destruyendo o inutilizando personalmente los reiterados medios de protección de los documentos reservados) o pasiva (consintiendo que otras personas realicen las conductas activas). En todo caso, debe tener por objeto medios dirigidos a proteger documentos que aquél deba custodiar por razón de su cargo, y que hayan sido objeto de una declaración expresa y formal de reserva por parte de

otra autoridad.
Para que el delito pueda imputarse al funcionario o autoridad, éstos deben conocer, previamente a la acción, todos estos datos. La infracción correspondiente al particular se limita a sancionar la realización de los actos de destrucción o inutilización de los medios de protección del documento, sin requerir connivencia con el funcionario o autoridad, ni tampoco el acceso efectivo a los documentos reservados.

Se sancionan aquí, en consecuencia, conductas tales como la apertura de sobres cerrados y lacrados, lo que ha sido objeto de condena por la jurisprudencia (Sentencia de la Audiencia Provincial de La Coruña de 17 de septiembre de 1999) para castigar a funcionarios de Correos que abren la correspondencia ajena, siendo esta conducta plenamente trasladable a los funcionarios universitarios.

c) Y conductas residuales de acceso inconsentido a documentos secretos, según lo establecido en el artículo 415 del Código Penal, delito con el que, el legislador (también con redacción deficiente), cierra el ámbito de protección de los documentos reservados, presuponiendo que, en la sanción del artículo 414 (aunque en el mismo no llega a decirse esto de forma expresa), se incluye el reproche del acceso del tercero al documento protegido.

Es, por ello, una figura subsidiaria del tipo del artículo 414, especial y de mera actividad (o inactividad, según los casos), con la que se castiga al funcionario o autoridad que permite (de forma consciente, y sin autorización para ello) el acceso de terceros a documentos secretos cuya custodia tenga encomendada por razón de su cargo. Lo que no termina de entenderse es la razón por la que, de manera paralela y alternativa a esta redacción, el Código sanciona también a quien "accediere" a esos documentos secretos que el mismo sujeto que accede custodia. Como en esta redacción literal el tipo carece de sentido (porque no parece que el funcionario o autoridad que custodia un documento no pueda tener acceso al mismo), debe entenderse que este inciso se refiere tan sólo a los funcionarios que protegen físicamente el mueble o inmueble en que se depositen los documentos secretos.

VI. LA RESPONSABILIDAD PENAL EN LA GESTIÓN ECONÓMICA: LA MALVERSACIÓN DE CAUDALES PÚBLICOS

1. La base normativa:

Los artículos 432 a 435 del Código Penal establecen:

<<Artículo 432: 1. La autoridad o funcionario público que, con ánimo de lucro, sustrajere o consintiera que un tercero, con igual ánimo, sustraiga los caudales o efectos públicos que tenga a su cargo por razón de sus funciones, incurrirá en la pena de prisión de tres a seis años e inhabilitación absoluta por tiempo de seis a diez años.

2. Se impondrá la pena de prisión de cuatro a ocho años y la de inhabilitación absoluta por tiempo de diez a veinte años si la malversación revistiera especial gravedad atendiendo al valor de las cantidades sustraídas y al daño o entorpecimiento producido al servicio público. Las mismas penas se aplicarán si las cosas malversadas hubieran sido declaradas de valor histórico o artístico, o si se tratara de efectos destinados a aliviar alguna calamidad pública.

3. Cuando la sustracción no alcance la cantidad de 4.000 euros, se impondrán las penas de multa superior a dos y hasta cuatro meses, prisión de seis meses a tres años y suspensión de empleo o cargo público por tiempo de hasta tres años>>.

Artículo 433: La autoridad o funcionario público que destinare a usos ajenos a la función pública los caudales o efectos puestos a su cargo por razón de sus funciones, incurrirá en la pena de multa de seis a doce meses, y suspensión de empleo o cargo público por tiempo de seis meses a tres años.

Si el culpable no reintegrara el importe de lo distraído dentro de los diez días siguientes al de la incoación del proceso, se le impondrán las penas del artículo anterior.

Artículo 434: La autoridad o funcionario público que, con ánimo de lucro propio o ajeno y con grave perjuicio para la causa pública, diere una aplicación privada a bienes muebles o inmuebles pertenecientes a cualquier Administración o Entidad estatal, autonómica o local u Organismos dependientes de alguna de ellas, incurrirá en las penas de prisión de uno a tres años e inhabilitación especial para empleo o cargo público por tiempo de tres a seis años.

Artículo 435: Las disposiciones de este capítulo son extensivas:

1º) A los que se hallen encargados por cualquier concepto de fondos, rentas o efectos de las Administraciones públicas.

2º) A los particulares legalmente designados como depositarios de caudales o efectos públicos.

3º) A los administradores o depositarios de dinero o bienes embargados, secuestrados o depositados por autoridad pública, aunque pertenezcan a particulares>>.

2. La aplicación jurisprudencial:
Los delitos de malversación de caudales (o efectos) públicos se regulan en los artículos 432 a 435 del Código Penal, y tienen su razón de ser en la necesidad de proteger penalmente los fondos adscritos al cumplimiento de funciones o actividades de trascendencia pública o estatal, frente a la lesión de los intereses económicos estatales, por sus mismos funcionarios.

La prolija normativa que suponen dichos preceptos, cuyo enjuiciamiento corresponde al Tribunal del Jurado (art. 1.2i de la Ley del Tribunal del Jurado) gira en torno a la figura nuclear o tipo básico establecido en el artículo 432.1, que sanciona a la autoridad o funcionario público que, con ánimo de lucro, sustrajere o consintiere que un tercero sustraiga los caudales o efectos públicos que tenga a su cargo o a su disposición por razón de sus funciones.

A estos efectos, se entienden por caudales públicos el dinero, los títulos representativos de un valor económico, y otros bienes muebles de contenido o significación económica, incorporados o destinados a incorporarse al patrimonio de una Administración pública.

En el apartado 2 del artículo 432 se prevén dos subtipos cualificados, que implica la agravación de las penas:
a) Que la malversación revista especial gravedad, atendiendo al valor de las cantidades sustraídas y al daño o entorpecimiento producido al servicio público, requisitos ambos que deben ser exigidos conjuntamente para determinar la especial gravedad de la malversación, como así ha manifestado la Sentencia del Tribunal Supremo de 29 de julio de 1998 (caso "Marey").

b) Y que las cosas malversadas hubieran sido declaradas de valor histórico o artístico, o en que se trate de efectos destinados a aliviar alguna calamidad pública.

Por otro lado, se prevé un tipo atenuado en el apartado 3 del artículo 432, que es cuando la sustracción no alcanza la cantidad de 4.000 euros, supuesto en que las penas se reducen.

En general, la conducta delictiva reflejada en este artículo 432, requiere para la punición que los caudales públicos estén a cargo del sujeto activo o a su disposición, de modo que la punición por este delito en el ámbito universitario requiere que éstos hayan recibido, por razón de su cargo, fondos de esa clase, y que, con ánimo de lucro, hayan distraído, aprovechado en beneficio propio o apropiado (verbo que define mejor la conducta analizada que "sustraer", ya que, para que se aplique esta figura delictiva, el funcionario o autoridad han de tener, previamente al hecho delictivo, la posesión o disponibilidad sobre los bienes), y siempre con voluntad de no restituirlos, es decir, de apropiarse de ellos definitivamente, consumándose el delito en el momento en que se produce el desplazamiento patrimonial. Es, en consecuencia, una infracción de resultado, en la que cabe tanto la tentativa inacabada (cuando el funcionario no llega a apoderarse del caudal público) como la acabada (si, pese a hacerlo, no tiene disponibilidad sobre él).

Por otro lado, aparte de la figura nuclear del tipo previsto en el artículo 432, existen otras modalidades de comisión de esta misma infracción, que tienen tipicidad y punición propias. Por un lado, está la prevista en el artículo 433, que castiga la conducta del funcionario o autoridad que destina a usos ajenos a la función pública es decir, particulares, los caudales puestos a su cargo, pero con voluntad de restituirlos. Es una apropiación temporal de los caudales públicos. Y la determinación del plazo a partir del cual se considera de un modo objetivo que la apropiación es o no temporal se prevé en el último párrafo de este artículo, en el que se presume que existe malversación propia, y por tanto se debe aplicar el art. 432, si el dinero no es reintegrado "dentro de los diez días siguientes al de la incoación del proceso", lo que permite delimitar claramente la extensión máxima de la "temporalidad" en el uso de los caudales que se beneficia del privilegio penal contenido en este artículo.

Esta figura tipifica así una malversación, que no pasa de ser un mero "hurto de uso" de esos caudales o efectos públicos a cargo del responsable del hecho

Otra conducta típica o malversación de uso es la que recoge el artículo 434, que sanciona al funcionario público que, con ánimo de lucro propio o ajeno y con grave perjuicio para la causa pública, diere una aplicación privada a bienes muebles o inmuebles pertenecientes a cualquier Administración o Entidad estatal, autonómica o local u Organismos dependientes de alguna de ellas. Aunque esta conducta parece muy semejante a la analizada en el apartado anterior (artículo 433), existen varias diferencias esenciales. Su aplicación se reserva, para los supuestos en que los bienes públicos se dedican de forma duradera a satisfacer negocios o necesidades privadas, sin que lleguen a formar parte del patrimonio particular del funcionario, mientras que el artículo 433 se reservaría para los casos de utilización temporal. Asimismo, el delito tipificado en el artículo 433 tiene por objeto los caudales o efectos (dinero efectivo o documentos representativos de su valor), y el del artículo 434 se refiere a cualquier otro bien mueble, y a todos los inmuebles, susceptibles de ser utilizados en beneficio de intereses particulares.

3. Ejemplos prácticos de la jurisprudencia española:

La Sentencia del Tribunal Supremo de 5 de marzo de 2003 confirmó la absolución, por este delito, al Rector de una Universidad que había hecho pago a un profesor de una cantidad de dinero, existiendo en tal momento una querella criminal presentada por éste frente a aquél. Y resume con toda claridad los requisitos de este delito cuando dice que la malversación *"es un delito especial porque se exige que el sujeto activo reúna dos cualidades concretas. En primer lugar, ha de ser una autoridad o funcionario público, lo que nos obliga a acudir a las definiciones que al respecto nos ofrece el artículo 24.2. En segundo lugar, ha de tener a su cargo por razón de sus funciones los caudales o efectos públicos que se sustraen. El objeto del delito han de ser caudales o efectos públicos, y la acción u omisión delictiva ha de consistir en la sustracción o en el consentimiento de que otro sustraiga, siempre mediando ánimo de lucro, entendido como beneficio de cualquier clase que recibe el autor del delito o un tercero"*. En el concreto caso juzgado, la absolución vino desde la constatación de que el dinero entregado por el Rector no fue para que el profesor que lo recibió retirara la querella ("*con la finalidad de evitar el enjuiciamiento y eventual condena*") que había interpuesto contra aquél, sino en concepto de indemnización por los daños causados por una actuación administrativa.

VII. LA RESPONSABILIDAD PENAL POR USO DE LAS VÍAS DE HECHO.

A) Coacciones.

1. La base normativa:

El artículo 172 del Código Penal establece:

<<1. El que, sin estar legítimamente autorizado, impidiere a otro con violencia hacer lo que la ley no prohíbe, o le compeliere a efectuar lo que no quiere, sea justo o injusto, será castigado con la pena de prisión de seis meses a tres años o con multa de 12 a 24 meses, según la gravedad de la coacción o de los medios empleados.

Cuando la coacción ejercida tuviera como objeto impedir el ejercicio de un derecho fundamental se le impondrán las penas en su mitad superior, salvo que el hecho tuviera señalada mayor pena en otro precepto de este Código>>

2. La aplicación jurisprudencial:

El artículo 172.1 del Código Penal castiga a quien, sin estar legítimamente autorizado, impidiere a otro con violencia hacer lo que la ley no prohíbe, o le compeliere a efectuar lo que no quiere, sea justo o injusto. Este tipo no se encuentra recogido dentro del capítulo destinado a la punición de los delitos cometidos por los funcionarios públicos, pero no cabe duda alguna de que les es aplicable, primero, porque esta figura delictiva no establece distinción alguna respecto al sujeto activo de la misma, y, segundo, precisamente porque no existe entre los artículos referidos específicamente a los funcionarios públicos como sujetos activos ningún tipo correlativo para sancionar estas conductas.

Para la aplicación de este artículo, la jurisprudencia exige los siguientes requisitos: a) una conducta violenta, de contenido material (por ejercicio de fuerza física) o intimidatoria (por presión moral) o incluso de propias vías de hecho, que se ejercita contra uno o varios sujetos, de modo directo o indirecto o a través de cosas, sobre el propio perjudicado o sobre terceros, encaminada a impedir hacer lo que la Ley no prohíbe o a hacer lo que no se quiere, sea justo o injusto; b) que la intensidad del acto violento ha de alcanzar una determinada importancia, necesaria para su integración en el delito y no en la falta del artículo 620.2 del Código Penal; c) que exista, en el ámbito subjetivo, un dolo específico de atentar a la libertad de obrar de otra persona, de querer restringir la libertad ajena, que constituye el bien jurídico protegido, coincidente con el derecho fundamental constitucionalizado; y d) en el ámbito normativo, que haya ausencia de autorización legal o legitimación para actuar en ese sentido, requisito que en alguna ocasión ha sido generalizadamente criticado por su innecesariedad, y que encuentra justificación cuando se analiza que, a diferencia de lo que ocurre con otras figuras delictivas (en las que la regla es la punición y la excepción la justificación: muertes, lesiones, daños, etc.), las coacciones punibles son casi la excepción si se comparan con las coacciones que resultan impunes en nuestro Ordenamiento.

En efecto, la Administración posee la facultad de actuar coactivamente, en determinados supuestos legalmente tasados, y ello carece de sanción, pero sólo si se actúa dentro de la habilitación normativa (casos en los que estaría "legítimamente autorizada" para ello). Así, en esos supuestos no existe coacción cuando las autoridades, sus agentes o los funcionarios públicos emplean "la orden tajante, las sanciones, la coerción o la violencia para obligar a cumplir sus mandatos y para imponer el respeto a la ley".

Las coacciones punibles realizadas por funcionarios públicos son, de esta manera, una excepción a la regla general y suelen constituir un "exceso" o una "extralimitación" en el ejercicio de aquellas potestades.
alteración del documento.

3. Ejemplos prácticos de la jurisprudencia española:

La Jurisdicción penal no suele otorgar relevancia a las querellas en las que profesores u otro personal universitario aduce haber sido objeto de coacciones en el ámbito universitario, y los archivos se suceden, habitualmente porque los hechos enjuiciados no se consideran de la suficiente entidad. Así, la Sentencia de 4 de diciembre de 2003, de la Audiencia Provincial de Madrid, desestimó el recurso de apelación interpuesto contra un Auto de sobreseimiento y archivo de las actuaciones, dictado por un Juzgado de Instrucción, estimando que "*ninguno de los hechos expuestos en la querella reviste los caracteres expuestos, presentándose, una vez más, como una pugna por los distintos integrantes de los equipos de investigación por hacerse con espacios en los que desarrollar su actividad*". De manera semejante, el Auto de 21 de noviembre de 2005, del Juzgado de Instrucción nº 5 de los de Alcalá de Henares, archivó una querella

tras valorar que lo único acreditado en la causa fueron "*diferencias de criterio y falta de entendimiento entre las partes, lo cual no constituye ningún ilícito penal*".
También fue absolutoria la Sentencia de la Audiencia Provincial de Madrid, de 7 de marzo de 2007, pero no porque no hubiera fundamento material para la aplicación del tipo penal, sino apreciando la prescripción de la infracción. La acusada, gerente de una Escuela universitaria, había sido condenada en la instancia por la comisión de una falta de vejaciones injustas sobre una subordinada, cometida por descalificarla ante terceros, por razones laborales o personales, y por provocarla un "cierto hostigamiento" con la imposición de trabajos extraordinarios, todo ello con la finalidad de que cambiara de puesto de trabajo.

B) El delito de acoso sexual.

El artículo 184 del Código Penal establece:
<<1. El que solicitare favores de naturaleza sexual, para sí o para un tercero, en el ámbito de una relación laboral, docente o de prestación de servicios, continuada o habitual, y con tal comportamiento provocare a la víctima una situación objetiva y gravemente intimidatoria, hostil o humillante, será castigado, como autor de acoso sexual, con la pena de prisión de tres a cinco meses o multa de seis a 10 meses.
2. Si el culpable de acoso sexual hubiera cometido el hecho prevaliéndose de una situación de superioridad laboral, docente o jerárquica, o con el anuncio expreso o tácito de causar a la víctima un mal relacionado con las legítimas expectativas que aquélla pueda tener en el ámbito de la indicada relación, la pena será de prisión de cinco a siete meses o multa de 10 a 14 meses.
3. Cuando la víctima sea especialmente vulnerable, por razón de su edad, enfermedad o situación, la pena será de prisión de cinco a siete meses o multa de 10 a 14 meses en los supuestos previstos en el apartado 1, y de prisión de seis meses a un año en los supuestos previstos en el apartado 2 de este artículo>>.

C) El proyecto del delito de mobbing

El apartado 22 del artículo único del Anteproyecto de reforma del Código Penal pretende añadir un segundo párrafo al apartado 1 del artículo 173, con la siguiente redacción:

<<Con la misma pena serán castigados los que, en el marco de cualquier actividad laboral, realicen contra otro de forma reiterada actos de grave acoso psicológico u hostilidad que naturalmente generen en la víctima sentimientos de humillación y los que, en el marco de cualquier otra relación contractual, provoquen situaciones gravemente ofensivas en la dignidad moral de la otra parte, mediante la alteración sensible de las condiciones de disfrute de los derechos derivados de la misma>>.
Esta redacción surge de la decisión gubernativa de cumplir con relevantes decisiones europeas en materia de represión del "mobbing laboral", pero se dirige

a un horizonte más amplio. Así, en efecto, existe una generalizada percepción, fundamentalmente en el contexto supranacional europeo, de que la violencia en el lugar de trabajo ("mobbing laboral") constituye un factor de riesgo que el empresario está obligado a prevenir, o reducir. Lo dice expresamente el artículo 6 de la Directiva Marco 89/391/CEE, compartiendo la misma preocupación la Resolución del Parlamento Europeo 2001/2339 –publicada mediante Acta de 20 de septiembre de 2001-, sobre acoso en el lugar de trabajo, y el Dictamen de 29 de noviembre de 2001, del Grupo de Estudio de Violencia en el Trabajo de la Comisión Europea.

Por ello, la Exposición de Motivos del Anteproyecto reconoce que esta modificación del artículo 173.1 del Código persigue incriminar "la conducta denominada de acoso laboral, entendiendo por tal el acoso psicológico u hostil en el marco de cualquier actividad laboral, que humille al que los sufre". Y se reconoce igualmente que se ha aprovechado la ocasión para reprochas penalmente esas conductas de acoso "en el marco de otras relaciones contractuales, la alteración de condiciones imponiendo situaciones de grave ofensa a la dignidad. Con ello quedarían incorporadas en el tipo penal todas aquellas conductas de acoso producidas tanto en el ámbito de las relaciones jurídico privadas como en el de las relaciones jurídico públicas, entendiendo por estas últimas las producidas en el marco funcionarial". Sin embargo, sólo con esta voluntad no basta para conseguir la tutela efectiva de ese dignísimo interés, porque la incorporación de aquel texto como segundo párrafo del artículo 173.1 del Código exige cohonestar bien, con carácter previo, el contenido proyectado al ahora vigente, además de comprobar qué otros efectos colaterales provoca (desde la comprensión global del texto vigente) esa modificación.

VIII. LA RESPONSABILIDAD PENAL EN LAS RELACIONES CON LA ADMINISTRACIÓN DE JUSTICIA: LA DESOBEDIENCIA.

1. La base normativa:

El artículo 410 del Código Penal afirma:

<<1. Las autoridades o funcionarios públicos que se negaren abiertamente a dar el debido cumplimiento a resoluciones judiciales, decisiones u órdenes de la autoridad superior, dictadas dentro del ámbito de su respectiva competencia y revestidas de las formalidades legales, incurrirán en la pena de multa de tres a doce meses e inhabilitación especial para empleo o cargo público por tiempo de seis meses a dos años.

2. No obstante lo dispuesto en el apartado anterior, no incurrirán en responsabilidad criminal las autoridades o funcionarios por no dar cumplimiento a un mandato que constituya una infracción manifiesta, clara y terminante de un precepto de ley o de cualquier otra disposición general>>.

2. La aplicación jurisprudencial:
El artículo 410 del Código Penal establece el delito de desobediencia y la desobediencia típica ha de serlo a resoluciones judiciales, decisiones u órdenes que emanen, bien de la autoridad judicial, o de autoridades superiores al responsable de la desobediencia, en la jerarquía administrativa; que deben estar dictadas en el ámbito de sus respectivas competencias; y que deben estar revestidas de las formalidades legales (tanto en su formalización como en su notificación al funcionario o autoridad de que se trate).

Para la adecuada comprensión de este precepto hay que partir de su presupuesto normativo: las autoridades y funcionarios públicos están obligados, como todos los ciudadanos (en los términos del artículo 110 de la Constitución), a acatar y cumplir las resoluciones dictadas por los Juzgados y Tribunales, y que les sean formalmente notificadas, salvo que la propia autoridad judicial hubiera acordado la suspensión de su ejecutividad, y sin perjuicio, en su caso, de la posibilidad de planteamiento de conflictos de jurisdicción.

El delito de desobediencia es una infracción especial impropia, de mera actividad (realizable por acción u omisión), cuya expresión nuclear es la de negarse, el funcionario o la autoridad de que se trate, "abiertamente a dar el debido cumplimiento" a las resoluciones, decisiones u órdenes ya indicadas. La Sentencia del Tribunal Supremo de 13 de junio de 2000 ha explicado el contenido y significado de esta expresión, con la siguiente doctrina: "El tipo básico de desobediencia funcionarial, en cuanto a la acción, consiste en negarse abiertamente a dar el debido cumplimiento a determinadas órdenes judiciales o administrativas (../..), constituyendo un tipo de mera actividad (o inactividad) que no comporta la producción de un resultado material. Por ello no se anuda al mismo la realización de un acto concreto, positivo, sino que basta la omisión o pasividad propia de quien se niega a ejecutar una orden legítima dictada dentro del marco competencial de su autor. La jurisprudencia de esta Sala, así, comprende dentro del tipo tanto la manifestación explícita y contundente contra la orden, como la adopción de una actitud de reiterada y evidente pasividad a lo largo del tiempo sin dar cumplimiento a lo mandado, es decir, la de quien, sin oponerse o negar la misma, tampoco realiza la mínima actividad exigible para su cumplimiento (SSTS 18-4 y 11-10-97), de forma que el adverbio abiertamente aplicado a la negativa puede predicarse tanto en un caso como en otro, en el primero directamente, en el segundo deducido con igual vigor de la actitud del sujeto activo".

El apartado 2º de este artículo 410 del Código Penal establece una exención de responsabilidad penal cuando tales resoluciones, decisiones u órdenes –desobedecidas- constituyen "una infracción manifiesta, clara y terminante de un precepto de Ley o de cualquier otra disposición general", circunstancia en la que se exime a los funcionarios del cumplimiento de ese mandato que es ilegal, no incurriendo, por tanto, en responsabilidad criminal. Y el artículo 411 prevé una modalidad agravada, aplicable al incumplimiento de decisiones u órdenes administrativas, y tipificada en razón de la contumacia del responsable. Se sanciona así a la autoridad o funcionario público que, habiendo suspendido, por cualquier motivo que no sea el expresado en el apartado segundo del artículo anterior (mandato que suponga una infracción manifiesta, clara y terminante de un precepto de Ley o de cualquier otra disposición general), la ejecución de las órdenes de sus superiores, las desobedeciere después de que aquéllos hubieren desaprobado la suspensión.

Este delito tiene un triple presupuesto, que debe acreditarse, obviamente, para su aplicación: primero, una decisión u orden de un superior jerárquico administrativo, cuya ejecución compete al sujeto activo; segundo, una decisión propia de éste, de suspender la ejecución de aquel mandato (por cualquier motivo, excepto que el mandato recibido constituya "una infracción manifiesta, clara y terminante de un precepto de Ley o de cualquier otra disposición general"); y, tercero, una desaprobación expresa, por parte de aquel superior jerárquico, de esa suspensión. Si, con estos presupuestos de hecho, el funcionario o autoridad, reiterando su intención, procede de nuevo a desobedecer aquella orden o decisión inicial, se aplica este tipo agravado, cuyas demás características y requisitos coinciden con los del tipo básico. No obstante, la complejidad de la conducta descrita en el mismo justifica por sí misma su práctica inaplicabilidad por los Juzgados y Tribunales.

Por otro lado, cuando la desobediencia no se produce respecto de resoluciones judiciales, decisiones u órdenes que emanen, bien de la autoridad judicial, o de autoridades superiores, en la jerarquía administrativa, al responsable de la desobediencia, sino de otros órganos o autoridades, el tipo que procede aplicar es el regulado en el artículo 556 del Código Penal, que sanciona a quienes desobedecieren gravemente a la autoridad o a sus agentes en el ejercicio de las funciones.

Para su existencia, este delito requiere, conforme ha declarado reiteradamente la jurisprudencia (STS 23 de enero de 2001), primero, un mandato claro y terminante de una autoridad que sea competente para ello; segundo, una voluntad pertinaz de incumplimiento por parte del destinatario del mandato y, tercero, el apercibimiento de que, de no acatarse lo mandado por quien está legitimado para ello, se procedería en vía penal poniendo los hechos en conocimiento del Ministerio Fiscal o del Juez competente.

3. Ejemplos prácticos de la jurisprudencia española:

La Sentencia de la Audiencia Provincial de Barcelona, de 2 de julio de 2003, confirmó la condena, por un delito de desobediencia a la autoridad judicial, del Asesor Jurídico de una Universidad que, sin alegar causa justificativa alguna de su incumplimiento, no atendió los requerimientos de un Juzgado de lo Contencioso-Administrativo para completar la documentación de un expediente administrativo. Y especificó esta resolución que "*el bien jurídico afectado en el artículo 410 del Código penal es el correcto funcionamiento de la Administración pública, es la capacidad prestacional de la misma, es el principio jerárquico o el principio de subordinación funcional de la Administración a las resoluciones firmes de los Juzgados y Tribunales, tratándose de un delito especial impropio de peligro abstracto que no requiere ningún resultado*".

IX. DELITOS EN EL EJERCICIO DE LA ACTIVIDAD INVESTIGADORA

A) Delitos contra la propiedad intelectual

1. La base normativa:

Los artículos 270 a 272 del Código Penal establecen:

<<Artículo 270: 1. Será castigado con la pena de prisión de seis meses a dos años y multa de 12 a 24 meses quien, con ánimo de lucro y en perjuicio de tercero, reproduzca, plagie, distribuya o comunique públicamente, en todo o en parte, una obra literaria, artística o científica, o su transformación, interpretación o ejecución artística fijada en cualquier tipo de soporte o comunicada a través de cualquier medio, sin la autorización de los titulares de los correspondientes derechos de propiedad intelectual o de sus cesionarios.

2. Será castigado con la pena de prisión de seis meses a dos años y multa de 12 a 24 meses quien intencionadamente exporte o almacene ejemplares de las obras, producciones o ejecuciones a que se refiere el apartado anterior sin la referida autorización. Igualmente incurrirán en la misma pena los que importen intencionadamente estos productos sin dicha autorización, tanto si éstos tienen un origen lícito como ilícito en su país de procedencia; no obstante, la importación de los referidos productos de un Estado perteneciente a la Unión Europea no será punible cuando aquellos se hayan adquirido directamente del titular de los derechos en dicho Estado, o con su consentimiento.

3. Será castigado también con la misma pena quien fabrique, importe, ponga en circulación o tenga cualquier medio específicamente destinado a facilitar la supresión no autorizada o la neutralización de cualquier dispositivo técnico que se haya utilizado para proteger programas de ordenador o cualquiera de las otras obras, interpretaciones o ejecuciones en los términos previstos en el apartado 1 de este artículo.

Artículo 271: Se impondrá la pena de prisión de uno a cuatro años, multa de 12 a 24 meses e inhabilitación especial para el ejercicio de la profesión relacionada con el delito cometido, por un período de dos a cinco años, cuando concurra alguna de las siguientes circunstancias:

a) Que el beneficio obtenido posea especial trascendencia económica.

b) Que los hechos revistan especial gravedad, atendiendo el valor de los objetos producidos ilícitamente o a la especial importancia de los perjuicios ocasionados.

c) Que el culpable perteneciere a una organización o asociación, incluso de carácter transitorio, que tuviese como finalidad la realización de actividades infractoras de derechos de propiedad intelectual.

d) Que se utilice a menores de 18 años para cometer estos delitos.

Artículo 272: 1. La extensión de la responsabilidad civil derivada de los delitos tipificados en los dos artículos anteriores se regirá por las disposiciones de la ley de Propiedad Intelectual relativas al cese de la actividad ilícita y a la indemnización de daños y perjuicios.

2. En el supuesto de sentencia condenatoria, el Juez o Tribunal podrá decretar la publicación de ésta, a costa del infractor, en un periódico oficial>>.

2. La aplicación jurisprudencial:

El art. 20.1.b) de la Constitución reconoce y garantiza el derecho «a la producción y creación literaria, artística, científica y técnica», como facultad personalísima, de ejercicio de la capacidad intelectual, que nadie puede impedir ni condicionar. A través de este ejercicio de la creatividad, y como resultado del mismo, se producen obras literarias, artísticas, científicas y técnicas, que devienen objeto de protección jurídica autónoma, y claramente diferenciada, del ejercicio de aquellos derechos constitucionales, propios de la personalidad. Así, la obra creada, y materializada en un soporte físico (pues las meras ideas, por muy originales que resulten, carecen de protección en nuestro ordenamiento jurídico, si no están fijadas en un objeto material), recibe una doble protección: una común, como objeto de un derecho patrimonial (pues puede ser hurtada, robada, o dañada, por ejemplo, como todos los demás bienes integrados en un patrimonio determinado); y otra muy específica, como objeto de los derechos de propiedad intelectual. Esta categoría jurídica (regulada esencialmente en el RDLeg. 1/1996, de 12 de abril, por el que se aprueba el texto refundido de la Ley de Propiedad Intelectual, regularizando, aclarando y armonizando las disposiciones legales vigentes sobre la materia; texto modificado por la Ley 5/1998, de 6 de marzo, de incorporación al Derecho español de la Directiva 96/9/CE, del Parlamento Europeo y del Consejo, de 11 de marzo de 1996, sobre protección jurídica de las bases de datos; y por Ley 19/2006, de 5 de junio) reconoce y protege los especiales vínculos (de orden moral y patrimonial) que existen entre el creador (y, de forma conexa, los artistas, intérpretes y ejecutantes) y su obra, y que le facultan, de forma exclusiva, a su protección y explotación económica.

De todas las agresiones que pueden recibir los derechos de propiedad intelectual, el Código Penal selecciona, como delictivas, las más graves (pues esta protección penal se complementa con la que, en el ámbito civil, ofrece el texto refundido de la Ley de Propiedad Intelectual, ya mencionado), entendiendo por tales las que comportan la sustitución del autor en el ejercicio social de las facultades, de trascendencia económica, propias de su condición. En efecto, la consideración de los delitos contra la propiedad intelectual como delitos contra el orden socioeconómico, exige limitar el ámbito de lo punible a las conductas que lesionen los bienes jurídicos protegidos en esta categoría delincuencial. Por ello, debe estimarse que sólo forman parte del ilícito las conductas de trascendencia económica (remitiendo al ámbito de protección civil aquellas que tan sólo lesionen, sin mayor alcance, los derechos morales del autor), y sólo en la medida en que repercutan en el ejercicio social de los derechos propios del mismo (quedando al margen de lo punible, y deferidos al ámbito de la responsabilidad civil, en su caso, las acciones que no desplieguen esta trascendencia ante la colectividad).

En este contexto, el art. 270 del Código protege las obras literarias, artísticas o científicas, así como su transformación, interpretación o ejecución artística, fijada en cualquier tipo de soporte o comunicada a través de cualquier medio, frente a cualquiera de las siguientes acciones, que en lo que al ámbito que ahora interesan son:

a) La reproducción, que es un concepto normativo que debe interpretarse conforme al texto del art. 18 de la Ley de Propiedad Intelectual («la fijación de la obra en un medio que permita su comunicación y la obtención de copias de todas o parte de ella»), y que puede afectar a la totalidad de la obra, o tan sólo a una parte de ella.

b) El plagio, que es la usurpación, ante la sociedad, de la condición de autor de la obra ajena, ya sea ésta en su integridad, o parcialmente. Según resulta de la jurisprudencia española, esta modalidad se presenta con mayor habitualidad en el ámbito de la creación escrita, ya en la elaboración de obras literarias (en las que se utilizan frases, diálogos, y hasta párrafos enteros de otra u otras publicaciones, que el autor de la obra plagiaria presenta como si fueran propios), trabajos científicos (por ejemplo, el proyecto de fin de carrera, en una ingeniería superior, que presenta el profesor de una ingeniería técnica, incorporando, sin cita alguna, y como si fueran elaborados por él, esquemas técnicos, gráficos, y desarrollos científicos que figuran en determinados trabajos de investigación de sus alumnos), y –con mucha asiduidad en los últimos tiempos– guiones para programas de televisión (por ejemplo, el director de cine que lee un guión que le presenta un joven autor, lo rechaza por inviable, y luego elabora otro guión, y dirige una serie sobre el mismo, en el que se repiten las situaciones, los personajes, o los conflictos dramáticos que ya figuraban en aquél), especialmente concursos. Se da también, obviamente, aunque con una frecuencia relativamente mucho menor, en el ámbito de la creación artística, existiendo en la jurisprudencia ejemplos de plagios de melodías integradas en canciones, y de pinturas, bocetos o dibujos.

Dada la complejidad de las cuestiones que se han planteado en la aplicación jurisprudencial de esta modalidad delictiva, es preciso señalar cinco presupuestos básicos de la misma: uno, que las ideas, como tales, no incorporadas a un soporte que permita materializarlas, y dotarlas de contenido preciso y reproducible objetivamente, no están protegidas en nuestro ordenamiento jurídico, ni en vía penal, ni tampoco en la vía civil (por lo que, como ejemplo simplificador, quien anuncia públicamente que va a rodar una película sobre el descubrimiento de América, no puede impedir que otros cineastas trabajen posteriormente en nuevas películas sobre la misma idea); dos, que la creación protegible conforme a las normas de la propiedad intelectual, es la idea plasmada en un soporte concreto, con una técnica específica, en un formato determinado, y con un argumento o desarrollo propio (de manera que sí comete delito quien, en el mismo ejemplo anterior, rueda la película sobre el descubrimiento de América contando en ella la misma historia –de amor, aventuras, o crítica social– que previamente ha leído en el guión ajeno); tres, que tal creación protegible debe ser original, en un doble sentido: «en cuanto a que debe tratarse de la obra primigenia» y «en cuanto que ha de ser el resultado de un esfuerzo intelectual propio» (de tal manera que, por ejemplo gráfico y real –extraído, como las dos citas previas, de la Sentencia de 4 de marzo de 2004, del Juzgado de lo Penal nº 1 de San Sebastián–, no es protegible en vía penal la copia de una escultura romana que es, a su vez, plagiada por terceros con fines comerciales); cuatro, que no son plagio las conductas en las que el autor no usurpa la condición del titular del derecho de propiedad intelectual, aunque defraude objetivamente a un tercero: el falsificador que pinta un cuadro a la manera de Goya, incluye en él la firma de este pintor, envejece artificialmente el cuadro hasta darle una apariencia de doscientos años de antigüedad, y lo vende como si fuera original de este pintor, es un estafador, pero no un plagiario; y del mismo modo tampoco lo es el cantante que versiona canciones ajenas, reconociendo la verdadera autoría de las mismas; y, cinco, que, para la resolución de los numerosos problemas de prueba que se plantean habitualmente en los procedimientos que se siguen en España por este delito, suele atenderse principalmente a la existencia o no de la previa inscripción, de la obra presuntamente plagiada, en uno de los Registros públicos de la propiedad intelectual existentes; y al resultado de las pruebas periciales, que determinan la existencia o no de la identidad esencial entre las creaciones, que integra el tipo objetivo de esta infracción.

Todas estas conductas, para que sean típicas, han de realizarse con ánimo de lucro, en perjuicio de tercero, y sin la autorización de los titulares de los correspondientes derechos de propiedad intelectual o de sus cesionarios

B) Delitos relativos a la propiedad industrial:

1. La base normativa:

Los artículos 273 a 277 del Código Penal establecen:

<<Artículo 273: 1. Será castigado con la pena de prisión de seis meses a dos

años y multa de 12 a 24 meses el que, con fines industriales o comerciales, sin consentimiento del titular de una patente o modelo de utilidad y con conocimiento de su registro, fabrique, importe, posea, utilice, ofrezca o introduzca en el comercio objetos amparados por tales derechos.
2. Las mismas penas se impondrán al que, de igual manera, y para los citados fines, utilice u ofrezca la utilización de un procedimiento objeto de una patente, o posea, ofrezca, introduzca en el comercio, o utilice el producto directamente obtenido por el procedimiento patentado.
3. Será castigado con las mismas penas el que realice cualquiera de los actos tipificados en el párrafo primero de este artículo concurriendo iguales circunstancias en relación con objetos amparados en favor de tercero por un modelo o dibujo industrial o artístico o topografía de un producto semiconductor.

Artículo 274: 1. Será castigado con la pena de seis meses a dos años de prisión y multa de 12 a 24 meses el que, con fines industriales o comerciales, sin consentimiento del titular de un derecho de propiedad industrial registrado conforme a la legislación de marcas y con conocimiento del registro, reproduzca, imite, modifique o de cualquier otro modo utilice un signo distintivo idéntico o confundible con aquel, para distinguir los mismos o similares productos, servicios, actividades o establecimientos para los que el derecho de propiedad industrial se encuentre registrado. Igualmente, incurrirán en la misma pena los que importen intencionadamente estos productos sin dicho consentimiento, tanto si éstos tienen un origen lícito como ilícito en su país de procedencia; no obstante, la importación de los referidos productos de un Estado perteneciente a la Unión Europea no será punible cuando aquéllos se hayan adquirido directamente del titular de los derechos de dicho Estado, o con su consentimiento.
2. Las mismas penas se impondrán al que, a sabiendas posea para su comercialización, o ponga en el comercio, productos o servicios con signos distintivos que, de acuerdo con el apartado 1 de este artículo, suponen una infracción de los derechos exclusivos del titular de los mismos, aun cuando se trate de productos importados del extranjero.
3. Será castigado con la misma pena quien, con fines agrarios o comerciales, sin consentimiento del titular de un título de obtención vegetal y con conocimiento de su registro, produzca o reproduzca, acondicione con vistas a la producción o reproducción, ofrezca en venta, venda o comercialice de otra forma, exporte o importe, o posea para cualquiera de los fines mencionados, material vegetal de reproducción o multiplicación de una variedad vegetal protegida conforme a la legislación sobre protección de obtenciones vegetales.
4. Será castigado con la misma pena quien realice cualesquiera de los actos descritos en el apartado anterior utilizando, bajo la denominación de una variedad vegetal protegida, material vegetal de reproducción o multiplicación que no pertenezca a tal variedad.

Artículo 275: Las mismas penas previstas en el artículo anterior se impondrán a quien intencionadamente y sin estar autorizado para ello, utilice en el tráfico económico una denominación de origen o una indicación geográfica representativa de una calidad determinada legalmente protegidas para distinguir los productos amparados por ellas, con conocimiento de esta protección.

Artículo 276: Se impondrá la pena de prisión de uno a cuatro años, multa de 12 a 24 meses e inhabilitación especial para el ejercicio de la profesión relacionada con el delito cometido, por un período de dos a cinco años, cuando concurra alguna de las siguientes circunstancias:

a) Que el beneficio obtenido posea especial trascendencia económica.

b) Que los hechos revistan especial gravedad, atendiendo al valor de los objetos producidos ilícitamente o a la especial importancia de los perjuicios ocasionados.

c) Que el culpable perteneciere a una organización o asociación, incluso de carácter transitorio, que tuviese como finalidad la realización de actividades infractoras de derechos de propiedad industrial.

d) Que se utilice a menores de 18 años para cometer estos delitos.

Artículo 277: Será castigado con las penas de prisión de seis meses a dos años y multa de seis a veinticuatro meses, el que intencionadamente haya divulgado la invención objeto de una solicitud de patente secreta en contravención con lo dispuesto en la legislación de patentes, siempre que ello sea en perjuicio de la defensa nacional>>.

2. La aplicación jurisprudencial:

La Sección Segunda del Capítulo XI del Título XIII del Libro II del Código Penal se rotula «de los delitos relativos a la propiedad industrial», y en los cinco preceptos que la conforman (arts. 273 a 277, ambos incluidos) se tipifican 29 conductas básicas, y 4 agravadas. Este abundante contenido resulta además muy complejo, por dos motivos fundamentales: la constante utilización, en los distintos tipos penales allí establecidos, de conceptos normativos, propios de reglamentaciones sectoriales (Estatuto de la Propiedad Industrial, texto refundido de 30 de abril de 1930; Ley 11/1986, de 20 de marzo, de Patentes; Ley 17/2001, de 7 de diciembre, de Marcas; Ley 20/2003, de 7 de julio, de Protección Jurídica del Diseño Industrial; o Ley 19/2006, de 5 de junio, que modifica los textos de las tres últimas, entre las más relevantes); y la acumulación, en esta misma regulación penal, de bienes jurídicos protegidos diversos, y de diferente trascendencia.

En particular, las acciones que integran los distintos delitos contra la propiedad industrial, en lo que ahora interesa, son los siguientes:

a.1) La reproducción, importación, imitación, modificación o utilización, de cualquier otro modo, de un signo distintivo idéntico o confundible con un derecho de propiedad industrial registrado conforme a la legislación de marcas, para distinguir los mismos o similares productos, servicios, actividades o establecimientos para los que el derecho de propiedad industrial se encuentra registrado (art. 274.1 del Código). Esos signos distintivos reconocidos en la Ley de Marcas y que, debidamente inscritos, generan a su titular derechos de propiedad industrial, son las marcas (que el artículo 4 de esta norma define como «todo signo susceptible de representación gráfica que sirva para distinguir en el mercado los productos o servicios de una empresa de los de otras») y los nombres comerciales (que, conforme establece el art. 87.1 de la Ley de Marcas, son «todo signo susceptible de representación gráfica que identifica a una empresa en el tráfico mercantil y que sirve para distinguirla de las demás empresas que desarrollan actividades idénticas o similares»), ya que la nueva Ley de Marcas ha suprimido el carácter registral de los rótulos de establecimiento, dejando su protección a las normas comunes de competencia desleal.

En todo caso, para que aquellas conductas resulten delictivas, el art. 274 del Código exige que el derecho de propiedad industrial se encuentre debidamente registrado (lo que implica que el derecho ha de estar inscrito en el Registro público correspondiente con anterioridad a la realización de la acción típica, y estar vigente en el momento de comisión del hecho), que el sujeto activo del delito conozca la existencia de tal registro, y que éste actúe «con fines industriales o comerciales», y «sin consentimiento del titular» del correspondiente derecho de propiedad industrial. Aunque no se recoge expresado con la suficiente claridad en el texto de este precepto, su fundamento y finalidad exigen también, para que resulte posible la punición de la conducta, que ésta sea idónea para generar confusión en el mercado con el signo protegido.

La conducta típica, en todo caso, para resultar punible tiene que ser realizada por el autor «a sabiendas», y referirse a productos o servicios marcados con signos que, como se señaló en el apartado anterior, resulten idóneos para generar confusión en el mercado con el signo protegido. Así, la STS de 22 de septiembre de 2000, y la SAP de Murcia, de 21 de marzo de 2003, condenaron por este delito a unos vendedores de pantalones vaqueros, y chandals, respectivamente, con marcas notorias en ellos, pero absolutamente inciertas, con conocimiento de que no pertenecían realmente a dichas marcas; y la SAP de Madrid de 20 de julio de 2007 condenó a un comerciante profesional de bisutería que vendía en ferias del sector productos que imitaban a diseños muy característicos de otra marca, muy conocida, cuya existencia no podía, por ser notoria, desconocer.

a.2) La fabricación, importación, posesión, utilización, ofrecimiento o introducción en el comercio de objetos amparados por una patente o modelo de utilidad (art. 273.1 del Código Penal). Una patente es, según dispone el art. 4.1 de la Ley de Patentes, un título de propiedad industrial con el que se reconocen y protegen «las invenciones nuevas, que impliquen actividad inventiva y sean susceptibles de aplicación industrial», en tanto que un modelo de utilidad, conforme dispone el art. 143.1 de la misma norma, es un título de propiedad industrial que reconoce y protege «las invenciones que, siendo nuevas e implicando una actividad inventiva, consisten en dar a un objeto una configuración, estructura o constitución de la que resulte alguna ventaja prácticamente apreciable para su uso o fabricación». Para que la acción sea delictiva, la patente o el modelo de utilidad han de estar debidamente registrados (lo que supone tanto la existencia del previo registro, como la vigencia de la inscripción), y el sujeto ha de conocer tal circunstancia, además de actuar con «fines industriales o comerciales», y sin el consentimiento del titular de aquellos derechos.

X. UN TIPO RESIDUAL: LOS DELITOS CONTRA EL EJERCICIO DE LOS DERECHOS CÍVICOS

1. La base normativa:

El artículo 542 del Código Penal dice:

<<Incurrirá en la pena de inhabilitación especial para empleo o cargo público por tiempo de uno a cuatro años la autoridad o el funcionario público que, a sabiendas, impida a una persona el ejercicio de otros derechos cívicos reconocidos por la Constitución y las leyes>>.

2. La aplicación jurisprudencial:

El artículo 542 del Código Penal castiga a la autoridad o funcionario público que, a sabiendas, impidiere a una persona el ejercicio de los derechos cívicos reconocidos por la Constitución y las leyes.

Aunque resulta criticable la concisión con que está redactado este precepto, no resulta difícil identificar su ámbito de protección con el ejercicio de los derechos políticos reconocidos en el Capítulo II del Título I de la Constitución, entendiendo por tales todos aquellos que se reputan como fundamentales de la persona. La referencia que hace el precepto a derechos reconocidos en las leyes debe entenderse referida a disposiciones legales dictadas en desarrollo de esos derechos fundamentales.

Se trata de un precepto de aplicación residual o subsidiaria, que tiene por finalidad cubrir los atentados contra los derechos cívicos o fundamentales de la persona cometidos por los funcionarios públicos que no tengan una expresa protección penal. Así, no se penará conforme a este tipo delictivo, sino por los recogidos en los artículos 537 a 540 del Código Penal, cuando lo que se impida sea el ejercicio de los derechos fundamentales de asistencia letrada, libertad de expresión y de información (en su modalidad de prohibición de censura previa), asociación y reunión.

XI. CONSECUENCIAS DEL DELITO.

A. El específico sistema de penas previsto para los funcionarios públicos.

En el catálogo de penas que contiene el artículo 33 del Código Penal coexisten, como es conocido, penas privativas de libertad, privativas de derechos y multa.

De esta relación de penas, el Código Penal destina específicamente a la punición de las conductas delictivas cometidas por los funcionarios públicos las de suspensión, inhabilitación especial e inhabilitación absoluta. Ello no significa, como ya se ha visto, que los funcionarios públicos no puedan ser sancionados con penas distintas, sino que, con estas penas específicas, que pueden imponerse ya con el carácter de penas únicas, conjuntamente con otras, se pretende sancionar la peligrosidad específica que para el ordenamiento tiene el hecho de que el delincuente sea un funcionario público.

De esta manera, es indudable que el legislador se pronuncia por la efectividad de la privación del ejercicio de la función pública como instrumento punitivo (aunque su naturaleza es más semejante a la de las medidas de seguridad que a la de las penas) para reaccionar contra los delitos que cometen los funcionarios públicos.

B. La responsabilidad civil subsidiaria de la Universidad por los delitos cometidos por sus funcionarios.

El artículo 121 del Código Penal establece la responsabilidad civil subsidiaria del Estado, la Comunidad Autónoma, la provincia, la isla, el municipio y demás entes públicos, "de los daños causados por los penalmente responsables de los delitos dolosos o culposos, cuando éstos sean autoridad, agentes y contratados de la misma o funcionarios públicos en el ejercicio de sus cargos o funciones, siempre que la lesión sea consecuencia directa del funcionamiento de los servicios públicos que les estuvieran confiados, sin perjuicio de la responsabilidad patrimonial derivada del funcionamiento normal o anormal de dichos servicios exigible conforme a las normas de procedimiento administrativo, y sin que, en ningún caso, pueda darse duplicidad indemnizatoria". En este ámbito institucional se incluyen, obviamente, las Universidades.

Para que proceda la declaración de responsabilidad civil subsidiaria, se exigen jurisprudencialmente los siguientes requisitos: primero, existencia de una persona o empresa por cuenta de la cual presta el servicio el inculpado; segundo, relación de dependencia, directa o indirecta, entre principal y servidor, "por modo que la actuación beneficiosa que el servicio desempeñado proporciona al empresario debe tener, como correlato obligado, que asuma igualmente la actuación dañosa del dependiente (cuius commoda, eius damna)", y tercero, que el dependiente actúe dentro de la esfera de su cometido o servicio, sin extralimitaciones que desvirtúen la inserción de la actividad enjuiciada en el seno de aquellas obligaciones y servicios.

Late en estas declaraciones jurisprudenciales la idea constante de que, para que proceda la aplicación del artículo 121 del Código Penal, el hecho punible ha de haberse realizado por el imputado en servicio de su principal o con ocasión próxima del mismo servicio, y dentro de su ámbito de atribuciones y, en este sentido, se ha configurado como un mecanismo de responsabilidad objetiva, superando los principios de la culpa in vigilando o in eligendo.

XV
Últimas tendencias jurisprudenciales sobre el control de la discrecionalidad en el acceso al empleo público

Nicolás Maurandi Guillén
Magistrado del Tribunal Supremo

I. CONSIDERACIONES INICIALES SOBRE LA SIGNIFICACIÓN DE LA LLAMADA DISCRECIONALIDAD TÉCNICA Y SOBRE SUS RIESGOS DE ARBITRARIEDAD COMO PUNTO DE PARTIDA PARA ENTENDER LA EVOLUCIÓN JURISPRUDENCIAL.

1. Una aproximación al concepto de discrecionalidad técnica

La llamada "**discrecionalidad técnica**", como es bien sabido, es la expresión que viene utilizándose para caracterizar aquellas actuaciones administrativas que, por representar soluciones de contenido puramente técnico, imponen atribuir su adopción a órganos específicos que estén en posesión del concreto saber especializado que resulta necesario para averiguar cual es la solución técnica más correcta.

Lo que más concretamente se intenta subrayar a través de esa expresión es el **margen de actuación** que debe reconocerse a esos órganos específicos en lo que comporte la estricta aplicación de las reglas o criterios técnicos de ese saber especializado.

Desde un **punto de vista jurídico**, la configuración de la "discrecionalidad técnica" equivale a reconocer que esos órganos especializados tienen reconocido un **espacio de actuación cuyos límites no están taxativamente establecidos en el ordenamiento jurídico**.

Ese espacio, utilizando la misma línea de razonamiento que la seguida sobre los conceptos jurídicos indeterminados, estaría encarnado por lo que también aquí podrían denominarse zonas de penumbra, esto es, aquellas situaciones en las que los criterios técnicos del saber especializado no conducen inequívocamente a una concreta solución como la única acertada y, por el contrario, sí permiten razonablemente aceptar varias alternativas y toda ellas con equivalente justificación técnica.

Por tanto, la definitiva traducción jurídica de esa "discrecionalidad técnica" consiste, en último término, en reconocer al órgano especializado la posibilidad de optar entre varias alternativas jurídicamente indiferentes ante los mismos hechos, pero a condición de que no rebase los límites técnicos que acotan esas "zonas de penumbra".

2. Los riesgos de arbitrariedad en los actos de discrecionalidad técnica y la importancia de la motivación como una vía para evitar y, en su caso, controlar y corregir esa arbitrariedad.

La arbitrariedad se producirá cuando, so pretexto de encontrase ante una de esas llamadas zonas de penumbra, el órgano técnico presente como una solución aceptable, bajo la apariencia de ser una alternativa equivalente técnicamente a otras, la que inequívocamente no lo sea desde los normales parámetros del concreto saber especializado que deba ser aplicado.

La motivación puede ser útil para eliminar ese riesgo y, en su caso, también para detectar la arbitrariedad ya producida y corregirla. Así ocurrirá cuando, a través de ella, el órgano especializado identifique, de un lado, los criterios técnicos que haya utilizado y, de otro, los datos fácticos que hayan sido calificados o valorados con dichos criterios; y esto porque, dándose ambas exigencias, será posible controlar si los parámetros técnicos fueron debidamente elegidos y utilizados.

Esa motivación, tratándose de procedimientos de concurrencia competitiva, habrá de consistir, pues, en expresar cuales son los **criterios de ponderación, propios de la disciplina científica o del saber especializado** cuya aplicación proceda, que han sido utilizados para otorgar una preferencia o superior estimación cualitativa a unos candidatos concurrentes y no a otros; y también deberá consignar **el material que ha sido considerado para emitir ese juicio cualitativo**. Esto último, cuando se esté ante concursos de acceso a la función pública o de provisión de determinados puestos de trabajo, conducirá, en consecuencia, a la necesidad de especificar las concretas circunstancias, actividades o experiencias del candidato a las que se atribuye la superior valoración que determina su preferencia sobre los demás.

Y todo lo que acaba de expresarse conduce a esta última conclusión: que **las calificaciones que otorguen preferencia a unos candidatos frente a otros no pueden quedar limitadas a abstractos juicios de valor o a fórmulas estereotipadas** que estén vacías de un concreto contenido que pueda ser contrastado en cuanto a su certeza y corrección o, lo que es lo mismo, a justificaciones susceptibles de aplicarse a varios aspirantes.

Finalmente, esta introducción debe finalizar con una última consideración: la de que procede también en la llamada “discrecionalidad técnica” la aplicación de las técnicas de control previstas para la discrecionalidad general o común, especialmente las que representan los principios generales del derecho y los hechos determinantes.

Así: la necesidad de consignar los concretos criterios técnicos utilizados equivale a proclamar que, de no cumplirse con esta exigencia, sólo será de apreciar un ejercicio de mero voluntarismo difícilmente compatible con el postulado constitucional de la interdicción de la arbitrariedad de los poderes públicos; y la necesidad de expresar el objeto que haya sido valorado con esos criterios a lo que va dirigido es a posibilitar el control de los hechos determinantes.

II. LAS LÍNEAS MAESTRAS DE LAS JURISPRUDENCIA CLÁSICA SOBRE LA LLAMADA "DISCRECIONALIDAD TÉCNICA.

Conviene comenzar recordando que **la admisión de la llamada discrecionalidad técnica** como un singular límite para el control jurisdiccional de la actuación administrativa, así como las razones que la explican y el alcance que debe otorgársele, **fue objeto de temprano reconocimiento por el Tribunal Constitucional en la STC 39/1983, de 16 de mayo**, que hizo esta declaración:

> "Resulta claro que esa valoración conjunta de las diversas circunstancias que concurren en un oficial de la Marina para su aptitud previa al ascenso no pueden hacerla más que los órganos de la Administración especializados para ello, en este caso el Consejo Superior de la Armada, y no los Tribunales de Justicia; de donde se deduce que habiéndose fundado expresamente la desestimación del recurso contencioso en dicha causa hay que entender que la sentencia impugnada no vulneró el derecho a la tutela judicial efectiva del recurrente.
>
> CUARTO.- La conclusión a que llega en este caso concreto no supone naturalmente desconocer el derecho a la tutela judicial efectiva recogida en el art. 24.1 CE, ni el principio del sometimiento pleno de la Administración Pública a la Ley y al derecho (art. 103.2) ni la exigencia del control judicial sobre la legalidad de la actuación administrativa y su sumisión a los fines que la justifican (art. 106.1). Tampoco supone ignorar los esfuerzos que la jurisprudencia y la doctrina han realizado y realizan para que tal control judicial sea lo más amplio y efectivo posible. Pero no puede olvidarse tampoco que ese control puede encontrar en algunos casos límites determinados. Así ocurre en cuestiones que han de resolverse por un juicio fundado en elementos de carácter exclusivamente técnico, que sólo puede ser formulado por un órgano especializado de la Administración y que en sí mismo escapa por su propia naturaleza al control jurídico, que es el único que pueden ejercer los órganos jurisdiccionales, y que, naturalmente, deberán ejercerlo en la medida en que el juicio afecte al marco legal en que se encuadra, es decir, sobre las cuestiones de legalidad, como dice la propia demanda de amparo, que se planteen en el caso, utilizando al efecto todas las posibilidades que se han ido incorporando a nuestro acervo jurídico.

> Y como en el presente recurso no se ha concretado qué cuestiones de legalidad se suscitan ni pueden deducirse de los datos que constan en autos, al reducirse el problema a una discrepancia del interesado respecto a la valoración de sus circunstancias para su clasificación y ser esa valoración, como ya se ha dicho, de índole estrictamente técnica, procede desestimar por las razones indicadas el presente recurso de amparo."

Posteriores sentencias del TC han ratificado ese reconocimiento, si bien matizando su alcance o subrayando los contornos del concreto espacio en que debe operar el juicio técnico que da sustento a esta doctrina.

Así lo han hecho las SsTC **215/1991**, de 14 de noviembre; **97/1993**, de 22 de marzo; **138/2000**, de 29 de mayo; **86/2004**, de 28 de mayo; y **219/2004** de 29 de noviembre.

Tras este recordatorio, debe ya decirse que la jurisprudencia clásica del **Tribunal Supremo** sobre la discrecionalidad técnica se ha preocupado siempre por establecer, simultáneamente a su reconocimiento, unos límites que reduzcan a sus justos términos ese espacio técnico que, por ser ajeno al Derecho, no encarna el normal objeto del control jurisdiccional.

El estudio de esa jurisprudencia revela un esfuerzo progresivo por perfeccionar y ampliar esos límites, cuya síntesis puede ser la que representan los apartados siguientes.

1. El límite inicial de los elementos reglados y los principios generales del derecho

Esta primera delimitación consiste en circunscribir la discrecionalidad técnica a la estricta actividad de calificación o valoración especializada; y en subrayar, al mismo tiempo, que el margen de actuación inherente a esa "discrecionalidad" no exime del cumplimiento de los límites reglados y los principios generales del derecho que puedan resultar aplicables.

Tiene su exponente en la **STS de 5 de octubre, rec 10/1989** (Cancer Lalanne):

> "Los órganos administrativos a quienes corresponde la valoración de las pruebas de acceso a la función pública gozan de un cierto margen de discrecionalidad en la apreciación de las pruebas, que incluso merece la calificación de técnica no revisable jurisdiccionalmente en lo que se refiere a los juicios que la Administración emita acerca de la apreciación de los méritos aportados o ejercicios realizados, pero ello no excluye el que los Tribunales puedan controlar la concurrencia de los límites generales jurídicamente impuestos a la actividad discrecional no

técnica de la Administración que se refieren a la **competencia del órgano, procedimiento, hechos determinantes, adecuación al fin perseguido y al juego de los principios generales del derecho**, entre los que, en estos casos, cobran especial interés los de mérito y capacidad expresamente señalados al efecto por el artículo 103 CE."

2. El perfeccionamiento de la aplicación del límite inicial, mediante la distinción, dentro del espacio de valoración técnica, entre el "núcleo material de la decisión" y sus "aledaños".

Arranca de la **STC 215/1991, de 14 de noviembre**, dictada en relación a un concurso de provisión de una plaza de catedrático de Universidad, y en la que se aborda la cuestión de las distintas funciones que corresponden a la Comisión Juzgadora del proceso selectivo y a la Comisión de Reclamaciones.

Para ello, el Tribunal Constitucional diferencia, dentro de la actividad de decisión técnica, entre el "**núcleo material de la decisión**" y sus "**aledaños**".

El primero estaría representado por el estricto dictamen o juicio de valor técnico, y los segundos por las pautas jurídicas que también son exigibles a la actividad que haya sido desarrollada para delimitar la materia que vaya a ser objeto de ese juicio técnico y para fijar y aplicar los criterios de calificación que hayan decidido la superior estimación cualitativa del candidato finalmente propuesto.

Y esas pautas jurídicas estarían encarnadas por el derecho a la igualdad de condiciones que asiste a todos los aspirantes, la necesidad de que el criterio de calificación responda a los principios de mérito y capacidad y el obligado cumplimiento también del mandato constitucional de interdicción de la arbitrariedad.

También el Tribunal Constitucional apunta la conveniencia de distinguir, a los efectos de perfeccionar las posibilidades del control jurisdiccional, entre el **resultado** de juicio técnico, **la materia que haya sido objeto del mismo** y los **criterios de calificación** utilizados, pues a ello equivale esta enumeración de cuales son los **elementos que habrán de tenerse en cuenta para la comprobación**: *los currícula de los concursantes y demás documentación aportada por los mismos (publicaciones, proyectos docente y de investigación y resúmenes del tema elegido o del trabajo original de investigación expuestos en el segundo ejercicio), los criterios de valoración de las pruebas establecidos por el órgano calificador, los informes emitidos por sus miembros y los restantes en su caso obrantes en el expediente administrativo*

Esa **STC 215/1991** contiene esta literal declaración:

"De todo ello es obligado concluir que, aún sin estar limitado el control a los aspectos puramente procedimentales, la única valoración que sobre los aspectos materiales de los concursos compete efectuar a la Comisión de Reclamaciones es la dirigida a verificar el efectivo respeto por las Comisiones Juzgadoras de "la igualdad de condiciones de los candidatos" y de "los principios de mérito y capacidad de los mismos" (art. 41.1 LRU) en el procedimiento de adjudicación de las plazas. La Comisión de Reclamaciones se presenta así como un órgano académico de garantía de la adecuación de las propuestas de provisión a aquellas condiciones y principios, y en la prestación de tal garantía encuentra la citada Comisión su propio sentido institucional dentro de la comunidad universitaria a la que ha de servir.

Por consiguiente, la Comisión del art. 43 LRU no está legalmente habilitada para emitir un juicio técnico sobre los concursantes, actividad que compete en exclusiva al órgano especializado que es la Comisión del concurso con arreglo a los méritos aportados y a las pruebas celebradas; ni tampoco puede rechazar sin más la propuesta de tal órgano, negándose a ratificarla por entender más correcta su propia evaluación de aquellos méritos y capacidades, pues, como ya se ha razonado, y frente a lo que alega el recurrente, **la censura de la Comisión no se sitúa "en el propio núcleo material de la decisión técnica", sino en sus aledaños, ni su resolución responde "al más puro decisionismo", sino a criterios reglados que garantizan el efectivo cumplimiento de las exigencias constitucionales por la Comisión Juzgadora del concurso**.

El control que la Comisión de Reclamaciones está llamada a ejercer es, pues, un control negativo, creado con la sola finalidad de comprobar que, sin perjuicio de su libre valoración técnica, las propuestas de los órganos técnicos calificadores no han quebrantado, por su apartamiento de los principios de mérito y capacidad, la igualdad de trato a que tienen derecho los concursantes. El examen de los aspectos materiales del concurso tiene aquí, consecuentemente, una finalidad meramente instrumental: la de permitir la comprobación mencionada. A su vez, los asesoramientos que la Comisión ha de solicitar (art. 43.3 LRU) deben entenderse como un medio de auxilio - explicable en razón del carácter no especializado de la Comisión de Reclamaciones- al servicio de tal finalidad y no como el soporte en que dicha Comisión pudiera cimentar una revisión del juicio técnico de los repetidos órganos calificadores, los cuales, integrados por personas designadas mediante procedimientos basados en criterios objetivos y generales que avalan su competencia científica (art. 41.2 LRU), son los únicos habilitados para emitir tal juicio.

En resumidas cuentas, la no ratificación por parte de la Comisión de

Reclamaciones de la propuesta de provisión de una plaza sólo puede producirse en aquellos supuestos en los que -a la vista de los currícula de los concursantes y demás documentación aportada por los mismos (publicaciones, proyectos docente y de investigación y resúmenes del tema elegido o del trabajo original de investigación expuestos en el segundo ejercicio), de los criterios de valoración de las pruebas establecidos por el órgano calificador, de los informes emitidos por sus miembros y de los restantes en su caso obrantes en el expediente administrativo (art. 8 RD 1888/1984 de 26 septiembre, por el que se regulan los concursos para la provisión de plazas de los Cuerpos docentes universitarios)- resulte manifiesta la arbitrariedad de la adjudicación efectuada y, por tanto, evidentes el desconocimiento de los principios de mérito y capacidad que rigen el concurso y el menoscabo del derecho a la igualdad de los candidatos no propuestos."

El **Tribunal Supremo** ha aplicado de manera reiterada la anterior doctrina del Tribunal Constitucional.

Así lo ha hecho, entre otras muchas, a **STS (Sala 3 Sección 7) de 28 de enero de 1992, rec,. 1726/1990** (Trillo Torres), que declara:

"El Tribunal Constitucional, en la S. 215/1991, de 14 noviembre, también se ha ocupado del tema. En ella se parte de los principios de igualdad y de mérito y capacidad para el acceso a las funciones públicas, consagrados en los arts. 23.2 y 103.3 de la Constitución, para matizar las potestades revisoras de la Comisión de Reclamaciones, teniendo en cuenta que, a diferencia de las Comisiones juzgadoras, considera el Tribunal que aquélla no debe calificarse de órgano técnico. Sobre esta base y la afirmación posterior de que hay datos suficientes en el art. 43 de la Ley de Reforma Universitaria para entender que su función revisora no se circunscribe a los aspectos formales de los concursos, la sentencia hace un encomiable intento para distinguir entre el «**núcleo material de la decisión técnica**», reservado en exclusiva a las Comisiones juzgadoras, y sus **aledaños, constituidos por la verificación de que se haya respetado efectivamente la igualdad de condiciones de los candidatos y de los principios de mérito y capacidad de los mismos en el procedimiento de adjudicación de las plazas, si bien a la postre este esfuerzo dialéctico concluye en la jurídicamente más asequible afirmación de que la no ratificación por la Comisión de Reclamaciones de la propuesta de provisión de una plaza sólo puede producirse en aquellos supuestos en los que -a la vista de los curriculum de los concursantes y demás documentación aportada por los mismos (publicaciones, proyecto docente y de investigación y resúmenes del tema elegido o del trabajo original de investigación expuestos en el segundo ejercicio), de los criterios de valoración de las pruebas establecidos por el órgano calificador, de los informes emitidos por sus miembros y de los**

restantes, en su caso, obrantes en el expediente administrativo- resulte manifiesta la arbitrariedad de la adjudicación efectuada y, por tanto, evidentes el desconocimiento de los principios de mérito y capacidad que rigen el concurso y el menoscabo del derecho a la igualdad de los candidatos no propuestos."

Similares declaraciones se encuentran en las posteriores **SsTS de 11 de diciembre de 1995 rec. 13272/1991); 15 de enero de 1996, rec. 7895/1991; y 1 de julio de 1996, rec. 7904/1990**.

Y también en la **STS (Sala 3 Sección 7) 11 de octubre de1997** (Conde Martín de Hijas), que se expresa así:

"Los juicios técnicos de los órganos de selección en las pruebas de ingreso en la Administración no son susceptibles de control jurídico por la Jurisdicción, y corresponden en exclusiva a aquellos órganos. En el núcleo de la valoración técnica la Jurisdicción, que opera con criterios jurídicos, no se puede subrogar en el lugar de la Comisión de evaluación, sin perjuicio de que el uso de la discrecionalidad técnica pueda, y deba ser, objeto de control jurisdiccional desde el exterior de ese núcleo reservado, en función de criterios de carácter jurídico, como son fundamentalmente la interdicción de la arbitrariedad y el principio de igualdad de acceso a los cargos públicos (arts. 9.3 y 23.2 CE), y **sobre la base de datos fácticos o jurídicos diferentes en todo caso de la pura valoración de los méritos en su dimensión técnica (Cfr. TS 3.ª SS 18 Ene., 27 Abr. y 7 Dic. 1990 y 12 Dic. 1991)**."

3. La habilitación exclusiva de los órganos calificadores para realizar ese juicio técnico y la improcedencia de la sustitución jurisdiccional de dicho juicio

Es una constante jurisprudencial declarar esa exclusividad y, además, subrayar que opera en **cualquier rama del saber jurídico**, lo que significa aplicarla **también en los procesos selectivos que versen sobre materias jurídicas** (STS de 17 de diciembre de 1995 Rec 5789/1991).

Está presente no sólo en las mencionadas SsTS de 15.12.95, 1.7.96 y 11.10.97 sino también en estas otras anteriores:

STS (Sala 3 Sección 7) 13 de marzo de 1991 (González Mallo)

"Los tribunales calificadores de concursos y oposiciones gozan de amplia discrecionalidad técnica, dada la presumible imparcialidad de sus componentes, especialización de sus conocimientos e intervención directa en las pruebas realizadas, pues, en principio, **los Tribunales de Justicia no pueden convertirse**, por sus propios conocimientos o por los que le puede aportar una prueba pericial especializada **en segundos tribunales calificadores** que revisen todos los concursos y oposiciones que se celebren, sustituyendo por sus propios criterios de calificación los que, en virtud de esa discrecionalidad técnica, corresponden al tribunal que ha de juzgar las pruebas selectivas, lo que no impide la revisión jurisdiccional en ciertos casos en que concurren defectos formales sustanciales o que se ha producido indefensión, arbitrariedad, desviación de poder, etc. (De los Considerandos de la sentencia apelada, aceptados)."

STS (Sala 3 Sección 2) 27 de abril de 1990 (Rodríguez García)

"Los órganos calificadores llamados a juzgar la idoneidad de quienes aspiran a ingresar al servicio de la Administración, en sus distintas esferas, ya se trate de constituir una relación estatutaria o de naturaleza laboral, gozan de discrecionalidad técnica en sus apreciaciones; ni la Administración, de quien dependen orgánicamente aquéllos, tiene competencia para revisar el juicio formulado por tales órganos, **ni los Tribunales contencioso-administrativos pueden sustituir las decisiones de lo mismos, ni siquiera acudiendo al resultado de una prueba pericial, so pena de suplantar el ejercicio de la competencia que no les corresponde**; de ahí que el art. 8 OM Sanidad y Consumo 5 Feb. 1985 (sistema de promoción o puestos de Jefes de Servicio y de Sección de los Servicios Jerarquizados de Instituciones Sanitarias) deje constancia del carácter vinculante para la Administración de las propuestas de los Tribunales que juzguen el concurso (carácter que lo es también para el TS en razón de la naturaleza revisora de sus potestades), salvo que no se hayan cumplido, y por ello, también, el art. 20.2 RD 2223/1984 de 19 Dic. (Regl. General de ingreso del personal al servicio de la Administración del Estado), aplicable supletoriamente a todo el personal al servicio del Estado y de las Administraciones Públicas no incluido en el ámbito de aplicación de la L 30/1984 de 2 Ago. (reforma de la función pública), después de afirmar también el carácter vinculante de las resoluciones de los Tribunales o Comisiones Permanentes de Selección, ordena que se practiquen de nuevo las pruebas o trámites afectados por una irregularidad cuando la Administración revisa de oficio tales resoluciones."

La **STS (Sala 3 Sección 7) 15 de diciembre de 1995, rec. 5789/1991**, es una de las que proclama esa **exclusividad incluso en las materias jurídicas**.

"Es cierto, por otra parte, que la doctrina jurisprudencial sobre los límites de los órganos jurisdiccionales para criticar las decisiones administrativas sobre pruebas selectivas ha hecho frecuente referencia a la falta en aquellos de conocimientos específicos. Pero este fundamento no quiere decir que cuando concurra la presunción de este conocimiento, como acontece en el caso de las materias jurídicas, la aptitud para invalidar las decisiones de los órganos administrativos sea superior, ya que en definitiva las comisiones se constituyen normalmente con una multiplicidad de procedencia en sus componentes, dirigida a establecer no solamente la objetividad e imparcialidad del conjunto, sino también el valor circunstancial que debe darse a cada una de las pruebas o ejercicios en función de la finalidad de selección, de modo que según las plazas que traten de cubrirse, la comisión pueda considerar más o menos puntuales los diversos contenidos de las contestaciones, misión en la que no puede ser sustituido por ningún órgano ni administrativo ni jurisdiccional.

Todas estas consideraciones nos permiten aproximarnos a la idea de que -cualquiera que sea la materia sobre la que versen las pruebas- solamente en los supuestos en que sea evidente el error padecido por la comisión al calificar como correcta o incorrecta una respuesta, de modo que sea realmente inaceptable, con arreglo a los criterios de la sana crítica, admitir la tesis de la comisión determinante de aquella valoración, resulte permisible que con todas las cautelas y atendiendo a una casuística muy estricta, los Tribunales de Justicia puedan llegar a la conclusión de que los órganos administrativos no han tenido en cuenta manifiestas condiciones de mérito del partícipe en los concursos u oposiciones o bien que han computado favorablemente contestaciones manifiestamente equivocadas, siendo el caso más claro en este sentido el que se daría en el supuesto de operaciones matemáticas o de habilidades comprobables numéricamente, respecto a cuyo resultado quedase perfectamente acreditado la solución errónea tenida por buena por la comisión o, a la inversa, la acertada que hubiese sido rechazada".

TERCERO.- Continuábamos en la sentencia citada indicando que tenidos en cuenta los límites y precauciones reseñados, que en definitiva tratan de evitar los casos extremos, en los que la en principio inatacable discrecionalidad técnica en que se fundan las resoluciones de los órganos encargados de calificar las oposiciones y concursos para acceder a la función pública, pueda dar lugar a decisiones en que sea ineludible apreciar una vulneración del fin perseguido por aquéllas, en orden a determinar en quienes concurren los mejores méritos y capacidad, por ser concluyente el error técnico padecido por aquéllos, debemos entrar en el examen del caso concreto que aquí enjuiciamos.

Pues bien, partiendo del sistema seguido, consistente en un conjunto de preguntas a las que se ofrecían 4 respuestas posibles, de las que solamente una se consideraba válida por el Tribunal de exámenes, la sentencia de instancia entendió que las preguntas núm. 57 y 82 ofrecían en ambos casos, de entre las 4 respuestas posibles, 2 que podían entenderse correctas, resultando que en ambos casos el actor contestó señalando como correctas 2 contestaciones que no eran las consideradas válidas por el Tribunal de exámenes, pero que sin embargo pueden estimarse acertadas de acuerdo con el Ordenamiento Jurídico español.

Ahora bien, en ambos casos no se aprecia un error evidente o manifiesto por parte del Tribunal de exámenes cuando consideró como respuestas válidas otras distintas a las señaladas por el recurrente. La conclusión a la que llega la Sala de instancia sobre la corrección jurídica de las soluciones ofrecidas por el aspirante no resulta de un examen de dichas soluciones del que se desprenda clara e indubitadamente su acierto, sino que, al contrario, precisa de un razonamiento que exige la toma en consideración de diferentes normas jurídicas, algunas de ellas de derecho transitorio, en el caso de la pregunta relativa a las resoluciones del Encargado del Registro Civil; y en cuanto a la referente al número de diputados en el congreso, la opción acogida por el Tribunal calificador ofrece un engarce tan directo e inmediato en CE, que realmente impide también aceptar que podamos sustituir su criterio al elegirla como correcta."

4. La delimitación de los contornos y el espacio propio del juicio técnico.

La jurisprudencia del TS ha considerado ajenas a ese juicio técnico la constatación de aquellos datos que no requieren los saberes especializados que determinan o justifican esa discrecionalidad técnica.

Especialmente ha dejado fuera del juicio técnico la apreciación de **errores que son constatables con simples comprobaciones sensoriales o con criterios de lógica elemental o común**; y, por esta razón, ha aceptado la posibilidad de revisar jurisdiccionalmente los **errores materiales evidentes y matemáticos**.

Una muestra de lo anterior son las siguientes sentencias:
STS (Sala 3 Sección 7) 5 de junio de 1995 (Trillo Torres)

"Sólo situaciones extremas y puntuales permiten entrar en la, en principio, inaccesible discrecionalidad técnica de la comisión juzgadora de las pruebas de acceso a la función pública, siendo precisamente una de ellas la que acontece en el caso de autos --de oposición para ingreso en la Administración de Justicia--, en el que se constata no solamente la no coincidencia, sino una auténtica contradicción entre el texto ofrecido a los participantes en las pruebas y el expresado en el texto legal --a que se refería la pregunta--, con un sentido literal absolutamente antitético al apreciado como correcto por el tribunal calificador, lo que no tiene otra explicación razonable que el puro y simple **error material padecido**, bien al transcribir la opción o bien al ser leída por el tribunal para fijar su valoración como acertada o errónea, siendo la **evidencia de este error material**, unido a la coincidencia casi palabra por palabra de la respuesta dada por la opositora con la del artículo de la ley, la que permite aceptar la postura que patrocinó la Sala de instancia de haber superado la recurrente las pruebas selectivas, por ser en el caso de autos suficiente una pregunta más acertada para que ello se entendiera así."

STS (Sala 3 Sección 4) 14 de diciembre de 1991, rec,. 1575/1990 (García Estartús)

"**La jurisprudencia distingue**, a los efectos de controlar los actos de selección realizados por un tribunal, **aquellos méritos en los que se precisa una valoración del nivel científico** de los conocimientos del opositor o concursante, en la cual el tribunal se mueve dentro de un amplio margen de discrecionalidad, **y aquellos otros cuya valoración viene predeterminada por criterios objetivos y matemáticos, en la cual el tribunal se limita a aplicar datos numéricos incompatibles con cualquier juicio de discrecionalidad** (Cfr. TS SS 7 Dic. 1983 y 27 Jun. 1986) (De los Considerandos de la sentencia apelada, aceptados).

STS (Sala 3 Sección 7) de 18 de mayo de 2007, rec 4793/2000

"Es cierto que la jurisprudencia refiere esa discrecionalidad técnica a aquellas constataciones de cualidades o datos que han de realizarse mediante valoraciones guiadas por los parámetros o criterios que son propios de un saber especializado y, simultáneamente, viene reconociendo la improcedencia de la revisión jurisdiccional de los juicios o dictámenes técnicos que estén situados dentro del margen de polémica sobre la solución correcta que se estima tolerable por los expertos del correspondiente sector de ese saber especializado.

Como también lo es que el error evidente y la arbitrariedad son los supuestos que se vienen señalando como expresivos del excepcional control jurisdiccional.

Todo lo cual equivale a declarar que caen fuera del ámbito de dicha discrecionalidad técnica las apreciaciones que, al estar referidas a errores constatables con simples comprobaciones sensoriales o con criterios de lógica elemental o común, no requieren esos saberes especializados."

También el Tribunal Constitucional se ha pronunciado en esa misma línea de apurar el contorno del juicio técnico, y lo ha hecho bien dejando fuera de él los errores matemáticos o patentes, bien diferenciando los elementos fácticos sobre los que necesariamente se ha de asentar ese juicio técnico.

La STC 219/2004, de 29 de noviembre se refiere a la exclusión de las **comprobaciones matemáticas o aritméticas**

"Pero aun afirmando, como hemos señalado, cierta limitación de los Tribunales de justicia en el control de esta actividad administrativa, también este Tribunal ha establecido que si el órgano judicial diera por buena, sin más, la decisión administrativa sin realizar el control exigible de la misma que impone el art. 24.1, vulneraría el derecho fundamental a la tutela judicial (SSTC 97/1993, de 22 de marzo, y 353/1993, de 29 de noviembre, FJ 5), que es, precisamente, lo que ha hecho el Tribunal Superior de Justicia de Madrid en la Sentencia ahora impugnada, dar por buena, sin más comprobación, la nota obtenida por el recurrente, sin realizar el control sobre la actuación de los órganos calificadores en cuanto a la aplicación de la mencionada fórmula matemática. La argumentación que realiza el Tribunal al negarse a resolver la cuestión planteada invocando la discrecionalidad técnica de la Administración, vulnera el derecho a la tutela judicial del recurrente por denegación de justicia, ya que dicha alegación nada tiene que ver, ni afecta, a la discrecionalidad técnica de las comisiones calificadoras del proceso selectivo.

Como se desprende de la doctrina elaborada por este Tribunal (por todas STC 86/2004, de 10 de mayo, FJ 3) lo que no pueden hacer los Tribunales de Justicia es sustituir en las valoraciones técnicas a los órganos administrativos calificadores; está vedado, por tanto, la nueva valoración de un ejercicio de un proceso selectivo, salvo circunstancias excepcionales, **pero en el caso que nos ocupa, es evidente que el recurrente no planteó al Tribunal nada que tuviera que ver con la discrecionalidad técnica, no puso en duda la valoración de los ejercicios, ni el criterio de valoración para la corrección de los mismos, solamente se limitó a cuestionar la aplicación de la fórmula para la determinación de las calificaciones, siendo ésta una cuestión que entra absolutamente en las competencias de control de la legalidad del proceso selectivo que deben llevar a cabo los Jueces ordinarios**.

Este Tribunal ha afirmado, por una parte que "ni el art. 24.1 ni el 23.2 CE incorporan en su contenido un pretendido derecho de exclusión del control judicial de la llamada discrecionalidad técnica" (SSTC 86/2004, de 10 de mayo, FJ 3; 138/2000, de 29 de mayo, FJ 4), pero además, ha recordado (STC 86/2004, de 10 de mayo, FJ 3) que "la determinación de si un concreto curso cumple o no los requisitos exigidos en las bases de la convocatoria... no se incluye en el ámbito de la discrecionalidad técnica, de suerte que el Tribunal con su decisión de excluir determinados cursos por incumplimiento de los requisitos necesarios se limitó a fiscalizar desde el plano de la legalidad la actuación del órgano calificador". Del mismo modo, debemos afirmar que la determinación de si la fórmula empleada para la corrección de determinados ejercicios de un proceso selectivo ha sido aplicada correctamente o no, tampoco entra dentro del ámbito de la discrecionalidad técnica, y por tanto dicha circunstancia, que en absoluto implica sustituir la actividad de la Administración, debe ser controlada por los Jueces y Tribunales cuando así sea demandado por los participantes en el proceso selectivo."

La STC 86/2004, de 10 de mayo contiene una referencia al **error patente** como límite o materia excluida del espacio propio de la discrecionalidad técnica.

"SEGUNDO.- Dos son las cuestiones que se plantean en el presente recurso de amparo. Por una parte, la de la extensión de los controles de los Tribunales de justicia frente a la actuación de los organismos administrativos encargados de resolver los procesos de selección de empleados públicos, que pudiera suponer una vulneración del derecho a la tutela judicial efectiva, reconocido en el art. 24.1 CE. Por otra, la de la posible existencia de una lesión del derecho a la igualdad en el acceso a las funciones y cargos públicos, reconocido en los arts. 14 y 23.2 CE. Las examinaremos por este orden.

TERCERO.- Respecto a la primera de las cuestiones, hemos de subrayar que "ni el art. 24.1 ni el 23.2 CE incorporan en su contenido un pretendido derecho de exclusión del control judicial de la llamada discrecionalidad técnica" (STC 138/2000, de 29 de mayo, FJ 4). Y es que "debe recordarse que, frente a la discrecionalidad técnica que ha de reconocerse a los órganos de selección en el marco de ese -prudente y razonable- arbitrio, nunca -excesivo- (STC 48/1998; FJ 7.a), -las modulaciones que encuentra la plenitud de conocimiento jurisdiccional sólo se justifican en una "presunción de certeza o de razonabilidad de la actuación administrativa, apoyada en la especialización y la imparcialidad de los órganos establecidos para realizar la calificación". Una presunción iuris tantum, por cierto, de ahí que siempre quepa desvirtuarla -si se acredita la infracción o el desconocimiento del proceder razonable que se presume en el órgano calificador, bien por desviación de poder, arbitrariedad o ausencia de toda justificación del criterio adoptado-, entre otros motivos por fundarse en patente error, debidamente acreditado por la parte que lo alega (STC 353/1993) - (STC 34/1995) (STC 73/1998, de 31 de marzo, FJ 5)."

La **STC 97/1993, de 22 de marzo**, diferencia, como algo distinto del juicio de discrecionalidad técnica, **los datos objetivos o la base fáctica** sobre la que ha de emitirse la valoración inherente a ese juicio técnico.

"Ciertamente este Tribunal ha afirmado que la discrecionalidad técnica como ámbito exento de control judicial no es contraria el art. 24.1 CE, es decir, como dijimos en la STC 39/1983, f. j. 4°, que sin ignorar los esfuerzos para que el control judicial de la actividad administrativa sea lo más amplio y efectivo posible, no puede olvidarse tampoco que ese control puede encontrar en algunos casos límites determinados. Así ocurre en cuestiones que han de resolverse por un juicio fundado en elementos de carácter exclusivamente técnico, que sólo puede ser formulado por el órgano especializado de la Administración y que en sí mismo escapa por su propia naturaleza al control jurídico, que es el único que pueden ejercer los órganos jurisdiccionales.

Así pues, ningún reproche cabe hacer a que la selección de los Cabos Primeros Especialistas de la Armada que hayan de adquirir la condición de militares profesionales permanentes se haga por un órgano técnico que puede discrecionalmente apreciar la capacitación y demás aptitudes pertinentes de los solicitantes. Ni tampoco cabe desde el punto de vista del art. 24.1 CE hacer censura alguna a que el control judicial de la actividad administrativa no alcance la revisión de lo que propiamente sea discrecionalidad técnica, pues otra cosa más que un control de legalidad supondría la superposición del juicio discrecional del Tribunal sobre el del órgano técnico.

TERCERO.- Desde luego, **la discrecionalidad técnica es compatible con la exigencia de una base fáctica, ya que el juicio técnico sobre la capacidad de un aspirante, ha de realizarse sobre unos datos objetivos que permitan deducir la aptitud o inaptitud del mismo, y la existencia de ese mínimo fundamento fáctico, debe ser comprobada por el órgano judicial**. Pero tal comprobación se ha hecho en el presente caso.

Según el art. 97 Rgto. de Especialistas de la Armada, la Junta de Clasificación, para su tarea, dispone de una serie de fuentes de información, preceptivas y potestativas. Y lo cierto es que, como razona la sentencia impugnada, la exclusión del recurrente en amparo se hizo sobre la base de los informes personales emitidos sobre él, sin que el recurrente alegue que se hayan tenido en cuenta datos o elementos cuya apreciación pudiera ser en sí misma discriminatoria o atentatoria de un derecho fundamental.

No compete a este Tribunal emitir juicio alguno sobre dichos informes personales, pues dicho juicio se sitúa en el plano de la legalidad ordinaria ajeno al amparo constitucional, y constatado que el motivo por el que el órgano judicial desestimó la pretensión del recurrente es que la Junta de Clasificación había rechazado su solicitud porque los informes personales eran negativos en algunos conceptos, no puede realmente aceptarse que se haya desconocido su derecho a la tutela judicial efectiva sin indefensión, pues el **órgano judicial ha comprobado que la suficiente base fáctica sobre la que se asentó el juicio discrecional del órgano técnico existía en este caso, y cualquier otro aspecto de la cuestión debe reputarse ajeno a esta sede**."

III. LA PROFUNDIZACIÓN DEL CONTROL JURISDICCIONAL DE LA DISCRECIONALIDAD TÉCNICA EN LA ÚLTIMA JURISPRUDENCIA

Esa profundización se ha llevado a cabo principalmente a través de estas diferenciadas vías:

(1) resaltando la necesidad de la motivación del juicio técnico cuando sea expresamente solicitada y cuando sea objeto de impugnación;

(2) extendiendo esa necesaria motivación también a las valoraciones de los periodos de prácticas que deban ser cursados con posterioridad a la superación de las pruebas selectiva;

(3) definiendo cual debe ser el contenido de esa motivación;

(4) declarando que el juicio de racionalidad es también una derivación del principio constitucional de interdicción de la arbitrariedad y exige que las diferencias de valoración de los méritos no pueden rebasar el límite de lo tolerable;

(5) completando los contornos del juicio de discrecionalidad técnica, mediante exclusión del mismo del control relativo a si fueron respetadas las exigencias que son inherentes a la singular configuración de las pruebas de tipo test; y

(6) apreciando la desviación de poder en aquellas vulneraciones del principio de

igualdad destinadas a favorecer el acceso de determinados aspirantes.

1. La necesidad de motivar el juicio técnico

Como ya se ha puesto de manifiesto, uno de los aledaños de ese juicio técnico está representado por la obligación de cumplir el mandato constitucional (artículo 9.3 CE) de la interdicción de la arbitrariedad de los poderes públicos y, en el criterio del Tribunal Supremo, ese cumplimiento conlleva la **necesidad de motivar el juicio** cuando así sea solicitado por algún aspirante o cuando sea objeto de impugnación.

Así se expresa **STS de 10 de mayo de 2007, rec 545/2002**,

> "(...) Tiene razón el recurso de casación en que la sentencia de instancia no enjuició correctamente la cuestión de fondo que le fue suscitada y en la infracción del artículo 24 de la Constitución que con ese argumento se denuncia.
>
> La doctrina de la discrecionalidad técnica con que la Sala de Zaragoza justifica principalmente su pronunciamien¬to no ha sido correctamente aplicada; y no lo ha sido porque, en relación a la actuación administrativa para la que se ha hecho esa aplicación, no se ha observado el límite constitucional de interdic¬ción de la arbitrariedad de los poderes públicos (artículo 9.3 CE).
>
> Como es bien sabido, dicha discrecionalidad técnica signifi¬ca, por un lado, respetar las valoraciones de esa índole que hayan sido realizadas por los órganos cualificados por la posesión del correspon¬diente saber especializado y, por otro, admitir el margen de polémica o discrepancia que sobre determinadas cuestiones venga siendo tolerado en el concreto sector de conocimientos técnicos de que se trate.
>
> Pero una cosa es el núcleo del juicio técnico sobre el que opera esa clase de discrecionalidad y otra diferente la obligación de explicar las razones de ese juicio técnico cuando expresamente hayan sido demandadas o cuando se haya planteado la revisión de la calificación que exteriorice ese juicio técnico. Esto último queda fuera del ámbito propio del llamado juicio de discrecionalidad técnica, ya que, ante la expresa petición de que dicho juicio sea explicado o ante su revisión, la constitu¬cional prohibición de arbitrariedad hace intolerable el silencio sobre las razones que hayan conducido a emitir el concreto juicio dequese trate.
>
> Lo anterior, aplicado al presente litigio, cuyos aspectos principales quedaron descritos en el segundo de los fundamentos de esta sentencia, impide admitir como válida esa eliminación de la recurrente en el tercer ejercicio que encarna aquí la cuestión de fondo del proceso.

La recurrente en esta casación reclamó la explicación de las razones de su eliminación y, frente a la única que recono¬ce le fue comunicada, formuló su expresa impugnación, que acompañó con una exposición de las razones con que la sustentaba y con una referencia a la prueba que podía justificar dichas razones.

La misma impugnación fue luego planteada en el proceso jurisdiccio¬nal, esta vez acompañada también de una prueba destinada a justificarla, y esta prueba no fue eficazmente rebatida por la Administración demandada.

Esa impugnación planteada frente a la calificación no ha recibido respuesta de la Administración y tampoco de la Sala de instancia.

Por lo cual, debe anularse la sentencia recurrida que así procedió y examinarse por este Tribunal Supremo esa impugnación de la calificación que fue planteada como cuestión central en el proceso de instancia.

El resultado de ese examen tiene que ser la estimación de la pretensión principal que fue deducida en la demanda presentada en el proceso de instancia. Así debe ser porque la razón aducida en apoyo de dicha impugnación no ha sido directamente combatida, como tampoco lo ha sido la prueba aportada para justificarla; y esta prueba, que tiene un aval técnico en razón de la cualificación de las personas que la suscriben, tampoco ha sido cuestionada en cuanto a su autenticidad."

Estimación que debe consistir en su inclusión en el último lugar en la relación de aprobados por no haber reclamado otro orden diferente.

2. La necesaria motivación también en las valoraciones de los periodos de prácticas que deban ser cursados con posterioridad a la superación de las pruebas selectiva.

STS de 15 de octubre de 2008, rec. 6593/2003.

"CUARTO.- Las dos primeras cuestiones de esas tres que han quedado apuntadas conducen en último término a este mismo interrogante: qué es lo que debe ser valorado en un período de prácticas, y qué exigencias deberán reunir tanto el informe desfavorable que en su caso sea emitido al finalizar ese período, como la resolución que con base en ese informe decida para el aspirante la perdida del derecho a ser nombrado funcionario de carrera.

Lo que tiene que resaltarse, en primer lugar, es que la finalidad principal de ese período de prácticas es demostrar, en el ejercicio efectivo profesional que representa dicho período, que se posee la destreza o idoneidad que resulta inexcusable para el desempeño de los cometidos propios del Cuerpo a que se quiere acceder.

Lo que en segundo lugar debe ser subrayado al respecto de lo anterior es la enorme trascendencia que tiene ese resultado final de perdida de derechos para una persona que ha superado ya con éxito la fase especialmente rigurosa del proceso selectivo encarnada por la oposición, pues supone dejar sin efecto los esfuerzos y desembolsos que comporta su preparación; por lo que deberán revestir una especial importancia los incumplimientos profesionales que sean considerados para declarar la falta de idoneidad de un aspirante.

Y lo que en tercer lugar merece ser destacado es que, tratándose de valorar comportamientos de indisciplina profesional (y no actos de incompetencia profesional), habrán de ser observadas las garantías del procedimiento disciplinario y los principios del derecho sancionador, y sin imponer por esta vía una consecuencia más negativa que la que habría correspondido de aplicar la correspondiente sanción disciplinaria (los funcionarios en prácticas están sometidos también al Reglamento de Régimen Disciplinario aprobado por Real Decreto 33/1966, de 10 de enero de 1986, aunque lo sea en la medida que les sea de aplicación, según establece su artículo 2).

Las consideraciones anteriores deben ponerse en conexión con la exigencia establecida en la convocatoria aquí litigiosa para el informe desfavorable de que estará debidamente razonado, como también con el requisito de resolución motivada que aparecía en el artículo 22 del Reglamento de ingreso de 19 de diciembre de 1984 (y ha reiterado después el artículo 24.1 del posterior Reglamento de ingreso, provisión y promoción aprobado por Real Decreto 364/1995, de 10 de marzo).

La exigencia y el requisito que acaban de referirse lo que hacen es ratificar esa elevada trascendencia que tiene la declaración de perdida del derecho al nombramiento funcionarial y, en correspondencia con ella, imponen que se expliquen debidamente los hechos y razones en que se funde esa declaración de perdida.

Y esta explicación, para poder encarnar válidamente la motivación que resulta necesaria, deberá consignar con el suficiente detalle los hechos que sean apreciados como constitutivos del incumplimiento, la desidia o la impericia profesional tenidos en cuenta para justificar la declaración de falta de aptitud.

QUINTO.- Si se traslada lo anterior al Informe desfavorable de 22 de noviembre de 1994 y a las resoluciones posteriores que lo asumieron (y con esto pasamos a la tercera cuestión de las que antes se enunciaron), la conclusión tiene que ser que no motivaron suficientemente esa grave decisión de privar al recurrente del derecho a ser nombrado funcionario.

Ese Informe incluye dos clases de imputaciones para el Sr. Borras: por un lado conductas supuestamente disciplinarias en su relación con internos y compañeros, en una baja médica y en las manifestaciones que realizó a la Delegación de Gobierno; y, por otro, una deficiente actuación, en términos de profesionalidad, representada por la identificación requerida a los familiares marroquíes de internos.

A las primeras imputaciones no se les puede conferir validez porque se expresan en términos puramente genéricos, mediante abstractos juicios de valor (como lo son la expresión conflictivo, la inconcreta referencia a incidentes y al ejercicio del mando de manera arbitraria y caprichosa o la mención igualmente indeterminada de que se intentó engañar al Delegado), pero no describen detalladamente cuales fueron las concretas conductas realizadas por el Sr. Borras, ni cuales sus concretas circunstancias de tiempo y lugar, ni tampoco quienes fueron las personas afectadas o que estuvieron presentes.

Con lo cual, no se han ofrecido al recurrente los elementos que le resultaban imprescindibles para poder rebatirlas adecuadamente en ejercicio de su derecho a defenderse, ni tampoco se tienen en la actual fase jurisdiccional datos bastantes para juzgar la realidad y entidad de dichas imputaciones y valorarlas como justificación bastante para la adopción de una decisión de tanta gravedad como la que aquí se está enjuiciando.

Y por lo que hace a la enfermedad, si esta estuvo avalada por una baja médica, como dice el informe, ese hecho por sí solo, sin ningún otro dato complementario, no autoriza a presumir un fraude.

Las segundas imputaciones no revelan una impericia o desidia profesional en los términos de elevada gravedad que, por aplicación del principio de proporcionalidad (que viene a ser una derivación de la interdicción de la arbitrariedad del artículo 9.3 de la Constitución), resultan necesarios para anudar a ella esa gravísima consecuencia que aquí ha sido aplicada.

Lo único que ponen de manifiesto es una discrepancia sobre como deben ser interpretadas las normas de identificación de quienes visiten a los internos, pero esa discrepancia exterioriza una opinión del recurrente que no es gratuita y, en su caso, lo que autorizaría es a advertirle que la rectificara en lo sucesivo.

SEXTO.- La conclusión de todo lo anterior es que la actuación administrativa impugnada debe ser anulada, en aplicación de lo establecido en el artículo 63 de la Ley 30/1992, de 26 de noviembre, de Régimen Jurídico de las Administraciones Públicas y del Procedimiento Común, ya que la omisión de la motivación que resultaba obligada priva a aquella actuación administrativa de un requisito que resultaba inexcusable para cumplir la finalidad a que iba dirigida (demostrar la falta de aptitud profesional del recurrente en los términos de gravedad que resultaban necesarios para la privación del derecho que se le impuso) y también fue causante de indefensión."

3. El contenido de la motivación

La última jurisprudencia del TS, sobre todo la referida a nombramientos de altos cargos jurisdiccionales y también la atinente a concursos de personal docente universitario, se ha preocupado de definir cual debe ser el contenido de esa motivación para que, cuando sea exigible, pueda ser considerada válidamente realizada.

Y ha declarado que ese contenido debe cumplir al menos estas principales exigencias: (1) expresar el material o las fuentes de información sobre las que va a operar el juicio técnico; (2) consignar los criterios de valoración cualitativa que se utilizarán para emitir el juicio técnico; y (3) expresar por qué la aplicación de esos criterios conduce al resultado individualizado que otorga la preferencia a un candidato frente a los demás.

Hay una primera sentencia que merece ser especialmente resaltada porque, en relación al **nombramiento de Magistrados del Tribunal Supremo**, explica cuales son las limitaciones que se derivan en esta materia para el Consejo General del Poder Judicial como consecuencia de la necesidad de respetar los **postulados constitucionales** a la que viene obligado y, también, cuales son **las exigencias que, en lo referido a la motivación legalmente exigida** para esos nombramientos, **se derivan de esas limitaciones**.

Se trata de la **STS de 27 de noviembre de 2007**, rec. 407/2006, que razona lo siguiente:

"OCTAVO.- Es cierto que el Consejo General del Poder Judicial dispone, como ya se ha dicho, de una amplísima libertad para ejercer la potestad que constitucional y legalmente tiene atribuida en orden a los nombramientos de cargos judiciales.

Una amplísima libertad que claramente descarta que pueda esta Sala sustituirlo en los elementos básicos del núcleo material de la decisión que sólo a dicho

Consejo corresponde adoptar.
Pero esa libertad no es absoluta. Tiene unos límites que representan un mínimo inexcusable y están constituidos por unas exigencias que resultan imprescindibles para demostrar que el ejercicio de esa potestad respetó estos mandatos constitucionales que seguidamente se expresan.

Que el acto de nombramiento no fue mero voluntarismo y cumplió debidamente con el imperativo constitucional de interdicción de la arbitrariedad (artículo 9.3 CE).

Que respetó, en relación a todos los aspirantes, el derecho fundamental de todos ellos a acceder en condiciones de igualdad a las funciones y cargos públicos (artículo 23.2 CE).

Y que el criterio material que finalmente decidió el nombramiento se ajustó a las pautas que encarnan los principios de mérito y capacidad para "el ascenso y promoción profesional de los Jueces y Magistrados dentro de la Carrera Judicial", expresamente proclamados por el artículo 326.1 de a LOPJ; y, sobre todo, presentes en el artículo 122.1 de la propia Constitución cuando, como subraya la tan repetida Sentencia de 29 de mayo de 2006 del Pleno de esta Sala, establece el sistema de carrera para jueces y magistrados "(...) entendido como un "cursum honorum" en el que se desarrolla una progresión profesional (...) que está igualmente vinculada a los principios de mérito y capacidad, que resultan proyectables sin reservas sobre los cargos judiciales".

Las exigencias en que se traducen esos límites mínimos son estas dos, respectivamente de carácter sustantivo y formal, que a continuación se señalan.

La exigencia sustantiva consiste en la obligación que tiene el Consejo General del Poder Judicial, a la vista de las singulares plazas convocadas y los concretos aspirantes que participen en la convocatoria, de identificar claramente la clase de méritos que ha considerado prioritarios para decidir la preferencia determinante del nombramiento; y en el concreto caso de plazas de Magistrado del Tribunal Supremo reservadas a los turnos de la carrera judicial, como es el presente, tiene la obligación también de explicar la significativa relevancia que ha otorgado a los méritos demostrados en el puro y estricto ejercicio jurisdiccional o en funciones materialmente asimilables.

La exigencia formal está referida a estas tres obligaciones que también pesan sobre el Consejo: la de expresar las fuentes de conocimiento que haya manejado para indagar cuales podrían ser esos méritos en el conjunto de los aspirantes; la de asegurar que el criterio de selección de esas fuentes, cuando se trate de méritos estrictamente jurisdiccionales, ha observado rectamente el principio constitucional de igualdad; y la de precisar las concretas circunstancias consideradas en las personas nombradas para individualizar en ellas el superior nivel de mérito y capacidad que les hace a ellas más acreedoras para el nombramiento.

NOVENO.- La consecuencia lógica de todo lo afirmado anteriormente es que será en el Informe de la Comisión de Calificación donde deberán estar presentes esas exigencias sustantivas y formales que han sido señaladas como inexcusables.

Dicho Informe deberá contener una descripción de las fuentes de información que han sido utilizadas, en relación a todos los solicitantes (y, en su caso, en relación también al candidato que pueda ser propuesto a pesar de no haberlo solicitado inicialmente), para constatar el mérito y capacidad específicamente referido al trabajo jurisdiccional desarrollado; lo que sin duda obligará a haber examinado un número significativo de resoluciones jurisdiccionales.

También habrá de consignar los específicos criterios de mérito y capacidad que, a la vista de la singular convocatoria de que se trate y de las circunstancias constatadas de los participantes, han sido considerados preferentes para elaborar la relación de candidatos que es elevada al Pleno.

Y por lo que en particular se refiere a los candidatos finalmente incluidos en esa relación, señalará las concretas actividades jurisdiccionales y extrajurisdiccionales que han sido tenidas en cuenta para apreciar en ellos la concurrencia en mayor medida de aquellos criterios de preferencia; y mediante su contraste con las actividades de parecida índole concurrentes en los otros aspirantes, el informe expresará también cuáles son las razones por las que se otorga prioridad o superior valor a las de los incluidos en la relación.

En definitiva, lo que ha de intentar conseguirse es, primero, que la valoración profesional a realizar tenga un soporte básico o material que la sustente y, segundo, que los datos y hechos que encarnen ese soporte material se establezcan con criterios objetivos de búsqueda y selección que sean aplicados por igual a todos los aspirantes.

Sobre este particular es procedente afirmar que lo establecido en los artículos 136 de la LOPJ y 73 del ROF/CGPJ no permiten sentar la conclusión de que la información que haya de recabar la Comisión de Calificación tenga unas pautas formalistas rigurosamente tasadas.

Por el contrario, ambos preceptos tienen más bien un carácter enunciativo de las variadas fuentes de información que podrán ser utilizadas para la calificación, de modo que en este punto es amplia la libertad del Consejo para acudir a las que considere más idóneas, siempre, por supuesto, que no se desprecien u omitan aquellas que razonablemente puedan ser valoradas como las más aptas para obtener el fin perseguido de alcanzar un sólido conocimiento de los méritos de cada uno de los solicitantes.

Mas esa libertad en lo que se refiere al Informe de la Sala de Gobierno requiere esta matización: los términos del artículo 136 de la LOPJ imponen al Consejo hacer una específica referencia al mismo, sin perjuicio de su libertad para dar prioridad a otras informaciones cuando estime que son más completas o cuando aquel Informe no exista o lo considere insuficiente (como ocurrirá cuando no cumpla con lo que expresamente establece ese precepto de que deberá fundarse en criterios objetivos y suficientemente valorados y detallados)."

Son también expresión de esa jurisprudencia las siguientes sentencias:

STS de 10 de octubre de 2007, rec. 337/2004 (sobre concurso para un puesto de trabajo en uno de los órganos del CGPJ)

"NOVENO.- Sin embargo, la falta de motivación que se denuncia sí merece ser acogida por todo lo que se explica a continuación en este y en el siguiente fundamento.

La motivación, tratándose de procedimientos selectivos y de concurrencia competitiva, requiere, según establece el artículo 54.2 de la Ley 30/1992 LRJ/PAC, que, en todo caso, queden "acreditados en el procedimiento los fundamentos de la resolución que se adopte"; texto legal que es aplicable a los procedimientos tramitados por el Consejo General del Poder Judicial en virtud de lo que dispone el artículo 142.1 de la Ley Orgánica del Poder Judicial, que, por su parte, en su artículo 137.5 también establece lo siguiente: "Los acuerdos de los órganos del Consejo siempre serán motivados".

Partiendo de ese presupuesto normativo, lo que seguidamente procede es determinar cuál es el contenido que en el procedimiento litigioso deberá ofrecer ese requisito de motivación para que pueda considerarse debidamente observado.

La solución debe buscarse tomando en consideración, como primera premisa, que en el concurso aquí litigioso hay dos clases de méritos valorables: unos cuya constatación y puntuación no permiten margen de apreciación para el Tribunal calificador, por estar definidos y cuantificados de una manera taxativa; y otros que sí permiten ese espacio de apreciación, al estar enunciados en la convocatoria a través de conceptos indeterminados necesitados de ser individualizados en cada caso y porque para su cuantificación se permite recorrer un tramo de

puntuación hasta el máximo establecido.
A esta segunda modalidad pertenecen los méritos generales que figuran en la norma cuarta de la convocatoria en sus puntos 1.2.2 (desempeño de puestos de trabajo que guarden similitud en el contenido técnico y especialización con el convocado) y 1.3 (Cursos de formación y perfeccionamiento); y la experiencias que como mérito específico aparecen en el punto 2) de esa misma norma cuarta.

Mientras que los méritos restantes son encuadrables en la primera modalidad.

La segunda premisa que deberá tenerse en cuenta es que la convocatoria, en el último inciso de esa norma cuarta, permite, después de una valoración inicial y provisional de los méritos, resultante de la documentación presentada, que los aspirantes sean convocados para realizar una entrevista y una prueba que decidirá la puntuación definitiva que habrá de otorgárseles.

DÉCIMO.- Desde esas premisas anteriores, habrá de convenirse que una adecuada motivación lo que exigirá es que en el expediente figure una explicación, por parte del Tribunal de Calificación, de cuales fueron los pasos seguidos y las razones ponderadas para llegar a las cifras finales en que hayan sido cuantificadas las valoraciones atribuidas a los méritos de cada concursante; pues sólo así podrá comprobarse si el juicio de valoración que fue realizado, dentro de ese margen de apreciación que permitía la convocatoria, estuvo guiado por razones dirigidas a buscar las capacidades, conocimientos y experiencias que mejor se adaptaban al puesto convocado; y si, paralelamente, debe quedar descartada la existencia de arbitrariedad (artículo 9.3 CE).

Esta explicación, en el caso aquí enjuiciado, debía comprender, al menos, lo siguiente:
(1) Criterios que fueron preestablecidos por la Comisión para la ponderación y valoración de los méritos que no tenían tasada su puntuación en la convocatoria (los méritos generales de los puntos 1.2.2 y 1.3 de la norma cuarta y los méritos específicos del punto 2 de esa misma norma cuarta).

(2) Expresión de los méritos generales y específicos que les fueron considerados y valorados a los aspirantes de entre los que hicieron constar en la instancia de participación en el concurso y en la documentación acompañada a ella; y expresión también de aquéllos otros que no lo fueron y de la razón de dicha exclusión.

(3) Puntuación otorgada a cada uno de los méritos ponderados y explicación, en su caso, de cuál fue el criterio preestablecido que fue aplicado para llegar a esa concreta puntuación.

(4) Descripción del resultado de la entrevista realizada y razón considerada, con base en ese resultado, para modificar la inicial valoración de los méritos y efectuar la valoración definitiva.

El examen del expediente administrativo remitido a este proceso jurisdiccional no permite constatar una explicación que cumpla con todo lo que acaba de exponerse, por lo que, como ya se avanzó, no cabe tener por debidamente observado el requisito de motivación y procede un pronunciamiento anulatorio para que sea subsanado dicho incumplimiento."

STS de 17 de enero de 2008, rec 257/2004 (sobre concurso de méritos para el acceso en la carrera judicial por el denominado cuarto turno")

"QUINTO.- Sin embargo, la primera de esas dos críticas o motivos de impugnación que inicialmente fueron enunciados sí merece ser acogida por todo lo que se explica a continuación.

La motivación, tratándose de procedimientos de concurrencia competitiva para el acceso y la promoción dentro de la carrera judicial en los que rigen los principios de mérito y capacidad (artículos 301 y 326 de la LOPJ), requiere explicar suficientemente cuales son las concretas razones de mérito y capacidad que determinan la elección de los aspirantes o participantes que resulten finalmente nombrados en dichos procedimientos.

Así lo impone con carácter general el artículo 137.5 de la Ley Orgánica del Poder Judicial, que establece lo siguiente: "Los acuerdos de los órganos del Consejo siempre serán motivados"; y así viene siendo exigido por la más reciente jurisprudencia de esta Sala, manifestada en las sentencias del Pleno de esta Sala de 29 de mayo y 27 de noviembre de 2006 y 27 de noviembre de 2007, en los recursos 309/2004, 117/ 2005 y 407/2006, sobre procedimientos referidos a nombramientos de cargos o destinos jurisdiccionales.

Y en el mismo sentido se han pronunciado también las sentencias de esta Sección Séptima de 30 de noviembre de 2006 y 10 de octubre de 2007, dictadas en los recursos 153/2003, 337/2004 y 74/2004, planteados en relación a nombramientos no jurisdiccionales pero también realizados por el Consejo General del Poder Judicial.

Partiendo de ese presupuesto normativo y jurisprudencial, y tomando también en consideración que se trata aquí, como ya se ha dicho, de méritos que son susceptibles de un amplio margen de apreciación, tanto en cuanto a su ponderación o no como en cuanto a su definitiva cuantificación, habrá de convenirse que una adecuada motivación lo que exigirá es que en el expediente figure una explicación, por parte del el Tribunal de Calificación, de cuales fueron los pasos seguidos y las razones ponderadas para llegar a las cifras finales en que hayan sido cuantificadas las valoraciones atribuidas a los méritos de cada concursante; pues solo así podrá comprobarse si el juicio de valoración que fue realizado, dentro de ese margen de apreciación que permitía la convocatoria, estuvo guiado por razones dirigidas a buscar las capacidades, conocimientos y experiencias que mejor se adaptaban al puesto convocado; y si, paralelamente, debe quedar descartada la existencia de puro voluntarismo o arbitrariedad (artículo 9.3 CE).

Esta explicación, en el caso aquí enjuiciado, debía comprender, al menos, y aunque su exposición se haga de manera sucinta, lo siguiente:
(1) Criterios que fueron preestablecidos o seguidos por el Tribunal Calificador del Concurso para la ponderación y valoración de los méritos cuya puntuación señalada para ellos en el Baremo tenía el carácter o la función de máximo y no de cifra fija o invariable y, más concretamente, para establecer distintos tramos parciales de puntuación entre el cero y el máximo.

(2) Expresión de los méritos específicos que le fueron considerados y valorados al recurrente de entre todos los que hizo constar o acompañó en su solicitud de participación en el concurso; y expresión también de aquellos otros que no lo fueron y de la razón de dicha exclusión.

(3) Puntuación otorgada a cada uno de los méritos que le hayan sido ponderados y explicación, en su caso, de cuál fue el concreto criterio que fue aplicado para llegar a esa precisa puntuación.

El examen del expediente administrativo remitido a este proceso jurisdiccional no permite constatar una explicación que cumpla con todo lo que acaba de exponerse, por lo que, como ya se avanzó, no cabe tener por debidamente observado el requisito de motivación y procede un pronunciamiento anulatorio para que sea subsanado dicho incumplimiento.

No puede aceptarse a estos efectos el Informe que en el trámite del recurso de alzada fue emitido por el Tribunal Calificador.

Este Informe, en lo que en este proceso se cuestiona, incluye, como se ha puesto de manifiesto, una explicación satisfactoria para la decisión de diferenciar, dentro de los méritos baremables, entre aquellos cuya puntuación es fija o tasada y aquellos otros en los que la puntuación preestablecida tiene una función de límite máximo; pero no incluye para este segundo grupo de méritos (esto es, para los susceptibles de gradación no tasada) los criterios que seguiría el Tribunal Calificación para apreciar los distintos niveles o grados de calidad que determinarían diferentes tramos o escalones de puntuación parcial dentro de la horquilla que significa el límite de la puntuación máxima."

STS de 19 de mayo de 2008, rec 4049/2004 (concurso de provisión de plazas de Profesor Titular de una Universidad)

SÉPTIMO.- Procede ahora abordar cual es el alcance o significación que ha de darse a la motivación que comporta ese informe razonado sobre la valoración que (...) merece cada concursante dispuesto por el repetido artículo 9.7 del RD 1888/1984 y, más concretamente, que elementos deberán constar en ese informe para que, a través de él, pueda considerarse debidamente cumplido el requisito de motivación.

Lo primero que a este respecto debe declarase es que la específica motivación de que aquí se trata está llamada a justificar, en términos de mérito y capacidad, que el aspirante finalmente seleccionado ostenta una preferencia frente a los demás.

Lo segundo a subrayar es que, según se desprende de una lectura global del RD 1888/1984, los elementos que deben ponderarse en los concursos de que aquí se trata, como expresivos del mayor mérito y capacidad que debe decidir la selección, son estos: (a) las concretas actividades investigadoras y docentes que hayan sido reflejadas en el currículum vitae de los distintos aspirantes; (b) el proyecto docente; (c) el resultado que haya sido apreciado en la exposición oral realizada en la primera prueba; y (d) el tema de la especialidad del área de conocimiento elegido por el aspirante que haya sido objeto de exposición en la segunda prueba.

Lo tercero a destacar es que la prioridad entre los candidatos debe decidirse mediante un contraste de cada uno de esos elementos y expresando las concretas razones y criterios que han sido tenidos en cuenta para atribuir una superior estimación cualitativa a dichos elementos.

Y lo cuarto a resaltar es que, como consecuencia de todo lo anterior, no es una motivación aceptable la que se limite a emitir abstractos juicios de valor que no detallen las concretas actividades a que son referidas, ni tampoco el criterio cualitativo que determine esa valoración.

OCTAVO.- En línea con lo que acaba de exponerse, el debido cumplimiento de la motivación inherente a ese informe razonado sobre la valoración que (...) merece cada concursante, dispuesto por el repetido artículo 9.7 del RD 1888/1984, exigirá que ese informe consigne respecto cada candidato estos elementos:

1.- Los concretos criterios tenidos en cuenta para realizar la estimación cualitativa de las actividades investigadoras y docentes alegadas por los candidatos en su currículum vitae.

En relación con esos criterios la Comisión Examinadora goza del amplio margen que corresponde a toda actividad encuadrable dentro de la llamada discrecionalidad técnica, hasta el límite que significa la interdicción de la arbitrariedad, pero debe fijarlos señalando con claridad en qué consisten.

Pudiéndose señalar aquí con mero carácter ejemplificativo una relación de algunos de ellos. Así: la importancia del problema que haya sido objeto de investigación en cada uno de los trabajos aportados como méritos; la innovación que el resultado de esa investigación haya significado en la rama de saber de que se trate; el reconocimiento de que haya sido objeto cada trabajo en los círculos científicos; el prestigio que, según datos objetivos, sea de apreciar en el centro de enseñanza o congreso de que se trate en el caso de méritos docentes o consistentes en asistencias a esos congresos; etc.).

2.- La enumeración detallada de todos y cada uno de los trabajos y actividades aducidos como méritos científicos (como publicaciones, ponencias, etc) y de las distintas experiencias o servicios invocados como méritos docentes.

3.- La explicación en cada uno de esos singulares méritos científicos y docentes, y también en el proyecto docente y en el tema desarrollado en la segunda prueba, de lo siguiente: cual ha sido el concreto criterio de estimación cualitativa que ha sido aplicado y cual es el resultado de valoración al que se ha llegado como consecuencia de esa aplicación.

Las anteriores exigencias no son de apreciar en los informes razonados que fueron emitidos en los concursos aquí litigiosos, pues se limitaron a realizar calificaciones abstractas y globales sin detallar el juicio valorativo que merecía cada uno de los méritos, ni tampoco el concreto criterio seguido para la estimación realizada."

4. El juicio de racionalidad como derivación del principio constitucional de interdicción de la arbitrariedad y la exigencia que comporta de que las diferencias de valoración de los méritos no rebasen el límite de lo tolerable.

STS de 16 de mayo de 2008, rec. 10015/2003

"PRIMERO.- El debido estudio de este recurso de casación aconseja comenzar con el siguiente relato de lo acaecido en la fase administrativa y en el proceso de instancia:

1.- El Ayuntamiento de Castellón de la Plana publicó el 12 de julio de 1999 una convocatoria para la provisión en propiedad de una plaza de Técnico Informático con estas características:

"encuadrada en el Grupo A. Correspondiente a la Escala de Administración

Especial, Subescala de Servicios Especiales, Clase Cometidos Especiales". Las bases reguladoras de la convocatoria fueron aprobadas por un decreto de la Alcaldía de 12 de julio de 1999, y otro posterior de 10 de agosto del mismo año rectificó determinados errores de redacción advertidos.

En ellas se establecía (Base 7.1 y 7.2) que las pruebas selectivas constarían de una fase de oposición (con un primer ejercicio teórico y otro práctico, ambos de carácter obligatorio y eliminatorio) y de una fase de concurso.

2.- La base 7.2, referida a la fase de concurso, establecía, entre otras cosas, lo siguiente:
"(....) 7.2.- FASE DE CONCURSO: Únicamente pasará a esta fase los aspirantes que hayan superado los dos ejercicios de la oposición. El concurso no tendrá carácter eliminatorio y se puntuará de la siguiente forma:
e) Formación personal:
(....)
Por haber elaborado, documentado e impartido como profesor cursos en relación con el temario expuesto en la parte tercera del anexo de las presentes bases, 0'50 por cada una de ellas con un máximo de 4 puntos.
(....)
CUARTO.- La cuestión principal que suscita ese tercer motivo de casación que acaba de reseñarse es si esa valoración de lo establecido en el epígrafe 7.2.e) de las bases de la convocatoria fue efectivamente arbitraria y, por ello, no sólo contraria al artículo 9.3 CE, sino sobre todo opuesta al 23.2 , en relación con el 103.3, del propio texto constitucional, y en consecuencia nula por aplicación de lo establecido en el artículo 62.1ª) de la Ley 30/1992 (LRJ/PAC).

Cuestión que ha de examinarse con especial cuidado en las singulares circunstancias de este litigio, donde, como se refleja en el relato del primer fundamento de esta sentencia, el aquí recurrente Sr. Eduardo en la fase de concurso aventajó al Sr. Juan Ramón con casi cinco puntos de diferencia (36,55 frente a 31,75) y luego, en el resultado final del proceso selectivo, el Sr. Juan Ramón tan sólo obtuvo una ventaja de 0,10 puntos (45,40 frente a 45,30).

Y ese cuidado ya aconseja avanzar que, cuando las diferencias de resultado hayan de ser tan estrechas, la razón que determine la preferencia final deberá estar sólidamente justificada y, además, ser inequívoca su conformidad con las bases que según la convocatoria rijan el proceso selectivo.

Tras las precisiones que anteceden las consideraciones que proceden son éstas:
1.- La llamada discrecionalidad técnica que corresponde a los órganos calificadores tiene, como uno de sus límites, la observancia del mandato

constitucional de la interdicción de la arbitrariedad (artículo 9.3 CE), cuyo reverso positivo es ajustar la actuación administrativa a pautas de racionalidad que sean claramente visibles sin necesidad de los saberes especializados que acotan esa discrecionalidad técnica.

Y la observancia del principio de igualdad que, también por imperativo constitucional (artículos 14 y 23 CE), es obligada en todo proceso de acceso a la función pública, lleva inherente esta otra exigencia: que las dudas que se susciten sobre el alcance que haya de darse a las bases o normas de la convocatoria deberán ser interpretadas en un sentido equilibrado que favorezca por igual a todos los aspirantes.

2.- Es doctrina del Tribunal Constitucional (expresada en la STC 73/1998, de 31 de marzo, que cita otras anteriores, entre ellas las SsTC 67/1989 y 185/1994) la de que el artículo 23.2 CE impone la obligación de no exigir para el acceso a la función pública ningún requisito o condición que no sea referible a los conceptos de mérito y capacidad. Pero, también, la de que la conexión existente entre el acceso en condiciones de igualdad y el acceso de acuerdo con los principios de mérito y capacidad aconseja controlar, para evitar una diferencia irracional o arbitraria entre los concursantes, la valoración que haya sido dada a algún mérito en concreto. Doctrina que se completa con la declaración de que los méritos que sean tomados en consideración no pueden tener una dimensión cuantitativa que rebase el límite de lo tolerable.

3.- Cualquier usuario particular de aplicaciones informáticas, sin necesidad de tener los conocimientos propios de un profesional de esa específica materia, sabe que el paso del sistema Dos al sistema Windows no exige cursos de especialización para quien haya manejado con asiduidad la informática, y que uno y otro sistema no son extraños entre sí, por haber sido el segundo un punto de evolución o avance de lo que fue el primero. Como también sabe que esa adaptación de un sistema a otro ofrece mucha menos dificultad a quienes reúnan las titulaciones de Licenciado en Informática o Ingeniero Superior Informática (que son las que exigía la convocatoria del proceso selectivo litigioso). Y en razón de todo ello así mismo advierte con naturalidad que los conocimientos en el Sistema operativo Dos son claramente útiles para el Sistema Windows y que la misma utilidad debe predicarse de las experiencias docentes que se tengan en el primero de esos dos sistemas operativos.

4.- Las bases de la convocatoria litigiosa, dentro del mérito **del epígrafe 7.2.e), denominado Formación personal, se limitan a considerar el hecho de haber impartido como profesor cursos en relación con el temario expuesto en el anexo de las bases, sin ninguna otra precisión**. Y en dicho temario es cierto que varios de sus temas se dedican directamente a los sistemas operativos

Windows (los temas 2 a 18) y UNIX (los temas 24 a 28), pero hay muchos otros que dentro del total de 80 temas no se refieren a dichos sistemas y hay también algunos temas que no serían totalmente ajenos al Sistema operativo Dos, como es el 1, referido al concepto, evolución y tendencias de los sistemas operativos (mencionados genéricamente), o el 66 (Herramientas de Informática personal) y el 67 (El ordenador personal en el marco de la informática corporativa).

5.- El Tribunal calificador, para valorar la relación con el temario de los cursos de informática impartidos por el Sr. JR, tuvo en cuenta los temas 66 y 67 que, como resulta de lo que acaba de expresarse, versan genéricamente sobre las "Herramientas de Informática personal" y "El ordenador personal en el marco de la informática corporativa", y no incluyen referencias a concretos sistemas operativos, programas o aplicaciones.

6.- Todo lo anterior, trasladado al caso enjuiciado, revela que no obraron con criterios similares para ambos aspirantes, y fueron también desproporcionadas, las decisiones administrativas (primero la del Tribunal Calificador y después las del Ayuntamiento) que hicieron una interpretación y aplicación de las bases consistente en la absoluta no valoración de ninguno de los cursos impartidos por el Sr. Eduardo (no sólo los del sistema operativo Dos) y en la valoración sin ningún condicionamiento o matización de los que se refieren a los sistemas WINDOWS o UNIX, interpretación y aplicación la señalada que fue lo que determinó la ventaja final del Sr. JR frente al Sr. ED.

7.- No utilizaron criterios similares para ambos aspirantes porque los concretos temas 66 y 67 tomados en cuenta para apreciar la relación de los cursos impartidos con el temario no incluían ninguna referencia a ningún determinado sistema operativo, ni tampoco incluían ninguna cláusula sobre la fecha a tomar consideración respecto de la actualidad o vigencia exigible en la materia a que se referían ambos temas.

Y porque, faltando en las bases una precisa definición de cual debía ser el nivel o grado de relación que los cursos impartidos debían de tener con el temario, la duda suscitada con esta cuestión (que las actuaciones demuestran existieron en el Tribunal Calificador, ya que rectificó su inicial valoración de los méritos) debió resolverse, como antes ya se ha adelantado, buscando una solución equilibrada para ambos aspirantes.

8.- Esas decisiones fueron también desproporcionadas, y rebasaron con ello ese límite de lo tolerable señalado por el Tribunal Constitucional, por la exagerada diferencia que establecieron entre el valor de unos y otros cursos.
Si se entendía que los cursos no referidos a los sistemas Windows y UNÍX (entre ellos el sistema operativo Dos), pese a no ser ajenos al temario, no guardaban

con este la misma relación, el respeto de dicho límite de lo tolerable lo que aconsejaba era modular la aplicación de las bases con esa interpretación constitucional que resultaba obligada.

El Tribunal Calificador primero, haciendo uso de la facultad reconocida de interpretar las bases de la convocatoria, y el Ayuntamiento después, al resolver finalmente el proceso selectivo, así lo debieron hacer; esto es, venían obligados a establecer un criterio hermenéutico para resolver las dudas que, aún atribuyendo un diferente valor a unos y otros cursos, no despreciara de forma absoluta los cursos impartidos del sistema dos ni tampoco cualquier otro que tuviera vinculación con el ordenador personal y, por el contrario, sí los puntuara con una proporción adecuada a su valor; tomando en consideración para ello, por un lado, la proximidad existente entre los dos sistemas operativos de que se viene hablando y, por otro, que los dos epígrafes del temario tomados en consideración no contenían limitación alguna sobre sistemas, programas o aplicaciones utilizables en los ordenadores personales.

9.- Ese criterio hermenéutico, cuya necesaria observancia por imperativo constitucional acaba de apuntarse, habría conducido a reconocer al Sr. ED, por el epígrafe 7.2.e) de las bases, una puntuación necesariamente superior a la pequeña diferencia de 0,10 puntos con que finalmente le aventajó el Sr. JR.
Y esto porque, en un criterio de comparación bastante riguroso para el Sr. ED, una razonable proporción aconsejaría atribuir a cada uno de sus cursos al menos un cuarto del valor de los asignados a los cursos del Sr. JR, y, procediendo así, la puntuación final de cada uno de los aspirantes habría sido esta: 46, 55 puntos el Sr. ED (resultado de sumar, a los 45, 30 que le reconocieron, la cifra de 1, 25 por el total de sus diez cursos a razón de 0,125 cada uno); y 46,40 el Sr. JR (resultado de reconocerle el máximo de 4 puntos por la totalidad de sus cursos impartidos).

QUINTO.- Lo antes razonado, sin necesidad de otros análisis, hace procedente declarar haber lugar al recurso de casación, anular la sentencia recurrida y estimar el recurso contencioso-administrativo que fue interpuesto en el proceso de instancia con el alcance que se indicará en el fallo. (...) "

5. La profundización de los contornos del juicio de discrecionalidad técnica: la exclusión también de dicho juicio del control relativo a si fueron respetadas las exigencias que son inherentes a la singular configuración de las pruebas de tipo tests.

STS (Sala 3 Sección 7) de 18 de mayo de 2007, rec. 4793/2000 (Maurandi Guillén)

"Es cierto que la jurisprudencia refiere esa discrecionalidad técnica a aquellas constataciones de cualidades o datos que han de realizarse mediante valoraciones guiadas por los parámetros o criterios que son propios de un saber especializado y, simultáneamente, viene reconociendo la improcedencia de la revisión jurisdiccional de los juicios o dictámenes técnicos que estén situados dentro del margen de polémica sobre la solución correcta que se estima tolerable por los expertos del correspondiente sector de ese saber especializado.

Como también lo es que el error evidente y la arbitrariedad son los supuestos que se vienen señalando como expresivos del excepcional control jurisdiccional.

Todo lo cual equivale a declarar que caen fuera del ámbito de dicha discrecionalidad técnica las apreciaciones que, al estar referidas a errores constatables con simples comprobaciones sensoriales o con criterios de lógica elemental o común, no requieren esos saberes especializados.

Esa delimitación que acaba de exponerse, acerca de cual es el espacio propio de la discrecionalidad técnica, ya debe decirse que ha sido respetada por la sentencia recurrida. Así lo revela el texto de la misma que antes fue transcrito.

La razón principal de su pronunciamiento anulatorio no ha consistido en realizar una revisión del juicio de valoración técnica realizado por el Tribunal Calificador en el ejercicio de su cometido de corrección de las pruebas litigiosas.
El control jurisdiccional de la Sala de instancia ha estado referido a este otro problema: los requisitos que han de ser observados en la modalidad de pruebas de conocimientos a que pertenecen las aquí litigiosas, y ello al margen de la específica materia o disciplina sobre la que puedan versar (jurídica en el caso enjuiciado); y el resultado del control judicial así realizado ha consistido en exigir, en dichas pruebas, una cota máxima de precisión para la formulación tanto de las cuestiones como de la respuestas alternativas que sean ofrecidas respecto de cada una de esas cuestiones.

Dicha actuación judicial se ha movido dentro del territorio que corresponde a la función jurisdiccional y además lo ha hecho correctamente, por lo que se va a explicar a continuación.

Porque ha estado referida a una materia, la representada por la determinación de los requisitos de precisión exigibles a las pruebas de conocimientos de que se viene hablando, cuya valoración se puede efectuar con pautas de racionalidad común y, consiguientemente, sin la necesidad de servirse de conocimientos especializados.

Y porque el criterio de racionalidad aplicado no puede tildarse de desacertado o arbitrario, al haber consistido en ponderar, respecto de esas pruebas de conocimientos, un dato, una meta y una exigencia (en aras de esa meta) que dificilmente son objetables con el parámetro de una lógica elemental.

El dato es la específica configuración que tienen esas tan repetidas pruebas, consistente en que lo único permitido al examinando es elegir una de las varias alternativas propuestas, sin que le sea posible un desarrollo expositivo que manifieste las razones de su opción.

La meta consiste en evitar situaciones en las que, por ser claramente equívoca o errónea la formulación de la pregunta o de las respuestas, existan dudas razonables sobre cual puede ser la respuesta correcta y, por dicha razón, carezca de justificación racional aceptar la validez solamente de una de ellas.

Y la exigencia tiene que ser una exactitud y precisión tal en la formulación de las pruebas que haga inequívoca cual es la respuesta más acertada entre las diferentes opciones ofrecidas, para de esta manera evitar esa situación de duda que acaba de apuntarse.

Junto a lo anterior, debe destacarse que los errores o defectos de formulación apreciados por la Sala de instancia para invalidar esas seis preguntas a las que antes se hizo referencia no son el resultado de complejas valoraciones técnicas suceptibles de encarnar, dentro del sector especializado, ese margen de polémica tolerable a que antes se hizo referencia.

En unos casos, se trata de errores de transcripción tipográfica de normas o de la incorrecta mención del número del precepto que pueden ser detectados a través de una simple lectura material; y en otros, de indebidas omisiones y ambigüedades en la pregunta formulada o en las respuestas ofrecidas que son advertibles mediante esa simple lectura o mediante la aplicación de conceptos muy básicos de la rama jurídica a que está referido el ámbito de conocimiento de la jurisdicción contencioso-administrativa (es lo que ocurre con las preguntas sobre el cómputo de los plazos y la responsabilidad de los funcionarios).

La relevancia de esos errores debe aceptarse por ser todos ellos capaces de suscitar muy fundadamente una duda en el examinando.

Así debe apreciarse en aquellas preguntas que incluían como una de las respuestas alternativas el definir como no correctas las restantes, porque en ellas cualquier omisión, ambigüedad o error de transcripción en las normas mencionadas sugería muy razonablemente esa respuesta; también en las que en todas sus respuestas faltaba la total literalidad del precepto transcrito, porque no ofrecían un criterio seguro para detectar y elegir la correcta; y lo mismo cabe decir respecto de la que señalaba erróneamente la fecha de una disposición, porque podía invitar al examinando a plantearse si debía descartar la respuesta correspondiente a esa disposición que realmente se quiso mencionar.

Igualmente debe subrayarse, como ya ha hecho en otras ocasiones esta Sala, que el parámetro de racionalidad, en los términos que han quedado expuestos, es el reverso positivo de la interdicción de la arbitrariedad que proclama el artículo 9.3 de la Constitución. Por lo que el caso ahora enjuiciado sí tiene encaje en esos supuestos de arbitrariedad que antes han sido mencionados como expresivos del excepcional control jurisdiccional permitido en la clase de actuaciones administrativas a la que pertenece la que aquí es objeto de litigio."

STS de 12 de marzo de 2008, rec. 3151/2003 (oposición libre para plazas de Agentes Bomberos del Servicio de Incendios de un Ayuntamiento).

"TERCERO.- Esta Sala efectivamente tiene declarado que la arbitrariedad es uno de uno de los supuestos que se vienen señalando como expresivos del excepcional control jurisdiccional de la discrecionalidad técnica, como también tiene dicho que la racionalidad es el reverso positivo del mandato de interdicción de la arbitrariedad de los poderes públicos que proclama el artículo 9.3 de la Constitución (una muestra de esta doctrina es la sentencia de 18 de mayo de 2007, Casación 4793/2000, que precisamente aborda la cuestión de la posibilidad del control jurisdiccional, con pautas de racionalidad común, de unas pruebas tipo test).

Y debe recordarse así mismo que otro de los límites que rigen en las actuaciones administrativas encuadrables en esa discrecionalidad técnica, y cuya observancia también puede ser objeto de control jurisdiccional, son los derechos fundamentales, entre ellos, el derecho a la igualdad del artículo 14 CE.

Desde la premisa que significa lo anterior, debe compartirse la anulación que fue preconizada por el recurrente de la anulación de esas tres polémicas preguntas en las que posteriormente fue admitida para los aspirantes que las contestaron más de una respuesta válida.

Así ha de ser considerado porque esa es la solución que resulta más acertada siguiendo pautas de racionalidad común y, también, tomando en consideración las exigencias que son inherentes al derecho a la igualdad.

En relación a lo que acaba de afirmarse, merece recordarse que la especial configuración de las pruebas tipo test consiste en disponer una sola respuesta para cada pregunta entre varias alternativas, sin permitir a las personas que las realizan ningún comentario aclaratorio de su opción, y en disponer también una penalización para quienes, en lugar de no contestar, no eligen la respuesta válida.
Y lo que de ello se deriva es que, existiendo fundadas dudas sobre cual debe ser la respuesta elegida (y así ocurrirá cuando varias de ellas razonablemente puedan considerarse acertadas en relación con lo preguntado), la conducta más coherente en términos de lógica con la naturaleza de las pruebas será considerar mal formuladas las respuestas y no responder para evitar la penalización; y, por esta razón, perjudicar a quienes así hayan procedido con un claro fundamento racional, frente a los que, contrariando la naturaleza de la prueba, contestaron desde el presupuesto de que podían ser consideradas como correctas más de una pregunta, significa seguir una solución de desigualdad carente de una razonable justificación."

6. La desviación de poder en aquellas vulneraciones del principio de igualdad destinadas a favorecer el acceso de determinados aspirantes.

STS de 25 de abril de 2007, rec. 223/2003 (concurso de méritos convocado por el Consejo de Estado para la provisión de un puesto de Jefe de Servicio de Personal).

"QUINTO.- La realidad de esas circunstancias alegadas por el recurrente que han quedado descritas se constata en el expediente y en la documentación aportada junto a la demanda.

Dichas circunstancias, además, revelan todo lo que se expresa a continuación.

Que la modificación de la convocatoria litigiosa se ajustó muy directamente al singular perfil académico y profesional de la Sra. Marina Martínez.

Que esa modificación, en lo que afectaba a los Cursos de formación y perfeccionamiento valorables como méritos generales, careció de una explicación de por qué se acotó taxativamente su denominación -con el resultado de coincidir con los cursos acreditados por la Sra. Marina Martinez- y, paralelamente, por qué su enunciado no se limitó a consignar de manera genérica las materias sobre las que podían versar los cursos.

Que esa misma modificación tampoco justificó por qué no se aceptaron todas las materias que tuvieran relación con las funciones del puesto y los conocimientos que señaló la Memoria Justificativa redactada por el Jefe de los Servicios

Administrativos del Consejo de Estado.
Y que igualmente faltó la justificación para la modificación sobre la títulación constitutiva del mérito específico consistente en incluir como tal una de inferior nivel académico (la Diplomatura); y esa falta de justificación, sobre la ponderación de un título inferior como mérito específico, se ve acompañada de un hecho que resulta ilógico y por ello hace más visible la falta de justificación: que en un puesto que es inferior en el organigrama administrativo se sigue manteniendo la Licenciatura universitaria como único mérito específico valorable.

Todo lo cual ofrece una base suficiente para formar la convicción de que la convocatoria que es aquí objeto de polémica no estableció debidamente las condiciones que resultaban necesarias para alcanzar el objetivo que costitucionalmente resultaba obligado, según los antes mencionados artículos 23 y 103.3 CE, y produjo por ello el resultado de un nombramiento que no se ajustó a ese canon constitucional.

Y en consecuencia obliga a acoger la desviación de poder denunciada por la parte demandante.

SEXTO.- La solución anterior se aparta del criterio que fue seguido por esta Sala en la sentencia de 28 de octubre de 2003 (Recurso 89/2002), dictada en una impugnación planteada contra la misma convocatoria que es objeto de controversia en el actual proceso.

La razón de esta diferencia es que en el presente litigio la única tesis impugnatoria del recurrente ha sido la desviación de poder, mientras que en aquel otro fueron aducidos otros motivos de invalidez. Y, sobre todo, que los alegatos aquí realizados para intentar apoyar esa desviación de poder, por haber sido más detallados y completos, han ofrecido una base más segura para llegar a la convicción de la realidad de ese indebido actuar administrativo.

Debe añadirse que no puede ser obstáculo a la anterior solución el hecho de que no hubiese sido impugnada inicialmente la convocatoria aquí controvertida. Las razones de la invalidez de ésta última, en los términos que han quedado apuntados, sólo han podido ser conocidas una vez se ha desarrollado y finalizado el procedimiento de provisión y tras saberse, al término de dicho procedimiento, quienes eran los participantes y, más concretamente, el singular perfil profesional y académico de la persona que finalmente resultó adjudicataria del puesto convocado.

SÉPTIMO.- Tras lo anterior, queda por determinar cuales deben ser las consecuencias de la anulación que resulta procedente.

Pues bien, la anulación debe tener como finalidad colocar a todos los participantes en una situación de igualdad y decidir el nombramiento con rigurosa observancia de los principios de mérito y capacidad. Y esto, a su vez, exige lo siguiente: excluir como méritos las titulaciones y cursos de formación o perfeccionamiento cuya exigencia no esté debidamente justificada o signifique para alguno de los participantes un plus de ventaja para su singular trayectoria que igualmente carezca de explicación.

Lo anterior, aplicado al caso enjuiciado, impone modificar los méritos valorables incluidos en la convocatoria en los términos siguientes:
1) Como Cursos de formación o perfeccionamiento, enunciados en el punto 1.3 de la Base quinta de la Convocatoria, habrán de ser tenidos en consideración todos los que, con independencia de su literal denominación, hayan estado referidos a conocimientos que guarden una directa relación con las concretas funciones del puesto que fueron enumeradas en la Memoria Justificativa en su día suscrita por el Jefe de los Servicios Administrativos.

Lo cual supone admitir y valorar los que hayan versado sobre legislación sustantiva y procedimental y práctica jurisprudencial aplicables a las materias de gestión de recursos humanos y económicos; pero también los que hayan tenido por objeto disciplinas extrajurídicas sobre esas mismas materias y el conocimiento y manejo de herramientas informáticas.

2) Como Méritos específicos, enunciados en el punto 2 de esa misma Base quinta de la Convocatoria, solo habrán de ser valorados los títulos de Licenciado en Derecho o en Ciencias Económicas o Empresariales."

XVI
Sabores, dolores y horrores... de una sentencia según el color del cristal con que se mire

José Ramón Chaves García
Magistrado especialista de lo Contencioso-Administrativo.

I.¿QUÉ ES UNA SENTENCIA?

1.1. El sentido de las sentencias judiciales

Las sentencias judiciales son el medio institucionalizado para resolver conflictos de intereses. Cuando se trata de una confrontación de intereses privados con los públicos (o bien entre intereses públicos) y los mismos se amparan en el Derecho Administrativo, estamos ante litigios contencioso-administrativos cuya resolución se encomienda a los órganos jurisdiccionales contencioso-administrativos.

Desde la perspectiva de los antecedentes históricos de la etimología de las sentencias, nos encontramos por un lado con el expresivo término «Fallo», cuya resonancia medieval nos lleva a aquella fase final en que el juez tras la deliberación puede afirmar que "Hallo" (la "f" deriva en "h") la respuesta en Derecho y Justicia. Por otra parte, el término Sentencia ofrece una expresión de origen latino que resulta próxima a "sintiendo", esto es, lo que se siente u opina. De esta forma, podemos avanzar en una primera aproximación a concretar que la sentencia judicial es la forma de "hallar" la decisión adecuada y sentida a un conflicto intersubjetivo de intereses.

Tales sentencias han de situarse en el contexto del vigente Estado de Derecho, que proscribe la justicia por la propia mano (así como los Tribunales de Honor), y que sitúa en unos órganos independientes e imparciales la resolución de los conflictos.

1.2. Claves del poder judicial

Pues bien, las claves cruciales sobre el sentido y función de las sentencias son las siguientes:
- *El fundamento de su fuerza:*
« El ejercicio de la potestad jurisdiccional en todo tipo de procesos, juzgando y haciendo ejecutar lo juzgado corresponde exclusivamente a los Juzgados y tribunales» (117.3 CE).

« Es obligado cumplir la sentencia y demás resoluciones firmes de los Jueces y tribunales, así como prestar la colaboración requerida por éstos en el curso del proceso y en la ejecución de lo Resuelto» (art.118 CE)..

- La garantía de su labor.

Los jueces son «Independientes» (art.117.1 y 127.2 CE). « Todos están obligados a respetar la independencia de los jueces y tribunales"(art.13 LOPJ). Se trata de una prerrogativa funcional, y no personal, por lo que protege la función sin intromisiones ilegítimas y no el capricho o arbitrio del titular del órgano judicial.

- La forma de expresión.

"Las sentencias se formularán, expresando, tras un encabezamiento, en párrafos separados y numerados, los antecedentes de hecho, hechos probados, en su caso, los fundamentos de derecho y, por último, el fallo. Serán firmadas por el Juez, Magistrado o Magistrados que las dicten» (Art. 248.3 LOPJ).

II. LOS DOLORES

2.1. El tiempo de gestación.

No hay un tiempo tasado ni un calendario vinculante en cuanto a la vida de un pleito, puesto que los litigios tienen dinámica propia según el ejercicio por las partes de sus derechos y cargas procesales, unido a la diferente complejidad de unos u otros asuntos. En tales condiciones, el juez es el piloto que impulsa el procedimiento a la vista de su singularidad. Sin embargo, ello no impide que para los litigantes cualquier demora resulta exasperante y que el sentimiento de justicia peligre si ésta se demora en llegar.

Así pues, el art.24 de la Constitución y el art.6 del Convenio de Roma sientan el derecho a la tutela judicial efectiva y al proceso sin dilaciones indebidas. Y la Sentencia del Tribunal Supremo de 29 de Febrero de 1996 es clarísima sobre su alcance: « La vulneración del art.24 de la Constitución no se identifica sin más con el incumplimiento de los plazos procesales, sino que implica un concepto jurídico indeterminado que debe ser concretado en cada caso atendiendo, entre otros aspectos, a las circunstancias del proceso, su complejidad objetiva, la normal duración de los juicios similares, la actuación más o menos diligente del órgano judicial y la conducta del propio recurrente». No obstante, el Tribunal Constitucional ha señalado que los problemas estructurales de los órganos jurisdiccionales (dotación de medios, sobrecarga de trabajo....) pueden explicar la dilatación temporal en la resolución de los litigios aunque no exoneran al juez de otorgar prioridad a aquellos litigios cuya naturaleza perentoria impone una pronta celebración de vista judicial y dictado de sentencia.

2.2. El peso de la incertidumbre.

Un factor incómodo para las partes, pero inherente a la naturaleza de todo litigio es la incertidumbre sobre su desenlace. Las partes se sienten como espectadores ante el lanzamiento de un penalti. El juez se presenta como un científico que deshoja una margarita, aunque eso sí, cada pétalo que arranca responde a una cuidadosa reflexión.

En el ámbito universitario, la incertidumbre se explica por la existencia de intereses legítimos en tensión:
A) Autonomía vs. Soberanía.
La autonomía universitaria es un derecho fundamental de la comunidad universitaria con rango de derecho fundamental, y por ello goza de una especial fuerza de invocación por las autoridades universitarias. Sin embargo, en ocasiones se confunde con la distinta idea de "soberanía" pese a que la autonomía universitaria no deja de ser una autonomía meramente administrativa, alejada de la "autonomía política" que vinculada a la potestad legislativa corresponde a las Comunidades Autónomas, y mas distante de la "soberanía" que se predica únicamente del Estado.

B) Discrecionalidad vs.Arbitrariedad.
La discrecionalidad administrativa abunda en el ámbito universitario (adjudicación de puestos y plazas, concesión de becas y ayudas, calificaciones académicas, etc), y aunque existe un importante retroceso de tal categoría a favor de su consideración jurisprudencial como "conceptos jurídicos indeterminados", frecuentemente sobre el tapete judicial se esgrime por la Universidad el uso de la discrecionalidad técnica como pretexto para tomar una decisión, que es tildada por la contraparte de "arbitrariedad", con lo que finalmente corresponderá al juez en sentencia precisar si se ha hecho uso o abuso de tan valiosa herramienta como es la potestad discrecional.

C) Potestad de autoorganización vs.Negociación
La potestad de autoorganización es la potestad discrecional por excelencia y se expresa en la capacidad de la Universidad para configurar su propia estructura de órganos y puestos (Relaciones de Puestos de Trabajo, denominación y funciones de órganos, criterios selectivos, etc). Pues bien, una fuente de conflicto que suele desembocar en los tribunales es la tensión entre el ejercicio universitario de tal potestad de autoorganización y la pretensión de las organizaciones sindicales u órganos de representación de los empleados públicos que aspiran a que dicha materia no escape del campo de negociación y pacto.

D) Potestad reglamentaria vs. Derechos Adquiridos.

El mundo universitario se ve agitado periódicamente por cambios legislativos (reforma universitaria, contrarreforma, reforma de la reforma), que van acompañados de la modificación de los Estatutos Universitarios, y a su vez, afecta a los reglamentos internos o Acuerdos normativos de desarrollo. A ello se suma el impacto de la legislación de función pública y particularmente del Estatuto Básico de los Empleados Públicos (Ley 7/07) que provoca su repercusión en la comunidad universitaria. El centro de conflicto viene dado por la resistencia al cambio de los estamentos universitarios cuando la nueva regulación resulta desfavorable, y tales cuestiones son residenciadas en fase de conflicto en los Tribunales.

E) Diferenciación vs. Discriminación.

El precepto constitucional mas invocado ante la Jurisdicción Contencioso-Administrativa es el art.14, referido al principio de igualdad, con lo que no faltan litigios tendentes a evitar el supuesto agravio entre los siguientes grupos:

- Entre sujetos de un mismo colectivo.
- Entre sujetos de distintos colectivos.
- Entre los colectivos de la Universidad y colectivos de otra Universidad.
- Entre colectivos Universitarios y colectivos de otras entidades públicas (Estado, Comunidad Autónoma).

Sin embargo, tales demandas suelen sistemáticamente ser desestimadas. Por un lado, porque para que una demanda fundada en discriminación prospere hay que probar una exquisita identidad de sus presupuestos fácticos. Y por otro lado, porque no cabe invocar la igualdad para obtener la aplicación de criterios ilegales, pues el principio de igualdad solo opera "dentro de la legalidad".

III. LOS HORRORES

3.1. Sentencias anómalas.

La fuente de la queja y aprensión frente a una sentencia dictada puede proceder de distintas perspectivas y dar lugar a ominosos calificativos:

- La extensión. Sentencias plúmbeas.
- La redacción. Sentencias confusas.
- El esfuerzo. Sentencias de formulario
- El ensañamiento. Sentencias crueles.
- La argumentación. Sentencias suicidas.

3.2. Tipología.

A) Sentencias plúmbeas

El Derecho es complejo y el Derecho Administrativo lo es más aún. A mayor interés en juego son mayores los esfuerzos de los letrados y mas alambicados los argumentos. En congruente respuesta, el juzgador se ve obligado a analizar todos y cada uno de los argumentos, labor tediosa de redacción en sentencia y seguramente mas tediosa de leer por las partes. Sin embargo, hay que decir que la extensión o amenidad no comporta mayor motivación ni razón, por lo que siendo deseable la claridad expresiva, no hay criterio vinculante alguno para los jueces sobre esta perspectiva.

B) Sentencias confusas

Hay que distinguir la "confusión subjetiva", esto es, la parte del proceso considerada como lego o técnico que no entiende la sentencia, de la "confusión objetiva" esto es, cuando por sus términos semánticos, lógicos o dialécticos, la sentencia no se ofrece a los ojos de los lectores de forma razonada, de forma que llegado el caso podría incurrir en nulidad de actuaciones por incongruencia o ambigüedad insalvable que provoca falta de motivación e indefensión.

C) Sentencias de formulario

La sentencia zanja un caso concreto, con unas partes concretas y bajo unas cuestiones y pretensiones específicas. Sin embargo, dado que el poder público se ejerce sobre la ciudadanía en general (o sobre ámbitos generales de sujeción especial), es inevitable que existan pleitos con cuestiones ya resueltas con anterioridad, por lo que la economía procesal aconseja (por un principio de coherencia) mantener la línea e incluso términos utilizados en las sentencias precedentes. Las sentencias de formulario pueden responder a distintas razones:

- Sentencias por "actos masa" (ej.valoración catastral).
- Sentencias por "casos-tipo" (ej. multas de tráfico).
- Sentencias derivadas de anulación de reglamentos, y frente a actos de aplicación no firmes (ej.exención tasas).
- Sentencias como respuesta frente a "abogados de formulario".

D) Sentencias crueles

Las sentencias son emanadas por un poder público investido de autoridad declarativa y ejecutiva. A veces las sentencias se antojan teñidas de cierta "crueldad". Por un lado, se da la crueldad formal, en cuanto las sentencias utilizan un lenguaje solemne y frío, a veces duro: “Debemos revocar y revocamos”, “lo pronunciamos, mandamos y firmamos”, “total y absoluto”, “manifiestamente erróneo”, etc. Por otro lado, también se da la crueldad material cuando existe un exceso del juez hacia las partes o sus letrados, o cuando el juez se “va por los Cerros de Úbeda” intolerable desde el punto de vista del respeto de su función. En estos casos, la Ley Orgánica del Poder Judicial se cuida de fijar los límites y garantías:

Art.418.5 LOPJ «El exceso o abuso de autoridad, o falta grave de consideración respecto de los ciudadanos, instituciones, secretarios, médicos forenses o del resto del personal al servicio de la Administración de Justicia, de los miembros del Ministerio Fiscal, abogados y procuradores, graduados sociales y funcionarios de la Policía Judicial.

418.6 LOPJ. «La utilización en las resoluciones judiciales de expresiones innecesarias o improcedentes, extravagantes o manifiestamente ofensivas o irrespetuosas desde el punto de vista del razonamiento jurídico. En este caso, el Consejo General del Poder Judicial solo procederá previo testimonio deducido o comunicación remitida por el tribunal superior respecto de quien dictó la resolución, y que conozca de la misma en vía de recurso.»

E) Sentencias de argumentación horrorosa

La inmensa mayoría de los litigios no son cuestiones jurídicas, sino paradójicamente cuestiones de hecho. Se trata de probar unos determinados hechos, y como consecuencia el Derecho acude solo. Sin embargo, tanto cuando un litigio es jurídicamente puro como si se mueve en el plano de la realidad de los hechos, el juez tiene el deber de argumentar de forma razonada y razonable. Sin embargo, frecuentemente se hallan numerosos argumentos falaces, como los siguientes:

- Falacias de autoridad. Es el caso de la remisión por el juez de la “ratio decidendi” a informes de peritos judiciales, funcionarios o autoridades públicas.
- Falacias de la pereza (expresiones tales como: “no es el momento de entrar a valorar”… “economía procesal”, …)
- Falacias de la prueba insuficiente (referencia a la “valoración por el prudente arbitrio”).
- Falacias del precedente (“hemos de remitirnos a casos similares...”).
- Falacias procesales (invocación a la “desviación procesal”, “abuso de derecho”,” actos propios”, “preclusión”etc).
- Falacias de la importancia (“lo relevante no es la cuestión A sino la cuestión B”, “no merece la pena abordar la cuestión C”,etc.).
- Falacias comodín (referencia a la “potestad discrecional” y como tal “no podemos sustituir a la Administración”, “lo razonable”, “la prevalencia del interés público”,etc).

• Falacias tras la incertidumbre (son casos en que las dudas sobre la realidad de los hechos se zanja con la “presunción de inocencia”, o en que sólo se abordan determinados aspectos ya que “ no se cuestionan las formas”, o se desvía la resolución pues “no consta se haya formulado queja en el curso de la oposición”, etc.).

IV. LOS SABORES

4.1. Impacto a primera vista.

Suele decirse que la victoria tiene sabor dulce y la derrota sabor amargo. De ahí que cuando alguien obtiene una sentencia que estima la pretensión del recurrente o acepta el motivo de oposición del demandado, el acogimiento de las tesis provoca un gatuno placer.

Sin embargo, en el ámbito contencioso-administrativo no es infrecuente el sabor agridulce en casos como los siguientes:

a) La estimación parcial, esto es, no se acoge en su totalidad el planteamiento de la parte recurrente.

b) La estimación para retrotraer, esto es, una victoria que consigue únicamente retroceder en el tiempo.

c) La estimación para motivar, esto es, una victoria pírrica ya que lo habitual es que la Administración vuelva a dictar el mismo acto anulado pero incorporándole una motivación “ad hoc”.

4.2. Relativismo de la justicia.

Sin embargo, todo es relativo. Así, el sabor amargo ante la desestimación del recurso se acentúa con la firmeza de la sentencia y su efecto de cosa juzgada. Aunque los sabores son cuestión de perspectiva: La cosa juzgada de uno supone alegría para uno y desazón para otro. Al final las reacciones frente a las sentencias dan la razón al dicho clásico: “Sólo me parece justo lo que me da gusto”

V. EL COLOR DEL CRISTAL CON QUE SE MIRA

5.1. El color del cristal del juez

El juez no es una esfinge, sino que entre su mente y los autos pueden interponerse películas o cristales que alteren el escenario litigioso. Veamos.

- *El color ideológico*. Resulta irrelevante en el caso del juez. Salvo casos excepcionales y atípicos, lo habitual es la total impermeabilidad judicial a los criterios metajurídicos. El juez sigue manteniéndose (a duras penas, todo hay que decirlo) en la línea marcada por Montesquieu como " boca muda de la ley", habiéndose superado las concepciones del uso alternativo del Derecho y que encierran una particular y arbitraria lectura de las leyes.
- *El color técnico*. El campo contencioso-administrativo admite sociológicamente la simplificación del talante con que se afronta el examen de los litigios
  - a) Talante procesal. ¿jueces formales o jueces materiales?
  - b)Talante sustancial. ¿jueces pro administración o jueces pro cives?.

Se trata de evidentes clasificaciones simplistas que responden mas a la justificación que otorga a la sentencia la parte vencida en el litigio, que a una situación apriorística de los jueces ante los litigios.

- *El color del criterio científico*. Muchos son los ámbitos en que la Ciencia del Derecho pone a prueba el ojo clínico del juez:
  - a) La Aplicación.¿Qué norma universitaria? ¿estatal, autonómica, interna?
  - b) La Interpretación.¿Código Civil?,¿interpretación auténtica, doctrinal o jurisprudencial?
  - c) El resultado. Decisión sobre la forma. Decisión sobre el fondo (hechos, derecho, o aplicación de conceptos jurídicos indeterminados).

5.2. El color del cristal de los sujetos implicados en litigios universitarios

Sin embargo, el punto de vista de los litigios universitarios es muy diferente según la posición del observador dentro de la comunidad universitaria. Así, una clasificación de los litigios nos ofrece el siguiente panorama:

- Los litigios intrauniversitarios. Tienen lugar entre el profesorado, entre el PAS o entre los Alumnos, o de unos miembros de un colectivo frente a otros. Se trata de enredos de familia, como por ejemplo, las conocidas contiendas entre la libertad de cátedra de un profesor y el Departamento a la hora de aprobar el programa de la asignatura o de recomendar bibliografía.
- Los litigios interuniversitarios.Es el caso de conflictos entre Universidades con intereses enfrentados, algo no infrecuente en Universidades con Campus

colindantes o Universidades que nacen al desgajarse de otra Universidad matriz.

• Los litigios extrauniversitarios. Son los casos de pleitos planteados por terceros ajenos a la Universidad frente a ella. Por ejemplo, el caso sonado hace una década de la lucha de funcionarios del Ministerio de Educación por la subsistencia de la exención de tasas académicas.

• Los litigios forzando normas externas. Son supuestos en que la comunidad universitaria ampara interpretaciones de normas jurídicas para favorecer a los miembros de la comunidad universitaria. Ej. El reconocimiento como trienios de los servicios prestados como becarios, la extensión del complemento de alto cargo; régimen de incompatibilidades del personal académico, etc.

• Los litigios frente a sujetos externos vinculados a la Universidad. Se trata de situaciones en que la Universidad lleva la iniciativa impugnatoria o de demanda frente a terceros Ej. El impago de trabajos de investigación, competencia desleal derivada de contratos de investigación, relaciones con concesionarios y contratistas, becarios en prácticas, etc.

• Los litigios frente a la Administración matriz. Son supuestos en que la Universidad defiende su autonomía, con recurso de amparo incluido, frente a supuestas agresiones de la Comunidad Autónoma, o en que lucha por defender sus Fundaciones de los controles de los Patronatos ministeriales o autonómicos, etc.